लैटिन अमेरिका, कैरेबियाई क्षेत्र और भारत

संभावनाएँ और चुनौतियाँ

लैटिन अमेरिका, कैरेबियाई क्षेत्र और भारत

संभावनाएँ और चुनौतियाँ

दीपक भोजवानी

प्रभात प्रकाशन

भारतीय वैश्विक परिषद्
www.icwa.in

प्रकाशक • **प्रभात प्रकाशन प्रा. लि.**
4/19 आसफ अली रोड,
नई दिल्ली–110002

संस्करण • 2025
मूल्य • आठ सौ रुपए
मुद्रक • आर–टेक ऑफसेट प्रिंटर्स, दिल्ली

LATIN AMERICA, CARIBBEYAYI KSHETRA AUR BHARAT
by Shri Deepak Bhojwani ₹ 800.00
Published by Prabhat Prakashan Pvt. Ltd., 4/19 Asaf Ali Road, New Delhi-2
e-mail: prabhatbooks@gmail.com ISBN 978-93-94534-31-5

परिचय

वर्ष 2000 की शुरुआत में, जब मुझे पता चला कि विदेश मंत्रालय ने मुझे ब्राजील में साओ पाउलो में महावाणिज्य दूत के रूप में तैनात किया था तो मैं हैरान रह गया। मेरी अनिवार्य विदेशी भाषा (कॅरियर की शुरुआत में प्रत्येक विदेश सेवा अधिकारी को सौंपी जानेवाली) स्पेनिश थी। मुझे लगा कि विदेश सेवा बोर्ड ने, दूर की कुछ तैनातियाँ के बारे में विचार करते समय, इस तथ्य की अनदेखी कर दी है कि ब्राजील की भाषा पुर्तगाली है। मुझे जो अवसर दिया गया था, वो अप्रत्याशित था।

उस साल जुलाई में जब हम साओ पाउलो पहुँचे तो कुछ हद तक हमें इस बात का अहसास हो गया था कि हम अपने जीवन की सबसे आकर्षक यात्रा शुरू करने जा रहे थे। भारत के लिए लैटिन अमेरिका और कैरेबियन (एल.ए.सी.) भौगोलिक और राजनीतिक रूप से सबसे दूर के क्षेत्र रहे हैं। ब्राजील में तीन फलदायी वर्षों के बाद इस दौरान पुर्तगाली मेरी स्पेनिश पर छाई रही और लगभग उसे मिटा ही डाला—मैं 2003 में वेनेजुएला में राजदूत के रूप में तैनात हुआ। इसके बाद, जनवरी, 2007 में कोलंबिया में पदस्थ हुआ। बहुत ही समान राजनीतिक प्रवृत्तिवाले पड़ोसी होने के बावजूद, पुस्तक में बताए गए विभिन्न कारणों से दोनों देश बहुत अलग हैं।

वेनेजुएला ने हमें लैटिन अमेरिकी और कैरेबियाई अनुभव से संयुक्त रूप से गुजरने का अवसर दिया। वेनेजुएला के भाग्य निर्माता ह्यूगो चावेज़ इस क्षेत्र के मेरे अध्ययन के लिए सबसे महत्त्वपूर्ण शख्सियत बने और फिर बने रहे। ब्राजील ने नस्लीय और जातीय कैलेडेस्कोप प्रस्तुत किया, जहाँ मानव रंग का पूरा स्पेक्ट्रम—अफ्रीकी, सुदूर पूर्वी, दक्षिण एशियाई, श्वेत और देशी—देखा जा सकता है। वेनेजुएला ने भी मेस्टिजाज का उत्कृष्ट उदाहरण प्रस्तुत किया, जो लैटिन अमेरिका में एक आम नस्लीय मिश्रण है। हमारे लिए कई वार्त्ताकारों की वंशावली का आकलन करना कठिन था, जिन्होंने सामाजिक संपर्क को अत्यंत शिक्षाप्रद बना दिया। लैटिन अमेरिका के तनावमुक्त चरित्र ने इस आसवन के बारे में बात करना आसान बना दिया।

कोलंबिया, जो कि भारतीय क्षेत्र का तीस प्रतिशत (ब्राजील भारत के आकार से 2.6 गुना बड़ा) है, के पास बताने के लिए अपनी ही कहानी थी। अपने सामाजिक और आर्थिक दृष्टिकोण में अत्यधिक रूढ़िवादी; इस देश ने हमें स्थायी मित्रता की पेशकश की। लगभग चार वर्षों का हमारा प्रवास हमें भू-स्थलीय और प्राकृतिक सुंदरता के पैनोरमा में लेकर गया। पहाड़ों, मैदानों, जंगलों, समुद्र तटों और द्वीपों के बाशिंदे मिश्रित नस्लीय हैं। विशिष्टता के हित भागों, जैसे कि चोको की पश्चिमी प्रांत की अफ्रीकी आबादी और लेटिसिया के दक्षिण-पूर्वी कोने में अमेजोनिया के देशी निवासियों ने इसके समृद्ध, बहुसांस्कृतिक इतिहास की झलक पेश की।

वहाँ बड़े और व्यस्त दूतावासों में प्रचलित आधिकारिक ड्यूटी की कन्वेयर बेल्ट प्रकृति अनुपस्थित थी, विशेष रूप से सांसदों, नौकरशाहों और अन्य लोगों द्वारा किया जानेवाला लगातार दौरा यहाँ नहीं था। यथोचित उदार यात्रा बजट ने मुझे वेनेजुएला-कुरासाओ, अरूबा और सेंट मार्टेन के डच कैरेबियाई क्षेत्रों की कई यात्राएँ करने में सक्षम बना दिया। इनमें सेंट मार्टेन में रह रहे भारतीय मूल के कुछ हजार ताकतवर समुदाय की महत्त्वपूर्ण (उनके आकार के लिए) आबादी, मुख्यतः सिंधियों के घर थे। उनका प्रारंभिक आगमन एक सदी से भी अधिक समय पहले हुआ था।

कोलंबिया से मैं समवर्ती रूप से इक्वाडोर, इसके दक्षिणी पड़ोसी और मध्य अमेरिका में कोस्टा रिका से संबद्ध था। इन देशों की आधिकारिक यात्राओं और उनके पड़ोसियों, विशेष रूप से पनामा और पेरू के व्यक्तिगत दौरों ने, मुझे एक ऐसी दुनिया की आकर्षक झलक दिखाई, जहाँ जातीयता और जैव-विविधता कल्पनातीत है। प्रशांत क्षेत्र में इक्वाडोर के तट से एक हजार किलोमीटर दूर गैलापागोस द्वीपसमूह की यात्रा; कोस्टा रिका के ज्वालामुखी और प्राकृतिक पार्क, उस पारिस्थितिक निधि के फैलाव और गहराई को समझाया, जिसे यह क्षेत्र पर्यटकों के हमले से बचाने के लिए संघर्ष कर रहा है।

हमें कोलंबिया को छोड़ने का कुछ अफसोस रहा। अपनी सेवानिवृत्ति से सिर्फ डेढ़ साल पहले, मैं क्यूबा में राजदूत के रूप में पदस्थ हुआ, जो बोगोटा से हवाई मार्ग से मुश्किल से दो घंटे की दूरी पर, लेकिन एक बिलकुल अलग दुनिया थी। इस अनोखे देश के बारे में पढ़ने और सुनने के बावजूद मैंने और मेरी पत्नी ने खुद को एक ऐसी स्थिति के साथ समझौता करते हुए पाया, जिसको हम पर्याप्त रूप से नहीं जान सके। इस तैनाती में काम की धीमी गति ने हैती और डोमिनिकन गणराज्य की यात्रा करने के कई मौके प्रदान किए, जिनमें से दोनों के लिए मैं समवर्ती रूप से मान्यता प्राप्त था। हम चिली और अर्जेंटीना के गहरे दक्षिणी पैटागोनियन क्षेत्रों सहित अन्य गंतव्यों का दौरा करने में भी कामयाब रहे।

क्यूबा को सर्वश्रेष्ठ रूप से एक ऐसे देश के रूप में वर्णित किया जा सकता है, जो धीमे

परिवर्तन के दौर से गुजर रहा है, जहाँ बहुत कम बदला हुआ दिखता है। हवाना के निस्तेज पोतघाट ने हमें समयहीनता की भावना के साथ छोड़ दिया, फिर भी कोई इस अहसास को हिला नहीं सका कि एक बहुत प्रभावशाली बदलाव निकट में ही था। ऑटोमोबाइल और प्रदूषणकारी उद्योग की कमी से पर्यावरण अब भी अपने मौलिक रूप में था। यह हम जैसे उन लोगों के लिए लगभग भयानक लग रहा था, जो इक्कीसवीं सदी के शहरी जीवन की भाग-दौड़ और गिरावट के आदी थे। हवाना के कुछ पहलू मुझे मुंबई में अपने बचपन के दिनों में वापस ले गए।

हैती में जनवरी 2010 में आए भूकंप से हुई तबाही के प्रमाण तब भी मौजूद थे, जब दिसंबर 2011 में मैं अपनी विदाई यात्रा के तहत वहाँ गया था। सामाजिक और आर्थिक परिस्थितियों ने द्वीप के उस वंचित हिस्से और सीमा पार के प्रगतिशील, समृद्ध डोमिनिकन गणराज्य के बीच एक गहरी खाई पैदा कर दी है। हैती में फ्रेंच बोलनेवाली अफ्रीकी मूल की अल्प शिक्षित, लेकिन अत्यधिक प्रतिभाशाली आबादी, अपने शैक्षिक आधार को तेजी से उन्नत बनाते स्पेनिश बोलनेवाले डोमिनिकन गणराज्य के विपरीत है।

लैटिन अमेरिकी और कैरेबियाई वास्तविकता की इसी तरह की विरोधाभासी विशेषताएँ मैक्सिको सिटी से लेकर चिली के पुंटा एरेनास तक और ब्राजील के अटलांटिक मोड़ पर फोर्टालेजा से लेकर बोलीविया की उच्चतम एंडियन चोटियों पर ला पाज तक पूरे क्षेत्र में व्याप्त हैं। एल.ए.सी. की आबादी कुछ सफलता और कीमत के साथ इन विरोधाभासों में मेल-मिलाप करने की कोशिश कर रही है। यह उनकी अखंडता और दृढ़ संकल्प के साथ-साथ उनकी सहज मानवतावाद के प्रति एक श्रद्धांजलि है कि इस क्षेत्र ने अपने औपनिवेशिक ध्वंसावशेष और पिछली शताब्दी के अधिनायकवादी अवशेषों को अधिकाधिक निकाल फेंका है। माना जा सकता है कि कुछ अपवादों के साथ, लैटिन अमेरिका और कैरेबियाई लोग लोकतंत्र और विकास के एक अच्छे चक्र में प्रवेश कर चुके हैं।

यदि किसी को किसी क्षेत्र की विशेषताओं और मानवता की व्यापकता को इन आयामों और विविधता के आधार पर परिभाषित करना है तो यह केवल व्यापक तौर पर सामान्यीकरण के माध्यम से ही हो सकता है। ये विस्तृत और चुनौतीपूर्ण प्रतीत हो सकते हैं या कम-से-कम विरोधाभासी तो हो ही सकते हैं, फिर भी, मैंने विश्लेषक जियान लुका गार्दिनी के शब्दों में, 'एक लचीली, हालाँकि विषम, सांस्कृतिक और राजनीतिक अवधारणा...' के बारे में कुछ विचारों को यथारूप में व्यक्त करने का प्रयास किया है।

क्षेत्र का कोई भी अध्ययन अकेले इसके लोगों की निष्ठा के बिना पूरा किए जाने पर पर्याप्त नहीं होगा। वे मेल्टिंग पॉट से उभरनेवाली एक नई प्रजाति हैं—माया के वंशज, एज्टेक और हाइलैंड्स के इंकास; क्यूचू, आयमारा, अरवाक, तुपी, गुआरानी और क्षेत्र के अन्य

देशज लोग; स्पेनिश और पुर्तगाली सैनिकों एवं बाशिंदों के क्रियोल वंशज; उत्तरी अमेरिका, यूरोप और सुदूर पूर्व के प्रवासी और सर्वव्यापी एफ्रो-वंशज। इस मिश्रण ने विषयासक्त और बौद्धिक रूप से जीवंत आबादी के मिश्रण को जन्म दिया है। ऊर्जावान लैटिन अमेरिकी तेजी से दुनिया के मंच पर उद्यमियों, नोबेल पुरस्कार विजेताओं, कलाकारों, सुंदरियों और उच्च क्षमतावाले राजनीतिक नेताओं के रूप में आगे बढ़ रहे हैं।

उन्नीसवीं सदी के मध्य में भारत ने पूर्वी कैरेबियाई कोने में अप्रत्यक्ष रूप से पैर जमा लिया था, जब त्रिनिदाद, गुयाना और सूरीनाम में गिरमिटिया के रूप में पहले भारतीय प्रवासी आए थे। उनके कुछ वंशज आज के राजनीतिक नेता हैं। भारतीय प्रवासियों का उनके आर्थिक अभिजात वर्ग में एक महत्त्वपूर्ण हिस्सा है।

भारत में बड़े पैमाने पर उपभोक्ताओं की माँग के कारण इस क्षेत्र के साथ भारत की भागीदारी मुख्य रूप से हाइड्रोकार्बन, खनिज और कृषि उत्पादों के रूप में प्राकृतिक संसाधनों के भंडार के आसपास घूमती है। पिछले दशक ने भारत और इस क्षेत्र के बीच मौजूद संभावनाओं और संपूरकताओं का पता लगाने और उनका दोहन करने के लिए आधिकारिक और उद्यमशील प्रयासों को देखा है।

मेरे लिए अपने देश को विदेश में दर्शकों के सामने प्रस्तुत करना काफी कठिन था। तैंतीस देशोंवाले लैटिन अमेरिका और कैरेबियाई को, इनकी उलझन भरी जटिलता और सदैव परिवर्तनशील राजनीतिक और आर्थिक परिदृश्य का अध्ययन करने से पहले, समझने की जरूरत है। मैंने इस उद्यम को कार्य की गंभीरता के पूरे अहसास के साथ स्वीकार किया है। मुझे अपनी इस असमर्थता को स्वीकार करने में कोई संकोच नहीं है कि सभी मुद्दे और सवाल, जो मेरे ध्यान में आ सकते हैं, उनका हल करना तो दूर, मैं उनका अनुमान भी लगा पाऊँगा।

मैं अपने पेशेवर सहयोगियों और दोस्तों की सराहना करता हूँ, जिन्होंने मुझे और मेरे परिवार को, दुनिया के एक ऐसे हिस्से में रहने और यात्रा करने का अवसर प्रदान किया है, जो अब हमारी अपनी बन गई है। प्रशंसा के शब्द उन असंख्य लैटिन अमेरिकियों के लिए अपर्याप्त होंगे, जिनके साथ मुझे विश्वविद्यालयों, उन देशों के विदेश विभागों और अन्य कार्यालयों के साथ काम करने का सम्मान और आनंद मिला, जहाँ मैं तैनात था। व्यवसायियों, राजनेताओं, राजनयिकों, विश्लेषकों, सामाजिक कार्यकर्ताओं और मित्रों ने मुझे वह सिखाया, जो मैं अब जानता हूँ और मुझे उनकी वास्तविकता के बारे में और भी अधिक जानने के लिए प्रेरित किया।

मैं भारतीय विदेश सेवा में अपने सहयोगियों के प्रति कृतज्ञता ज्ञापित करता हूँ, जिनके लेखन, वार्त्तालाप और अनुभवों के माध्यम से मैं इस क्षेत्र के बारे में अपने दृष्टिकोण को

विस्तार दे सका। विशेष उल्लेख तत्कालीन संयुक्त सचिव (लैटिन अमेरिका और कैरेबियन) दम्मू रवि का किया गया है। इस क्षेत्र में उनकी गहरी अंतर्दृष्टि, हमेशा विनोदी प्रकृति और जानकारी साझा करने एवं मदद करने में तत्परता, अद्भुत सहायता थी। अन्य सहयोगीगण, जिन्होंने मदद की, इतने अधिक हैं कि व्यक्तिगत रूप से उनकी सहायता का उल्लेख करना मुश्किल है, उनका भी मैं इस अवसर पर ईमानदारी से आभार व्यक्त करता हूँ।

मैं इस पुस्तक के प्रकाशन को प्रायोजित करने के लिए भारतीय वैश्विक परिषद का विशेष रूप से आभारी हूँ, जो कि मुझे विश्वास है, लैटिन अमेरिका और कैरेबियाई को यथासंभव व्यापक तरीके से प्रस्तुत करने, एक राजनयिक दृष्टिकोण से और भारत के लिए इसके महत्त्व पर जोर देने के, इसके उद्देश्य की पूर्ति करेगी।

अनुक्रम

परिचय *5*

1. **पाँच सौ वर्षों का एकांतवास** **15**
विजय 16
आज़ादी 20
कैरेबियाई क्षेत्र 24
स्वतंत्रता के बाद का इतिहास 25
पनामा नहर 27
गुलामी उन्मूलन 29
बड़ा भाई 30
आर्थिक इतिहास 31
क्रांति 34

2. **वाम, दक्षिण एवं मध्य** **40**
आर्थिक और सामाजिक विकास 41
राजनीतिक विकास 44
क्रांतिकारी वामपंथी 61
नया वाम 64
अन्य शासन 68
कुख्यात तानाशाह 71

3. सहवृंद एवं सहगान : लैटिन अमेरिका और कैरेबिया में क्षेत्रीय एकीकरण 77

उप-क्षेत्रीय एकीकरण 78

मध्य अमेरिका 78

मेसोअमेरिका 79

कैरेबियाई क्षेत्र 81

ऐंडीज 82

दक्षिणी शंकु 83

दक्षिण अमेरिका 87

पैन क्षेत्रीय एकीकरण 89

ए.एल.ए.डी.आई. (ALADI) 89

रियो समूह 89

लैटिन अमेरिका और कैरेबियन राज्यों का समुदाय 90

अंतर-अमेरिकी प्रणाली 91

एल.ए.सी. एकीकरण : सद्भाव और मतभेद 93

अल्बा 94

प्रशांत गठबंधन 96

अंतरराष्ट्रीय आर्थिक बढ़त 99

सामान्य कारण 100

इस शताब्दी के रुझान 101

4. गठबंधन एवं समझौते : लैटिन अमेरिकी और कैरेबियाई अंतरराष्ट्रीय संबंध 105

यूरोप और इबेरो (IBERO)—अमेरिका 106

उत्तरी अमेरिका 115

एशिया 125

अफ्रीका 131

मध्य-पूर्व 133

5. **सागर पार के संस्मरण** 138
प्रारंभिक संपर्क और विरोधाभास 139
राजनयिक संबंध 142
उच्च स्तरीय दौरे 144
हालिया राजनीतिक नैकट्य 146
द्विपक्षीय संबंध 149
बहुपक्षीय मुद्दे 157
एल.ए.सी. और गुटनिरपेक्ष आंदोलन (एन.ए.एम.) 163

6. **लैटिन अमेरिकी और कैरेबियाई देशों के साथ व्यापार** 167
बीसवीं सदी का व्यापार और वाणिज्य 168
नई अंतरराष्ट्रीय आर्थिक व्यवस्था (एन.आई.ई.ओ.) 171
इक्कीसवीं सदी 172
संस्थागत उपाय 177
निवेश 182
ऊर्जा 186
सहायता कूटनीति 189

7. **मन-मस्तिष्क** 197
ऐतिहासिक संदर्भ 198
धर्म 200
भाषा का प्रभाव 202
सॉफ्ट पॉवर 204
आधिकारिक संरक्षण 207
शैक्षिक सहयोग 209
हाल में हुए परिवर्तन 213

8. भारत : नवीन और प्राचीन
लैटिन अमेरिकी और कैरेबियाई देशों में **221**
भारतीय–कैरेबियाई इतिहास 222
भारतीय–कैरेबियाई संस्कृति 227
भारतीय–कैरेबियाई राजनीति 229
लैटिन अमेरिका में प्रवासी भारतीय 233
लैटिन अमेरिका में सिख 234
लैटिन अमेरिका और कैरेबिया में सिंधी समुदाय 235
भारत और प्रवासी 237

9. वादे की चुनौती **244**
राजनीतिक आयाम 248
आर्थिक संभावनाएँ 252
प्रत्याशित चुनौतियाँ 258
वादा व चुनौती 261
राजनयिक चुनौती 265

1
पाँच सौ वर्षों का एकांतवास

'...लैटिन अमेरिका, प्रेतबाधित पुरुषों और ऐतिहासिक औरतों का असीम प्रदेश, जिसकी अनंत जिद किवदंतियों में प्रस्फुटित होती है, उन मिसालों के जरिए हमारी वास्तविकता की व्याख्या, जो हमारी अपनी नहीं हैं, हमें केवल और अधिक अज्ञात, सबसे कम आजाद, सबसे अधिक एकाकी बनाती है...'

—गैब्रिएल गार्सिया मार्केज *(8 दिसंबर, 1982 को 'वन हंड्रेड इयर्स ऑफ सॉलिट्यूड' के लिए साहित्य का नोबेल पुरस्कार प्राप्त करने के अवसर पर)*

'लैटिन अमेरिका' शब्द का श्रेय मुख्य रूप से कोलंबियाई कवि जोस मारिया टोरेस कैइडो,[1] को जाता है, जिन्होंने 1856 में लिखा था—

Esos pueblos nacidos Para aliarse
• La union es su deber, su ley amarse
• Igual ori gen tienen y mision;
La raza de la America Latina.

(ये जन्म से जुड़ी जातियाँ हैं—एकजुट रहना उनका कर्तव्य है, एक-दूसरे से प्रेम करना उनका कानून : उनकी एक साझा उत्पत्ति और उद्देश्य है; ये है लैटिन अमेरिका की जातियाँ)

1830 के दशक में, फ्रांसीसी लेखक सेंट-सिमोनियन मिशेल शेवेलियर ने कहा कि इस क्षेत्र को एक 'लैटिन जाति' द्वारा बसाया गया था, जो संभावित रूप से 'ट्यूटोनिक (मुख्य रूप से जर्मनिक) यूरोप', 'एंग्लो-सैक्सन अमेरिका' और 'स्लाविक यूरोप' की तुलना में 'लैटिन यूरोप' का सहयोगी हो सकता है।[2]

यह शायद अधिक सही लगता है कि लैटिन अमेरिका का खोजकर्ता लैटिनभाषी क्षेत्र से आया था। क्रिस्टोफर कोलंबस का जन्म वर्तमान में इटली के जेनोआ में क्रिस्टोफोरो कोलंबो में हुआ था। क्रिस्टोबाल कोलोन के रूप में, उन्होंने पश्चिमी मार्ग से पूर्व की ओर

जलयात्रा को प्रायोजित करने के लिए पुर्तगाली और ब्रिटिशों के सामने असफल रहने के बाद संशयी स्पेनिश सम्राटों से प्रार्थना की थी। अच्छी-खासी पैरवी के बाद आखिरकार उन्होंने 30 अप्रैल, 1492 को किंग फर्डिनेंड और रानी इसाबेला के साथ एक अनुबंध पर हस्ताक्षर किए। तीन छोटे जहाजों और सौ से भी कम नाविकों को लेकर वे 2 अगस्त को दक्षिणी स्पेन के पालोस से रवाना हुए। उसी वर्ष 12 अक्तूबर को पहली बार उन्हें उत्तरी अमेरिका के दक्षिण-पूर्वी तट से दूर बहामास में जमीन के दर्शन हुए।

कैरेबिया में कोलंबस के आगमन ने पुरानी दुनिया के लिए नई दुनिया के दरवाजे खोल दिए। नवंबर 1504 में समाप्त हुई तीन और यात्राओं में उन्होंने इस क्षेत्र में और अधिक प्रवेश किया, अनिवार्य रूप से कैरेबिया और मध्य अमेरिका में, जो कभी पारिया की खाड़ी (पूर्वी वेनेजुएला) में दक्षिण अमेरिकी महाद्वीप को छूते थे। उन्हें विश्वास था कि वह पूर्व में उतरे थे और जिन मूल निवासियों से वे मिले थे, वे 'भारतीय' थे।[3]

कोलंबस के बाद कई अन्य साहसी और खोजकर्ता भी हुए थे। फ्लोरेंस के अमेरिको वेस्पुची ने पुर्तगाल के राजा मैनुअल द्वारा प्रायोजित कई जलयात्राओं में पर्यवेक्षक के रूप में भाग लिया। उन्होंने 1499 और 1502 के बीच दक्षिण अमेरिकी महाद्वीप के पूर्वी तट का पता लगाया। उनकी खोजों ने दिखाया कि ब्राजील और 'वेस्टइंडीज' एक पूरी तरह से अलग भू-भाग थे और एशिया के पूर्वी बाह्य इलाके नहीं थे। यह 1520 में निर्णायक रूप से सिद्ध हो गया, जब पुर्तगाली खोजकर्ता, फर्डिनेंड मैगलन ने दक्षिण अमेरिका के दक्षिणी छोर पर जलडमरूमध्य तक नौचालन किया। उन्होंने अटलांटिक छोर से प्रवेश किया और अमेरिकी महाद्वीप के अस्तित्व की पुष्टि करते हुए प्रशांत महासागर को पार किया। वेस्पुची के नाम पर इस महाद्वीप का नाम 'अमेरिका' रखा गया, मैगलन के नाम पर जलडमरूमध्य।

पहली यूरोपीय बस्तियों की स्थापना स्पेनियों द्वारा कैरेबियाई द्वीपों के क्यूबा और हिस्पनिओल पर की गई थी। बाद के द्वीप को अंततः फ्रांस और स्पेन के बीच विभाजित किया गया था, जिसमें आधुनिक फ्रेंच बोलनेवाले हैती और स्पेनिश बोलनेवाले डोमिनिकन गणराज्य शामिल हैं।

विजय

इन्होंने पनामा और मध्य अमेरिका (1513) में बाल्बोआ, मैक्सिको में हर्नान कोर्टेस (1519-21), पेरू में फ्रांसिस्को पिजारो (1532-34) को क्षेत्र में आगे बढ़ने के लिए आधार प्रदान किया। सोलहवीं शताब्दी की शुरुआत में, स्पेन की सेना ने मैक्सिको, कैलिफोर्निया, फ्लोरिडा, मध्य अमेरिका और पूरे दक्षिण अमेरिकी महाद्वीप को उपनिवेश बना लिया, जिसमें ब्राजील और गयाना अपवाद थे।

जनसंख्या के मामले में अन्य यूरोपीय औपनिवेशिक शक्तियों की तुलना में अपेक्षाकृत छोटा देश पुर्तगाल एक बहुमुखी नौसैनिक शक्ति था। पंद्रहवीं शताब्दी के अंत तक इसने अफ्रीका में मोजांबिक से लेकर भारत में मालाबार तट तक, चीन में मकाओ तक तटीय परिक्षेत्रों की एक श्रृंखला स्थापित कर ली थी। 1500 में पुर्तगाली नाविक पेड्रो अल्वारेस कैबराल अपने हमवतन वास्को डी गामा के नक्शेकदम पर भारत के लिए रवाना हुए, जो सितंबर 1500 में कालीकट पहुँचे थे। उनका बेड़ा कथित तौर पर जलमार्ग से भटक गया था और इस प्रकार दक्षिण अमेरिका के दक्षिण अटलांटिक तट पर 23 अप्रैल, 1500 को वर्तमान सल्वाडोर (वर्तमान ब्राजील में बाहिया) पहुँचा।[4] दक्षिण अमेरिका की खोज करने पर, भले ही वो 'दुर्घटना' से हो गई हो, कैबराल ने उसके नामकरण के लिए अपना और अपने प्रायोजक पुर्तगाल के सम्राट् राजा मैनुअल के नाम का दावा ठोंका। क्रिस्चियन 'आइलैंड ऑफ द ट्रू क्रॉस' कॉलोनी का नाम स्थानीय लकड़ी पौ ब्रासिल के नाम पर रखा गया।

1481 में पोप के एक आदेश पत्र (डिक्री) ने कैनरी द्वीप समूह के दक्षिण की सारी जमीन (आइबेरियन प्रायद्वीप के दक्षिण-पश्चिम में एक द्वीपसमूह) को पुर्तगाल को दे दिया था। स्पेन में जनमे पोप अलेक्जेंडर VI ने 4 मई, 1493 को आदेश दिया कि अजोरेस द्वीपों (अटलांटिक में एक पुर्तगाली द्वीपसमूह) या केप वेर्दे द्वीप (पश्चिमी अफ्रीका का तट) से 100 लीग दूरी तक पश्चिम और उत्तर का समस्त भू-भाग स्पेन से जुड़ा होगा। चूँकि आदेश पत्र ने पुर्तगाल का उल्लेख नहीं किया था, इसलिए वह इस क्षेत्र में नई खोजी गई भूमि का दावा नहीं कर सका। सितंबर 1493 के 'इंडीज के धार्मिक दान और उपहार का विस्तार' नामक एक अन्य आदेश पत्र ने सभी मुख्य क्षेत्रों और द्वीपों को, यहाँ तक कि पूर्व को भी स्पेन को दे दिया।

पुर्तगाली और स्पेनिश सम्राटों के बीच बातचीत के बाद, 7 जून, 1494 को स्पेन में तोर्देसिलास की संधि पर हस्ताक्षर किए गए। इसने केप वेर्दे द्वीपों के पश्चिम में मेरिडियन 370 रेखा के साथ, पुर्तगाल और स्पेन के बीच यूरोप के बाहर नई खोजी गई भूमि को विभाजित कर दिया। पूर्व की भूमि पुर्तगाल और पश्चिम की भूमि स्पेन की होगी। इसने पुर्तगाल को दक्षिण अमेरिका के पूर्वी उभार पर पाँव जमाने का मौका दे दिया। 1529 की जरागोजा की संधि ने इस रेखा को प्रशांत महासागर तक बढ़ाया। पुर्तगाल को फिलीपीन द्वीप मिला, जिसे उसने दक्षिण अमेरिका में पश्चिम की ओर सीमा विस्तार के बदले स्पेन को सौंप दिया। इसके बाद पुर्तगालियों ने आधुनिक समय के ब्राजील को स्थापित करने के लिए अपने क्षेत्र का विस्तार किया।

उपनिवेश बसानेवालों के ईसाइयत भरे उत्साह से इस क्षेत्र के इतिहास को आकार मिला जो विकृत भी हो गया। उन्होंने एकदम स्वदेशी माया, इंका, एज्टेक, टॉलटेक, तायोनो,

कैरिबस, तुपी और कई अन्य जनजातियों पर पूरी तरह से अनजानी सभ्यता और धर्म को अधिरोपित किया। माना जाता है कि माया सभ्यता- के स्वर्ण (उत्कृष्ट) युग की शुरुआत 250 ई.पू. से हुई थी। बाद की महान् सभ्यताएँ, मुख्यत: एज्टेक और इंका, क्रमश: चौदहवीं और पंद्रहवीं शताब्दी की शुरुआत में प्रमुखता से उभरीं।

जहाँ कोर्टेस ने मैक्सिको से एज्टेक अभिजात वर्ग का सफाया कर दिया, यही काम पिजारो ने पेरू क्षेत्र में इंका शासकों के साथ भी किया। अन्य विजेताओं ने भी इस क्षेत्र के विभिन्न हिस्सों में इसी तरह का काम किया, जो स्वदेशी निवासियों को गुलाम बना रहे थे और युद्ध तथा बीमारी से उनकी आबादी को तबाह कर रहे थे। एल डोराडो (कल्पित स्वर्ण भूमि) कई वर्षों तक कई मानचित्रों पर दिखाई देता रहा, नक्शानवीसों की सुविधा के अनुरूप यह अपनी जगह और रूप को तब तक बदलता रहा, जब तक कि अंतत: यह 'भूगोल के क्षेत्र से गायब नहीं हो गया और पौराणिक कथाओं में चला गया।'[5] इस प्रक्रिया में उपनिवेशवासियों ने जो कुछ भी पाया, फिर उसे ही लूट लिया, प्राचीन सभ्यताओं के मंदिरों, महलों और सामाजिक संरचनाओं को नष्ट कर दिया।

लैटिन अमेरिकी इतिहास की इस अवधि का एक और धब्बा अफ्रीकी दास व्यापार था, जो पूरे क्षेत्र में अनियंत्रित हो गया था। मध्यकालीन यूरोप में सदियों से विभिन्न जातियों के दासों का व्यापार प्रचलन में था। सोने, चाँदी और अन्य कीमती खनिजों की खदानों का पता चलने, वृक्षारोपण, कृषि और स्थानीय देशी आबादी की संख्या में कमी होने के कारण नई दुनिया में कमजोर मजदूरों की माँग तेज हुई। ज्यादातर दासों को ब्राजील और कैरेबिया भेजा गया, जबकि कुछ को कोलंबिया और वेनेजुएला में भेजा गया।

श्रमिकों के रूप में आनेवाले दासों का पहला जत्था 1502 में हिस्पानिओला द्वीप पर देखा गया। क्यूबा में दास सबसे पहले 1513 ई में आए। जमैका को 1518 में 4000 दासों की पहली खेप मिली। होंडुरास और ग्वाटेमाला को दासों का निर्यात 1526 में शुरू हुआ। 1530 तक पुर्तगाली दास कारोबारियों द्वारा हजारों अफ्रीकी दासों को साओ टोमे द्वीप से पश्चिम अफ्रीका के बाहर भेज दिया गया। बाद में ये दास अफ्रीका के अन्य हिस्सों, मुख्य रूप से पश्चिम अफ्रीका और मध्य अफ्रीका से आए, जो अब नाइजीरिया, घाना, बेनिन, अंगोला और कांगो राष्ट्र हैं।

उबेरिया के दास कारोबारियों की व्यावसायिक सफलता के कारण फ्रांसीसी और ब्रिटिशों ने भी इस प्रथा का अनुकरण किया, जैसे-जैसे अफ्रीकी महाद्वीप के साथ परिवहन और व्यापारिक संबंध बढ़े, ब्रिटिशों ने अफ्रीकी दासों को गिरमिटिया मजदूरों की तुलना में अधिक किफायती पाया।[6] ज्यादातर इतिहासकार अब इस बात से सहमत हैं कि पंद्रहवीं और उन्नीसवीं शताब्दी के बीच कम-से-कम एक करोड़ बीस लाख दासों ने नई दुनिया के लिए

अफ्रीकी महाद्वीप को छोड़ा। यात्रा के दौरान इनमें से दस से बीस प्रतिशत की मौत हो गई।

स्पेनिश और पुर्तगाली लोग इन क्षेत्रों को जीतने और लूटने आए। शुरुआत में ये अपनी औरतों को साथ लेकर नहीं आए और यहाँ अपने परिवार बसा लिये। इसके कारण स्थानीय आबादी के साथ नस्लीय मिश्रण हुआ, जिससे एक नई मेस्टिजो जाति का जन्म हुआ। अमेरिका में पैदा हुए स्पेनी लोगों क्रेओल्स की तुलना में स्पेन के मूल निवासियों को विशेष अधिकार दिए गए थे—विशेष रूप से सार्वजनिक पदों में। इससे क्रेओल्स के बीच पहचान की समझ पैदा हुई, जिसे मेस्टिज ने उनके साथ साझा किया। अफ्रीकी जातियों के साथ नस्लीय मिश्रण के परिणामस्वरूप नई जातीय श्रेणियों मुलातो (श्वेत-अश्वेत मिश्रण) और जंबो (देशी-अश्वेत मिश्रण) की उत्पत्ति हुई। इस अपरिहार्य प्रवृत्ति का सामना करने के प्रयास में, अधिकारियों ने श्रेष्ठता की भूमिका को पुनर्स्थापित करने के लिए एक साधन के रूप में रक्त की शुद्धता पर अनिवार्य रूप से जोर दिया, जिसे कॉलोनियों में संभ्रांत वर्ग ने लागू किया।

स्पेनिश साम्राज्य ने धीरे-धीरे इस क्षेत्र पर अपनी पकड़ बढ़ा दी। शासन प्रत्यक्ष नहीं था और शुरू-शुरू में मैक्सिको और पेरू के दो प्रमुख वायसरायों के माध्यम से था। कोलंबिया की राजधानी, बोगोटा में 1717 में निर्मित न्यू ग्रेनेडा के वायसराय का कार्यालय दक्षिण अमेरिका के उत्तरी क्षेत्र पर अधिकार रखता था। रियो डी ला प्लाटा के वायसराय कार्यालय को 1776 में स्थापित किया गया था, जिसने अर्जेंटीना को साम्राज्य में एकीकृत कर दिया और ब्यूनस आयर्स एक समृद्ध बंदरगाह बन गया।

वंशानुगत कप्तानी क्षेत्र प्रणाली के माध्यम से ब्राजील को जमीन के कई हिस्सों में विभाजित कर दिया गया था। इन कप्तानी क्षेत्रों को उन पुर्तगाली महानुभावों को दान में दिया गया था, जो बदले में जमीन पर व्यवसाय करने के लिए जिम्मेदार थे और लिस्बन में राजा के प्रति जवाबदेह थे। ब्राजील के आतंरिक हिस्सों की शुरुआती खोज काफी हद तक अर्धसैनिक साहसी लोगों द्वारा की गई थी, जिन्हें बैंडिरिएंट्स (बैंडेयर्ड या बैनर के अनुयायी) कहा जाता है। इन अनियमित बलों ने सोने और देशी दासों की तलाश में जंगल की खाक छान ली।

ब्राजील के बृहद् विस्तार के कारण वहाँ न तो उपनिवेशवाद और न ही शोषण तेजी से फैल पाया। फ्रांसीसी और डचों ने पंद्रहवीं शताब्दी में तट पर स्थित प्रदेशों पर कब्जा कर लिया था, लेकिन उन्हें खदेड़ दिया गया था। आंतरिक विद्रोह हुए थे, जिनमें सबसे प्रसिद्ध टायराडेन्ट्स (टूथ-पुल/दाँत उखाड़ने वाला) नामक एक व्यक्ति द्वारा किया गया विद्रोह था। ब्राजील के निर्मम शोषण और पुर्तगालियों की निर्दयता से आहत होकर उसने 1788-89 में एक स्वतंत्रता आंदोलन चलाया, जिसने एक गणतंत्र की स्थापना का मार्ग प्रशस्त किया।

पूरी योजना को एक मुखबिर और टायराडेंट्स द्वारा कुछ अन्य लोगों के साथ तैयार किया गया था, उसे 21 अप्रैल, 1792 को क्रूरता से मार डाला गया था। इस तारीख को ब्राजील में राष्ट्रीय अवकाश होता है।

औपनिवेशिक काल की एक महत्त्वपूर्ण विशेषता कैथोलिक चर्च की सर्वव्यापी उपस्थिति थी। विभिन्न स्तरों के पुजारी और भिक्षुओं ने, विश्वास बनाए रखने और देशी समुदायों का धर्मांतरण सुनिश्चित करने के लिए 'विजेताओं' का साथ दिया। मैक्सिको में बार्टोलोमे डी लास कसास की तरह कुछ लोगों ने देशी आबादी के उत्पीड़न को कम करने का प्रयास किया। जेसुइट्स, जो भारत में भी मौजूद थे, ने भारत, पुर्तगाल और स्पेन से भेजी जानेवाली सामग्रियों के जरिए महाद्वीपों के बीच सीधा संपर्क बनाए रखा। एक स्थायी प्रभाव दक्षिण अमेरिका से भारत में भेजे गए कुछ पौधों का था, जैसे कि तंबाकू, कुनैन, काजू, अनानास, टमाटर और आलू। भारत से दालचीनी, इलायची, काली मिर्च और आम ने दक्षिण अमेरिका में अपना रास्ता बनाया।

आज़ादी

1776 में ब्रिटेन से आज़ादी की संयुक्त राज्य अमेरिका की घोषणा और इस क्रांति की समतावादी प्रकृति ने लैटिन अमेरिकियों के लिए प्रेरक का काम किया। 1789 की फ्रांसीसी क्रांति, जिसने 'शासन के दैवी अधिकार' को तार-तार कर दिया, एक ऐतिहासिक मोड़ था। लैटिन अमेरिकी इतिहास पर फ्रांसीसी प्रभाव 1808 में स्पेन पर नेपोलियन के आक्रमण के कारण भी महत्त्वपूर्ण था; और आधुनिक फ्रेंच गयाना, हैती (1804 में स्वतंत्रता प्राप्त करनेवाला पहला लैटिन अमेरिकी उपनिवेश) और मार्टीनिक एवं गुआदेलूपे के कैरेबियाई द्वीप समूह जैसे क्षेत्रों पर कब्जा कर औपनिवेशिक फ्रांस ने लैटिन अमेरिका में एक महत्त्वपूर्ण भूमिका निभाई। नेपोलियन III के शासन के दौरान फ्रांस ने मैक्सिको पर आक्रमण किया और 1860 के दशक में दूसरे मैक्सिकन साम्राज्य के सम्राट् के रूप में कुछ वर्षों के लिए हैप्सबर्ग के मैक्सिमिलियन को स्थापित कर दिया।[8]

लैटिन अमेरिका में स्वतंत्रता सेनानियों ने यूरोपीय संरक्षकों से नैतिक और भौतिक समर्थन प्राप्त किया। कई बार यह आंतरिक राजनीतिक संघर्षों और यूरोप के भीतर स्पेनिश साम्राज्य के खिलाफ शत्रुता के कारण हुआ। एक दूरस्थ स्पेनिश शासक द्वारा डिक्री और संरक्षण से उपजी निराशा और क्रियोल[9] की बहुसंख्यक आबादी में व्याप्त बेचैनी ने लैटिन अमेरिकी उपनिवेशों में आइबेरियन प्रायद्वीप से और अधिक आजादी पाने की दबी हुई इच्छा को भड़का दिया। स्थानीय नेताओं ने स्पेनिश क्राउन के प्रतिनिधियों को उखाड़ फेंकने की पैरवी करना और इसके लिए षड्यंत्र रचना शुरू कर दिया।

फ्रांसीसियों के खिलाफ 1799 में एक हिंसक विद्रोह के बाद हैती की एक बड़ी अफ्रीकी गुलाम आबादी 1804 में स्वतंत्र हो गई। इस क्षेत्र के कई नेताओं ने इसके तुरंत बाद स्थानीय सेना का निर्माण किया और स्पेनियों के खिलाफ हथियार उठा लिये। फ्रांसीसियों और अंग्रेजों ने उन्हें इसके लिए उकसाया। ब्रिटिशों ने दखलंदाजी और आक्रमण कर कैरेबिया के कई क्षेत्रों पर कब्जा कर लिया, जिनमें मुख्यत: गुयाना और त्रिनिदाद एवं टोबैगो शामिल थे।

यद्यपि लैटिन अमेरिका और कैरेबिया के स्थानीय कुलीन वर्ग और सेनाओं ने आम यूरोपीय उपनिवेशवादियों, मुख्यत: स्पेन से, लगभग एक ही समय और कमोबेश एक ही परिस्थितियों में लड़ाई लड़ी, फिर भी उन दोनों के बीच एक बड़ा अंतर था। स्पैनिश साम्राज्य के विभिन्न घटकों के बीच राजनीतिक और आर्थिक विकास के स्तरों में अंतर के अलावा, कुलीनों की अपनी खास विशेषताएँ उनपर हावी रहीं। 'राजभक्त' तत्त्वों ने स्वतंत्रता आंदोलनों के खिलाफ लड़ाई लड़ी। उपनिवेशों पर स्पैनिश साम्राज्य की सख्त पकड़ और एक लंबी लड़ाई के पीछे यह मुख्य कारक था, जिसने दोनों पक्षों को अपने जीवन के लिए लड़ते हुए देखा।

मैक्सिको के राष्ट्रीय नायक एक उदारवादी पुजारी, फादर मिगुएल हिडाल्गो थे; चिली के राष्ट्रीय नायक बर्नार्डो ओ'हिगिन्स थे, जो एक आयरिश व्यक्ति के अवैध पुत्र थे और बाद में पेरू के वायसराय बने थे। अर्जेंटीना के मुक्तिदाता जोस डी सैन मार्टिन स्पेनिश सेना में एक पेशेवर सैनिक थे। वेनेजुएला ने कुलीन यूरोपीय समुदाय तक पहुँचवाले एक रईस फ्रांसिस्को डी मिरांडा तथा एक अश्वेत गुलाम महिला की संतान एवं उदारवादी मानसिकतावाले साइमन बोलिवर को नायक बनाया। लैटिन अमेरिका और कैरेबिया के सभी स्वतंत्रता सेनानियों में से, बोलिवर शायद सबसे ज्यादा ज्ञात हैं। उनके व्यक्तित्व और समर्पण ने दूसरों को प्रेरित किया, जैसे कि इक्वाडोर के राष्ट्रीय नायक जोस सुक्रे, वेनेजुएला के जोस एंटोनियो पाएज और कोलंबिया के जोस डी पाउला सेंटेंडर, 'मैन ऑफ लॉज' जिनके साथ बाद में उनका मतभेद हो गया।

बोलिवर ने आधुनिक वेनेजुएला, कोलंबिया, इक्वाडोर और पनामा, तब के ग्रान (वृहत्तर) कोलंबिया के साथ-साथ पेरू और बोलीविया की आजादी की भी रूपरेखा खींची थी। यूरोपीय दर्शन और नेपोलियन की सैन्य उपलब्धियों का अध्ययन करते हुए वे ग्रेट ब्रिटेन से संयुक्त राज्य अमेरिका की स्वतंत्रता से प्रेरित थे। 1814 में स्पेनिश सेनाओं के खिलाफ एक असफल लड़ाई के बाद निर्वासित होने पर 6 सितंबर, 1815 को उन्होंने अपना प्रसिद्ध 'लेटर फ्रॉम जमैका' लिखा, जिसमें उन्होंने पूरे हिस्पैनिक अमेरिका में रिपब्लिकन सरकार प्रणाली की वकालत की, जिसकी चेक और बैलेंस व्यवस्था ब्रिटिश प्रणाली के समान थी।

बोलिवर ने उस क्षेत्र में गठबंधनों के महत्त्व को भी पहचाना। उन्हें हैती के राष्ट्रपति

अलेक्जेंड्रे पेटियोन का समर्थन मिला, जो इस क्षेत्र में आजादी हासिल करनेवाला पहला देश था। बोलिवर की सेना में ब्रिटिश और आयरिश विदेशी सैनिक थे, नेपोलियन के युद्धों के पूर्व सैनिक, जिन्होंने उपनिवेशों में स्पेनियों की संख्या को कम करने और उन्हें समाप्त करने के इरादे से ब्रिटिश क्राउन का साथ दिया था, शामिल थे। ब्रिटिश त्रिनिदाद ने मिरांडा को आश्रय दिया, जबकि गुयाना की राजधानी जॉर्जटाउन, वेनेजुएला को आपूर्ति के लिए एक ठिकाना थी। बोलिवर और मिरांडा दोनों का इतिहास बेहद रोमांटिक है। मिरांडा के बारे में अफवाह है कि उन्होंने रूस की जारीना कैथरीन से संबंध बनाए थे। इक्वाडोर की भड़कीली नेत्री मैनुएला साएंज के साथ बोलिवर का संबंध भी साहित्य का विषय रहा है।

बोलिवर के नेतृत्व में एक प्रेरणादायक सैन्य अभियान के बाद अंगोस्तूरा की कांग्रेस (फरवरी–जुलाई 1819) ने ग्रान कोलंबिया के निर्माण का नेतृत्व किया। इसके तुरंत बाद पेरू (1821) और बोलीविया (1825) को स्वतंत्र घोषित कर दिया गया।

एक लंबे संघर्ष और मैक्सिको के क्रियोल सैन्य नेता अगस्टिन डी इटर्बाइड द्वारा रखी गई स्वतंत्रता योजना के बाद मैक्सिको को मध्य अमेरिका के राष्ट्रों के साथ 15 सितंबर, 1821 को अपनी आजादी प्राप्त हो सकी। 1823 में, मध्य अमेरिकी देशों ने मैक्सिको से अलग होकर मध्य अमेरिका के संयुक्त प्रांत का गठन किया। 1824 में उन्होंने ग्वाटेमाला, एल सल्वाडोर, होंडुरास, निकारागुआ और कोस्टा रिका को अपने में समेटते हुए फेडरल रिपब्लिक ऑफ सेंट्रल अमेरिका के संविधान को अपनाया। 1838 में इसे भंग कर दिया गया। पनामा कोलंबिया का एक हिस्सा था, लेकिन 1904 में अमेरिका के हस्तक्षेप के कारण स्वतंत्र हो गया।

ब्यूनस आयर्स के निवासियों ने 13 मई, 1810 को स्पेनिश वायसराय को पदच्युत कर दिया और ला प्लाटा की क्रांति की शुरुआत करते हुए एक समूह का गठन किया। स्पेन के प्रति वफादारी का वादा करने के बावजूद अंततः राष्ट्रीय नायकों कॉर्नेलियो सावेद्रा, मारियानो मोरेनो और मैनुअल बेलेंग्रानो ने 9 जुलाई, 1816 को स्त्रतंत्रता की औपचारिक घोषणा कर दी। प्रमुख सैन्य नेता जोस डी सान मार्तिन ने अगले दशक तक पूरे महाद्वीप में लड़ाई का विस्तार किया और 1818 में चिली को अपनी स्वतंत्रता की घोषणा करने में मदद की। सान मार्तिन ने 1822 में पेरू में साइमन बोलिवर के साथ एक ऐतिहासिक बैठक की, जिसमें उस कॉलोनी की मुक्ति का काम बोलिवार पर छोड़ दिया गया था।

ब्राजील पर पुर्तगाल के नियंत्रण को फ्रांसीसियों द्वारा चुनौती दी गई थी, जिन्होंने सोलहवीं और सत्रहवीं शताब्दी की शुरुआत में तट के किनारे बस्तियों को स्थापित करने का असफल प्रयास किया था। सत्रहवीं शताब्दी में डचों ने भी मुख्य रूप से उत्तर-पूर्वी तट पर पुर्तगाल के प्रभुत्व को चुनौती दी थी, लेकिन 1661 में वे वापस हो गए। 1808 में नेपोलियन

के पुर्तगाल पर आक्रमण के बाद, ब्रिटेन ने रियो डी जनेरियो शहर में निर्वासित जीवन जीने में पुर्तगाली राजशाही की मदद की। पुर्तगाली सम्राट् जोआओ VI ने तेरह साल तक रियो से अपने साम्राज्य पर शासन किया। 1815 में उन्होंने ब्राजील को पुर्तगाल और अलगार्वेस के साथ सह-राज्य बनाने का आदेश पारित किया।

नेपोलियन की हार के बाद सम्राट् जोआओ 1821 में पुर्तगाल लौट आए और अपने बड़े बेटे पेड्रो को ब्राजील में रहने की सलाह दी। एक साल बाद पेड्रो ने स्वतंत्रता की घोषणा कर दी और सम्राट् पेड्रो I के नाम से ब्राजील में एक संवैधानिक राजशाही की स्थापना की, जिसे ज्यादातर 'डोम पेड्रो I' के रूप में जाना जाता है। वर्ष 1831 में उसने पद का परित्याग कर दिया और पुर्तगाल चला गया, जबकि उसका पाँच साल का बेटा पेड्रो II वहीं रह गया। 1840 तक ब्राजील पर राज्य संरक्षकों का शासन रहा। पेड्रो द्वितीय ने ब्राजील के सम्राट् के रूप में 1889 तक शासन किया, जब उन्हें जनरल देओदोरो दा फोंसेका के नेतृत्व में एक गणतांत्रिक सैन्य तख्तापलट के द्वारा हटा दिया गया। 1967 में देश का नाम बदलकर 'फेडेरेटिव रिपब्लिक ऑफ ब्राजील' कर दिया गया।

उरुग्वे ने 1825 में ब्राजील से स्वतंत्रता की घोषणा कर दी, जिसके बाद 500 दिनों का विस्प्लैटाइन युद्ध शुरू हो गया, जिसे उरुग्वे ने अर्जेंटीना के समर्थन से जीत लिया और फिर 1828 में यह औपचारिक रूप से आजाद हो गया। पराग्वे के तानाशाह कार्लोस एंटोनियो लोपेज ने 1842 में अर्जेंटीना से स्वतंत्रता की घोषणा की और अपने देश का सैन्यीकरण किया। 1862 में उसने अपने बेटे फ्रांसिस्को सोलानो लोपेज को एक शक्तिशाली गणराज्य सौंप दिया।

यद्यपि ये स्वतंत्रता संग्राम हिंसक और असभ्य थे, फिर भी उन्हीं के परिणामस्वरूप लगभग पूरे लैटिन अमेरिका में स्पेनिश साम्राज्य का अवसान हो गया। 1830 तक स्पेन कुछ क्षेत्रों, मुख्यत: क्यूबा और प्यूर्टो रिको पर कब्जा बनाए रखने में कामयाब हो गया था। इन्हें 1898 के स्पेनी-अमेरिकी युद्ध में अमेरिका द्वारा 'मुक्त' करा लिया गया। प्यूर्टो रिको को संयुक्त राज्य अमेरिका ने राष्ट्रमंडल का दर्जा दिया था। क्यूबा के संविधान में 1902 के 'प्लाट' संशोधन द्वारा इसे अगले छह दशकों तक अमेरिकी नियंत्रण में रख दिया गया था, जब तक कि फिदेल कास्त्रो के क्रांतिकारी बलों ने जनवरी 1959 में अमेरिकी सेना और उनके क्यूबाई सहयोगियों को खदेड़ नहीं दिया।

उन्नीसवीं शताब्दी के दूसरे और तीसरे दशक में स्वतंत्रता प्राप्त करने के बाद हिस्पैनिक लैटिन अमेरिका ने बोलिवर और अन्य लोगों के प्रयासों से एकजुट होने और एक साझा नियति बनाने का प्रयास किया। ये काफी हद तक निष्फल रहे। नए आजाद हुए उपनिवेशों को एकजुट करने की बोलिवर की दृष्टि ने उन्हें 1826 में पनामा में एक एम्फिक्टोनिक

कांग्रेस का आयोजन करने के लिए प्रेरित किया। स्वतंत्र देशों की सभा के रूप में परिकल्पित यह कांग्रेस अपने लक्ष्यों को प्राप्त नहीं कर सकी। दक्षिणी कट्टरपंथियों के विरोध के कारण संयुक्त राज्य अमेरिका कोई प्रतिनिधिमंडल नहीं भेज सका। कांग्रेस ने 'स्थायी यूनियन लीग ऑफ कन्फेडरेशन' की एक संधि का मसौदा तैयार किया, जिस पर प्रतिनिधियों ने हस्ताक्षर किए, लेकिन इसे मंजूरी केवल बोलिवर के ग्रान कोलंबिया द्वारा दी गई। 1830 तक, ग्रैन कोलंबिया खुद ही भंग हो गया और इसके घटक स्वतंत्र देश बन गए। 1830 में कोलंबिया में टूट चुके बोलिवर की तपेदिक से मौत हो गई।

कैरेबियाई क्षेत्र

स्पेनिश साम्राज्य के कमजोर नियंत्रण का फायदा उठा रहे ब्रिटिश, फ्रांसीसी और डचों की दखलंदाजियों ने अधिकांश कैरेबियाई इतिहास को जटिल बना दिया था, जिसके बेड़ों और संपत्ति को क्षेत्र के समुद्री डाकुओं और नौसेनाओं द्वारा लगातार नुकसान पहुँचाया जा रहा था। कैरेबियाई द्वीप क्यूबा और प्यूर्टो रिको और कोलंबिया के उत्तरी तट पर कार्टाजेना किलेबंद चौकियाँ थीं। महाद्वीप से सोने और अन्य खजाने को अंततः स्पेन भेजे जाने के लिए इन स्थानों पर पहुँचाया जाता था। इसने उन्हें अन्य ताकतों की नौसेनाओं के लिए महत्त्वपूर्ण और आकर्षक लक्ष्य बना दिया। उनकी रणनीतिक स्थिति भी दक्षिण और मध्य अमेरिका तक पहुँच को नियंत्रित करने की उनकी क्षमता के लिए उपयुक्त थी।

फ्रांसीसियों ने अपने अधिकांश औपनिवेशिक आधिपत्यों—मुख्य रूप से मार्टिनिक और ग्वादालूपे के द्वीपों और दक्षिण अमेरिकी महाद्वीप पर फ्रेंच गुयाना को बनाए रखा है। ये विभाग या फ्रांसीसी प्रशासनिक जिले हैं और फ्रांस का अभिन्न अंग हैं। डचों ने 1975 में दक्षिण अमेरिका में सूरीनाम को स्वतंत्रता प्रदान की, लेकिन डच एंटिल्स के छह द्वीपों के साथ संप्रभु संबंध जारी रखा।

ब्रिटिश कैरेबियाई उपनिवेशों और मध्य अमेरिका में ब्रिटिश होंडुरास ने उन्नीसवीं सदी में गुलामों की मुक्ति की अनुमति दे दी। उपनिवेशवादियों और स्थानीय निवासियों के लिए उदार आर्थिक स्थिति, सामान्य शिक्षा के उच्च स्तर और एक शक्तिशाली नौसेना द्वारा सुदृढ़ प्रशासनिक नियंत्रण ने संभवतः इन उपनिवेशों में ब्रिटिश साम्राज्य की दीर्घायु सुनिश्चित की। 1958 और 1962 के बीच अधिकांश ब्रिटिश-नियंत्रित कैरेबिया को वेस्ट इंडीज फेडरेशन में एकीकृत किया गया था, जो दीर्घजीवी न हो सका।

ब्रिटिश कैरेबियाई द्वीप के उपनिवेशों ने अपने प्रयासों से स्वतंत्रता प्राप्त की—जमैका (1962), त्रिनिदाद और टोबैगो (1962), बारबाडोस (1966), बहामास (1973), ग्रेनाडा (1974), डोमिनिका (1978), सेंट लूसिया (1979), सेंट विंसेंट (1979), एंटीगुआ और

बारबुडा (1981), सेंट किट्स एंड नेविस (1983)। दक्षिण अमेरिका में ब्रिटिश गुयाना गुयाना के रूप में स्वतंत्र हो गया (1966); मध्य अमेरिका में ब्रिटिश होंडुरास बेलीज (1981) के रूप में स्वतंत्र हो गया। ब्रिटेन अब भी कैरेबिया में कुछ द्वीप क्षेत्रों पर अपना प्रशासन जारी रखे हुए हैं। यह फॉकलैंड (माल्विनास) द्वीप समूह—अर्जेंटीना के दक्षिणी तट से दूर एक द्वीपसमूह—पर भी अपनी संप्रभुता का प्रयोग करता है। 1833 में स्पेन से कब्जा किए गए माल्विनास की आबादी लगभग 8000 है, जिनमें मुख्य रूप से निर्वासित ब्रिटिश हैं, जो जाहिर तौर पर ब्रिटिश नागरिक बने रहना पसंद करते हैं।

स्वतंत्रता के बाद का इतिहास

लैटिन अमेरिका में स्वतंत्रता ने महत्त्वपूर्ण चुनौतियों को जन्म दिया। कुछ राजनीतिक और सांस्कृतिक अभिजात वर्गों को विदेशी माना जाता था, जो तत्कालीन उपनिवेशवादियों के प्रति वफादार थे, लेकिन फिर भी सामान्य आबादी की मुक्ति के लिए खतरा थे। स्पैनिश क्राउन का समर्थन करने के कारण कुछ हद तक चर्च भी संदेह के घेरे में था। इससे नए मुक्त हुए देशों के नेतृत्व के बीच दरार पैदा हुई। जहाँ रूढ़िवादी सरकारों ने चर्च का समर्थन किया, वहीं उदारवादियों ने इसके प्रभाव और प्रतिष्ठा को कम करने का प्रयास किया। देशी और आदिवासी आबादी तथा अफ्रीकी दासों को नई व्यवस्था में समायोजित किया जाना था। इसने पृथक् संजातीय और सांस्कृतिक मनोवृत्ति पर काबू पाने का आह्वान किया।

नव स्वतंत्र उपनिवेशों के विशाल क्षेत्रों में जनसंख्या और विकास केवल प्रशासनिक और व्यावसायिक राजधानियों एवं कुछ बंदरगाहों तक केंद्रित थे। खराब बुनियादी ढाँचे और पारंपरिक औपनिवेशिक संरचनाओं के उन्मूलन ने प्रशासन, बल्कि यहाँ तक कि राजनीतिक नियंत्रण को भी, बेहद मुश्किल बना दिया था।

मैक्सिको तब संयुक्त राज्य अमेरिका में समकालीन ओरेगन से मध्य अमेरिका में कोस्टा रिका तक फैला था। ला प्लाटा के संयुक्त प्रांत, अंटार्कटिक के उत्तर में, तिएरा देल फ्यूगो द्वीप से लेकर समकालीन बोलिविया तक फैले हुए थे। अमेजन के जंगलों से घिरा ब्राजील का विशाल अंदरूनी हिस्सा राज्य की पहुँच से परे था। नतीजतन स्थानीय अधिकारियों ने आजादी का भरपूर आनंद लिया। औपनिवेशिक शासन के पतन का मतलब केंद्रीय सरकारों के प्रति कम वफादारी थी। चर्च को अनुयायियों को आकर्षित करने और उन्हें बनाए रखने के लिए 'मुक्ति धर्मशास्त्र'[11] अग्रदूत बना।

केंद्रीय नियंत्रण में कमी के कारण 'कॉदिलोस' (ताकतवर फौजी) का उदय हुआ। इन लोगों ने करिश्माई व्यक्तित्व और ताकत के जरिए वफादारी को बनाए रखा, जबकि वे अपने सशस्त्र साथियों के साथ भी निकटता से जुड़े रहे। लैटिन अमेरिका में कॉदिलोस

अनौपचारिक संरक्षण नेटवर्क बनाकर भी जीवित रहे, जिन्होंने स्थानीय स्तर से परे जाकर स्थिरता को बढ़ावा दिया। कुछ इतिहासकारों का कहना है कि इन लोगों ने हाशिए पर रह रही आबादी और शक्तिशाली कुलीनों के साथ-साथ विदेशी हितों के बीच वार्त्ताकारों के रूप में काम किया। कई स्वतंत्र देशों में स्थानीय ताकतवर लोगों द्वारा लंबे समय तक शासन किया गया।

मैक्सिको में एंतोनियो लोपेज दे सांता अन्ना ने 1833 से 1855 तक शासन किया; अर्जेंटीना में हुआन मैनुअल दे रोजास 1829 से 1852 तक वास्तविक शासक थे; ग्वाटेमाला में राफेल कैरेरा ने 1839 से 1865 तक वास्तविक रूप से शासन किया; पेरू में रेमन कास्तिला ने 1841 से 1845 तक और 1855-62 तक शासन किया; और इक्वाडोर में गेब्रियल गार्सिया मोरेनो ने 1859 और 1875 के बीच चौदह वर्षों तक शासन किया।

राजनीतिक नियंत्रण और क्षेत्रों के वर्चस्व की लड़ाई कुछ संघर्षो का कारण बनी। फ्रांसिस्को सोलानो लोपेज के शासन के अधीन परागुए, उन्नीसवीं शताब्दी में एक बहुत शक्तिशाली राज्य था। इसने 1864 में अर्जेंटीना, ब्राजील और उरुग्वे के खिलाफ युद्ध में हिस्सा लिया, जो इसकी आबादी के पतन और 1870 में इसकी हार एवं बहिष्कार का कारण बना। उन्नीसवीं शताब्दी में इक्वाडोर और पेरू के बीच अपनी सीमा को लेकर बने मतभेद बीसवीं सदी तक जारी रहे। 1941, 1981 और 1995 में झड़पें हुईं। अक्तूबर 1998 में अंतिम समझौते पर हस्ताक्षर किए गए।

चिली में, पारस्परिक आर्थिक हितों ने खनिज संपदा का दोहन करने और अजेय व्यापारिक समुद्री मार्ग बनाने के लिए कुलीनतंत्र के गठन का मार्ग प्रशस्त किया। मजबूत सैन्य समर्थन वाली अर्ध-सामंती व्यवस्था ने 1879 में बोलीविया और पेरू के साथ युद्ध की परिस्थितियाँ उत्पन्न कीं। 1883 में चिली विजयी हुआ और अपने दोनों शत्रुओं के क्षेत्र पर कब्जा कर लिया। दिसंबर 1904 में शांति और मित्रता की एक संधि की गई, जिसने विवादित क्षेत्र पर चिली के सदा के प्रभुत्व को मान्यता दे दी। समुद्र तट पर चिली के कब्जे को मान्यता दी गई और बदले में चिली ने बोलीविया की राजधानी ला पाज से अरिका के समुद्री बंदरगाह को जोड़नेवाली रेल लाइन के निर्माण की अनुमति दी, जो बाहरी दुनिया के साथ बोलिविया का सबसे अहम आर्थिक लिंक था। बोलीविया और कुछ हद तक पेरू नई-नई माँगें रखते रहे, जिसमें से पेरू ने चिली के साथ समुद्री सीमा के सीमांकन के लिए मुकदमा दायर किया। 1975 में, राष्ट्रपति ऑगस्तो पिनोचे ने एक बैठक में बोलीविया के राष्ट्रपति ह्यूगो बान्जेर के लिए एक समझौते का प्रस्ताव रखा, जिसने तनाव को कम किया और जिसे 'चराफिया हग' कहा गया। हालाँकि, सौदे को अमल में नहीं लाया जा सका। विवाद अभी भी जारी है, जैसा कि हम बाद में देखेंगे।

उन्नीसवीं और बीसवीं शताब्दी के दौरान इस क्षेत्र में अन्य जगहों पर कई छोटे-छोटे संघर्ष हुए। 1902 से 1912 तक ब्राजील के विदेश मंत्री बैरन डी रियो ब्रैंको को उसका श्रेय जाता है कि ब्राजील ने शांतिपूर्वक बातचीत की और अपने सभी पड़ोसियों के साथ सीमा समझौते संपन्न किए, जो आज भी मान्य हैं। लैटिन अमेरिका का सबसे बड़ा देश ब्राजील, चिली और इक्वाडोर को छोड़कर, दक्षिण अमेरिका के अन्य सभी देशों के साथ भूमि सीमाएँ साझा करता है।

केवल कुछ विवादों को छोड़कर, जिनका निपटारा किया जाना बाकी है, क्षेत्र के लगभग सभी देशों के पास अब अपनी तय सीमाएँ हैं, जैसे वेनेजुएला और गुयाना के बीच एस्सेक्यूबो का क्षेत्र; ग्वाटेमाला-बेलीज सीमा; कोलंबिया और वेनेजुएला के बीच समुद्री सीमा; ऊपर उद्धृत चिली-पेरू-बोलीविया विवाद; और कोस्टा रिका और निकारागुआ के बीच नदी की सीमा। पेरू ने अपनी समुद्री सीमा के चिली संस्करण का भी विरोध किया, जिसे हेग में अंतरराष्ट्रीय न्यायालय (आई.सी.जे.) में भेजा गया था। न्यायालय का निर्णय जनवरी 2014 में आया, जिसे दोनों सरकारों ने स्वीकार किया और जो कुछ हद तक पेरू के पक्ष में रहा।[13]

सान आन्द्रेस द्वीपसमूह को लेकर जो कोलंबिया के मुकाबले निकारागुआ के अधिक निकट था, निकारागुआ और कोलंबिया के बीच परस्पर विरोधी समुद्री दावों को भी अंतरराष्ट्रीय न्यायालय के द्वारा सुलझा लिया गया। न्यायालय ने पहले कहा था कि द्वीपसमूह के तीन मुख्य द्वीप कोलंबियाई क्षेत्र थे। नवंबर 2012 में इसने फैसला दिया कि द्वीपसमूह के चारों ओर का लगभग 1,00,000 वर्ग किलोमीटर समुद्री क्षेत्र निकारागुआ के हिस्से में जाएगा।

इससे कोलंबिया में अफरा-तफरी मच गई। राष्ट्रपति जुआन मैनुअल सन्तोस ने 1948 में स्थापित अमेरिकी राज्यों का संगठन (ओ.ए.एस.) संधि के अन्तर्गत हुई 'कोलंबिया संधि', जिसके द्वारा क्षेत्र के अधिकांश देश अंतरराष्ट्रीय विवादों में आई.सी.जे. के अधिकार को मान्यता देने पर सहमत हुए थे, से कोलंबिया को हटाने का नाटकीय कदम उठाया। अगले कई वर्षों और दशकों के दौरान, 1968 में कोलंबिया सहित हस्ताक्षरकर्ताओं में से अधिकांश ने संधि की पुष्टि कर दी थी। उल्लेखनीय अपवादों में वेनेजुएला, अर्जेंटीना और अमेरिका शामिल थे। 1982 में माल्विनास (फॉकलैंड्स) को बलपूर्वक पुनः प्राप्त करने के असफल प्रयास के बावजूद, अर्जेंटीना अब भी ब्रिटेन से दक्षिण अटलांटिक के इस द्वीप समूह पर दावा बनाए हुए है।

पनामा नहर

प्रशांत और अटलांटिक महासागरों के बीच के इस प्रसिद्ध और महत्त्वपूर्ण कड़ी का इतिहास उस अवधि के लैटिन अमेरिका को दरशाता है। व्यापारिक शाहों की महत्त्वाकांक्षाओं

से प्रेरित, इसे आयातित श्रम के खून-पसीने ने आकार दिया और इसकी उत्पत्ति राजनीतिक हेर-फेर से हुई।

सोलहवीं शताब्दी में, स्पेनियों ने इस्थमस के आर-पार एक नहर बनाने के विचार की कल्पना की। 1846 में संयुक्त राज्य अमेरिका ने कोलंबिया के साथ एक संधि की, जिसमें उस समय पनामा भी एक हिस्सा था। 1855 में संयुक्त राज्य अमेरिका ने परियोजना में वित्तीय रुचि दिखाई। इस बीच 1850 के दशक में पनामा रेलमार्ग के निर्माण के लिए जमैका से मजदूरों का आयात किया गया। पनामा नहर कंपनी का गठन किया गया, जिसकी अगुवाई स्वेज नहर के निर्माता फ्रांसीसी फर्डिनेंड डी लेसेप्स ने की थी। हालाँकि, दस साल के भीतर ही दोषपूर्ण नियोजन, घूस और पीला बुखार, मलेरिया तथा हैजा के प्रकोप के कारण नहर के काम में एक ठहराव-सा आ गया और कंपनी दिवालिया हो गई। 1894 में नई पनामा नहर कंपनी ने काम को पुनर्गठित किया, लेकिन उसके पास पर्याप्त धन की कमी थी।

संयुक्त राज्य अमेरिका ने पहले निकारागुआ से एक नहर का प्रस्ताव रखा था, जिसे पक्षपातपूर्ण मानते हुए छोड़ दिया गया। 1902 में अमेरिकी राष्ट्रपति थियोडोर रुजवेल्ट और कोलंबियाई राष्ट्रपति के बीच एक समझौता हुआ, जिसने अमेरिका को इस्थमस के आर-पार भूमि की एक पट्टी दी। 1903 में संयुक्त राज्य अमेरिका और कोलंबिया ने पनामा नहर के निर्माण को अंतिम रूप देने के लिए 'हेय-हेरान संधि' पर हस्ताक्षर किए। कोलंबिया की कांग्रेस ने इस संधि को खारिज कर दिया (जिसे कोलंबिया ने प्रस्तावित किया था)। इसके बाद संयुक्त राज्य अमेरिका ने फ्रांसीसी परियोजना के अवशेषों पर नियंत्रण पाने के लिए पनामा में अलगाववादी आंदोलन को समर्थन देना शुरू किया।

पनामा ने 1903 में अमेरिकी मिलीभगत से कोलंबिया से अपनी स्वतंत्रता की घोषणा कर दी और उसी वर्ष अमेरिका के साथ 'हेय-बुनाव-वारिजा संधि' पर हस्ताक्षर किए। संधि के तहत, नहर के निर्माण का अधिकार अमेरिका के हाथों में दिया गया। 1904 में काम शुरू हुआ और अगस्त 1914 में नहर को पहली बार यातायात के लिए खोला गया। कोलंबिया ने 1921 में पनामा की संप्रभुता को मान्यता दी, लेकिन केवल तभी, जब संयुक्त राज्य अमेरिका ने उसे ढाई करोड़ अमेरिकी डॉलर का मुआवजा दिया और अमेरिकी कांग्रेस ने पनामा-कोलंबिया संघर्ष में हस्तक्षेप के लिए औपचारिक रूप से माफी माँगी।[14]

संधि की शर्तों के तहत अमेरिका ने जलमार्ग के साथ-साथ पनामा नहर क्षेत्र के रूप में जाने जानेवाले जलमार्ग के प्रत्येक तरफ पाँच मील बफर क्षेत्र पर नियंत्रण हासिल किया। पनामानियों ने अमेरिकी नियंत्रण का विरोध किया। 1950 और 1960 के दशक में दंगे हुए। 1964 में बीस पनामाई मारे गए और दोनों देशों ने राजनयिक संबंधों को अस्थायी रूप से निलंबित कर दिया। 1977 में अमेरिकी राष्ट्रपति कार्टर और पनामा के राष्ट्रपति उमर

टोरिजोस के प्रशासन के दौरान दो नई संधियों पर हस्ताक्षर किए गए। संधियों ने नहर और नहर क्षेत्र पर पनामा के स्वामित्व को मान्यता दे दी। 31 दिसंबर, 1999 की दोपहर पनामा को फिर से पूर्ण नियंत्रण दे दिया गया।

31,000 से अधिक एफ्रो-कैरेबियाई मजदूरों में से ज्यादातर बारबाडोस (19,900), मार्टीनिक (5,542), ग्वाद्दालूप (2,053) और त्रिनिदाद (1,427) से आए थे। ब्रिटिश कैरेबियाई से बड़ी संख्या भारतीय मूल की थी। यूरोप ने केवल 11,873 और लैटिन अमेरिका ने 2,163 मजदूर भेजे। पनामा सिटी के एफ्रो-कैरेबियन संग्रहालय में, एक तसवीर नहर क्षेत्र में अमेरिकी डाकघर में दो श्रमिकों की है—एक श्वेत और एक अश्वेत। शीर्षक कहता है, "दोनों श्रमिकों ने एक ही काम किया।" लेकिन सिल्वर (अश्वेत) रोल कर्मचारी को प्रति माह 80 डॉलर का भुगतान किया गया, जबकि गोल्ड (श्वेत) रोल कर्मचारी को 150 डॉलर मिला, वो भी अतिरिक्त लाभ के साथ।

गुलामी उन्मूलन

नहर के निर्माण के दौरान किए गए भेदभाव ने क्षेत्र को गुलामी से मुक्ति के ढोंग को प्रमाणित कर दिया। उन्नीसवीं शताब्दी की पहली छमाही के दौरान दासों को कैरेबिया के कई हिस्सों में और यहाँ तक कि दक्षिण अमेरिकी महाद्वीप में भी मुक्ति मिली थी। 1814 में डच साम्राज्य में दासता को समाप्त कर दिया गया। स्पेन ने 1811 में दासता को समाप्त करनेवाला कानून पारित किया और 1817 में अपने उपनिवेशों के लिए दास व्यापार को समाप्त कर दिया। ब्रिटिश साम्राज्य ने 1807 में दास व्यापार अधिनियम के उन्मूलन और 1833 में दासता उन्मूलन अधिनियम को पारित किया। फ्रांस ने 1848 में अपने उपनिवेशों में इस प्रथा को समाप्त कर दिया। 1886 तक क्यूबा में गुलामी को समाप्त नहीं किया गया था। 1888 में ब्राजील सभी दासों को मुक्त करनेवाला अंतिम देश था।

लैटिन अमेरिका और कैरेबिया में मुख्य रूप से अश्वेत, मुलातो या जाम्बो आबादी वाले देशों में आज ब्राजील (8.6 करोड़—देश भर में जनगणना में सभी भूरे रंग की ब्राजीलियाई जनसंख्या को 'ब्लैक' मानने के अनुसार कोलंबिया (1 करोड़) हैती (87 लाख), डोमिनिकन गणराज्य (11 लाख तक), क्यूबा (40 लाख तक) और प्यूर्टो रिको शामिल हैं। हैती और जमैका के लोग मुख्य रूप से अफ्रीकी मूल के हैं। कई कैरेबियाई देशों, सूरीनाम और गुयाना में बहुसंख्यक बहुमत आबादी अफ्रीकी मूल या मुलातो की है। स्पैनिश, पुर्तगाली, फ्रांसीसी और लैटिन अमेरिका की देशी संस्कृतियों के साथ इन अफ्रीकी संस्कृतियों के मिश्रण ने भाषा के कई अनूठे रूपों का निर्माण किया है (जैसे पैलेन्केरो, गैरीफुना और क्रियोल); धर्म (जैसे कान्दोम्ब्ले, अबाकुआ, सैंटेरिया, लुकुमी और

वोडौ); संगीत (जैसे कोम्पा, सालसा, बाचाता, पुंट्टा, पालो दी मेयो, प्लेना, सांबा, मेरेंगे, क्यूम्बिया); मार्शल आर्ट (कैपोईरा) और नृत्य (रूम्बा, सांबा, मेरेंगे)। लैटिन अमेरिका में इनमें से कई सांस्कृतिक अभिव्यक्तियाँ अब व्यापक हो गई हैं।

कैरेबियाई देशों में दासता को समाप्त करने के भारत के लिए बड़े निहितार्थ थे। ब्रिटिश, फ्रांसीसी और डच अपने बंधुआ श्रम की प्रथा की ओर वापस लौट आए। उन्नीसवीं शताब्दी के मध्य के आसपास भारतीय मजदूरों को नाममात्र के अनुबंध पर, मार्टीनिक और गुआदेलूपे के फ्रांसीसी उपनिवेशों में; सूरीनाम के डच उपनिवेश; और यहाँ तक कि त्रिनिदाद और गुयाना के ब्रिटिश उपनिवेशों में भी अधिक संख्या में ले जाया गया। सबसे आरंभिक भारतीयों को 1838 में गुयाना में भेजा गया था। इक्कीसवीं सदी के अंत तक त्रिनिदाद और टोबैगो, गुयाना और सूरीनाम में भारतीय मूल की आबादी वहाँ की कुल आबादी की पैंतीस प्रतिशत से लेकर इक्यावन प्रतिशत तक हो गई।[15]

लैटिन अमेरिका में सामाजिक वर्णों में परिवर्तन के कारण अधिकांश लैटिन अमेरिका में चयनात्मक आव्रजन नीतियों का कार्यान्वयन किया गया, जो मुख्यतः यूरोपीय प्रवासियों के पक्ष में थी। उन्नीसवीं सदी के मध्य में यूरोप में मंदी की स्थिति के कारण दक्षिण अमेरिका में बड़े पैमाने पर प्रवासन हुआ, जहाँ जर्मन, फ्रांसीसी, इतालवी, पुर्तगाली, ब्रिटिश, वेल्श और स्पेनिश मूल के प्रवासियों ने जड़ें जमा लीं।

1880 से शुरू होकर अगले सौ वर्षों से भी कम समय में, यूरोप ने चार करोड़ लोगों का प्रवजन दर्ज किया, जो संयुक्त राज्य अमेरिका, अर्जेंटीना, ब्राजील, कनाडा और कुछ संख्या में मैक्सिको, मध्य अमेरिका और उरुग्वे में चले गए।[16] थोड़े कम स्तर पर प्रवास जापान से भी हुआ, मुख्य रूप से ब्राजील में, जहाँ जापानी मूल के बीस लाख से अधिक लोग हैं। चीनी और कोरियाई प्रवासियों ने पूरे क्षेत्र में पूर्वी उपनिवेशों के छोटे-छोटे पॉकेट बना दिए। सीरिया और लेबनान से बीसवीं सदी का कुछ प्रवासन उन परिवारों द्वारा किया गया, जो अब यहूदी समुदायों के साथ महत्त्वपूर्ण और प्रभावशाली अल्पसंख्यक हैं और पूरे क्षेत्र में बस गए हैं।

बड़ा भाई

स्वतंत्रता के बाद के लैटिन अमेरिका और कैरेबिया तेजी से यूरोप की छाया और संयुक्त राज्य अमेरिका के प्रभाव से बाहर आ गए। 1823 में इस बात से डरकर कि फ्रांस, जर्मनी और रूस लैटिन अमेरिका में स्पेन और अन्य की कीमत पर अपना प्रभाव बढ़ाएँगे, ब्रिटेन ने अमेरिका से इस बात पर सहमति बना ली कि दोनों देश स्पेनिश अमेरिका में किसी भी क्षेत्रीय विस्तार का त्याग करेंगे। ब्रिटिश विदेश सचिव लॉर्ड जॉर्ज कैनिंग ने 'पुरानी दुनिया के संतुलन को ठीक करने के लिए एक नई दुनिया' बनाने का आह्वान किया।

अमेरिका को शंका हुई, लेकिन 2 दिसंबर, 1823 को अमेरिकी राष्ट्रपति जेम्स मुनरो ने एक घोषणा की, जिसे 'मुनरो सिद्धांत' के रूप में जाना जाता है—'हमें (संयुक्त राज्य अमेरिका) इस गोलार्द्ध के किसी भी हिस्से पर उनके (यूरोपीय शक्तियों) सिस्टम के विस्तार के प्रयास को हमारी शांति और सुरक्षा के लिए खतरनाक मानना चाहिए। यूरोपीय शक्ति के मौजूदा उपनिवेशों या आश्रितों में हमने हस्तक्षेप नहीं किया है और न ही करेंगे, लेकिन उन सरकारों के साथ, जिन्होंने अपनी स्वतंत्रता की घोषणा की है और जिनकी स्वतंत्रता को हमने स्वीकार किया है, उन पर अत्याचार करने या किसी अन्य तरीके से उनकी नियति को नियंत्रित करने में किसी भी यूरोपीय शक्ति द्वारा संयुक्त राज्य अमेरिका के प्रति अमित्रतापूर्ण स्वभाव की अभिव्यक्ति के अतिरिक्त किसी भी अन्य रूप में हम कोई हस्तक्षेप नहीं देखते हैं।'

यह दावा, हालाँकि, ऐसे अमेरिका द्वारा किया गया था, जो उस समय कमजोर और अंतर्मुखी था, फिर भी एक क्षेत्रीय पहचान के आरंभिक बयान के रूप में यह महत्त्वपूर्ण था। क्षेत्र में अपने प्रभाव को आजमाने और इसका विस्तार करने के लिए अमेरिका का संकल्प मैक्सिकी क्षेत्र के संयोजन, पनामा में प्रभाव, मध्य अमेरिकी और कैरेबियाई देशों पर आक्रमण और हाल ही के हस्तक्षेपों से स्पष्ट हो गया है, जिसने इसे एक भयावह और अवांछनीय प्रतिष्ठा प्रदान की।

आर्थिक इतिहास

स्वतंत्रता ने स्थापित राजनीतिक और सामाजिक व्यवस्था को बाधित किया था, जबकि हिंसक संघर्षों ने औपनिवेशिक शासन के तहत निर्यात पर निर्भर अर्थव्यवस्थाओं को प्रभावित किया था। वृक्षारोपण और खानों में उत्पादकता में गिरावट आई और कुलीन वर्ग के लिए अपने मजदूरों को नियंत्रित करना मुश्किल हो गया। ग्रामीण गरीबों ने कुछ हद तक स्थिति को अपने लिए अधिक न्यायसंगत पाया और अपनी नियति पर अधिक नियंत्रण रख पाए। देशी समुदायों को कॉदिजोस के तहत भी अधिक अधिकार प्रदान किए गए थे, जिन्होंने अपने शासन के लिए एक नए आदेश की स्थापना करने की माँग की, जिसका कुलीनों के प्रति भी वफादार होना आवश्यक नहीं था।

यूरोप में औद्योगिक क्रांति और लैटिन अमेरिका के ज्यादातर हिस्सों में पितृसत्तात्मक राज्य की मजबूती ने कुछ हद तक स्थिरता बनाई और इस क्षेत्र के प्राकृतिक संसाधनों के दोहन के लिए एक अनुकूल राजनीतिक अर्थव्यवस्था का निर्माण किया। उत्तर की औद्योगिक अर्थव्यवस्थाओं की पूरक परिस्थितियों ने, जिन्होंने विनिर्माण के बदले खनिज और कृषि उत्पादों का आयात किया, विदेशी व्यापार को बढ़ावा दिया।

मैक्सिको के प्रमुख निर्यात के रूप में चाँदी का स्थान तेल ने ले लिया। पेरू में ताँबा की खोज, बोलीविया में टिन, चिली में नाइट्रेट ने लघु बाजार को ऊँचाई पर पहुँचा दिया। ब्राजील से रबर, अर्जेंटीना से ऊन और क्यूबा से चीनी ने भी उस अवधि में निर्यात से होनेवाली उन्नति को बढ़ावा दिया। रेलवे जैसे महत्त्वपूर्ण बुनियादी ढाँचे के निर्माण ने इसमें साथ दिया, जिसकी शुरुआत 1838 में क्यूबा में हुई थी और जो मैक्सिको, ब्राजील, अर्जेंटीना, चिली और कोलंबिया तक फैल गया था।

दूसरी ओर, कई लैटिन अमेरिकी अर्थव्यवस्थाओं में कॉफी जैसे एकल वस्तु निर्यात पर एकाग्रता ने एक खतरनाक निर्भरता पैदा कर दी। 1870 से 1913 तक अधिकांश लैटिन अमेरिकी देश ऋण और प्रत्यक्ष निवेश के माध्यम से अंतरराष्ट्रीय पूँजी प्रवाह के ग्राहक थे, जिन्हें ज्यादातर अमेरिकी डॉलर में दरशाया गया था, जबकि अर्जेंटीना जैसे कुछ देशों के पास एक मजबूत कृषि निर्यात क्षेत्र था तो अन्य देशों ने अवसंरचना पर खर्च के लिए बाहरी ऋण पर भरोसा किया। इसने बैंकिंग और मुद्रा संकट तथा मुद्रास्फीति को लेकर इनकी अर्थव्यवस्थाओं को उजागर कर दिया, जिससे पहले ब्राजील और आखिरकार अर्जेंटीना में आर्थिक तबाही मच गई।[18]

1940 के दशक के अंत में कई देशों ने स्वशासी आर्थिक नीतियों को चुना, जिससे घरेलू उद्योग को बढ़ावा मिला। ब्राजील, मैक्सिको, कोलम्बिया, अर्जेंटीना, चिली और पेरू के पास बड़े घरेलू बाजार थे। उन्होंने आयात प्रतिस्थापन के माध्यम से एक विविध और स्थायी औद्योगिक आधार बनाने की कोशिश की। अन्य कदमों में शुल्क की ऊँची दरें, पूँजी नियंत्रण, विनिमय नियंत्रण, कई विनिमय दर योजनाएँ और श्रम बाजारों में सार्वजनिक हस्तक्षेप शामिल थे।

अर्जेंटीना के राउल प्रीबिश जैसे प्रमुख लैटिन अमेरिकी अर्थशास्त्रियों द्वारा विकसित 'संरचनावादी' सिद्धांत ने तर्क दिया कि अविकसित समाजों में औद्योगिकीकरण की प्रक्रिया से उत्पन्न मुद्रास्फीति एक आपूर्ति-पक्ष की समस्या थी, जबकि आपूर्ति बुनियादी ढाँचे पर निर्भर थी। इस स्कूल ने आयात प्रतिस्थापन औद्योगिकीकरण (आई.एस.आई.) मॉडल का पालन करते हुए, बुनियादी ढाँचे के विकास और उत्पादन शृंखला में कमजोरियों को दूर करने के लिए राज्य द्वारा उच्च व्यय की वकालत की।[19] ये इस मॉडल के प्रभाव थे जिसने अन्य बाधाओं को जन्म दिया। उद्योग प्रतिस्पर्धी ताकतों से बचता रहा और उसे कुछ नया करने की जरूरत नहीं पड़ी। रोजगार का न तो उत्पादकता और न ही दक्षता से कोई संबंध था, जबकि मजदूरी बढ़ती रही। 1940 से 1980 तक कई अर्थव्यवस्थाएँ, विशेष रूप से अर्जेंटीना, ब्राजील और चिली, मुद्रास्फीति की उच्च दरों से त्रस्त रहीं।

अंततः, बहुराष्ट्रीय निगमों (एम.एन.सी.) को मुख्यतः पूँजीगत वस्तुओं के निर्माण

के लिए उद्योग स्थापित करने के लिए वापस आमंत्रित किया गया था और वास्तव में उन्हें स्थानीय उद्योगों के समान ही सुरक्षा और सब्सिडी प्रदान की गई थी। शुरुआत में राज्य, स्थानीय पूँजी और बहुराष्ट्रीय कंपनियों के 'तिहरे गठबंधन' से कुछ विकास हुआ। इस क्षेत्र में सकल घरेलू उत्पाद (जी.डी.पी.) विकास की गणना 5.5 प्रतिशत की दर से की गई और कुल मिलाकर 1950 से 1980 के बीच क्षेत्र की अर्थव्यवस्था का आकार पाँच गुना तक बढ़ गया।[20]

1980 तक जनसंख्या 1950 की 15.5 करोड़ से बढ़कर 40 करोड़ हो गई थी। प्रति व्यक्ति आय 420 डॉलर से बढ़कर 1000 डॉलर हो गई और जीवन प्रत्याशा में सुधार हुआ। नकारात्मक प्रभावों में बड़े पैमाने पर और तेजी से शहरीकरण, शहरी गरीबी और बढ़ती बेरोजगारी शामिल थी। झोपड़ पट्टियाँ (वेनेजुएला में बैरिओस; ब्राजील में फवेलास) पूरे क्षेत्र में फैली हुई थीं। सामाजिक और आर्थिक असमानता, जो और भी अधिक उन्नत लैटिन अमेरिकी अर्थव्यवस्थाओं की विशेषता है, इन नीतियों का सीधा परिणाम थी और यह इक्कीसवीं सदी में भी उसी तरह से जारी है।

बाहरी कारकों में वस्तु निर्यात की प्रतिस्पर्धा में गिरावट और विदेशी पूँजी पर अत्यधिक निर्भरता शामिल थीं। 1977 में पेट्रोलियम निर्यातक देशों के संगठन (ओपेक) के गठन से कच्चे तेल की कीमतों में भारी वृद्धि हुई। इसके परिणामस्वरूप लैटिन अमेरिका ने विकसित देशों के बैंकों से मुख्य रूप से यू.एस. से बड़े पैमाने पर उधार ले लिया था, फलतः एमएनसी और स्थानीय पूँजी के बीच तनाव तथा मुद्रास्फीति के दबाव और भुगतान के संतुलन एक साथ मिलकर संयुक्त रूप से अर्जेंटीना, बोलीविया, ब्राजील, चिली, इक्वाडोर, ग्वाटेमाला, पेरू और उरुग्वे में तानाशाही के शासन के पतन और उत्थान का कारण बने।[21] शिथिल 'आईएसटी मॉडल' के कारण आर्थिक पतन और राजनीतिक अव्यवस्था ने खोए हुए दशक में 1980 में प्रवेश किया। इनमें से कई देशों ने आर्थिक विचार के 'नव-उदारवादी' स्कूल की ओर रुख किया, जो चिली में पहले से ही वामपंथी राष्ट्रपति सल्वाडोर अय्येन्दे को उखाड़ फेंकने के बाद और 1970 में औगुस्तो पिनोशे की तानाशाही के दौरान प्रभावी था।

अमेरिका के अर्थशास्त्री मिल्टन फ्रीडमैन और पेरुवियाई पेड्रो पाब्लो कुक्जिनस्की के नेतृत्व वाले शिकागो स्कूल द्वारा समर्थित इस सिद्धांत को 'वाशिंगटन सहमति' के नाम से जाना गया। इसके सूत्रों को विश्व बैंक के पूर्व अर्थशास्त्री जॉन विलियमसन ने व्यक्त किया था। इसने 'विकास, निम्न मुद्रास्फीति, भुगतान का एक व्यवहार्य संतुलन और आय का समान वितरण' जैसे न्यूनतम, सहमत लक्ष्यों का प्रतिनिधित्व किया।

इसने दस नीतियों की पहचान की—राजकोषीय घाटे को नियंत्रित करना; सार्वजनिक खर्च को फिर से निर्धारित करना; सुधार कर; ब्याज दरों को निर्धारित करने के लिए बाजारों

को अनुमति देना; मुक्त विनिमय दर; व्यापार को उदार बनाना; वित्त उदारीकरण (विशेषकर प्रत्यक्ष विदेशी निवेश या एफ.डी.आई.); राज्य के स्वामित्व वाले उद्यमों का निजीकरण; अर्थव्यवस्था को नियममुक्त करना, और सुरक्षित संपत्ति अधिकार।[22]

नवउदारवाद ने राज्य की भूमिका में शासन करके और बाजार को एक बड़ी भूमिका की अनुमति देकर लैटिन अमेरिका की समस्याओं को सुधारने की माँग की। इसे वामपंथी अर्थशास्त्रियों और विचारकों ने चुनौती दी, जिससे लैटिन अमेरिका में एक राजनीतिक विभाजन पैदा हुआ, जो आज भी कायम है।

क्रांति

उन्नीसवीं शताब्दी के उत्तरार्ध और बीसवीं शताब्दी की शुरुआत में अपनाई गई नीतियों की सामाजिक और आर्थिक कीमत गहरी असमानता, वैश्विक अर्थव्यवस्था (विशेष रूप से संयुक्त राज्य अमेरिका) पर अत्यधिक निर्भरता तथा आर्थिक और राजनीतिक अस्थिरता थी। इसे नस्लीय और जातीय असंतोष, उदारवादी विचारकों द्वारा समर्थित उग्र विकल्प और मताग्रही विचारक और बढ़ा रहे थे।

1 जनवरी, 1891 को, क्यूबा के कवि और बुद्धिजीवी लेसे मार्ती ने न्यूयॉर्क में अपना प्रसिद्ध निबंध 'आवर अमेरिका' प्रकाशित किया। उन्होंने 'हमारे अमेरिका के लंबे समय से पीड़ित गणराज्यों…' पर भावुकता से बात की और लैटिन अमेरिका में क्रांतिकारी स्वतंत्रता की भावना को विकृत करनेवाले निरंकुश और कुलीन वर्गों के खिलाफ जोरदार आवाज उठाई। 1895 में इस रोमांटिक दूरदर्शी की मृत्यु स्पेनी बलों के खिलाफ एक घुड़सवार सेना के आक्रमण में हो गई, जिसने अभी तक उसकी मातृभूमि पर कब्जा किया हुआ था। उनकी शहादत आज भी लैटिन अमेरिका में लाखों लोगों को प्रेरित करती है। उनका संघर्ष 1959 में क्यूबा में फिदेल कास्त्रो की सफल क्रांति का अग्रदूत बना।

मैक्सिको में तानाशाह पोर्फिरियो दियाज के 32 साल के शासन का अंत मई 1911 में हो गया, जब चुनाव को फर्जी तरीके से दुबारा कराने की कोशिश के कारण एक वर्ष पूर्व हुए सशस्त्र विद्रोह के बाद वह भागने के लिए मजबूर हो गया। उसके बाद देश एक ऐसे गृह युद्ध से बरबाद हो गया, जिसमें कुछ वर्षों में एक लाख से अधिक जानें गई थीं। दिसंबर 1914 में, उत्तरी मैक्सिको से फ्रांसिस्को (पान्चो) विला और दक्षिण से एमिलियानो जपाता के नेतृत्व में किसान सेनाओं ने मैक्सिको सिटी में प्रवेश किया।[23] आखिरकार संविधानवादियों ने, जिसमें उदारवादी, बुद्धिजीवी, आधुनिकतावादी और पुरानी सत्ता के बचे-खुचे लोगों का एक विविध सम्मिलन था, 1915 में विला को हरा दिया (1923 में उसकी हत्या कर दी गई), जबकि 1919 में जपाता की हत्या कर दी गई। जपाता का नाम 'चियापास संघर्ष'

नामक क्रांतिकारी आंदोलन की पहचान है, जो अभी भी दक्षिणी मैक्सिको में सामाजिक समाधान की तलाश कर रहा है।

राष्ट्रपति लजारो कार्देनास ने 1938 में मैक्सिकन पेट्रोलियम उद्योग का राष्ट्रीयकरण किया। यह आज भी पूरी तरह से राज्य के स्वामित्व में है। उनकी संस्थागत क्रांतिकारी पार्टी (पी.आर.आई.) की जड़ें मैक्सिकन 'क्रांति' में थीं। उसने वर्ष 2000 तक मैक्सिको पर शासन किया। दिसंबर 2013 में उत्तराधिकारी पी.आर.आई. राष्ट्रपति, एनरिके पेन्या निएतो मैक्सिको के तेल और गैस क्षेत्र में विदेशी और निजी निवेश को अनुमति देने के लिए कानूनी सुधार पारित कराने में कामयाब रहे।

प्रथम विश्वयुद्ध के अंत तक मजदूरी बहुत कम हो गई थी और कीमतें बढ़ रही थीं, जिससे व्यापक तौर पर मजदूरों में अशांति पैदा हुई। पूरे क्षेत्र में शहरी मजदूर शासक वर्गों द्वारा निर्धारित की जा रही शर्तों को चुनौती देने के लिए एकत्रित और संघबद्ध हुए। रूस में बोल्शेविक क्रांति ने अर्जेंटीना में मजदूरों को प्रेरित किया। उनके विद्रोह से काफी दमन और मौतें हुईं। ब्राजील, पेरू, चिली, कोलंबिया, अर्जेंटीना और अन्य जगहों पर इस तरह की घटनाओं और स्थितियों के परिणामस्वरूप वामपंथी राजनीतिक दल उभरे।

एशिया और अफ्रीका के कई देशों तथा साथ ही दक्षिण और मध्य अमेरिका, को 1927 में ब्रुसेल्स में पीड़ित लोगों के एक अंतरराष्ट्रीय सम्मेलन में आमंत्रित किया गया था। लैटिन अमेरिका की भागीदारी मुख्य रूप से मैक्सिकन कार्यकर्ताओं और वामपंथी नेताओं, जैसे मैक्सिको के शिक्षा मंत्री होसे वास्कोनसेलोस तथा 1923 में पेरू में ए.पी.आर.ए. पार्टी के संस्थापकों में से एक, पेरू के विक्तोर राडल हया दे ला तोरे के जरिए हुई थी।

वामपंथी विचारधारा के नेताओं के बीच एक दरार विकसित हुई, जिसमें एक ओर निकारागुआ में हया दे ला तोरे और ऑगुस्तो सांदिनो और दूसरी ओर पेरू के मारीआतेगुई और अल सल्वाडोर के फाराबुंदो मार्ती थे। पहले पक्ष ने कॉमिन्टर्न विचारधारा को मंजूरी नहीं दी थी, हालाँकि, ब्रुसेल्स सम्मेलन के परिणामस्वरूप गठित साम्राज्यवाद के खिलाफ लीग तो समृद्ध नहीं हो सकी, लेकिन आंदोलन ने गति प्राप्त की और आधिकारिक नीति को आकार दिया। वामपंथी विचार और विचारधारा के बीज लैटिन अमेरिका और कैरेबिया में बोए गए और अगले दशकों में अंकुरित हुए।

बीसवीं सदी के पूर्वार्द्ध में कई विद्रोह हुए। निकारागुआ में अगुस्तो सांदिनो के नेतृत्व में हुआ विद्रोह सबसे कुख्यात था, जिसे तानाशाह अनास्तासियो सोमोजा द्वारा मार डाला गया था। 1948 में बोगोता में, लोकप्रिय वामपंथी नेता जॉर्ज एलीसेर गाईतान की हत्या ने कोलंबिया में दस साल लंबे संघर्ष को जन्म दिया और इस क्षेत्र में सबसे लंबे समय तक रहनेवाले वामपंथी उग्रवाद के बीज बोए।

इस अवधि के दौरान अमेरिकी उपस्थिति और वर्चस्व ने भी लोगों को उकसाया। संयुक्त राज्य अमेरिका ने टेक्सास को हड़प लिया था और मैक्सिको से न्यू मैक्सिको, कैलिफोर्निया और एरिजोना का अधिग्रहण कर लिया था। कुछ मामलों में इसका आर्थिक विस्तार प्रबल था। उन्नीसवीं सदी के अंत तक तीन अमेरिकी बहुराष्ट्रीय निगमों—यूनाइटेड फ्रूट कंपनी (यू.एफ.सी.ओ.—बाद में चिकिटा ब्रांड्स), स्टैंडर्ड फ्रूट कंपनी (बाद में डोल) और क्युएमेल फ्रूट कंपनी—केले की खेती, कटाई और निर्यात पर हावी हो गई। उन्होंने कई मध्य और दक्षिण अमेरिकी देशों में सड़क, रेल और बंदरगाह जैसे महत्त्वपूर्ण बुनियादी ढाँचे को भी नियंत्रित किया। 'बनाना रिपब्लिक' शब्द को विशेष रूप से बंदी राजनीतिक अर्थव्यवस्था के इस मॉडल के प्रति हथियार डाल देने के लिए अपमान के संदर्भ में बनाया गया था।[24]

1901 में ग्वाटेमाला के राष्ट्रपति मैनुअल एस्ट्राडा कबेरा ने यू.एफ.सी.ओ. को देश के केले के कारोबार पर एकाधिकार दिया। बाद के राष्ट्रपति हुआन जोसे आरवलो और जैकब अर्बेन्ज ने कम्युनिस्ट पार्टी को वैधता प्रदान कर दी। उन्होंने तब यू.एफ.सी.ओ. की अप्रयुक्त भूमि के साथ-साथ मध्य अमेरिका के अंतरराष्ट्रीय रेलमार्ग यू.एफ.सी.ओ. की रेल प्रणाली को जब्त करने और पुनर्वितरित करने की धमकी दी। 1954 में अर्बेन्ज को अंततः गुप्त अमेरिकी काररवाई से उखाड़ फेंका गया।

क्षेत्र में हर जगह वामपंथी आंदोलनों को लेकर प्रतिक्रिया थी, जिसने लोकलुभावन हस्तियों को सत्ता को जब्त करने का मौका दे दिया—विक्तोर राउल हया दे ला तोरे (पेरू); गेतुलियो वर्गास (ब्राजील); कार्लोस इबानेज (चिली); फुल्गेंसियो बतिस्ता (क्यूबा) और राफेल त्रूहिजो (डोमिनिकन गणराज्य)। 1946 में, एक सैनिक जुआन डोमिंगो पेरोन, अर्जेंटीना के राष्ट्रपति चुने गए। अपनी पत्नी, मारिया ईवा ड्यूर्टा डी पेरोन (एविता) के साथ उन्होंने एक विशाल संरक्षण नेटवर्क स्थापित किया, जो मुख्य रूप से सरकार से जुड़े ट्रेड यूनियनों पर निर्भर था। 1955 में अपने पराभव और निर्वासन तक पेरोन ने एक वामोन्मुख, लोकलुभावन शासन उभरता देखा।

लैटिन अमेरिका की सबसे पुरानी और सबसे बड़ी कम्युनिस्ट पार्टी, चिली की 'कम्युनिस्ट पार्टी' (PCCH) की स्थापना 1922 में हुई थी। यह 1938 की लोकप्रिय 'मोर्चा सरकार' में शामिल हुई, जो 1940 के दशक में संघीकृत श्रमिक वर्ग के बीच तेजी से बढ़ रही थी। शीत युद्ध की शुरुआत के साथ एक मजबूत चुनावी आधार बनाने में PCCH की सफलता के कारण 1948 में लगभग एक दशक तक इसका बहिष्कार किया गया। 1973 में जनरल ऑगस्तो पिनोशे द्वारा तख्तापलट के बाद, पी.सी.सी.एच. के नेतृत्व को तथा क्रांतिकारी समूह, मैनुअल रोड्रिग्ज पैट्रियोटिक फ्रंट (एफ.पी.एम.आर.) और क्रांतिकारी

वाम के आंदोलन (एम.आई.आर.) को समाप्त कर दिया गया।

बीसवीं शताब्दी के उत्तरार्ध में क्रांतिकारी लैटिन अमेरिका में प्रभावशाली विकास हुआ। क्यूबा की सफल क्रांति, जो 1 जनवरी, 1959 को फिदेल कास्त्रो को सत्ता में ले आई और फिर क्यूबा का कट्टरपंथीकरण किया, ने एक वास्तविकता का निर्माण किया, जो आज तक इस क्षेत्र की राजनीति को प्रभावित करती है।

गैतान की हत्या और कैथोलिक पादरी कामिलो तोरेस रेस्त्रेपो के उत्पीड़न के कोलंबिया में स्थायी परिणाम हुए। कामिलो को आधुनिक मुक्ति के धर्मशास्त्र का पूर्वज माना जाता था और यह घोषित किया गया था कि, "यदि ईसा मसीह आज जीवित होते तो वे गुरिल्ला छापामार होते।" मार्क्सवादी छापामार समूह 'आर्मी ऑफ नेशनल लिबरेशन' (ई.एल.एन.) के साथ लड़ते हुए 1966 में उनकी मृत्यु हो गई। कोलंबिया के एक और अधिक शक्तिशाली क्रांतिकारी सशस्त्र बल (एफ.ए.आर.सी.) ने 1960 के दशक में देशव्यापी विद्रोह करना शुरू कर दिया था, जो कम क्षमता के साथ आज भी जीवित है। पेरू में, माओवादी विचारधारा से प्रेरित, अबीमेल गुजमैन ने 'शाइनिंग पाथ मूवमेंट' की स्थापना की, जिसने 1970 और 1980 के दशक में तथा 1992 में अपनी गिरफ्तारी तक राज्य के खिलाफ एक हिंसक विद्रोह किया।

फिदेल कास्त्रो के विश्वासपात्र और सह-क्रांतिकारी तथा साथ ही क्यूबा क्रांति के नायक, अर्नेस्टो (चे) गेवारा, अर्जेंटीना मूल के थे और लैटिन अमेरिका में हर जगह 'क्यूबा मॉडल' को स्थापित करने का सपना देखते थे। उन्होंने श्वेत दक्षिण अफ्रीका के खिलाफ संघर्ष में मदद करने और अन्य अफ्रीकी शासन की सहायता के लिए अफ्रीका में भी उद्यम किया। 1967 में बोलीविया में सीआईए द्वारा उनकी हत्या कर दी गई। उनकी कथाएँ आज भी लैटिन अमेरिका और अन्य जगहों पर क्रांतिकारी विचार और काररवाई को प्रेरित करती हैं।

क्यूबा की क्रांति ने अन्य लैटिन अमेरिकी नेताओं को प्रेरित किया, विशेष रूप से पेरू में हुआन वेलास्को अल्वारादो, चिली में सल्वाडोर अयेंदे, निकारागुआ में देनियल ऑर्तेगा, वेनेजुएला में ह्यूगो चावेज, बोलीविया में इवो मोरालेस और इक्वाडोर में राफेल कोरेया को इसने शीत युद्ध के प्रारंभिक वर्षों में कम्युनिस्ट विचारधारा के संभावित प्रसार को लेकर सशंकित अमेरिका को भी उकसाया।

इस क्षेत्र में अमेरिका की निरंकुश रणनीति और हस्तक्षेपों की प्रतिक्रिया ने वामपंथी शासन को दृढ़ किया है। दूसरी ओर, कट्टरपंथी वामपंथी शासन के उदय ने क्षेत्र के भीतर अधिक उदारवादी और बाजारोन्मुख सरकारों के बीच प्रतिक्रिया को उकसाया है, जिसके बारे में बाद के अध्याय में अधिक लिखा जाएगा।

संदर्भ :

1. कैसेडो, जोस मारिया टोरेस, 'लास डॉस अमेरिकास'—द टू अमेरिकास, सितंबर 1856
2. मिग्नोलो, वाल्टर (2005), 'द आइडिया ऑफ लैटिन अमेरिका', ऑक्सफोर्ड : विले-ब्लैक-वेल, पृष्ठ 77-80
3. ब्रूस सी. रुइज, क्रिस्टोफोरो कोलंबो, 1451-1505 http://www.bruceruiz.net/PanamaHistory/cristoforo_colombo.htm।
4. स्किडमोर, थॉमस, 'ब्राजील : फाइव सेंचुरीज ऑफ चेंज', ऑक्सफोर्ड यूनिवर्सिटी प्रेस, 1999
5. हंबोल्ट, अलेक्जेंडर वॉन, ट्रेवल्स टू द इक्विनोक्टियल रीजन ऑफ अमेरिका ड्यूरिंग द ईयर्स 1799-1804, अध्याय 25, http://ebooks.adelaide.edu.au/h/humboldt/alexander/travels/chapter25.html
6. हर्बर्ट एस. क्लेन, अफ्रीकन स्लेवरी इन लैटिन अमेरिका एंड द कैरेबियन, ऑक्सफोर्ड यूनिवर्सिटी प्रेस
7. बावा, वसंत कुमार, लैटिन अमेरिका : एन इंट्रोडक्शन, नेशनल बुक ट्रस्ट, 2010
8. चेस्टीन, जॉन चार्ल्स (2001), 'बॉर्न इन ब्लड फायर : ए कॉन्सिस हिस्ट्री ऑफ लैटिन अमेरिका'
9. स्पैनिश शब्द 'क्रिओलो' से, लैटिन अमेरिका के विजेताओं और अन्य आप्रवासियों के वंशजों के लिए, जो इबेरियन प्रायद्वीप में पैदा हुए लोगों से अलग हैं
10. 'अमेरिका में लोकतांत्रिक प्रक्रिया को प्रभावित करना : साइमन बोलिवर को एक श्रद्धांजलि,' 2002 में ऑर्गनाइजेशन ऑफ अमेरिकन स्टेट्स के लिए गुयाना के राजदूत ओदीन इस्मायल का संबोधन। http://www.guyana.org/speeches/inhmael_bolivar.html.
11. बेरीमैन, फिलिप, लिबरेशन थियोलॉजी : लैटिन अमेरिका और अन्य देशों में क्रांतिकारी आंदोलन के बारे में आवश्यक तथ्य (1987)
12. एलेक्जेंडर डॉसन, लैटिन अमेरिका सिंस इंडिपेंडेंस, 2011, रूटलेज
13. 'पेरू ने चिली के साथ मछली पकड़ने के प्रमुख स्थानों के बारे में समुद्री सीमा विवाद जीता', लॉस एंजिल्स टाइम्स, 27 जनवरी, 2014
14. द 1903 ट्रीटी एंड क्वालिफाइड इंडिपेंडेंस—यू.एस. लाइब्रेरी ऑफ कांग्रेस http://countrystudies.us/panama/8.htm
15. भारतीय डायस्पोरा पर उच्च स्तरीय समिति की रिपोर्ट, दिसंबर 2011, अध्याय VII देखें
16. सैंटिलो एम., 'ला माइग्रेशियन मासिवा डे लॉस सिग्लोस XIX y XX हैसिया अमेरिका लैटिना, कॉन्सेजो एपिस्कोपल लैटिनोमेरिकानो', कोलेसियन पेलाल, खंड IV, बोगोटा, पृष्ठ 63-80
17. बावा, वसंत कुमार, लैटिन अमेरिका : एन इंट्रोडक्शन, नेशनल बुक ट्रस्ट, 2010
18. विक्टर बुलमर-थॉमस, इकोनॉमिक हिस्ट्री ऑफ लैटिन अमेरिका सिंस इंडिपेंडेंस, 2003, कैंब्रिज यूनिवर्सिटी प्रेस
19. प्रीबिश, राउल, दि इकोनॉमिक डवलपमेंट ऑफ लैटिन अमेरिका एंड इट्स प्रिंसिपल प्रॉब्लम, 1949
20. अल्बर्ट ओ. हिर्शमैन, द पोलिटिकल इकोनॉमी ऑफ लैटिन अमेरिकन डवलपमेंट, सेवन एक्स-

रसाइजेज इन रेट्रोस्पेक्ट, में सात अभ्यास, लैटिन अमेरिकन रिसर्च रिव्यू, 229

21. पीटर किंगस्टोन, द पोलिटिकल इकोनॉमी ऑफ लैटिन अमेरिका, 2011, रूटलेज
22. विलियम्सन, जॉन, 'व्हाट वाशिंगटन मींस बाय पॉलिसी रिफॉर्म', लैटिन अमेरिकन एडजस्टमेंट : हाउ मच हैज हैपंड ? इंस्टीटयूट ऑफ इंटरनेशनल इकोनॉमिक्स, वॉशिंगटन डी.सी., 1990
23. अलेक्जेंडर डॉसन, लैटिन अमेरिका सिंस इंडिपेंडेंस, 2011, रूटलेज
24. ओ. हेनरी (1940), कैबेजेज एंड किंग्स, न्यूयॉर्क : डबलडे, पेज एंड कंपनी फॉर रिव्यू ऑफ रिव्यूज कंपनी, पृष्ठ 312, 'जब वह होंडुरास में थे, पॉटर ने 'बनाना रिपब्लिक' शब्द गढ़ा'

□

2

वाम, दक्षिण एवं मध्य

बीसवीं सदी के अंत तक लैटिन अमेरिकी और कैरेबियाई (LAC) क्षेत्र में तीन प्रमुख उप-क्षेत्र शामिल थे—दक्षिण अमेरिका; मध्य या मेसोअमेरिका और कैरेबियाई। उप-क्षेत्र कई समानताओं को प्रकट करते हैं। सोलहवीं से उन्नीसवीं शताब्दी तक के साझा यूरोपीय औपनिवेशिक इतिहास में हमें अमेरिका के साथ हाल के दिनों के घनिष्ठ आर्थिक और कई मामलों में राजनीतिक संबंधों को जोड़ना होगा। नस्लीय मिश्रण, सदियों से देशी, स्पेनिश, पुर्तगाली और बाद में यूरोपीय/उत्तरी अमेरिकी और अफ्रीकी निवासियों के बीच परस्पर संबंध ने इस क्षेत्र को एक अनूठा रंग दिया है।

यहाँ तक कि एक सतही पड़ताल भी मतभेदों और असाधारणताओं को उजागर कर देती है। मैक्सिको, अर्जेंटीना और ब्राजील जैसे विशाल राष्ट्रों के साथ द्वीपीय देश भी सह-अस्तित्व में हैं। देश प्राकृतिक संसाधनों के अलग-अलग प्रकारों से संपन्न हैं। अधिकांश राज्यों में राजनीतिक अर्थव्यवस्था की असंगत प्रकृति के कारण आर्थिक विकास के स्तरों में मतभेद हैं। ये अब एक सामूहिक, क्षेत्रीय पहचान प्राप्त कर रहे हैं।

लैटिन अमेरिका और कैरेबिया (ई.सी.एल.ए.सी. या सी.ई.पी.ए.एल., स्पेनिश संक्षिप्त रूप) के लिए 'संयुक्त राज्य आर्थिक आयोग' के अनुसार, 'एल.ए.सी. क्षेत्र में तैंतीस देश शामिल हैं, जिनकी संयुक्त आबादी 60 करोड़ से अधिक है, कुल जी.डी.पी. 50 खरब अमेरिकी डॉलर (2012) से अधिक और कुल वार्षिक व्यवसाय 20 खरब अमेरिकी डॉलर से अधिक है। यहाँ की भूमि में दुनिया के ताजे जल संसाधनों का लगभग बीस प्रतिशत है; जैसे पर्याप्त हाइड्रोकार्बन (एक हालिया अध्ययन के अनुसार, वेनेजुएला के संसाधन सऊदी अरब से अधिक हैं); लौह अयस्क, ताँबा, कोयला, चाँदी, सोना, निकल, टिन, लिथियम, कीमती और अर्ध कीमती पत्थरों के सुलभ खनिज भंडार; कृषि योग्य भूमि के विशाल खंड और वन संसाधन, विशेष रूप से लकड़ी। यह दो महासागरों, अटलांटिक और प्रशांत, को एक साथ साधता है तथा पनामा नहर के जरिए विश्व वाणिज्य व्यवस्था में एक रणनीतिक भूमिका निभाता है।'

दक्षिण अमेरिका में बारह[1] स्वतंत्र और संप्रभु राज्य हैं; मध्य या मेसोअमेरिका में आठ;[2] और कैरेबिया में तेरह।[3] यह क्षेत्र कई आश्रित एवं अन्य राज्यों के विदेशी क्षेत्रों का भी घर है। ब्रिटेन के सात ऐसे आश्रित या विदेशी क्षेत्र हैं, फ्रांस के तीन;[5] संयुक्त राज्य अमेरिका के दो[6] और नीदरलैंड के दो हैं।[7]

अठारह देश स्पैनिश भाषी हैं[8] और बारह अंग्रेजी बोलनेवाले।[9] ब्राजील की भाषा पुर्तगाली है; सूरीनाम की डच और हैती की फ्रेंच और हैतियन क्रियोल। भले ही उनके तत्कालीन उपनिवेशवादियों की भाषा आधिकारिक भाषा का कद रखती हो, लेकिन इस क्षेत्र के बड़े हिस्सों में देशी भाषा बोली जाती है। दक्षिण अमेरिका के एंडियन हाइलैंड्स में क्वेशुआ 1.2 करोड़ लोगों द्वारा बोली जाती है[10] और आयमारा 20 लाख से अधिक लोगों के द्वारा।[11] पराग्वे, ब्राजील, अर्जेंटीना और बोलीविया में बीस लाख से अधिक लोग गुआरानी बोलते हैं। मेसोअमेरिका में तीस से अधिक माया मूल की भाषाएँ बोली जाती हैं।[12]

यद्यपि हिस्पैनिक अमेरिका का प्रभुत्व अधिक है, फिर भी वह पुर्तगाली भाषी ब्राजील ही है, जिसे आमतौर पर केवल राजनीतिक और कूटनीतिक ही नहीं, बल्कि आर्थिक एकीकरण का भी प्रमुख प्रस्तावक माना जाता है। इक्वाडोर और चिली को छोड़कर ब्राजील सभी दक्षिण अमेरिकी देशों के साथ अपनी सीमा साझा करता है और इसने बीसवीं शताब्दी की शुरुआत में अपने नौ क्षेत्रीय पड़ोसियों के साथ सौहार्दपूर्ण सीमा समाधान हासिल किया। यह क्षेत्र की सबसे बड़ी अर्थव्यवस्था भी है और प्रमुख क्षेत्रीय शक्ति के रूप में उभरने के लिए बीसवीं शताब्दी से अब तक राजनीतिक और आर्थिक उथल-पुथल से बचा हुआ है।

आर्थिक और सामाजिक विकास

लैटिन अमेरिकी अर्थव्यवस्थाओं ने उच्च लचीलापन विकसित किया है और गरीबी उन्मूलन, मानव संसाधन विकास तथा नियम आधारित प्रशासन के माध्यम से अपनी आंतरिक आर्थिक ताकत को बढ़ाने की आवश्यकता को पहचाना है। विकासहीनता से ऊपर उठने की संभावना को कई देशों ने समझ लिया है। वास्तव में, चिली एक उच्च आयवाला देश है और विशिष्ट देशों के आर्थिक सहयोग एवं विकास संगठन (OECD) का सदस्य है। मैक्सिको भी OECD का सदस्य है और कोलंबिया एवं कोस्टा रिका भविष्य में इसमें शामिल होने की इच्छा रखते हैं। ये सभी देश एक या दूसरे तरीके से अपनी पहचान और क्षेत्रीय हितों को व्यक्त करने और इसकी पुष्टि करने के लिए ठोस कार्यवाही की केंद्रीयता को स्वीकार करते आए हैं।

अप्रैल 2013 में अमेरिका के अंतरराष्ट्रीय आर्थिक मंच पर संपूर्ण फ्लोरिडा गोलार्ध के व्यापारियों के एक बड़े समूह को संबोधित करते हुए संगठन के महासचिव होसे मिगुएल

इंसुलजा (चिली के पूर्व विदेश मंत्री) ने कहा, "यदि आप इस क्षेत्र में 2002 से 2012 तक के दशक की तुलना करते हैं तो उस अवधि में पिछले दो दशकों की तुलना में अधिक वृद्धि देखी गई, अमेरिका के देशों ने अस्सी मुक्त व्यापार समझौतों पर हस्ताक्षर किए हैं। अंतर-क्षेत्रीय व्यापार समझौतों की कामयाबी ऐसी है कि 2015 तक ये समझौते क्षेत्रीय स्तर पर कवर किए गए 95 प्रतिशत से अधिक उत्पादों को मुक्त कर देंगे।" उन्होंने आगे आनेवाली गंभीर चुनौतियों के बारे में चेतावनी भी दी, जिसमें घरेलू निवेश में कमी, अपर्याप्त बुनियादी ढाँचे और अप्रशिक्षित कार्यबल शामिल थे। गरीबी और असमानता इस क्षेत्र की अर्थव्यवस्थाओं के सामने सबसे गंभीर समस्या बनी हुई है।

क्षेत्र के राजनीतिक विकास पर बोलते हुए उन्होंने कहा, "लैटिन अमेरिका में हमारे लोकतंत्र सही नहीं हैं, लेकिन इस क्षेत्र ने हाल के दशकों में एक लंबा रास्ता तय किया है...1990 से 2005 तक के पंद्रह वर्षों में अठारह निर्वाचित सरकारों ने तख्तापलट, गंभीर उथल-पुथल के बीच इस्तीफा या महाभियोग के कारण अपना शासन समय से पहले समाप्त किया, हालाँकि, जून 2005 से आज तक ऐसी केवल दो घटनाएँ हुई हैं।"[13]

ईसीएल.ए.सी. द्वारा 2013-14 के लिए क्षेत्र के प्रारंभिक अवलोकन के अनुसार क्षेत्र की अर्थव्यवस्था, 2013 में 2.5 प्रतिशत बढ़ी और 2014 में 3.2 प्रतिशत बढ़ने की उम्मीद थी।[14] अप्रैल 2014 में एक ताजी जानकारी में, ई.सी.एल.ए.सी. ने 2014 के विकास के लिए इसके पूर्वानुमान को 2.7 प्रतिशत तक कम कर दिया, क्योंकि क्षेत्र की बड़ी अर्थव्यवस्थाओं, ब्राजील और मैक्सिको की अपेक्षाकृत कम वृद्धि से जो क्रमशः 2.3 प्रतिशत और 3 प्रतिशत तक बढ़ेगा, इन क्षेत्रों में अनिश्चितता बनी रहती है,[15] आरंभिक पूर्वानुमान के अनुसार, 2013 में 2.4 प्रतिशत की वृद्धि हुई और 2014 में इसमें 3 प्रतिशत तक सुधार होने की उम्मीद थी। 2013 में अर्जेंटीना में 4.5 प्रतिशत की वृद्धि हुई, लेकिन 2014 में इसकी संभावना 1 प्रतिशत थी। 2013 में विकास के लिए मुख्य रूप से कृषि गतिविधियों और निवेश में सुधार को जिम्मेदार ठहराया गया था। मजदूरी की बेहतर स्थिति और निजी क्षेत्र को बैंक ऋण के कारण खपत में बढ़ोतरी भी अन्य कारक थे। हालाँकि, एक अन्य कारक कच्चे माल की लगातार ऊँची कीमतें थी, फिर भी वे 2012 के स्तर से थोड़ी कम थी।

जी.डी.पी. वृद्धि के क्षेत्र में सबसे बेहतरीन प्रदर्शनवाले देशों में पराग्वे (13 प्रतिशत); पनामा (7.5 प्रतिशत); बोलीविया (6.4 प्रतिशत); और पेरू (5.2 प्रतिशत) थे, उरुग्वे, हैती, कोलंबिया, चिली और निकारागुआ में मजबूत (4 प्रतिशत से अधिक) वृद्धि थी। मैक्सिको ने खराब प्रदर्शन किया (1.3 प्रतिशत), लेकिन 2014 में 3 प्रतिशत के साथ इसमें बदलाव की उम्मीद थी। इस क्षेत्र में विकास को प्रभावित करनेवाले बाहरी कारकों में यूरोपीय संघ में आर्थिक कठिनाइयाँ, वस्तुओं की कम कीमतें और वैश्विक आर्थिक सुधार

की अनिश्चितता शामिल थी। घरेलू तौर पर बुनियादी ढाँचे की कमी और अपर्याप्त घरेलू खपत का भी हवाला दिया गया। मध्यम मुद्रास्फीति सकारात्मक कारक थी, जबकि 2012 में 6.4 प्रतिशत की दर से बेरोजगारी अधिक प्रभावित नहीं थी, जो पिछले बीस वर्षों में सबसे कम थी।

2013 की ई.सी.एल.ए.सी. रिपोर्ट में इस क्षेत्र के कुल विदेशी व्यापार में वृद्धि को उजागर किया गया, जो 2011 के 2092 अरब अमेरिकी डॉलर से बढ़कर 2012 में 2151 अरब अमेरिकी डॉलर हो गया था। निर्यात 1074 अरब अमेरिकी डॉलर से बढ़कर 1090 अरब अमेरिकी डॉलर हो गया; आयात 1018 अरब अमेरिकी डॉलर से बढ़कर 1061 अरब अमेरिकी डॉलर हो गया। प्रत्यक्ष विदेशी निवेश (एफ.डी.आई.) 2012 में रिकॉर्ड 173.361 अरब डॉलर (2011 की तुलना में 6.7 प्रतिशत अधिक) पर पहुँच गया। इस क्षेत्र में अंतरराष्ट्रीय निगमों के निवेश के मुनाफे में नौ साल में पाँच गुना वृद्धि हुई, जो 2002 के 20.425 अरब अमेरिकी डॉलर से बढ़कर 2011 में 113.067 अरब डॉलर हो गई। औसतन, अंतरराष्ट्रीय कंपनियाँ अपनी उत्पत्ति के देशों में किए जा रहे निवेश (45 प्रतिशत) की तुलना में स्वदेश की अपनी मूल कंपनियों को कहीं अधिक मुनाफा भेज रही थीं (55 प्रतिशत)।[16] विदेशी व्यापार के मामले में एफ.डी.आई. की एक और चिंताजनक विशेषता प्राकृतिक संसाधनों और वस्तुओं का अत्यधिक भार था, जो यह दरशाता है कि इस क्षेत्र में आर्थिक युग आने से पहले कुछ और रास्ता तय करना बाकी था।

रिपोर्ट में यह भी पता चला है कि विदेशों में लैटिन अमेरिकी और कैरेबियाई कंपनियों द्वारा किए गए प्रत्यक्ष निवेश में 2011 और 2012 के बीच सत्रह प्रतिशत की वृद्धि हुई, जो 48.7 अरब डॉलर तक पहुँच गई। यह 2010 में पहुँचे रिकॉर्ड से दो प्रतिशत अधिक है। पिछले दशक में इस तरह के ज्यादातर निवेश ब्राजील, चिली, कोलंबिया और मैक्सिको की कंपनियों और बैंकों द्वारा किए गए थे, जबकि 2012 में वे ज्यादातर मैक्सिको और चिली से आए थे। 2013 के लिए दुनिया भर में शीर्ष पाँच सौ उद्यमों की 'फोर्ब्स' की सूची में 31 ब्राजीलियाई उद्यम शामिल हैं, इसके बाद मैक्सिको से (19); चिली (9); कोलंबिया (6); पेरू (2); पनामा और वेनेजुएला के एक-एक उद्यम शामिल हैं।

विश्व बैंक के अनुसार, पिछले एक दशक (2000-2010) में, लैटिन अमेरिका में मध्यम वर्ग पचास प्रतिशत तक बढ़ा और अब यह कुल आबादी का तीस प्रतिशत है। इस अवधि में 7.5 करोड़ से अधिक लोगों ने गरीबी की श्रेणी छोड़ दी। ब्राजील के मध्य वर्ग में चालीस प्रतिशत से अधिक की वृद्धि सबसे तेजी से हुई वृद्धि थी। रिपोर्ट के अनुसार, कोलंबिया ने भी अपने मध्यम वर्ग का विस्तार लगभग पचास प्रतिशत तक किया, लेकिन ऐसा अधिक टिकाऊ और एक समान रूप से किया गया। कोस्टा रिका, चिली और पेरू भी

लैटिन अमेरिका के मध्य वर्ग विस्तार के प्रमुख उदाहरण हैं। मैक्सिको का मध्य वर्ग सदी के बदलने के साथ ही बढ़ा है, जिसने 2000 और 2010 के बीच करीब सत्रह प्रतिशत आबादी को अपनी श्रेणी में शामिल कर लिया है।[17]

'संयुक्त राष्ट्र विकास कार्यक्रम' (यू.एन.डी.पी.) के 2013 के 'द राइज ऑफ द साउथ : ह्यूमन प्रोग्रेस इन अ डाइवर्स वर्ल्ड' शीर्षक की 'संयुक्त राष्ट्र मानव विकास रिपोर्ट' में बताया गया है कि 1990 से 2012 तक ब्राजील, मैक्सिको और चिली दक्षिण में 'मानव विकास सूचकांक' (HDI) में शीर्ष अठारह पर थे। 2011 से लेकर 2012 तक की एच.डी. आई. श्रेणी अपरिवर्तित रही : चिली (40), मैक्सिको (61) और ब्राजील (85)। लैटिन अमेरिका और कैरेबिया में, केवल हैती 0.456 के स्कोर के साथ मानव विकास श्रेणी में निम्न स्थान पर था।

बढ़ते बाहरी संबंधों और जागरूकता ने संयुक्त राज्य अमेरिका में बड़े स्तर पर और कुछ हद तक यूरोप में भी लैटिन अमेरिकी और कैरेबियाई प्रवासियों का एक बड़ा वर्ग पैदा किया है। इसने इस क्षेत्र और इसके निवासियों को दुनिया के लिए खोल दिया है। प्रवासियों ने सुशिक्षित और प्रशिक्षित राजनीतिक एवं व्यावसायिक शख्सियतें दी हैं, जिनमें से कई अपने देश के भविष्य को सँवारने के लिए वापस आ गए हैं। विदेशों में रह रहे मेहनतकश लैटिन अमेरिकियों की स्वदेश में भेजी गई राशि 2012 में 62 अरब अमेरिकी डॉलर थी। 2008 में यह शिखर से नीचे 2.5 अरब अमेरिकी डॉलर थी। मैक्सिको 23 अरब अमेरिकी डॉलर (कुल का 56 प्रतिशत) के साथ सबसे ऊपर था, ब्राजील काफी दूर 4.9 अरब अमेरिकी डॉलर के साथ दूसरे स्थान पर था। कई छोटे देशों—अल साल्वाडोर, डोमिनिकन गणराज्य और इक्वाडोर की आबादी का एक महत्त्वपूर्ण प्रतिशत विदेशों में रह रहा है।

राजनीतिक विकास

अध्याय I में, हमने बीसवीं शताब्दी के उत्तरार्ध तक क्षेत्र के इतिहास के कई तंतुओं का पता लगाया। सहस्राब्दी के अंत तक, लैटिन अमेरिका और कैरेबिया में राजनीतिक विकास और दुनिया के साथ उसके संबंधों ने ऐसी स्थितियाँ बनाईं, जिसने इसकी वैश्विक महत्ता को बढ़ाया। भारत में चिली के एक पूर्व राजदूत और क्षेत्र के विश्लेषक का कहना था—पिछले एक दशक में लैटिन अमेरिका के इतिहास में इस क्षेत्र की राजनीति, उसके अर्थतंत्र और उसके विदेश संबंधों में सबसे सफल और विशाल बदलाव आया है, फिर भी लैटिन अमेरिका में जो हो रहा है और अंग्रेजी बोलनेवाली दुनिया में इसे जिस तरह से देखा जा रहा है, उसके बीच की खाई शायद ही कभी इतनी चौड़ी रही है।[18]

क्षेत्र का राजनीतिक विकास उल्लेखनीय रहा है। एक वामपंथी गुट ने भ्रष्ट, भाई-

भतीजावादी, नवउदारवादी और कुछ मामलों में अर्ध-सामंती राजनीतिक अर्थव्यवस्था के प्रतिमान को बदलने के लिए जो दृढ़ संकल्प दिखाया, उसके उल्लेखनीय परिणाम दिखे हैं। पारंपरिक राजनीतिक दलों में निहित दक्षिणपंथ की रूढ़िवादी ताकतों; लोकप्रिय दक्षिणपंथी नेताओं और उद्योग, कृषि एवं सेवाओं में बड़े क्षेत्रीय उद्यमों के बीच मजबूत साँठ-गाँठ का अभी भी कई देशों में बोलबाला है।

वामोन्मुख विश्लेषक जेम्स पेट्रास ने 2010 में एल.ए.सी. की राजनीतिक अर्थव्यवस्था की इस तसवीर को प्रस्तुत किया—"लैटिन अमेरिका और अमेरिका के भीतर वर्ग शक्ति में आंतरिक बदलाव ने विचलन को बढ़ावा दिया है। लैटिन अमेरिका ने अमेरिका से कम जुड़े हुए एक अधिक 'वैश्विक कुलीन वर्ग' और एक उभरते हुए 'राष्ट्रवादी मध्यम वर्ग' के नीतिगत प्रभाव को देखा है तथा एक सुधारवादी श्रमिक वर्ग और सार्वजनिक मजदूर संघों का बड़ा दबाव झेला है।" 'नव-उदारवादी विचारधारा के लिए आत्मीयता के एक अपेक्षाकृत तरल माप' के आधार पर पेट्रास ने तब वेनेजुएला और बोलीविया को 'वाम' के रूप में वर्गीकृत किया; अर्जेंटीना, ब्राजील और इक्वाडोर को 'मध्य-वाम'; उरुग्वे, चिली और पैराग्वे को 'मध्य-दक्षिण' के रूप में; और कोलंबिया, पनामा, कोस्टा रिका, मैक्सिको, पेरु, होंडुरास, हैती, डोमिनिकन गणराज्य को 'दक्षिणपंथी' शासन के रूप में वर्गीकृत किया।[19]

जियान लुका गार्डिनी के अनुसार, "बयानबाजी और व्यावहारिकता के बीच, या कहें अधिक व्यापक रूप से विचारधारा और व्यावहारिकता के बीच एक तनाव है। इक्कीसवीं सदी के पहले दशक में संक्रमण की अवधि, नए आदर्शों, व्यंजनों की खोज, लचीलापन और अनुकूलनशीलता वास्तव में मौलिक असंगति के बजाय स्थिति के लिए एक व्यावहारिक दृष्टिकोण को प्रकट करते हैं...कोई भी देश (क्षेत्र में) अभी तक तथाकथित औद्योगिक दुनिया का पूरी तरह से हिस्सा नहीं है..."[20]

इस क्षेत्र का कोई भी प्रमुख देश दक्षिण और वाम के बीच विभाजन और संयोजन का वैसा प्रतीक नहीं है, जैसा कि ब्राजील। यह दुनिया का पाँचवाँ सबसे बड़ा देश है और पाँचवाँ सबसे अधिक आबादीवाला देश भी। इन मापदंडों पर यह लैटिन अमेरिका में सबसे बड़ा है, साथ ही जी.डी.पी. और कई अन्य आर्थिक मापदंडों के लिहाज से भी। इसके पास दुनिया की छठी सबसे बड़ी अर्थव्यवस्था है।

कृषि-औद्योगिक विकास के एक साँचे पर स्थापित ब्राजील के बीसवीं शताब्दी इतिहास पर दक्षिण की ताकतों का वर्चस्व था। 1949 में स्थापित 'एस्कोला सुपीरियर दे गेरा' (हाई स्कूल ऑफ वॉर) ने नागरिकों और सेना को कार्यकारी और सलाहकार कार्य करने के लिए तैयार करने के लिए एक 'नव-व्यावसायिकता के सिद्धांत' को विकसित किया। 1963 में

स्थापित यह सिद्धांत सैन्य अभिजात वर्ग के लिए था, जिसने एक संभावित वामपंथी क्रांति (1959 की क्यूबा क्रांति के बाद) को एक वास्तविक संभावना के रूप में देखा और जो 'व्यवस्था एवं प्रगति' के अपने संस्करण को लागू करने के लिए उत्सुक था।[22]

वर्ष 1964 में एक सैन्य तख्तापलट भी संयुक्त राज्य अमेरिका द्वारा समर्थित था, जिसमें ब्राजील की अर्थव्यवस्था में भारी निवेश किया गया था और वाम के ज्वार को समाप्त करने के लिए काफी दाँव लगाए गए थे। वर्ष 2000 में सार्वजनिक की गईं ब्राजील की सैन्य फाइलों ने राजनीतिक दमन और आतंक के अभियान को उजागर किया। इसमें हत्या और खुफिया काररवाई शामिल थी, जिसे आधिकारिक तौर पर 1975 में चिली के तानाशाह ऑगस्तो पिनोशे के इशारे पर ब्राजील सहित दक्षिणी क्षेत्र के दक्षिणपंथी तानाशाही शासकों द्वारा शुरू किया गया था। 1992 में परागुए में पाए गए दस्तावेजों से 'ऑपरेशन कोंदोर' के कोड नाम का एक कार्यक्रम प्रकाश में आया। इसका उद्देश्य कम्युनिस्ट या सोवियत प्रभाव और विचारों का उन्मूलन करना और भाग लेनेवाली सरकारों—अर्जेंटीना, ब्राजील, बोलीविया, चिली, पराग्वे और उरुग्वे के खिलाफ सक्रिय या संभावित विपक्षी आंदोलनों को नियंत्रित करना था।[23]

दो दशक के नव-उदारवादी आर्थिक सुधारों के बाद सैन्य तानाशाही ने अर्थव्यवस्था को जर्जर करके छोड़ दिया था। अप्रत्यक्ष चुनाव के जरिए 1985 में सत्ता में आनेवाले पहले 'लोकतांत्रिक' राष्ट्रपति होसे सरने थे। पहले लोकप्रिय निर्वाचित राष्ट्रपति फर्नांडो कोलोर डी मेलो ने व्यापक तौर पर मुक्त व्यापार और निजीकरण कार्यक्रमों को अपनाया। 1992 में भ्रष्टाचार के आरोपों में उन पर महाभियोग लगाया गया।

1994 में सोशल डेमोक्रेट पार्टी (पी.एस.डी.बी.—अनिवार्य रूप से रूढ़िवादी) के फर्नांडो हेनरिक कार्डोसो को चुना गया था। उन्होंने प्रमुख ब्राजीलियाई उद्यमों के निजीकरण को समाप्त कर दिया। कार्डोसो दो बार लोकप्रिय वामपंथी उम्मीदवार लुइज इनासियो लूला दा सिल्वा को हराने में भी कामयाब रहे। उनकी आर्थिक नीतियों, विशेषकर 'रेयाल प्लान' (जिसका नाम ब्राजीलियाई मुद्रा—रेयाल के नाम पर रखा गया), को उनके द्वारा पिछले प्रशासन में वित्त मंत्री के रूप में लागू किया गया था, जो काफी हद तक मैक्रो-इकोनॉमी को स्थिर करने में कामयाब रहा। कार्डोसो की प्रेसीडेंसी ने कुछ सामाजिक कार्यक्रमों की भी शुरुआत की, विशेष रूप से स्वास्थ्य क्षेत्र में, फिर भी ब्राजील को दुनिया में धन और आय के सबसे असमान वितरण का सामना करना पड़ा।

वर्ष 2002 में, लुइस इनासियो लूला दा सिल्वा—जो 'लूला' के नाम से प्रसिद्ध हैं, सत्ता में आए और दो कार्यकाल तक बने रहे। 2002 में चुनाव प्रचार के दौरान दक्षिणपंथियों द्वारा निर्मित आर्थिक पतन के दलदल को विवेकपूर्ण बृहद् आर्थिक नीतियों ('लूला-लाइट' के

नाम से जाना जानेवाला) द्वारा ठीक किया गया, जिसने मुद्रास्फीति को नियंत्रित किया और ब्राजील को विकास के पथ पर पहुँचा दिया। उनकी सरकार ने 1998 में आई.एम.एफ. के साथ पूर्ववर्ती शासक द्वारा हस्ताक्षरित समझौते को मंजूरी दी, ऋणों को चुकाया और कठोर पेंशन सुधारों को लागू किया। 2010 में जब उन्होंने सत्ता छोड़ी, तब तक ब्राजील आई.एम. एफ. का एक लेनदार बन चुका था।

उनकी कई नीतियों का विरोध भूमिहीन ग्रामीण श्रमिकों (MST) के कट्टरपंथी आंदोलन और खुद उनकी वर्कर्स पार्टी (PT) के कार्यकर्ताओं ने किया। 2004 तक, पीटी का एक गुट 'सोशलिज्म एंड लिबर्टी पार्टी' (PSOL) बनाने के लिए विभाजित हो गया। अपनी अस्थिर प्रवृत्ति की नेता सुश्री मरीना सिल्वा के नेतृत्व में 2010 के चुनाव में इसे लगभग 2 करोड़ वोट मिले, फिर भी लूला और पीटी के ज्यादातर नेता अपनी प्रेसीडेंसी के दौरान जीतते रहे।

उनकी चुनी हुई उत्तराधिकारी श्रीमती डिल्मा रूसेफ, जो कि एक पूर्व गुरिल्ला सेनानी थीं, ने 2010 में 'सोशल डेमोक्रेट पार्टी' (PSDB) के रूढ़िवादी उम्मीदवार के खिलाफ चुनाव जीता। उन्होंने लूला की नीतियों, विशेष रूप से गरीबों द्वारा परिवार स्वास्थ्य, शिक्षा आदि को लेकर उठाए गए कदम के साथ-साथ 'प्रत्यक्ष नकद स्थानांतरण कार्यक्रम' को जारी रखा। उनके राजनीतिक एजेंडा, 'ब्राजील विदाउट मिजरी' (गरीबी मुक्त ब्राजील) को ब्राजील में गरीबी पर महत्त्वपूर्ण प्रभाव डालने के रूप में व्यापक तौर पर स्वीकार किया जाता है।

ब्राजील के वामपंथी प्रयासों को 'विश्व सामाजिक मंच' (WSF) के निर्माण से बल मिला, जिसकी पहली बैठक पीटी के संरक्षण में 2001 में दक्षिणी ब्राजील के शहर पोर्टो एलेग्रे में हुई थी। दावोस में 'वर्ल्ड इकोनॉमिक फोरम' के विरोध के रूप में देखा जानेवाला डब्ल्यू.एस.एफ. बिना किसी विशेष एजेंडा के नागरिक समाज संगठनों के माध्यम से सामाजिक मुद्दों से निपटता है। यह खुला मंच, जिसकी 2013 तक हुई 12 बैठकों में से सात ब्राजील में हुईं, जबकि एक भारत में, अपने 'चार्टर ऑफ प्रिंसिपल्स' के अनुसार, 'मिश्रित और विविध, गैर-कंफेसनल, गैर-सरकारी और गैर-पक्षपातपूर्ण है।'[24]

बहरहाल, पी.टी. के शासन के दौरान ब्राजील को वामपंथी की तुलना में मध्यमार्गी के तौर पर ज्यादा देखा गया। इसके व्यावहारिक दृष्टिकोण ने आर्थिक विकास और मुक्त उद्यम के महत्त्व को पहचाना, जबकि ब्राजील के हितों और सुरक्षा का कड़ाई से बचाव किया। ब्राजील आज सोया, गन्ना और कॉफी के दुनिया के सबसे बड़े निर्यातकों में से एक होने के नाते विश्व स्तर पर खाद्य पदार्थों का चौथा सबसे बड़ा निर्यातक है। यह तम्बाकू, सेल्युलोज, कपास और काजू का एक प्रमुख उत्पादक भी है। प्रसंस्कृत खाद्य उद्योग में इसकी ताकत

ने इसे संतरे का रस, बीफ और पोल्ट्री उत्पादों का प्रमुख निर्यातक बना दिया है। ब्राजील को भारत के मुकाबले एक बड़ा भू-भाग-मानव अनुपात प्राप्त है। शहरों में 87 प्रतिशत आबादी के साथ यह पहले से ही दुनिया की सबसे अधिक शहरी आबादी वाले देशों में से एक है। ब्राजील की लगभग पचास प्रतिशत आबादी अब इसके मध्यम वर्ग का हिस्सा है, जो एक विशाल और परिष्कृत बाजार है। एक शक्तिशाली व्यापारी वर्ग भी एक ताकतवर और सुप्रशिक्षित नौकरशाही के साथ सह-अस्तित्व में है।

सन् 2010 में 7.5 प्रतिशत की वृद्धि के बाद, ब्राजील की हालिया आर्थिक मंदी (2013 में जीडीपी विकास दर 2.4 प्रतिशत) ने इस आशंका को तेज कर दिया कि नई उच्च विकास दर अर्थव्यवस्था का सपना पहुँच से बाहर हो गया है। वास्तव में, निरंतर विकास के मार्ग में कई बड़ी बाधाएँ हैं, जैसे अपर्याप्त बुनियादी ढाँचे, कुख्यात 'कस्टो ब्राजील' (ब्राजील लागत या प्रीमियम—कर और नियम जो व्यवसाय करने की लागत को बढ़ाते हैं) और कुशल श्रम की कमी, फिर भी यह 2012 में एफ.डी.आई. शो का स्टार बना रहा। संयुक्त राष्ट्र के आँकड़ों में ब्राजील को इस क्षेत्र के सबसे बड़े प्राप्तकर्ता के रूप में दिखाया गया है—65.272 अरब डॉलर, जो क्षेत्र की कुल आमद का सैंतालीस प्रतिशत था। ब्राजील तकनीकी विशेषज्ञता की परेशानियों को दूर करने के लिए अपने आव्रजन कानूनों को बदल रहा है और आनेवाले वर्षों में महत्त्वपूर्ण बुनियादी ढाँचों पर व्यय की योजना बना रहा है। इसने 2016 में ओलंपिक खेलों की मेजबानी की। 2014 में, इसने फुटबॉल विश्व कप की मेजबानी की। यह एकमात्र ऐसा देश है, जिसने अपनी स्थापना के बाद से इस टूर्नामेंट के प्रत्येक संस्करण के लिए योग्यता प्राप्त की और एकमात्र ऐसा देश, जिसने पाँच बार इस कप को जीता।

इस क्षेत्र में ब्राजील आज तक विभिन्न राजनीतिक और आर्थिक प्रवृत्तियों के समन्वय और संयमन में एक महत्त्वपूर्ण भूमिका निभाता आ रहा है। इसकी महत्त्वाकांक्षा एक उच्च अंतरराष्ट्रीय रूपरेखा पाने की भी है। 2003 से 2010 तक, ब्राजील ने विदेशों में चालीस नए दूतावास खोले, जो अब तक कुल मिलाकर 140 तक पहुँच चुके हैं। 2013 तक ब्राजील के चौवन अफ्रीकी राज्यों में सैंतीस दूतावास थे, जो ब्रिटेन से अधिक हैं। भारत-ब्राजील-दक्षिण अफ्रीका (IBSA); ब्राजील-रूस-भारत-चीन-दक्षिण अफ्रीका (BRICS); जी20 और अन्य समूहों में इसकी भागीदारी इसे राजनीतिक महत्ता देती है। इसके उच्च पेशेवर राजनयिक संयुक्त राष्ट्र, विश्व व्यापार संगठन, जलवायु परिवर्तन मंचों आदि में कई मुद्दों पर वैश्विक बहस में रचनात्मक योगदान देते हैं।

वर्ष 1947 से, ब्राजील ने प्रत्येक सितंबर को संयुक्त राष्ट्र महासभा की बहस में उद्घाटन भाषण दिया है और इसे संयुक्त राष्ट्र सुरक्षा परिषद में दस बार (जापान के

बराबर) चुना गया है। संयुक्त राष्ट्र सुरक्षा परिषद में स्थायी सीट की तलाश के लिए ब्राजील के पास भी भारत, जर्मनी, जापान और दक्षिण अफ्रीका के जैसे कारण हैं। इसने संयुक्त राष्ट्र के शांति अभियानों में भी योगदान दिया है और यहाँ तक कि उनका नेतृत्व भी किया है। दिल्मा रूसेफ की सरकार भी मिसाइल खरीद और विकास जैसी सुरक्षा परियोजनाओं; अमेजन की सुरक्षा और परमाणु पनडुब्बियों के अधिग्रहण से दूर नहीं रही है।

ब्राजील के अंतरराष्ट्रीय कद के प्रमाण को मई 2013 में इस घोषणा के साथ और बल मिला कि ब्राजील के राजनयिक राजदूत रॉबर्टो अजेवेदो को 159 देशों वाले 'विश्व व्यापार संगठन' (डब्ल्यू.टी.ओ.) का महानिदेशक चुना गया था। अजेवेदो ने अपने प्रमुख प्रतिद्वंद्वियों, यूएस-समर्थित हर्मिनियो ब्लैंको, पूर्व मैक्सिकन व्यापार मंत्री तथा नाफ्टा के प्रमुख मैक्सिकन वार्त्ताकार के खिलाफ एक कड़ा मुकाबला जीता है। यह पहली बार है, जब किसी लैटिन अमेरिकी ने विश्व व्यापार संगठन का नेतृत्व किया है। ब्राजील के रिकॉर्ड और साख 'दोहा दौर' की वर्तमान वार्त्ता के प्रति भी आशा जगाते हैं, जो विकसित दुनिया और विकासशील देशों के बीच बुनियादी अंतरों से त्रस्त है। विकासशील देशों की चिंताओं और कारणों का ब्राजील ने प्रतिनिधित्व और बचाव किया है।

सोच, नैतिकता और विचारधारा में तेजी से बदलाव के कारण ब्राजील में धर्मनिरपेक्षतावाद में वृद्धि हुई है, हालाँकि ,जनसंख्या मुख्य रूप से कैथोलिक बनी हुई है, लेकिन 2010 की जनगणना ने संकेत दिया कि यह आबादी 1970 के नब्बे प्रतिशत से घटकर 65 प्रतिशत से भी कम हो चुकी है। इंजील प्रोटेस्टेंट मत 22 प्रतिशत हैं, जिसने ब्राजील के कार्डिनल क्लाउदिओ हम्स को यह टिप्पणी करने के लिए बाध्य किया 'हमें हैरानी और चिंता है— ब्राजील कब तक कैथोलिक देश बना रहेगा?'

अमेरिका की तरह ब्राजील की आबादी में भी यूरोपीय आप्रवासियों के वंशज, उनके अफ्रीकी दास और उनके द्वारा विस्थापित किए गए अमेरिंडियन आबादी के अवशेष शामिल हैं, लेकिन गुलामी के युग के दौरान मुक्त किए गए काफी अश्वेतों के कारण और अंतरजातीय प्रेम पर कोई रोक नहीं होने से ब्राजील में रंग वर्णक्रम की तरह सामाजिक वर्जना नहीं रही है, हालाँकि यह अभी भी स्वास्थ्य, धन और हैसियत को निर्दिष्ट करता है। अश्वेत और मिश्रित नस्लवाले ब्राजीलियाई अपने श्वेत समकक्षों की तुलना में तीन-पाँचवें हिस्से की कमाई करते हैं। वे उनसे दोगुने अधिक अशिक्षित हैं या जेल में हैं और उनसे आधे से भी कम विश्वविद्यालय जाते हैं। एक अधिक मानवीय ब्राजील सरकार सार्वजनिक विश्वविद्यालयों और संघीय संस्थानों में सकारात्मक कार्यक्रमों की ओर रुख कर रही है।[25]

ब्राजील का शासन पारदर्शिता की कमी और मित्रता की राजनीति के कारण सार्वजनिक हमले का शिकार भी हुआ है। व्यापक विरोध की वह हालिया घटना, जिसकी शुरुआत जून

2013 के आरंभ में हुई थी और जो 2014 में फुटबॉल विश्व कप से पहले फैल गई थी, ब्राजील के आत्मतुष्ट राजनीतिक नेतृत्व के लिए एक चेतावनी थी कि भ्रष्टाचार और अक्षम सरकार को तेजी से उभरते ऐसे मुखर युवाओं द्वारा बरदाश्त नहीं किया जाएगा, जो सोशल मीडिया के जरिए संगठित होते हैं।

मैक्सिको पहला लैटिन अमेरिकी देश था, जिसके पास भारत के एम.एन.रॉय द्वारा 1919 में गठित समाजवादी पार्टी की लाइन पर कम्युनिस्ट पार्टी थी। इसे सत्तारूढ़ 'संस्थागत क्रांतिकारी पार्टी' (पी.आर.आई.) द्वारा मजबूती से कुचल दिया गया था। पी.आर.आई. ने 70 वर्षों तक शासन किया और वर्ष 2000 में राष्ट्रपति विसेंट फॉक्स और उनकी दक्षिणपंथी नेशनल एक्शन पार्टी (पान) को सत्ता सौंप दी। एक अमीर उद्यमी, राष्ट्रपति फॉक्स के अमेरिकी शासन के साथ मजबूत संबंध थे। माना जाता है कि 'पान' के आरोहण ने मैक्सिकन राजनीति में क्रोनिज्म का अंत कर दिया। उनके उत्तराधिकारी, फेलिप काल्डेरन, 2012 में पी.आर.आई. के पेन्या निएतो से दोबारा चुनाव के प्रयास में हार गए।

एंड्रेस मैनुअल लोपेज ओब्रेडोर, डेमोक्रेटिक रिवोल्यूशन पार्टी (पी.आर.डी.) के लोकप्रिय वामपंथी उम्मीदवार थे, जो कि कैलदरोन और पेरिया नीटो दोनों से हार गए और दोनों चुनावों के विवादास्पद परिणामों के बाद अंततः अपनी पार्टी से अलग हो गए। 2012 के चुनाव अभियान में, जनता की मनोदशा को भाँपते हुए उन्होंने अपेक्षाकृत कम उग्र आर्थिक नीतियों की वकालत की।

कैलडरोन ने ड्रग कारोबारियों के खिलाफ चौतरफा आक्रमण शुरू किया, जिसने मैक्सिको को अमेरिका और पूरे क्षेत्र के लिए एक नार्को-ट्रैफिकिंग खतरे में बदल दिया था। इससे काफी हिंसा फैल गई। 2006 से 2012 तक, ड्रग संबंधी हिंसा में लगभग 70,000 मैक्सिकन मारे गए और दसियों हजार लापता हो गए। पेन्या निएतो अपने अभियान को धीमी रफ्तार पर जारी रखे हुए है। उन्होंने मैक्सिको में एकाधिकार के प्रभाव को कम करने के लिए एक आर्थिक कार्यक्रम भी शुरू किया है, जिसमें महत्त्वपूर्ण ऊर्जा क्षेत्र भी शामिल है।

मैक्सिको ने विकास के संतोषजनक स्तर को पा लिया है और अब इसे अमेरिका और कनाडा के साथ-साथ अन्य देशों द्वारा भी एक व्यवहार्य भागीदार के रूप में देखा जाने लगा है। 1980 और 1990 के दशक की आर्थिक समृद्धि और विपत्ति के चक्र, जिसने इतने सारे मैक्सिकोवासियों को अमेरिका जाने के लिए मजबूर कर दिया था, लगता है कि अब थम गए हैं। इसके बजाय, मैक्सिको की नई आर्थिक कहानी बढ़ते हुए मध्यम वर्ग की है—जो लगभग साठ लाख हैं। मध्य वर्ग के उदय ने मैक्सिको की राजनीति को भी प्रभावित किया है। मैक्सिको की कांग्रेस में, किसी भी विधेयक को पारित करने के लिए तीन प्रमुख राजनीतिक दलों को बातचीत करनी पड़ती है और देश के सर्वोच्च न्यायालय ने राजनीतिक और निहित

स्वार्थों पर लगाम लगाने के लिए अपनी स्वायत्तता का इस्तेमाल तेजी से किया है।

ऐसा लगता है कि परिवर्तन की हवा ने आत्मतुष्ट मैक्सिकन शासन को वशीभूत कर दिया है। राष्ट्रपति पेना नीटो ने शपथ ग्रहण करने के एक दिन बाद, 2 दिसंबर, 2012 को विपक्षी दलों पैन और पी.आर.डी. के अध्यक्षों के साथ अपनी राजनीतिक परियोजना 'मैक्सिको के लिए समझौता' की शुरुआत की। 'चैंबर ऑफ डेपुटीज' (निचले सदन) के 86 प्रतिशत और 'सीनेट' (उच्च सदन) के 88 प्रतिशत का प्रतिनिधित्व करनेवाले हस्ताक्षरकर्ताओं के साथ, संधि ने एक विधायी एजेंडे पर बहुमत बनाने और समझौता शुरू करने का लक्ष्य रखा। ऊर्जा, टेलीकॉम, राजकोषीय क्षेत्र और सुरक्षा पर केंद्रित सुधार एजेंडा को समन्वित करने के लिए 'मैक्सिको के लिए समझौता' कार्यकारी समिति स्थापित की गई थी।

मैक्सिको की अंतरराष्ट्रीय पहचान उच्चस्तरीय है। इसके पास 44 मुक्त व्यापार समझौते हैं और यह नाफ्टा का सदस्य है, जो इसे एल.ए.सी. में सबसे बड़ा व्यापारिक राष्ट्र बनाते हैं। 2013 में इसका अंतरराष्ट्रीय व्यापार लगभग 80 करोड़ डॉलर का था, जो भारत से अधिक है, हालाँकि, इसमें से अधिकांश अमेरिका के साथ है। यह ओ.ई.सी.डी., एपेक और जी20 समूह का भी सदस्य है। इसके अंतरराष्ट्रीय संबंध अमेरिका के साथ इसके करीबी संबंधों से प्रभावित हैं, हालाँकि यह अपने लैटिन अमेरिकी पड़ोसियों के साथ घनिष्ठ संबंध चाहता है।

अपने दक्षिणी हमवतनों से बढ़ते अलगाव को देखते हुए, विशेष रूप से नाफ्टा में शामिल होने के बाद और ब्राजील द्वारा प्रेरित क्षेत्रीय एकीकरण की ओर बढ़ती प्रवृत्ति के कारण मैक्सिकन कूटनीति ने इस सदी में समान विचारधारावाले देशों के साथ गठजोड़ करने के लिए कदम उठाए हैं। यू.एन.ए.एस.यू.आर. (UNASUR) प्रक्रिया से बाहर रखे जाने के बावजूद यह कुशलता से उन उच्चस्तरीय संवादों के दौरान मंच पर आया, जिसने सी.ई.एल.ए.सी. (CELAC) के निर्माण का मार्ग प्रशस्त किया। यह 2012 में कोलंबिया, पेरू और चिली को मिलाकर गठित 'पेसिफिक एलायंस' का एक प्रमुख प्रस्तावक भी था, जिसके परिणामस्वरूप एक दुर्जेय मुक्त व्यापार क्षेत्र बना, जिसका सामना अधिक जर्जर मर्कोसुर (एम.ई.आर.सी.ओ.एस.यू.आर. MERCOSUR) के साथ हुआ था।

अर्जेंटीना में सैन्य शासन 1976 में उस समय सत्ता में आया, जब अक्तूबर 1973 से जुलाई 1974 तक चले हुआन डोमिंगो पेरोन के दूसरे राष्ट्रपति कार्यकाल का अंत उनकी मौत के बाद हो गया। उनकी पत्नी इसाबेल का एक संक्षिप्त, किंतु विस्मरणीय कार्यकाल (1974-76) रहा। उन्हें जनरल जार्ज विदेला के नेतृत्व में एक सैन्य समूह द्वारा अपदस्थ कर दिया गया। 'राष्ट्रीय पुनर्गठन प्रक्रिया' ने पिछले दशकों में सिर उठा चुके उग्रवाद को खत्म करने का प्रयास किया। सैन्य शासन द्वारा शुरू किया गया वह 'गंदा युद्ध' हजारों मौतों के लिए जिम्मेदार था। इसी शासन ने 1978 में 'बीगल संघर्ष' को लेकर अर्जेंटीना को चिली के साथ

युद्ध की कगार पर ला दिया और 1982 में माल्विनास (फॉकलैंड) द्वीपों को जब्त करने के प्रयास में ब्रिटेन के खिलाफ एक विनाशकारी सैन्य अभियान अर्जेंटीना हार गया। आखिरकार सैन्य जुंटा को समर्थन मिलना बंद हो गया और 1983 में लोकतंत्र पुनः बहाल हुआ।

रैडिकल सिविक यूनियन (यू.सी.आर.) के अध्यक्ष राउल अल्फोंसिन ने 'मर्कोसुर व्यापारिक गुट' के गठन के लिए मार्ग प्रशस्त करते हुए चिली और ब्राजील के साथ संबंधों को सामान्य किया। अतीत से विरासत में मिली समस्याओं ने अल्फोंसिन को कमजोर कर दिया। पार्टिदो जस्टिसिअलिसता (जस्टिसिअलिस्ट पार्टी ऑफ पेरोन) के कार्लोस शाओल मेनम 1989 में राष्ट्रपति बने। उन्होंने संरचनात्मक सुधारों की शुरुआत की और उन कई उद्योगों का निजीकरण किया, जिनका पेरोन ने राष्ट्रीयकरण कर दिया था। उन्होंने 'आपातकालीन' फरमानों के माध्यम से संसद् को कई बार पलट दिया। उनके बाद फर्नांडो डी ला रीता आए, जिन्होंने राजकोषीय घाटे और सार्वजनिक ऋण को रोकने के प्रयास में आई.एम.एफ. के नुस्खे का पालन किया।

2001 में अर्जेंटीना के सितारे गर्दिश में आ गए, जब एशियाई वित्तीय संकट का ज्वार इसके अटलांटिक तटों को बहाकर ले गया। राष्ट्रपति कार्लोस मेनेम (1989-99) की अहंकारी, नव-उदारवादी नीतियों ने अमेरिकी डॉलर के साथ अर्जेंटीनी पेसो की समानता की परस्पर गारंटी दी थी। 2001 में निम्न मुद्रास्फीति के साथ समृद्धि का बुलबुला फूट गया, जिसमें लाखों अर्जेंटीनियों की बचत तबाह हो गई। दिसंबर 2001 में सरकार 132 अरब डॉलर के सार्वजनिक ऋण को चुकाने में असमर्थ साबित हुई, जो विकासशील दुनिया के द्वारा उधार लिये गए पैसों के सातवें हिस्से के बराबर था।[26] 2002-03 के दौरान, अर्थव्यवस्था को मंदी और उच्च मुद्रास्फीति का सामना करना पड़ा। केवल कुछ हफ्तों के भीतर ही तीन-तीन अंतरिम राष्ट्रपतियों के आने और चले जाने के बाद, पेरोनिस्ट पार्टी के एक प्रांतीय अर्थशास्त्री नेस्टर किरचनर 2003 में सत्ता में आए।

अगस्त 2004 में किरचनर ने आई.एम.एफ. का भुगतान रोक दिया, हालाँकि, बाद में उसे फिर से शुरू किया गया। उन्होंने आर्थिक कठोरता और निरंकुश शासन लागू कर दिया। उन्होंने अर्जेंटीना के निजी ऋणों पर भी दुबारा बातचीत की और कई लेनदारों को डॉलर के लिए तीस सेंट स्वीकार करने के लिए मजबूर किया। इसने अर्जेंटीना की वित्तीय स्थिति को नष्ट कर दिया और इसे वेनेजुएला से और अन्य अपरंपरागत उपायों से उधार लेने के लिए मजबूर किया। उनकी पत्नी और उत्तराधिकारी, क्रिस्टीना फर्नांडीज डी किरचनर को 2010 में उनकी मृत्यु से पहले 2007 में चुना गया था और 2011 में फिर से चुना गया। उन्होंने शक्तिशाली ट्रेड यूनियनों और ग्रामीण लॉबियों को अपनाते हुए आर्थिक राष्ट्रवाद की नीति जारी रखी।

अर्जेंटीना की अंतरराष्ट्रीय विश्वसनीयता में गिरावट आने के बाद भी विकास की दर में तेजी आई है। 'मर्कोसुर व्यापारिक गुट' के पड़ोसियों और भागीदारों द्वारा इसकी आलोचना संरक्षणवादी कहकर की जाती है। 2013 के अंत तक, अर्जेंटीना ने वर्ल्ड बैंक के 'इंटरनेशनल सेंटर फॉर सेटलमेंट ऑफ इन्वेस्टमेंट डिस्प्यूट्स' (ICSID) में कुल 65 अरब डॉलर मूल्य के तैंतालीस मामलों का सामना किया। 2014 में इसने अधिकांश लेनदारों के साथ समझौता करने के लिए कदम उठाए।

अर्जेंटीना को हमेशा इस क्षेत्र में एक अपवाद के रूप में देखा जाता था। इसे उस समय प्रथम विश्व (विकसित पूँजीवादी समूह) का देश माना जाता था, जब लैटिन अमेरिका और कैरेबिया के बाकी देश अपनी अर्थव्यवस्थाओं को स्थिर करने के लिए संघर्ष कर रहे थे। यह अशिक्षा को समाप्त करनेवाला पहला देश था और बीसवीं शताब्दी के मध्य तक इसने समृद्धि पा ली थी, लेकिन हुआन पेरोन के आगमन के साथ चीजें बदल गईं। आज पेरोनिस्ट विचारधारा को परिभाषित करना कठिन है, हालाँकि इसे स्पष्ट रूप से दक्षिण की नीतियों के समान माना जाता है। पेरू मूल के साहित्य के लिए नोबेल पुरस्कार विजेता, मारियो वर्गास ललोसा, जो लैटिन अमेरिकी रूढ़िवादी सक्रियता के लिए कुछ हद तक एक प्रकाशस्तंभ बन चुके हैं, ने इस प्रकार वर्णन किया—'अब हमारे पास पेरोनिज्म है, जो बहुत कुछ का प्रतीक है—चरम दक्षिण, मध्य, मध्य वाम, चरम वाम, यह लोकतंत्र और आतंकवाद है, यह जनउत्तेजना और संवेदनहीनता है, सभी मिलाकर···यह पेरोनिज्म है।'[27]

13 मार्च, 2013 को वेटिकन में इसाई धर्माचार्यों के सम्मलेन ने पोप के रूप में अर्जेंटीना के कार्डिनल, जॉर्ज मारियो बर्गोग्लियो को चुना। उन्होंने फ्रांसिस I की उपाधि ली और वे अमेरिका से पहले पोप और प्रथम जेसुइट पोप बने। 1980 के दशक में अर्जेंटीना के सैन्य तानाशाही के साथ सहयोग के लिए कुछ तिमाहियों में कार्डिनल बर्गोग्लियो की आलोचना की गई थी, लेकिन उन्हें अर्जेंटीना के गरीबों के लिए किए गए उनके काम और उनकी विनम्र जीवन-शैली के लिए ज्यादा जाना जाता है। उन्हें उनके दुनियाबी विचारों, महत्त्वपूर्ण यहूदी समुदाय तक उनकी पहुँच और राजनीतिक पारदर्शिता एवं न्याय के लिए वकालत के लिए भी जाना जाता है। उनके पदकाल को चाहिए कि लैटिन अमेरिकी चर्च को एक अधिक समतावादी व्यवस्था के लिए अपने अभियान को आगे बढ़ाने का अवसर प्रदान करें।

चिले की कम्युनिस्ट पार्टी (PCCh) का गठन 1922 में हुआ था। अपनी सफलता को लेकर चिंतित रहने के कारण इसे एक दशक (1948-58) तक के लिए बहिष्कृत कर दिया गया था। यह सोशलिस्ट पार्टी के साथ लोकप्रिय एकता गठबंधन में शामिल हो गई, जिसने 1970 में सल्वादोर एयेंडे को राष्ट्रपति पद के लिए चुना। एयेंडे ने सोशलिस्ट पार्टी

के उदारवादी विंग का प्रतिनिधित्व किया। उनके 'आर्थिक पुनर्गठन कार्यक्रम' ने राज्य के स्वामित्व और अर्थव्यवस्था में हस्तक्षेप को और गहरा किया और पुनर्वितरण की नीतियों को बढ़ावा दिया। 1973 में जनरल ऑगस्तो पिनोशे द्वारा तख्तापलट के बाद, चिली में अन्य क्रांतिकारी समूहों के साथ, पी.सी.सी.एच. नेतृत्व का नाश कर दिया गया।

1988 में, बाहरी दबाव ने पिनोशे को लोकतंत्र की वापसी को लेकर एक जनमत संग्रह कराने के लिए मजबूर किया, जिसमें वे हार गए तब तक चिली के समाज में संरचनात्मक परिवर्तन, पारंपरिक विनिर्माण और खनन उद्योगों की गिरावट, श्रमिक आंदोलनों के कमजोर होने और सोवियत संघ के पतन ने वामपंथियों को कमजोर कर दिया था।[28] 1980 के संविधान के जरिए, सेना शासन प्रणाली के भीतर अपनी राजनीतिक प्रमुखता को सुनिश्चित करने में सफल हो चुकी थी। समाजवादियों और क्रिश्चियन डेमोक्रेट्स के गठबंधन ने 'कंसर्टेसियन पोर ला डेमोक्रैसिया' (लोकतंत्र के लिए गठबंधन) का गठन किया और 1990 में चुनाव जीता।

अर्थव्यवस्था इतनी अच्छी तरह से काम कर रही थी कि कंसर्टेसियन की नीतियों ने, पहले तो क्रिश्चियन डेमोक्रेट्स के तहत और फिर, 2000-10 तक समाजवादी राष्ट्रपतियों रिकार्डो लागोस और मिशेल बेचेलेत के शासन के तहत, मौजूदा आर्थिक मॉडल को समेकित किया।[29] फिर भी वे सरकार की नीतियों को प्रभावित करने या वीटो करने की सेना की शक्तियों और इसकी भूमिका एवं स्तर को कम करने में काफी हद तक कामयाब रहे। 2010 में मध्य-दक्षिण गठबंधन 'कोएलिसियन पोर एल कंबियो' (कोएलिशन फॉर चेंज) के उम्मीदवार सेबेस्तियन पिनेरा ने प्रेसिडेंसी चुनाव जीता। मिशेल बेचेलेट, जो तब चिले के संविधान के तहत फिर से चुनाव के लिए खड़ी नहीं हो सकी थीं, 2013 में एक बड़े अंतर से दोबारा चुन ली गईं।

बेचेलेट की जीत नि:शुल्क उच्च शिक्षा की माँग करनेवाले छात्रों के विरोध प्रदर्शन की लहर के बाद हुई। उन्होंने अपने दूसरे जनादेश का उपयोग 'पिनोशे युग' के संविधान को बदलने और व्यापक सामाजिक एवं आर्थिक सुधार लाने, विशेष रूप से उच्च शिक्षा में, करने का संकल्प लिया। उनके गठबंधन का विस्तार छह राजनीतिक दलों को शामिल करने के लिए किया गया था, जिसमें कम्युनिस्ट भी शामिल थे।

चिले का अपेक्षाकृत छोटा आकार, फिनिस टेराई (पृथ्वी का अंत) का स्थान और भौगोलिक अलगाव इसे लैटिन अमेरिकी शक्तियों के दूसरे स्तर पर रखता है, जो 'बिग थ्री' अर्जेंटीना, ब्राजील और मैक्सिको के बाद आता है। सत्तर दूतावासों और उप-सहारा अफ्रीका (सैंतालीस उप-सहारा अफ्रीकी देशों में दो दुर्लभ मिशन) में न्यूनतम उपस्थिति के साथ, चिले का राजनयिक प्रोफाइल ब्राजील से बहुत अलग है। इसने 'विकास कूटनीति' को आगे बढ़ाया है—विदेश में व्यापार के अवसरों को अधिकतम करने के लिए बनाई गई व्यापार

और निवेश अंतरराष्ट्रीय रणनीति। यह भूमंडलीकरण की प्रक्रिया की सफल प्रतिक्रिया का एक उत्कृष्ट उदाहरण है, जो कि लोकतंत्र के प्रति दृढ़ प्रतिबद्धता को भी दिखाता है।

पहले लोकतांत्रिक रूप से निर्वाचित राष्ट्रपति पैट्रीसियो आयलविन को इस क्षेत्र में अन्य की तुलना में अधिक खुली, लेकिन लगभग महत्त्वपूर्ण कच्चे माल और ईंधन स्रोतों से रहित अर्थव्यवस्था विरासत में मिली। इसके निर्यात आधारित विकास मॉडल को वैश्विक अर्थव्यवस्था के साथ और एकीकृत करने की आवश्यकता थी। अंततः चिली अंतरराष्ट्रीय व्यापार नीति के अपने 'पार्श्व' दृष्टिकोण के साथ सामने आया, तब से इसने साठ देशों के साथ एफ.टी.ए. (मुक्त व्यापार समझौता) पर हस्ताक्षर किए, जिनमें अमेरिका, यूरोपीय संघ और दक्षिण कोरिया (एशियाई और लैटिन अमेरिकी देश के बीच पहला) शामिल हैं तथा चीन के साथ भी उसने एक करार किया, जो बीजिंग का किसी भी व्यक्तिगत देश के साथ पहला समझौता था। इसने भारत, जापान और मलेशिया के साथ 'तरजीही व्यापारिक समझौतों' (PTA) को भी अंतिम रूप दिया है। चिली 2005 में 'ट्रांस-पैसिफिक पार्टनरशिप' (टी.पी.पी.) तथा 2012 में शुरू हुई उपक्षेत्रीय एकीकरण योजना पैसिफिक एलायंस का एक प्रमुख प्रवर्तक था। चिले का निर्यात 1990 के 9 अरब डॉलर से बढ़कर 2012 में 79 अरब डॉलर हो गया है।

इसने 2012 में 30.3 अरब डॉलर का एफ.डी.आई. (सीधा विदेशी निवेश) प्राप्त किया और वो ब्राजील के बाद इस क्षेत्र में दूसरा सबसे बड़ा प्राप्तकर्ता है। चिली 1994 में 'एशिया पैसिफिक इकोनॉमिक कोऑपरेशन (APEC) फोरम' में शामिल हुआ, जो मैक्सिको के बाद ऐसा करनेवाला इस क्षेत्र का दूसरा देश है। इसके साथ ही यह मैक्सिको के साथ इस क्षेत्र में ओ.ई.सी.डी. का एकमात्र सदस्य भी है। 2010 से 2012 तक चिली की जी.डी.पी. (सकल घरेलू उत्पाद) की औसत वृद्धि 5.9 प्रतिशत थी। 2012 में इसका सार्वजनिक-ऋण-से-जी.डी.पी. अनुपात 11.9 प्रतिशत था। 2010 में आए विनाशकारी भूकंप से नुकसान के बाद अपेक्षाकृत तेजी से हुई वापसी में इसकी आर्थिक ताकत और समुत्थान स्पष्ट दिखाई देता है।

चिली के लिए एक मुद्दा, जिसका हल होना बाकी है, वह बोलीविया की समुद्र तक पहुँच की माँग है। चिली ने 1879 में बोलीविया और पेरू के खिलाफ प्रशांत युद्ध जीता था। अध्याय 1 में हमने सदी के अंत तक के इतिहास के बारे में जाना। उसके बाद से, पेरू चिली के साथ समुद्री सीमा के संशोधन की माँग कर रहा है, जबकि बोलीविया तट के साथ-साथ क्षेत्र के भीतर तक पहुँच का दावा करता है। पेरू के साथ मामले का निर्णय हेग स्थित अंतरराष्ट्रीय न्यायालय में किया जा रहा है (अध्याय 1 देखें)।

बोलीविया के समुद्र तक पहुँच के लिए रेल लिंक की प्रारंभिक पेशकश के बाद चिली

की स्थिति अजीब हो गई, क्योंकि कोई भी दूसरा फार्मूला चिली क्षेत्र को काट कर जाता। 1990 के दशक के अंत तक तनाव कम होने के बावजूद, बोलीविया सरकार ने 2004 में 'द ब्लू बुक: द मैरीटाइम क्लेम ऑफ बोलीविया' नाम से एक दस्तावेज जारी किया। इस नीति-पत्र ने बोलीविया की समुद्र तक पहुँच के मुद्दे की केंद्रीयता को बार-बार दोहराया।[30]

इस विवाद ने चिली के बोलीविया से गैस खरीदने की कोशिश को जटिल बना दिया है, जिसके पास वेनेजुएला के बाद क्षेत्र में दूसरा सबसे बड़ा गैस भंडार है। चिली की ओर से बोलीविया के गैस क्षेत्र से 6 अरब डॉलर गैस पाइपलाइन के लिए किए गए प्रस्तावों को बोलीविया द्वारा अस्वीकार कर दिया गया, जिसने 'गैस पोर मार' (समुद्र के बदले गैस) का नारा उछाला। वास्तव में 2004 में अर्जेंटीना के साथ एक गैस समझौते में बोलीविया ने कहा था कि चिली को 'एक कण' भी फिर से बेचा नहीं जा सकता है।

राष्ट्रपति रिकार्डो लागोस और ईवो मोरालेस जनवरी 2006 में बोलीविया में मिले थे। वे मार्च 2006 में सैंटियागो में फिर से मिले और जुलाई 2006 में एक तेरह-बिंदु के द्विपक्षीय एजेंडे की घोषणा की गई। एजेंडे का पहला बिंदु चिली और बोलीविया के साथ पारस्परिक भरोसे का विकास करना था। इसके बाद, राष्ट्रपति मिशेल बेचलेट और सेबेस्टियन पिरिएरा कई बार राष्ट्रपति मोरालेस से मिले। वास्तव में राष्ट्रपति बेचलेट ने राष्ट्रपति मोरालेस के शपथ ग्रहण में भाग लिया और उन्हें राष्ट्रपति पिरियरा के शपथ ग्रहण में आमंत्रित किया। हालाँकि, कूटनीति और पारस्परिक आर्थिक लाभ को बोलिवियाई माँग और चिली की कट्टरता का बंधक बना लिया गया था। अंततः अप्रैल 2013 में बोलिविया इस मामले को अंतरराष्ट्रीय न्यायालय में ले गया।

वर्ष 1948 में लोकप्रिय कट्टरपंथी वामपंथी नेता जॉर्ज एलिएसेर गितान की हत्या के बाद हिंसा से दस साल के लिए कोलंबिया बरबाद हो गया था। बाद में दशकों तक कंजर्वेटिव पार्टी और लिबरल पार्टी के बीच स्थापित सह-संबंध ने वामपंथ को हाशिए पर रखा। दमन का सामना करते हुए वाम गुरिल्ला आंदोलनों, मुख्य रूप से एम19, पीपुल्स लिबरेशन आर्मी (ई.पी.एल.), नेशनल लिबरेशन आर्मी (ई.एल.एन.) और कोलंबिया के क्रांतिकारी सशस्त्र बल (एफ.ए.आर.सी.), में फिर से एकजुटता हुई।

एफ.ए.आर.सी. लैटिन अमेरिका में मार्क्सवादी मूल का सबसे पुराना, सबसे बड़ा, सबसे अधिक सक्षम और सबसे सशक्त विद्रोह है। 1960 के दशक की शुरुआत में भड़के इस विद्रोह ने मैनुअल मारुलांडा वेलेज के नेतृत्व में आकार लिया, जिन्होंने 1961 में कोलंबियाई क्षेत्र के भीतर एक स्वतंत्र 'रिपब्लिक ऑफ मारक्वेलिया' की घोषणा की थी। 1982 तक, एफ.ए.आर.सी. की ताकत कई हजार हो गई थी। इस पर मादक पदार्थों का व्यापार करने का भी आरोप लगा था।

इसके बाद आनेवाले राष्ट्रपतियों—1982 में बेलिसारियो बेतांकुर, 1990 में सीजर गेविरिया, 1994 में अर्नेस्टो सैम्पर और 1999 में एंड्रेस पास्ट्राना—के प्रयास किसी समझौते पर पहुँचने में विफल रहे। 2002 तक, एफ.ए.आर.सी. को स्विट्जरलैंड के क्षेत्र के बराबर करीब 20,000 सैन्य लड़ाकुओं द्वारा नियंत्रित एक सुरक्षित आश्रय मिल गया था। लगभग 42,000 वर्ग किलोमीटर का इसने हाई प्रोफाइल लोगों के अपहरण, राजनीतिक हस्तियों और सैनिकों की हत्या तथा नागरिक एवं सैन्य ठिकानों पर हमले किए। पड़ोसी इक्वाडोर और वेनेजुएला के साथ विरल सीमाओं ने गुरिल्ला छापामारों को कब्जा करने और आपूर्ति लाइनों को बनाए रखने में सक्षम बनाया।

2000 में अमेरिकी सरकार से सहायता प्राप्त करने के लिए राष्ट्रपति पस्त्राना ने हस्ताक्षर किए। प्लान कोलंबिया के माध्यम से, अमेरिका ने, ड्रग्स के व्यापार के खिलाफ प्रत्यक्ष रूप से काररवाई करते हुए अनुमानत: 50-60 करोड़ डॉलर सालाना की धनराशि, सामग्री और प्रशिक्षण प्रदान किया है। अधिक अंतरराष्ट्रीय समर्थन प्राप्त करने के कोलंबिया के प्रयास आंशिक रूप से सफल रहे थे। यद्यपि अधिकांश लैटिन अमेरिकी सरकारों ने एफ.ए.आर.सी. को आतंकवादी मानने से इनकार कर दिया था, फिर भी पड़ोसी देश एकजुट हुए और सफलता के अलग-अलग स्तर पर यह सुनिश्चित किया कि गुरिल्ला कोलंबिया के खिलाफ हमले में उनके क्षेत्र का उपयोग न कर पाएँ।

राष्ट्रपति अल्वारो उरीबे (2002-10), जिनके पिता गुरिल्लाओं के हाथों मारे गए थे, ने एफ.ए.आर.सी. के प्रभाव और उपस्थिति को कम करने के लिए एक आक्रामक सैन्य अभियान चलाया। 2012 की शुरुआत तक, एफ.ए.आर.सी. ने अपने प्रमुख नेताओं को खो दिया था। मारुलंडा की 2010 में प्राकृतिक कारणों से मौत हो गई। 2013 में इसकी ताकत 9,000 से भी कम कार्यकर्ताओं के होने का अनुमान था, जो छोटे समूहों में काम कर रहे थे। इसकी रणनीति हिट एंड रन, बमबारी और हत्या के प्रयासों में बदल गई और इसने अपने सभी बंदियों को रिहा करा लेने का दावा किया। प्रभावी सैन्य अभियानों के परिणामस्वरूप कई बंधकों को बचा लिया गया।

संघर्ष ने कोलंबियाई स्थापन की जटिलता को बदल दिया। 'स्टॉकहोम इंटरनेशनल पीस रिसर्च इंस्टीट्यूट' के अनुसार, अमेरिकी सहयोग से इसने 2000-2010 तक अपने सुरक्षा तंत्र में 86 अरब डॉलर का व्यय कर इस क्षेत्र की सबसे दुर्जेय सेना का निर्माण किया। मादक पदार्थों के कपटी उद्योग ने अपनी पहुँच और उपस्थिति का विस्तार करने के लिए गृह युद्ध की स्थितियों का भी लाभ उठाया और सुरक्षा के लिए गुरिल्ला छापामार एवं अर्धसैनिक बैंडों का सहयोग लिया, ताकि कुछ क्षेत्रों को अधिकारियों की पहुँच से बाहर रखा जा सके।

गुरिल्लाओं के खिलाफ सफलता राजनीतिक कीमत पर मिली, जिसमें निर्दोष

नागरिकों के खिलाफ क्रूरता और व्यापक विस्थापन के आरोप लगे। 1970 से कोलंबिया की दक्षिणपंथी सरकारों ने जमींदारों और अन्य रईस कोलंबियाई लोगों की सुरक्षा के लिए सशस्त्र अर्धसैनिक समूहों के निर्माण की अनुमति दी, जिन्हें कोलंबिया की आत्मरक्षा इकाइयाँ (AUC) कहा जाता है। ये समय के साथ अपने स्वयं की कार्यसूची के साथ सशस्त्र आपराधिक गिरोहों में बदल गए, जो नशीले पदार्थों की तस्करी, अपहरण, जबरन वसूली आदि में शामिल थे। आकर्षक पन्ना और सोने के खनन उद्योग भी ऐसे आपराधिक तत्त्वों का लक्ष्य थे। अंतरराष्ट्रीय दबाव में बिखर जाने के बाद भी इन आपराधिक गुटों की प्रतिष्ठा बनी हुई है। वाम और दक्षिण के बीच नागरिक संघर्ष में हजारों मौतें हुईं और करीब तीस लाख लोग आंतरिक रूप से विस्थापित हो गए।[31] 2011 में, अंततः सरकार ने पीड़ितों एवं आंतरिक रूप से विस्थापित लोगों के लिए पुनर्वास और मुआवजा निपटान की देख-रेख करने के लिए एक कानून पारित किया।

उरीबे के उत्तराधिकारी (और पूर्व रक्षा मंत्री) जुआन मैनुअल सैंटोस, जो एक पक्के डेमोक्रेट, का झुकाव उरीबे के राष्ट्रपति कार्यकाल के दौरान गठित यू की पार्टी, जिससे वे जुड़े हुए थे, की तुलना में लिबरल पार्टी के प्रति अधिक था। वे क्यूबा शासन के माध्यम से एफ.ए.आर.सी. तक पहुँचे। अगस्त 2012 में, एफ.ए.आर.सी. के प्रतिनिधियों ने हवाना में कोलंबिया सरकार के प्रतिनिधियों के साथ मिलकर युद्ध विराम और समझौता वार्त्ता पर बातचीत की। चिली ने सहायता की पेशकश की, जैसा कि वेनेजुएला ने किया था। अक्तूबर 2012 में ओस्लो, नॉर्वे में प्रारंभिक दौर की वार्त्ता हुई और नवंबर 2012 में हवाना में फिर से एक बार बात हुई।

एफ.ए.आर.सी. प्रतिनिधिमंडल ने समझौता करने के लिए प्राथमिक शर्त के रूप में कृषि सुधार की माँग की और वह देश के आर्थिक मॉडल, मुक्त व्यापार सौदों और सैन्य युद्ध अपराधों को कार्यसूची में रखना चाहता था। कोलंबिया सरकार ने गुरिल्लाओं के खिलाफ अपने सैन्य अभियान को रोकने से इनकार कर दिया और दावा किया कि उनका आर्थिक मॉडल बातचीत के योग्य नहीं था। इसने कार्यसूची में मादक पदार्थों का व्यापार, आत्मसमर्पण और आतंकवादियों द्वारा हथियार रखने तथा पीड़ितों को मुआवजा को भी शामिल किया।[32]

मई 2013 में, दोनों पक्षों ने हवाना में घोषणा की कि वे भूमि सुधार के विवादास्पद मुद्दे पर एक समझौते पर पहुँच चुके हैं। राष्ट्रपति सैंटोस ने इसके बाद जल्द ही नए कृषि मंत्री को नियुक्त किया और किसानों को पर्याप्त सहायता तथा भूमि के पुनः वितरण के लिए एक व्यापक भूमि सुधार कार्यक्रम की रूपरेखा तैयार की।[33] यह एक बहुत ही सकारात्मक विकास था और इसने क्षेत्र की एक बहुत ही कठिन समस्या को हल करने के

लिए सहयोगात्मक कूटनीति और प्रयासों को साबित किया। जून 2014 में सैंटोस के फिर से चुनाव के समय तक, कार्यसूची के पाँच में से तीन मुद्दों पर समझौते पर सहमति बन गई थी।

इस बीच कोलंबिया एक निवेशक अनुकूल शासन की शुरुआत करते हुए आर्थिक समृद्धि की राह पर अग्रसर हुआ है। ऐतिहासिक रूप से एक कृषि अर्थव्यवस्था होते हुए इसने कुशलता से अपनी उत्पादन श्रृंखला में गुणवत्ता को जोड़ा है। हाल के दिनों में उदारवादी बाजार के अनुकूल नीतियों ने विदेशी निवेशकों के लिए सुरक्षा के साथ एक सौम्य वातावरण का निर्माण किया है। आर्थिक विकास स्थायी रहा है, जिससे कोलंबिया लैटिन अमेरिका की चौथी सबसे बड़ी अर्थव्यवस्था बन गया है। ओ.ई.सी.डी. के अनुसार, जिसका कोलंबिया भी एक आकांक्षी है, 2002-12 के दशक में यह देश लगभग पाँच प्रतिशत की औसत दर से आगे बढ़ा है। इसका चालू खाता मुद्रास्फीति की वजह से घाटे में है। हाल के वर्षों में इसकी मुद्रा का मूल्य बढ़ा है, जो एक आकर्षक अर्थव्यवस्था का संकेत है। बेरोजगारी और असमानता, हालाँकि अभी भी अपेक्षाकृत उच्च स्तर पर बनी हुई हैं।[34]

इस सदी में कोलंबिया की विदेश नीति में अमेरिकी प्रभाव बढ़ता हुआ देखा गया, जिसका मुख्य कारण 'प्लान कोलंबिया' के माध्यम से अमेरिका का इसमें शामिल होना था। अमेरिका ने वेनेजुएला, इक्वाडोर, बोलीविया, निकारागुआ और इस क्षेत्र में अन्य जगहों पर अपनी खोई हुई जमीन को फिर से हासिल करने की कोशिश की। कोलंबिया ने उरीबे प्रशासन के अंतिम महीनों में एक रक्षा सहयोग समझौते पर हस्ताक्षर किए, जिसने अमेरिकी सेनाओं को इसके क्षेत्र के कई स्थानों पर जमने की इजाजत दे दी। इस समझौते को कोलंबियाई कांग्रेस में नहीं भेजा गया और अंततः 2011 में संवैधानिक न्यायालय द्वारा इसे समाप्त कर दिया गया। 2014 में, कोलंबिया ने नाटो के साथ कथित तौर पर प्रशिक्षण और सूचना विनिमय में सहयोग के लिए एक सहयोग समझौते पर हस्ताक्षर किए। दोनों देश विशेषकर मादक पदार्थ विरोधी अभियानों को लेकर निकट संबंध बनाए हुए हैं। कोलंबिया ने अपने भाग्य को प्रशांत गठबंधन से भी जोड़ा है, हालाँकि यह पड़ोसी वेनेजुएला और इक्वाडोर के साथ ज्यादा करीबी राजनयिक संबंध रखता है।

पेरू ने शाइनिंग पाथ (सेंडेरो लुमिनोसो-एस.एल.) की एक कट्टरपंथी वामपंथी पार्टी के उग्रवाद का सामना किया। इसकी स्थापना मार्क्सवादी बुद्धिजीवी अबीमेल गुजमैन ने की थी, जिसने 1963 में मार्क्सवादी तरीके की क्रांति की वकालत करते हुए कम्युनिस्ट पार्टी को विभाजित कर दिया था। एस.एल. ने 1970 और 1980 के दशक में एंडियन (हाईलैंड) पेरू के एक बड़े हिस्से का नियंत्रण हासिल किया। 1966 में, राष्ट्रपति फर्नांडो बेलांडे टेरी ने दो दशक की हिंसक सैन्य कारवाई की शुरुआत करते हुए विद्रोह को रोकने के लिए

सैनिकों को अधिकृत किया। 1984 तक, 8700 से अधिक पेरुवासी मारे गए और अन्य 4000 लापता हो गए।[35]

1990 में, जिस समय राष्ट्रपति अल्बर्टो फुजीमोरी (जापानी मूल के) ने पद सँभाला, उस समय एस.एल. ने लगभग 25,000 लड़ाके तैयार कर लिये थे और सभी नगरपालिकाओं के एक-चौथाई हिस्से को अपने नियंत्रण में ले लिया था। दक्षिणपंथी फुजिमोरी ने 'फुजीशॉक' किया, तख्तापलट किया, संसद् को निलंबित किया और आपातकालीन शक्तियों को अपने हाथों में ले लिया। सितंबर 1993 में, गुजमैन को पकड़ लिया गया और कैद कर लिया गया। फुजीमोरी भी दोबारा निर्वाचित हुआ; लेकिन वर्ष 2000 में भ्रष्टाचार और चुनावी धाँधली के आरोप में उन्हें देश छोड़कर जापान भागना पड़ा।

उनके उत्तराधिकारी, एलेजांद्रो टोलेडो और एलन गार्सिया ने अशांत राजनीति से निकालकर पेरू को आगे बढ़ाया। गार्सिया ने, जो 1986 से 1990 तक वामपंथी राष्ट्रपति रहे, दक्षिणपंथ का रुख किया और व्यापक बाजार उन्मुख सुधार पेश किए।

उनके उत्तराधिकारी मंटा हुमाला ने, जिन्होंने 2006 में एक वामपंथी मंच पर प्रचार किया था, 2010 में एक उदारवादी के रूप में चुनाव जीता, तब से वे गार्सिया के समान नीतियों का पालन कर रहे हैं और उन्होंने पेरू को उच्च विकास पथ पर बनाए रखा है।

देश 'आर्थिक विकास के चक्र' का आनंद ले रहा है। पेरू खनिज, ईंधन, मुख्य रूप से प्राकृतिक गैस से समृद्ध है और जैव-विविध जलवायु एवं स्थलाकृति से संपन्न है, जो विभिन्न प्रकार के फलों और सब्जियों की खेती के लिए अनुकूल अवसर देता है। खनन, हाइड्रोकार्बन और बड़े बुनियादी ढाँचा परियोजनाओं में विदेशी निवेश किया गया है। 2012 में, देश ने 12.2 अरब डॉलर का एफ.डी.आई. (सीधा विदेशी निवेश) दर्ज किया। वस्तुओं के निर्यात से प्राप्त आय ने कर राजस्व प्रदान किया है और मुद्रा को स्थिर कर दिया है। इसने सार्वजनिक निवेश को रिकॉर्ड स्तर तक पहुँचा दिया और उपभोक्ता उत्पादों के लिए घरेलू बाजार को प्रेरित किया। इसका परिणाम आठ साल की लगातार वृद्धि रही है, जो सात प्रतिशत औसत की दर से बनी हुई है और लैटिन अमेरिका में पनामा (बहुत छोटा) को छोड़कर कहीं और की तुलना में कहीं अधिक है।[36]

लोकप्रिय होने के बावजूद, राष्ट्रपति हुमाला को कांग्रेस के भीतर उलझी हुई राजनीतिक पार्टियों के साथ ही मैक्रो-इकोनॉमिक खनन और अन्य परियोजनाओं के खिलाफ विरोध प्रदर्शनों का सामना करना पड़ता है, फिर भी उन्होंने वामपंथी ए.एल.बी.ए. के साथ सौहार्दपूर्ण संबंध बनाए रखते हुए पेरू के राजनीतिक कम्पास को बाजार उन्मुख प्रशांत गठबंधन की ओर मजबूती से निर्देशित रखा है।

क्रांतिकारी वामपंथी

प्रतिष्ठित मालकॉन, हवाना के तट पर पक्की मरीना के साथ की एक खाड़ी, का विस्तार लगभग चौदह किलोमीटर तक है और यह क्यूबा के इतिहास का एक बड़ा हिस्सा है। क्रांतिकारी संकेतों में से यह एक है, जो 1959 की क्रांति की वर्तमान वर्षगाँठ का प्रतीक है। इसने 01 जनवरी, 1959 के बाद के हर नए साल के दिन को बदल दिया है, जब राष्ट्रपति फुल्गेंकियो बतिस्ता और उनके अनुयायियों के पलायन के बाद फिदेल कास्त्रो के सैनिकों ने हवाना में मार्च किया था।

उन दिनों से अब तक मालकॉन पर थोड़ा-बहुत बदलाव आया है, हालाँकि इसके सौंदर्यीकरण की कोशिश की जा रही है। 1959 की क्रांति में भागनेवाले कुलीनों द्वारा पीछे छोड़ी गई पुरानी फोर्ड्स, शेवरले और कैडिलैक को अब पर्यटक टैक्सी के रूप में उपयोग किया जाता है। अमेरिका की उपस्थिति को केवल एक चट्टान से बनी इमारत तक सीमित कर दिया गया है, जो अमेरिका में रुचि रखनेवालों का घर है। यह मालकॉन के केंद्र में है, जो क्यूबा के झंडेवाले एक ध्वजस्तंभ से घिरा हुआ है। कोने में लगी क्यूबा के राष्ट्रीय नायक जोस मार्टी की एक प्रतिमा की गोद में एक बच्चा है, जो भवन की ओर आरोप लगाते हुए इशारा करता है।

फिदेल कास्त्रो ने कम्युनिस्ट के रूप में शुरुआत नहीं की थी। उन्होंने वास्तव में अमेरिका का दौरा किया था और जुलाई 1953 में भ्रष्ट क्यूबा शासन के खिलाफ समर्थन जुटाने की उम्मीद में एक विद्रोह के प्रयास के लिए जेल से रिहा होने के बाद निर्वासन में रहे थे। क्रांति के बाद उन्होंने अप्रैल 1959 में वाशिंगटन डी.सी. का दौरा किया और उपराष्ट्रपति निक्सन से मिले, जिन्होंने खुले तौर पर उनका अविश्वास किया। राष्ट्रपति आइजेनहॉवर के शासन में अमेरिकी प्रतिष्ठान ने क्यूबा के साथ व्यवहार को प्रतिबंधित करना शुरू कर दिया, जिसने बदले में अमेरिकी संपत्तियों का राष्ट्रीयकरण किया।

1960 में अपनी अंतिम यात्रा में, कास्त्रो ने रहने के लिए हार्लेम को चुना, जहाँ भारत के प्रधानमंत्री पं. नेहरू ने उनसे मुलाकात की। 1965 तक, 'एकीकृत क्रांतिकारी संगठन' (ओ.आर.आई.), जिसका विलय कास्त्रो के 26 जुलाई के आंदोलन और अन्य क्रांतिकारी दलों के साथ ही क्यूबा के कम्युनिस्टों में हो गया था, ने क्यूबा की कम्युनिस्ट पार्टी को रास्ता दिया। यह क्यूबा में कानूनी रूप से अनुमति प्राप्त एकमात्र राजनीतिक पार्टी है।

अमेरिका ने 1960 में क्यूबा के साथ व्यापार को प्रतिबंधित कर दिया और जनवरी 1961 में उससे राजनयिक संबंध तोड़ लिये। 1961 में बे ऑफ पिग आक्रमण के जरिए निर्वासित क्यूबाइयों के लिए गुप्त समर्थन के माध्यम से कास्त्रो शासन को उखाड़ फेंकने का विनाशकारी प्रयास, अमेरिका का आखिरी वार था। क्यूबा सोवियत शिविर में मजबूती

से चला गया। यू.एस. ने वस्तुतः व्यापार और निवेश पर रोक लगाकर इस द्वीप को अलग-थलग कर दिया, जो आज तक कायम है। क्यूबा सरकार इसे नाकाबंदी के रूप में संदर्भित करती है। क्रांतिकारी क्यूबा तब लैटिन अमेरिका और दुनिया के लिए गरिमा और अवज्ञा का प्रतीक बनकर खड़ा था। कुछ लोगों द्वारा प्रशंसित, तो अन्य द्वारा भयभीत होकर भी इसने इस क्षेत्र के भीतर और बाहर अपनी विचारधारा को फैलाने का प्रयास किया।

क्यूबा की अमेरिका की अवज्ञा 1962 के मिसाइल संकट के बाद और भड़क गई। दुनिया के इतिहास में इस ज्वलनांक का नतीजा लगभग परमाणु युद्ध के रूप में सामने आया। यह कास्त्रो के साथ एक समझौते के तहत द्वीप पर लगाई गई मिसाइलों को वापस लेने के सोवियत संघ के फैसले के साथ समाप्त हुआ। क्यूबा से अंतिम समझौता करने के बारे में सलाह नहीं ली गई थी, जिससे वो गुस्से में था, हालाँकि, यू.एस.एस.आर. के साथ उसके संबंध और उस पर निर्भरता जारी रही। सोवियत समर्थन ने क्यूबा की चीनी के लिए उच्च कीमतों, सब्सिडी वाले ईंधन और औद्योगिक मशीनरी की आपूर्ति के माध्यम से क्यूबाई प्रणाली को आगे बढ़ाया। संयुक्त राष्ट्र और अन्य बहुपक्षीय मंचों पर क्यूबा के लिए सोवियत समर्थन ने भी उसे विदेशों में अधिक आक्रामक भूमिका निभाने में सक्षम बनाया। 1990 के दशक में सोवियत प्रणाली के पतन के बाद यह समर्थन समाप्त हो गया, जिससे क्यूबा में काफी कठिनाई हुई।

फिदेल कास्त्रो ने 2006 में अपने छोटे भाई राउल को वास्तविक सत्ता सौंपी और बीमारी के कारण 2008 में औपचारिक रूप से पद का परित्याग कर दिया। समाजवादी प्रणाली आज तक, पितृसत्तात्मक राज्य की उबाऊ होती जा रही आबादी के लिए मुफ्त स्वास्थ्य, शिक्षा, आवास और अन्य तत्त्व प्रदान कर रही है।

सोवियत समर्थन समाप्त होने के एक दशक बाद क्यूबा को वेनेजुएला के ह्यूगो चावेज ने बचाया, जिन्होंने अपने लोकप्रिय मिशन को चलाने और तकनीकी सहायता के लिए क्यूबाई डॉक्टरों, शिक्षकों और तकनीशियनों के बदले प्रतिदिन लगभग 1,00,000 बैरल तेल की आपूर्ति की। 'क्यूबा मॉडल' के लिए चावेज की आत्मीयता और फिदेल कास्त्रो के प्रति सम्मान ने एक स्थायी साझेदारी का निर्माण किया, जिसने क्षेत्रीय राजनीति के परिदृश्य को बदल दिया और क्यूबा शासन को एक जीवन रेखा प्रदान कर दी।

रुढ़ क्यूबा का सत्तारुढ़ प्रतिष्ठान भारी-भरकम है, जिसमें एक मंत्रिपरिषद और एक राज्य परिषद के अलावा दस उप-राष्ट्रपति हैं, लेकिन सभी छोटे-से-छोटे व्यवसाय सरकार के हाथों में हैं या सरकार द्वारा नियंत्रित हैं। क्यूबा के प्रसिद्ध सिगार और रम का विपणन अंतरराष्ट्रीय कंपनियों के माध्यम से किया जाता है, लेकिन इनपर दृढ़ता से राज्य का नियंत्रण है। अनियंत्रित भ्रष्टाचार पर राष्ट्रपति राउल कास्त्रो द्वारा कुछ हद तक नियंत्रण किया गया

है, हालाँकि, प्रोत्साहन की कमी, अल्प वेतन और रहन-सहन की स्थिति को देखते हुए वर्तमान परिस्थितियों में बदलाव कठिन लगता है।

फरवरी 2013 में 81 वर्षीय राउल कास्त्रो को पाँच साल के लिए फिर से राज्य परिषद के अध्यक्ष और प्रमुख के रूप में चुना गया। उन्होंने घोषणा की कि वे पाँच साल के बाद सेवानिवृत्त हो जाएँगे और उन्होंने 52 वर्षीय मिगुएल डियाज-कैनेल को अपनी दूसरी कमान के रूप में नामित किया। इसने वास्तव में बुजुर्ग कास्त्रो के अंतिम उत्तराधिकारी के बारे में अटकलों पर विराम लगा दिया और एक युवा नेतृत्व के लिए पहल शुरू की। डियाज-कैनेल राज्य परिषद के पहले उपाध्यक्ष बने।

कठोर कम्युनिस्ट प्रणाली को आसान बनाने के हाल के क्यूबा के प्रयास पहले से ही महत्त्वहीन लग रहे हैं। क्यूबा के लोगों के लिए, हालाँकि उन्होंने काफी बदलाव किया है, अब उन्हें अपने नाम पर अचल संपत्ति और कारों को खरीदने तथा बेचने की अनुमति है, यहाँ तक कि विदेश यात्रा और छोटे व्यवसायों को चलाने, इलेक्ट्रो-घरेलू उपकरणों को आयात करने आदि की भी इजाजत है। ये अभी भी नौकरशाही नियंत्रण के अधीन हैं और ऐसी कीमत पर उपलब्ध हैं, जिन्हें ज्यादातर क्यूबाई वहन नहीं कर सकते।

क्यूबाइयों को कई साल पहले ही सेल फोन का उपयोग करने की अनुमति दे दी गई थी। जून 2013 में सार्वजनिक इंटरनेट सेवाओं की शुरुआत पर लगभग किसी का ध्यान नहीं गया। यद्यपि यह अभी भी राज्य के नियंत्रण में है, फिर भी महत्त्वपूर्ण संचार सेवाओं का उपयोग करने के लिए यह क्यूबा में पर्यटकों, व्यापारियों और अन्य विदेशियों के लिए एक अवसर प्रदान करता है। कई लोगों को बदलाव दिखने लगा है, ऐसा मुख्य रूप से अमेरिका और अन्य देशों में क्यूबाई असंतुष्टों द्वारा यात्रा करने और खुलेआम क्यूबा की व्यवस्था के खिलाफ बोलने के कारण है।

27 मई, 2013 को भारतीय वैश्विक परिषद में बोलते हुए, क्यूबा के विदेश मंत्री ब्रूनो रोड्रिग्ज ने अपनी सरकार की रणनीति को रेखांकित किया। वे कराधान और वेतन पर पुरातन कानूनों को निर्धारित करने, दोहरी मुद्रा को समाप्त करने, सहकारी और निजी खेती के लिए बेकार भूमि का पुनर्वितरण करने; और अर्थव्यवस्था के प्रमुख क्षेत्रों में विदेशी निवेश को आकर्षित करने के लिए प्रतिबद्ध हैं।[37]

क्यूबा के डॉक्टरों और तकनीशियनों ने मुख्य रूप से चिकित्सा क्षेत्र में विभिन्न देशों की काफी सहायता की है। क्यूबा का प्रमुख निर्यात चिकित्सा सेवाएँ हैं। इसने 1500 डॉक्टरों की सेवाएँ प्रदान करने के लिए 2013 में ब्राजील के साथ एक समझौते पर हस्ताक्षर किए। वेनेजुएला में सेवा देनेवालों के अलावा कई हजार डॉक्टर पहले से ही पूरे क्षेत्र में मौजूद हैं। जैव प्रौद्योगिकी, खेल प्रशिक्षण, संगीत और फिल्म निर्माण में इसकी

विशेषज्ञता और उपलब्धियाँ व्यापक रूप से जानी जाती हैं।

ब्राजील और वेनेजुएला ने क्यूबा में बड़े पैमाने पर परियोजनाओं को वित्तपोषित किया है। ब्राजील का सार्वजनिक क्षेत्र का बैंक, बी.एन.डी.ई.एस., क्यूबा के उत्तरी तट पर मारियेल बंदरगाह के विस्तार के कुल लागत 90 करोड़ डॉलर में से 64 करोड़ डॉलर का वित्तपोषण कर रहा है। 2015 तक पूरा हो जाने के बाद इसमें तीस लाख कार्गो कंटेनर रखने की क्षमता होगी, जो एक ड्यूटी-फ्री जोन होते हुए पूरे कैरेबियाई और असेंबली प्लांट्स 'मक्विलडोरस' की सेवा कर सकता है, जो लैटिन अमेरिका और यूरोप के लिए माल का उत्पादन कर सकता है। चीन भी बुनियादी ढाँचा परियोजनाओं को वित्त प्रदान कर रहा है। वेनेजुएला द्वारा वित्तप्रदत्त एक पनडुब्बी केबल द्वारा इंटरनेट को वेनेजुएला से क्यूबा तक तक पहुँचाया गया है, जिसका विस्तार जमैका तक है। क्यूबा के अपतटीय क्षेत्रों में, जहाँ आधा दर्जन अंतरराष्ट्रीय कंपनियाँ मौजूद हैं, दोहन करने योग्य हाइड्रोकार्बन के महत्त्वपूर्ण भंडार की खोज की संभावना ने संकटग्रस्त अर्थव्यवस्था के क्षितिज को चौड़ा कर दिया है।

इस क्षेत्र के भीतर, कास्त्रो नेताओं ने प्रमुख शक्तियों के साथ क्यूबा के संबंधों को मजबूत किया है। 2010 में गठित लैटिन अमेरिका और कैरेबियन राज्यों (CELAC) के समुदाय में क्यूबा के प्रवेश और 2013 में पैन-क्षेत्रीय संगठन की अध्यक्षता ने क्षेत्र के साथ इसके एकीकरण को पूरा कर दिया है। क्यूबा ने अपनी अध्यक्षता के दौरान BRIGS समूह पर ध्यान केंद्रित करने का विकल्प चुना। इसे जनवरी 2013 में CELAC शिखर सम्मेलन से ठीक पहले EUCELAC शिखर सम्मेलन की मेजबानी करने के चिली के निर्णय के प्रति पलटवार के तौर पर देखा गया था।

नया वाम

2 फरवरी, 1999 को ह्यूगो चावेज ने वेनेजुएला के राष्ट्रपति के रूप में शपथ ली। पारंपरिक शपथ लेने के बजाय, उन्होंने घोषणा की, 'मैं अपने लोगों के सामने इस नैतिकतावादी संविधान पर शपथ लेता हूँ कि हम आवश्यक लोकतांत्रिक परिवर्तन को आगे बढ़ाएँगे, ताकि नए गणतंत्र के पास नए समय के मुताबिक मैग्ना कार्टा हो।' इस प्रतिज्ञा को पूरा करने के लिए वह आगे बढ़े।

चावेज को वेनेजुएला की राजनीतिक प्रणाली से अलग कर दिया गया था, जिसे 1958 में सैन्य तानाशाह मार्कोस पेरेज जिमेनेज के बाद एक शक्ति साझाकरण समझौते, 'पुंटो फीजो की संधि' के तौर पर बताया गया था। वेनेजुएला में तीन सबसे बड़े राजनीतिक दलों एडी और सी.ओ.पी.ई.आई. तथा डेमोक्रेटिक रिपब्लिकन यूनियन के बीच यह समझौता हुआ, जिसने एक समझ कायम की कि वे सत्ता साझा करेंगे और एक-दूसरे के हितों को

समायोजित करेंगे। 1989 में एक कठोर पुलिस काररवाई, जिसे 'काराकाजो' कहा जाता है और जिसका मकसद रक्तपात से एक लोकप्रिय विद्रोह को दबाना था, ने चावेज और वेनेजुएला की सेना में उनके सहयोगियों को दृढ़-प्रतिज्ञ कर दिया। उन्होंने 1992 में एक असफल तख्तापलट की कोशिश में, राष्ट्रपति कार्लोस एंड्रेस पेरेज के शासन को खत्म करने का प्रयास किया, पेरेज के उत्तराधिकारी द्वारा उन्हें माफ कर दिया गया और इस प्रकार वे अपने पहले राजनीतिक सफर पर, अपनी विचारधारा और फिफ्थ रिपब्लिक आंदोलन (एम.वी.आर.) को मजबूत करने के लिए निकल पड़े।

जनमत संग्रह, जिसने 1999 में उनके नए संविधान की पुष्टि कर दी, के बाद वे हर चुनाव जीतते गए; 2002 में वे एक तख्तापलट की कोशिश में बच गए; और 2004 में उन्होंने एक जनमत संग्रह द्वारा उन्हें बरखास्त करने के खंडित विपक्ष के प्रयास को मात दे दी।[38] उन्होंने 'यूनाइटेड सोशलिस्ट पार्टी ऑफ वेनेजुएला' (PSUV) का गठन किया और पारंपरिक राजनीतिक दलों—एडी और सी.ओ.पी.ई.आई. को हाशिए पर डाल दिया। उन्होंने सैन्य प्रतिष्ठान और राज्य के स्वामित्ववाली तेल की विशाल कंपनी, पेट्रोलेओस डी वेनेजुएला (पी.डी.वी.एस.ए.) के विशाल संसाधनों को अपने नियंत्रण में ले लिया। राज्य की तेल संपदा के समान वितरण की आवश्यकता को समझते हुए चावेज ने समाज के निचले तबके की जरूरतों को पूरा करने के लिए कई मिशनों की स्थापना की। मिशन बैरियो एडेंट्रो (इन द स्लम्स) मुफ्त स्वास्थ्य देखभाल प्रदान करता है; रॉबिन्सन और रिवास साक्षरता प्रदान करते हैं; हैबिटैट आवास प्रदान करता है; मर्कल सुपरमार्केट को सब्सिडी देता है; और इसी तरह कई अन्य मिशन हैं। मिशनों को पूरी तरह से सरकार द्वारा प्रतिवर्ष अरबों पेट्रोडॉलर के साथ वित्त पोषित किया गया है।

चावेज की विचारधारा को 21वीं सदी का समाजवाद कहा गया। उनकी चाहत अधिक-से-अधिक सहभागी लोकतंत्र की थी और वे मानते थे कि प्रतिनिधित्व का लोकतंत्र मतदाताओं और सरकार के बीच एक अभिजात वर्ग को बनाता है, जो अकसर शासक वर्ग को दिए गए जनादेश को विकृत कर देता है। वे उत्पादन के सभी साधनों पर राज्य के संपूर्ण नियंत्रण में विश्वास नहीं रखते थे, लेकिन सहकारी समितियों और सामूहिकता को प्राथमिकता देते थे। चावेज न तो कम्युनिस्ट थे, न ही नास्तिक। उनका दावा था कि यीशु मसीह कट्टर समाजवादी थे।

2001 में पारित कानूनों की एक श्रृंखला ने पेट्रो-रसायन, दूरसंचार, बिजली, खनन, बैंकिंग, स्टील, सीमेंट, खाद्य प्रसंस्करण और खुदरा सुपर बाजारों में मुख्य रूप से अमेरिका और यूरोपीय स्वामित्व के राष्ट्रीयकरण के जरिए विदेशी व्यापार की उपस्थिति पर नियंत्रण को सुनिश्चित किया। विदेशी तेल कंपनियों पर रॉयल्टी भी बढ़ा दी गई थी। अप्रैल 2014

तक, विश्व बैंक के आई.सी.एस.आई.डी. की मध्यस्थता अदालत में वेनेजुएला के खिलाफ अट्ठाइस मामले लंबित थे।[39] वेनेजुएला 1993 से आई.सी.एस.आई.डी. का सदस्य था, लेकिन 2012 के जनवरी में औपचारिक रूप से यह कहकर बाहर हो गया कि यह मध्यस्थता अदालत के किसी भी फैसले को स्वीकार नहीं करेगा, हालाँकि द्विपक्षीय निवेश संधियों और व्यक्तिगत अनुबंधों की धाराएँ आई.सी.एस.आई.डी. को वेनेजुएला के खिलाफ मामलों की सुनवाई का अधिकार देती हैं।

संगठित विपक्ष की कमी ने 2012 में चावेज को फिर से चुनाव के लिए प्रेरित किया, हालाँकि इसमें कोई संदेह नहीं था कि वह कमान में थे, उनकी सरकार की केंद्रीयकृत प्रकृति—चौदह वर्षों में आठ उपाध्यक्ष और नियमित रूप से मंत्रिस्तरीय विभागों में फेरबदल ने कुछ समर्पित अनुयायियों के साथ उन्हें अकेला छोड़ दिया था। फरवरी 2013 में उनका निधन एक शून्य छोड़ गया, जिसे भरना उनके अनुयायियों के लिए मुश्किल था।

चावेज की मृत्यु के कुछ हफ्ते बाद मामूली अंतर से चुने गए निकोल मादुरो ने कमांडेंट से आदेश लेने की परंपरा में अपनी अनुभवहीनता को ही जोड़ा। बदलाव की माँग को लेकर विपक्ष और आक्रामक हो गया। उनके आत्मविश्वास को खतरनाक आर्थिक परिस्थितियों ने भी हवा दी। बढ़ते अपराध के साथ महँगाई और मंदी ने वफादारों तक के बीच भी असंतोष फैला दिया था। चावेज के ऊर्जावान भाषण, जो अपने जीवनकाल में उन्हें यह समझाने में कामयाब रहते थे कि वे उनकी समस्याओं को हल कर देंगे, की अनुपस्थिति में जनता बेहतर विकल्पों की तलाश करने लगीं, यहाँ तक कि सेना ने भी स्थिति को मजबूती से अपने कब्जे में ले लिया।

अपने जीवनकाल के दौरान और उसके बाद, चावेज न्यू लेफ्ट के कई लैटिन अमेरिकी नेताओं के लिए प्रेरणास्रोत थे। इक्वाडोर के राफेल कोरेया, बोलीविया के इवो मोरालेस और निकारागुआ के डैनियल ओर्टेगा अपने देशों को 2004 में चावेज और फिदेल कास्त्रो द्वारा स्थापित 'बोलिवेरियन अलायंस ऑफ अमेरिका' (ALBA) में ले आए।

राफेल कोरेया ने इलिनोइस विश्वविद्यालय से अर्थशास्त्र में पी-एच.डी. की उपाधि प्राप्त की। 2006 में चुनाव के बाद, उन्होंने इक्वाडोर के संविधान में संशोधन किया, जिसे 2008 में जनमत संग्रह द्वारा स्वीकृति दे दी गई और 2009 में उन्होंने फिर से चुनाव जीत लिया।

कोरेया पिछली सरकार में मंत्री रहे थे। उन्होंने इस्तीफा दे दिया और मुख्य रूप से दक्षिणी बंदरगाह शहर गुआयाकिल में व्याप्त शक्तिशाली व्यापार कुलीनतंत्र को कम करने के लिए सत्ता में आए। उन्होंने पानी और खनिज जैसे आवश्यक संसाधनों पर राज्य का नियंत्रण स्थापित किया और मजदूरों और समाज के अन्य कमजोर वर्गों के लिए लाभ

में वृद्धि की। उन्होंने सशस्त्र बलों के साथ-साथ राज्य के हाइड्रोकार्बन संसाधनों की भी जिम्मेदारी सँभाली। इक्वाडोर वेनेजुएला के बाद ओपेक में शामिल होनेवाला दूसरा लैटिन अमेरिकी देश था।

कोरेया, जो इक्वाडोर की प्रमुख देशी भाषा कुएचुआ धाराप्रवाह बोलते हैं, ने 'प्लुरिनेशनल स्टेट' का बचाव किया और देशी समुदायों के अधिकारों और कल्याण की गारंटी दी। उन्होंने विदेशी तेल कंपनियों के लिए शर्तों को फिर से निर्धारित किया और गिरती सुविधाओं एवं अनुचित शर्तों पर 'नाजायज शासनों' द्वारा अनुबंधित ऋण को फिर से चुकाने के लिए विश्व बैंक को चुनौती दी। उन्होंने सबसे पहले, हाल में फरवरी 2013 में चुनाव जीतते हुए शक्तिशाली और आरोपित व्यवसाय एवं राजनीतिक लॉबियों को अपने हाथ में लिया।

2009 में, उन्होंने मंटा पोर्ट मिलिट्री बेस के पट्टे का विस्तार करने से इनकार कर दिया, जो प्रशांत में अमेरिकी बलों के लिए 'फॉरवर्ड ऑपरेटिंग लोकेशन' के रूप में कार्य करता था। 2010 में, उन्होंने अमेरिकी राजदूत को निष्कासित कर दिया, जिनकी इक्वाडोर विरोधी टिप्पणी का 'विकिलीक्स' ने खुलासा कर दिया था। अगस्त 2012 में उन्होंने लंदन में इक्वाडोरियन दूतावास में 'विकिलिक्स' के संस्थापक जूलियन असांजे को शरण दी। अगस्त 2012 में एक ओ.ए.एस. बैठक में क्षेत्र के नेताओं से मिले एकमत समर्थन के साथ, कोरेया ने असांजे को स्वीडन प्रत्यर्पित करने के अमेरिका और ब्रिटेन के दबाव का सफलतापूर्वक विरोध किया।

बोलीविया, जहाँ बीसवीं शताब्दी के उत्तरार्ध से अमेरिकी प्रभाव सर्वव्यापी था, दशकों तक सैन्य तानाशाही में रहा, जिसका अंत 1982 में नागरिक शासन के साथ हो गया। बाद के राष्ट्रपतियों द्वारा गलत तरीके से शासन ने मुद्रास्फीति को बहुत ऊँचा कर दिया, जिससे देश को फिर से विश्व बैंक की शरण लेनी पड़ी, जिसने अपनी शर्तों को लागू किया। सरकार ने रेलवे, टेलीफोन प्रणाली, राष्ट्रीय एयरलाइंस और हाइड्रोकार्बन उद्योगों का निजीकरण किया। एक अंतरराष्ट्रीय संघ द्वारा कोचाबम्बा शहर में सार्वजनिक उपयोगिताओं को प्रदान करने के लिए चालीस साल की रियायत के साथ ही पानी की कीमत में भारी बढ़ोतरी कर दी गई, जिसका बड़ा विरोध हुआ, जिसे 1999-2000 में 'जल युद्ध' कहा गया। अंत में इस अनुबंध को रद्द कर दिया गया। बोलीविया काफी राजनीतिक उथल-पुथल के दौर से गुजरा और कई राष्ट्रपतियों के कार्यकाल से गुजरा।

इवो मोरालेस 2006 में सत्ता में आए थे। आयमारा कबीले के एक देशी परिवार में जन्मे, मोरालेस बोलिवियन हाइलैंड्स में कोका पत्ती उत्पादकों के सिंडिकेट के नेता बन गए। अपने उपराष्ट्रपति, स्पेनिश मूल के मार्क्सवादी और पूर्व गुरिल्ला नेता अल्वारो गार्सिया

लिनेरा के साथ घनिष्ठ रूप से संबद्ध मोरालेस ने एक नई राजनीतिक पार्टी—Movimiento al Socialismo (समाजवादी आंदोलन) शुरू की। गार्सिया ने खुद एंडियन पूँजीवाद की एक दृष्टि का प्रचार किया और दावा किया कि एक महत्त्वपूर्ण सर्वहारा वर्ग की अनुपस्थिति को देखते हुए बोलीविया एक समाजवादी राज्य नहीं हो सकता।[41]

मोरालेस ने विदेशी कंपनियों के साथ पुनः समझौता किया, जिसमें ब्राजील का पेट्रोब्रास भी शामिल है। उन्होंने खनन, दूरसंचार, बिजली उत्पादन और वितरण में कई विदेशी कंपनियों का भी राष्ट्रीयकरण किया। सत्तर प्रतिशत से अधिक आबादी वाली देशी जातियों के हितों के रक्षार्थ मोरालेस ने बोलीविया को दृढ़ता से वामपंथी खेमे में ले लिया। इक्वाडोर के साथ, बोलीविया ने एनडियन समुदाय के भीतर एक जुझारू रुख अपनाया है, जिससे कोलंबिया और पेरू के अपने बाजार खोलने की प्रवृत्ति को चुनौती मिली है। इसने 2013 में मर्कोसुर की सदस्यता माँगी।

निकारागुआ में, डैनियल ओर्टेगा सावेद्रा ने 1979 में तानाशाह अनास्तासियो समोजा (यू.एस. समर्थित) को उखाड़ फेंकने के लिए सैंडिनिस्टा नेशनल लिबरेशन फ्रंट (एफ. एस.एन.एल.) की स्थापना की। वह 1985 में प्रेसिडेंसी जीतने के लिए आगे बढे, अगले तीन चुनाव हार गए और 2006 और 2011 में फिर से जीत हासिल की। ऑर्टेगा का वामपंथी विचारधारा के साथ ईसाई धर्म में भी विश्वास था। उनकी विवेकपूर्ण आर्थिक नीतियाँ कुछ विदेशी निवेश को आकर्षित करने और आर्थिक विकास को बढ़ावा देने में सफल रही हैं।

ओरटेगा ने 278 किलोमीटर की दूरी पर पनामा नहर के आकार से तीन गुना बड़ी नहर बनाने के लिए हाँगकाँग की एक कंपनी के साथ बातचीत की है, जिसकी अनुमानित लागत लगभग 40 बिलियन डॉलर है।[42] उससे कथित तौर पर विस्तारित पनामा नहर की तुलना में अधिक जहाज गुजर सकेंगे।

अन्य शासन

पूरी बीसवीं शताब्दी में, अन्य व्यवस्थाओं की तुलना में उरुग्वे में दो पारंपरिक रूढ़िवादी दलों, ब्लैंकोस और कलरडोस द्वारा शासित एक अपेक्षाकृत अधिक स्थिर राजनीतिक प्रणाली थी। 1960 के दशक के उत्तरार्ध में, आर्थिक स्थिति में गिरावट ने सामाजिक आंदोलन को गति दी। 1970 के दशक के प्रारंभ में, तुपामारो राष्ट्रीय मुक्ति आंदोलन, जो पहले उग्रवादियों द्वारा स्थापित किया गया था, ने अन्य वाम समूहों में शामिल होकर 'फ्रेंते एम्पलियो' (ब्रॉड फ्रंट) बनाया। 2004 में, उसके उम्मीदवार, तबरे मार्केज ने राष्ट्रपति पद जीता। 2009 में उनके बाद पूर्व गुरिल्ला नेता, ब्रॉड फ्रंट जोस मुहिका ने पद सँभाला। उरुग्वे के वाम दलों ने ब्राजील और चिली की ही तरह उदारवादी आर्थिक नीतियों

को अपनाया है, जिससे कुछ विश्लेषक इसे लैटिन अमेरिका में वामपंथ के रोल मॉडल के रूप में सबसे आगे रखते हैं।[43]

परागुए जनरल अल्फ्रेडो स्ट्रोस्नर (1954-1989) के नेतृत्व में सैन्य शासन के लंबे दौर से गुजरा। उन्हें कोलोराडो पार्टी का समर्थन प्राप्त था, जो 2008 तक राष्ट्रीय राजनीति पर हावी रही, जब लिबरल पार्टी द्वारा समर्थित एक पूर्व पुजारी फर्नांडो लुगो ने चुनाव जीत लिया। उन्होंने कुछ वामपंथी सुधारों विशेष रूप से किसानों के लिए भूमि का पुनर्वितरण का प्रयास किया, लेकिन लिबरल पार्टी के समर्थन पर उनकी निर्भरता ने उन्हें काम नहीं करने दिया।

जून 2012 में, भूमि हड़पने के किसानों के एक आंदोलन में पुलिस की गोलीबारी से कई लोगों की मौत होने के बाद, उनके उपाध्यक्ष और लिबरल पार्टी के नेता, फेडेरिको फ्रेंको ने संसद् में लुगो के विरुद्ध महाभियोग का प्रस्ताव रखा। इसे क्षेत्र में विधायी तख्तापलट के रूप में देखा गया और पराग्वे को दो दक्षिण अमेरिकी संगठनों—यू.एन.ए.एस.यू.आर. (UNASUR) और मर्कोसुर से निष्कासित कर दिया गया। 2013 का राष्ट्रपति चुनाव कोलोराडो पार्टी के होरासियो कार्तेस को सत्ता में लेकर आया, तब से क्षेत्र के भीतर पराग्वे की स्थिति नियमित बनी हुई है।

होंडुरास में, मैनुअल जेलाया 2006 में राष्ट्रपति चुने गए थे। एक अमीर भूस्वामी होने के बाद भी उन्होंने अपनी लोक अनुकूल नीतियों के माध्यम से दक्षिणपंथी प्रतिष्ठान को अलग-थलग कर दिया और होंडुरास को वामपंथी ए.ए.लबी.ए. समूह में ले लिया। 2009 में एक जबरदस्त तख्तापलट में उन्हें इस आरोप के साथ बरखास्त कर दिया गया कि उन्होंने जनमत संग्रह के माध्यम से खुद को दोबारा चुने जाने के लिए संविधान में बदलाव की कोशिश की थी। उनकी जगह लेनेवाले दक्षिणपंथी राष्ट्रपति पोरफिरियो लोबो ने 2011 में उनके साथ एक समझौता किया, जिसके तहत जेलाया फिर से चुनाव के लिए खड़े नहीं हो सकते थे, लेकिन उन्हें बिना किसी दंड के लौटने की अनुमति दे दी गई थी। ए.एल. बी.ए. ने होंडुरास का त्याग कर दिया था, लेकिन उसे पुनः इस क्षेत्र में बहाल कर दिया। नवंबर 2013 में जेलाया की पत्नी, जियोमारा कास्त्रो, लोबो की पार्टी के उम्मीदवार जुआन ऑरलैंडो हर्नांडेज से बहुत कम अंतर से चुनाव हार गईं। आज होंडुरास संगठित अपराध से त्रस्त है और पूरे गोलार्ध में यहाँ हत्या की दर सबसे अधिक है।

अक्तूबर 1979 में तख्तापलट के बाद अल साल्वाडोर काफी उथल-पुथल से गुजरा, जो एक सैन्य सरकार को सत्ता में लेकर आया। अमेरिका की भागीदारी ने गृहयुद्ध को लंबा खींच दिया, जिससे काफी रक्तपात हुआ अंत में संयुक्त राष्ट्र ने जनवरी 1992 में सरकार और पाँच गुरिल्ला समूहों के नेताओं वाली फ्रेंते फारबांडो मार्टी पैरा ला लिबरेसियन नेशनल (एफ.एम.एल.एन.) के बीच एक शांति समझौता कराया। 1989 से 2009 तक नेशनल

रिपब्लिक अलायंस (अरेना) पार्टी ने शासन किया, जब तक कि मौरिसियो फूनेसे (एफ. एम.एल.एन.) का चुनाव नहीं हो गया। फूनेसे ने एक उदारवादी सरकार की शुरुआत की। मार्च 2014 में, उनके उपाध्यक्ष और एफ.एम.एल.एन. उम्मीदवार, प्रतिष्ठित व अधिक वाम झुकाववाले सल्वाडोर सांचेज सेरेन ने, फूनेसे को सफल बनाने के लिए अरेना उम्मीदवार के खिलाफ बहुत कम अंतर से जीत हासिल की।

ग्वाटेमाला, जहाँ वामपंथी विद्रोहियों का सामना कर रही सरकार इसी तरह 1960 और 1966 के बीच गृहयुद्ध के दौर से गुजर रही थी, ने 2008 में मध्य-वामपंथी अल्वारो कोलोम को राष्ट्रपति के रूप में चुना। वे जनवरी 2012 में देशभक्त पार्टी के दक्षिणपंथी पेरेस मोलिना के बाद सत्ता में आए।

पनामा वाम और दक्षिणपंथी सरकारों के बीच झूलता रहा है। 1970 से, सैन्य नेता उमर टोरिजोस ने नियंत्रण अपने हाथ में ले लिया और 1972 में संविधान को बदल दिया और खुद को छह साल के लिए असीमित अधिकार दे दिए। 1981 में एक विमान दुर्घटना में उनकी मृत्यु हो गई, जिसमें सी.आई.ए. का हाथ होने का संदेह था। वे कार्टर प्रशासन के तहत हस्ताक्षरित उस 'पनामा नहर संधि' पर फिर से विचार करने के दबाव का विरोध करने के लिए प्रसिद्ध रहे, जिस पर नहर क्षेत्र को वापस पनामा के नियंत्रण में देने के लिए सहमति हुई थी।

सैन्य तानाशाह, राष्ट्रपति मैनुअल नोरिएगा ने अमेरिकी हितों की सेवा की, लेकिन एक सैन्य काररवाई के बाद अंततः अमेरिकी सेना ने उन्हें गिरफ्तार कर लिया और 1988 में अमेरिका में नशीली दवाओं की तस्करी के आरोप में उन्हें जेल भेज दिया गया। 2009 के चुनाव को चार दलों के गठबंधन 'अलायन्स फॉर चेंज' का प्रतिनिधित्व कर रहे रूढ़िवादी व्यवसायी रिकार्डो मार्टिनेली ने निर्देशित किया। मई 2014 में, उनके बहिष्कृत उपाध्यक्ष, रूढ़िवादी जुआन कार्लोस वरेला राष्ट्रपति के रूप में चुने गए।

देश की प्रतीक परियोजना, पनामा नहर वर्तमान में बड़े पैमाने पर विस्तार से गुजर रही है, जो न केवल पश्चिमी गोलार्ध, बल्कि पूरी दुनिया में भी जहाजरानी को बदल देगी। 2011 में शुरू हुई 8-10 अरब डॉलर की इस परियोजना में करीब 42 लाख क्यूबिक मीटर कंक्रीट शामिल है—जो मूल नहर के लगभग चालीस प्रतिशत से भी अधिक है। 1965 के बाद से, नहर से गुजरने वाले जहाजों की संख्या तो लगभग 14,000 वार्षिक ही है, लेकिन इससे ट्रांसपोर्ट किए जानेवाले माल का टनभार तीन गुना हो गया है। नहरों का नया 'सेट ऑफ लॉक' एक जहाज को 160 फीट के बीम के साथ आसानी से गुजरने की अनुमति देगा, जिससे नए पनामाभार जहाजों की नहर से गुजरने की क्षमता बढ़ जाएगी। अमेरिका सहित प्रशांत और कैरेबिया के कई बंदरगाह, नई क्षमताओं को समायोजित करने के लिए गहन तलमार्जन कर रहे हैं।

कैरेबिया में डोमिनिकन गणराज्य लैटिन अमेरिका के विकासात्मक लोकतंत्र का एक दिलचस्प प्रयोग है। दस लाख की आबादी का यह देश, लैटिन अमेरिका के स्पेनिश विजय के लिए नींव का पत्थर बना, जो 1821 में स्पेन से अपनी आजादी के बाद एक अशांत इतिहास से गुजरा। पड़ोसी हैती और अमेरिका द्वारा लंबे समय तक आक्रमण और कब्जा के बाद यह राष्ट्रपति राफेल ट्रुहिलो (1930-1960) के लौह नियंत्रण में आया और आखिरकार बीसवीं सदी के अंत में एक स्थायी लोकतंत्र को स्थापित करने में सफल रहा। इसने पर्यटन और सेवाओं के आधार पर एक विकासात्मक मॉडल को अपनाया है और यह एक समृद्ध राज्य है, जो एस.आई.सी.ए. के माध्यम से अपने मध्य अमेरिकी सहयोगियों से जुड़ा हुआ है तथा 'एसोसिएशन ऑफ कैरेबियन राज्य' का सदस्य है। अमेरिका के साथ इसके घनिष्ठ संबंध हैं।

हिस्पानिओला द्वीप के दूसरी ओर, विशेष रूप से अफ्रीकी मूल की आबादी वाला हैती, जो डोमिनिकन गणराज्य की तुलना में थोड़ा बड़ा है, का इतिहास अत्याचार भरा रहा है। इस क्षेत्र में एकमात्र स्वतंत्र फ्रांसीसी भाषी यह देश कभी दुनिया में चीनी का सबसे बड़ा उत्पादक था, लेकिन अब यह सबसे गरीब देश बन चुका है, जिसके विकास सूचकांक पूरे गोलार्ध में सबसे कम हैं। 1957 से लेकर 1986 तक राष्ट्रपति फ्रेंकोइस 'पापा डॉक' डुवेलियर और उनके बेटे जीन-क्लाउड 'बेबी डॉक' डुवेलियर की तानाशाही के कारण यह देश राजनीतिक हिंसा और अस्थिरता का सामना करता रहा। इसके बाद राजनीतिक उथल-पुथल और तख्तापलट होते रहे, जिनका अंत 2011 में राष्ट्रपति मिशेल मार्टेली के निर्वाचन के साथ हुआ। देश में 2010 में विनाशकारी भूकंप आया, जिससे यह अब तक पूरी तरह उबर नहीं पाया है। हैती 'कैरीकॉम' (CARICOM) का सदस्य है और इसने अफ्रीकी संघ का सदस्य बनने के लिए 2012 में आवेदन किया था।

कुख्यात तानाशाह

बीसवीं सदी के दौरान मानवाधिकारों के जबरदस्त उल्लंघन और लोकतंत्र के दमन ने पूरे क्षेत्र में ठोस लोकतांत्रिक शासन की स्थापना में प्रतिरोध और प्रतिक्रिया को जन्म दिया। उस सदी के उत्तरार्ध में कई तानाशाहों, जैसे कि बोलीविया में ह्यूगो बेंजर, वेनेजुएला में मार्कोस पेरेज जिमेनेज, पराग्वे में अल्फ्रेडो स्ट्रॉसेनर, हैती में डुवेलियर्स, डोमिनिकन गणराज्य में राफेल ट्रूहिलो, को अलग-अलग परिणामों का सामना करना पड़ा।

ब्राजील जैसे कुछ देशों ने आत्मनिरीक्षण की प्रक्रिया से गुजरते हुए 1995 में आधिकारिक स्वीकारोक्ति की कि सैन्य शासन (1964-85) के दौरान हत्या, लापता होने और यातना के लिए राज्य जिम्मेदार था। 1979 के एमनेस्टी कानून ने हालाँकि कोई अभियोग नहीं

चलाया, लेकिन न्याय और प्रतिशोध के लिए चल रहे स्थानीय आंदोलनों के समर्थन से अंतरराष्ट्रीय दबाव के कारण कई अन्य अधिक कुख्यात लैटिन अमेरिकी तानाशाहों के खिलाफ काररवाई की गई।

सबसे उल्लेखनीय मामला अगुस्तो पिनोशे का था, जिन्होंने 1973 से 1988 तक चिली पर तानाशाही शासन किया था। सेवानिवृत्ति के बाद, वह 1980 के संविधान के अनुसार, जीवन भर के लिए सीनेटर बन गए, हालाँकि कई मानवीय अधिकारों के उल्लंघन के आरोपों में उन्हें अक्तूबर 1998 में लंदन में गिरफ्तार कर लिया गया, जिसके बाद स्पेन द्वारा उनके प्रत्यर्पण की माँग की गई थी। एक कानूनी लड़ाई के बाद उन्हें रिहा कर दिया गया और मार्च 2000 में वे चिली वापस आ गए। 2004 में एक मुकदमे के बाद उन्हें चिली में नजरबंद कर दिया गया। 10 दिसंबर, 2006 को उनकी मृत्यु के समय तक उनपर मानवाधिकारों के उल्लंघन, कर चोरी आदि के लगभग 300 आपराधिक आरोप लंबित थे। पिनोशे पर 28 अरब अमेरिकी डॉलर से अधिक की अवैध संपत्ति अर्जित करने का आरोप था। यूके की मार्गरेट थैचर सरकार के खिलाफ यह आरोप था कि उसने 1982 में फॉकलैंड द्वीप समूह पर अर्जेंटीना के आक्रमण का सामना करने के लिए चिली के क्षेत्र और सहायता का इस्तेमाल किया था। इसकी सराहना में, ब्रिटेन ने प्रत्यर्पण के खिलाफ पिनोशे का बचाव किया था।

1990-2000 तक पेरू में तानाशाही लागू करनेवाले अल्बर्टो फुजीमोरी ने भ्रष्टाचार के आरोपों से बचने के लिए 2000 में पेरू से भागने के बाद जापान में शरण ली थी। जापान ने उन्हें जापानी मूल के नागरिक के रूप में स्वीकार कर लिया और पेरू सरकार के प्रत्यर्पण अनुरोध को मानने से इनकार कर दिया।

2005 में, फुजीमोरी ने चिली के सैंटियागो के लिए मैक्सिको के रास्ते गुप्त रूप से उड़ान भरी। उन्हें हिरासत में ले लिया गया और अंततः 2007 में पेरू प्रत्यर्पित कर दिया गया। इस बीच, फुजीमोरी ने जून 2007 में, जापानी संसद् के ऊपरी सदन के लिए अपनी उम्मीदवारी की घोषणा की। इस कदम को राजनयिक प्रतिरक्षा के तिकड़म के तौर पर देखा गया था। वह चुनाव हार गए। अपनी प्रेसीडेंसी के दौरान मानवाधिकारों के हनन के दोषी पाए जाने के बाद, फुजीमोरी को आजीवन नजरबंद रहने की सुनाई गई। हालाँकि उन्हें अब भी कुछ लोकप्रियता हासिल है, लेकिन उनकी बेटी, केइको को पेरू में अगले राष्ट्रपति चुनाव के लिए एक मजबूत उम्मीदवार माना जाता है।

ग्वाटेमाला में, मार्च 1982 से अगस्त 1983 तक शासन करनेवाले 86 वर्षीय ईफ्रेन रियोस मोंट को गृहयुद्ध में उनकी भूमिका को लेकर, जिसमें मुख्य रूप से 2,00,000 देशी नागरिक मारे गए थे, मई 2013 में अस्सी साल की जेल की सजा दी गई थी, हालाँकि

ग्वाटेमाला की संवैधानिक अदालत ने सजा को रद्द कर दिया और प्रक्रियात्मक आधार पर पुनर्विचार का आदेश दिया।

1976 से 1983 तक सैन्य तानाशाही के अंतर्गत अर्जेंटीना में चले 'डर्टी वार' की गूँज अब भी प्लाजा दे मेयो की माताओं से साथ सुनाई देती है, जिन्होंने उस शासन के तहत अपने खोए हुए रिश्तेदारों के बारे में पता लगाने के लिए अभियान चलाया। माना जाता है कि सैन्य जुंटा को 'ऑपरेशन कोंडोर' के तहत व्यापक रूप से अमेरिकी समर्थन प्राप्त हुआ था, जो साम्यवाद के संभावित उदय को समाप्त करने का एक प्रयास था। समझा जाता है कि इस अवधि में क्यूबा ने अर्जेंटीना के गुरिल्लों को सहायता प्रदान की थी। 2010 तक, इससे संबंधित ज्यादातर सैन्य अधिकारी या तो जेल में थे या उनकी सुनवाई चल रही थी। उनके नेता, जनरल जॉर्ज राफेल विडेला को 1985 में आजीवन कारावास की सजा सुनाई गई थी। मई 2013 में उनका निधन हो गया।

पनामा में, सैन्य तानाशाह मैनुअल एंटोनियो नोरिएगा को 1983 से 1989 तक अमेरिका द्वारा समर्थन प्राप्त हुआ था। समझा जाता है कि उन्होंने 1950 के दशक के अंत से 1980 तक अमेरिकी सी.आई.ए. के साथ काम किया था। उन पर जुलाई 1981 में उस विमान पर 'बम' लगाए जाने का संदेह था, जिसके क्रैश हो जाने से राष्ट्रवादी राष्ट्रपति उमर टोरिजोस की मौत हो गई थी। 1983 में, अमेरिका ने जाहिर तौर पर यह महसूस किया कि उन्होंने अमेरिका के साथ अपने रिश्तों में लालच से काम लिया था, उन पर नार्को-ट्रेफिकिंग और धनशोधन का आरोप लगाया गया। 1989 में एक चुनाव में धाँधली करने के प्रयास के बाद, उन्हें 20 दिसंबर, 1989 को पनामा के अमेरिकी आक्रमण के जरिए हटा दिया गया। 1990 में, उन्हें यू.एस. ले जाया गया और नशीले पदार्थों की तस्करी, लूटपाट और धनशोधन के लिए कैद कर लिया गया। उन्हें 30 साल कैद की सजा सुनाई गई थी। फरवरी 2010 में उनकी रिहाई पर, उन्हें फ्रांस में प्रत्यर्पित किया गया, जिसने 2011 में उन्हें पनामा वापस भेज दिया, जहाँ उन्हें कैद कर लिया गया।

कई वामपंथी नेताओं पर, विशेष रूप से क्यूबा में कास्त्रो परिवार, वेनेजुएला में ह्यूगो चावेज, जिनकी विरासत सत्ता में उनके उत्तराधिकारियों को बनाए रखे हुई है, तानाशाह होने का आरोप लगाया गया है। कास्त्रो के मामले में, सच्चाई यह है कि उन्होंने एक ही पार्टी के शासन को लागू किया है, जिसमें कोई असंतोष नहीं है। हालाँकि हाल के दिनों में, राउल कास्त्रो के शासन ने अपनी पकड़ ढीली करने, आसान विदेश यात्रा की अनुमति देने, सीमा के भीतर असंतोष की अभिव्यक्ति आदि के लक्षण दिखाए हैं। वेनेजुएला के मामले में, चावेज और उनके उत्तराधिकारियों ने बड़े पैमाने पर संसाधन आधार होने के बावजूद, सिकुड़ती हुई अर्थव्यवस्था के सामने सत्ता बनाए रखने के लिए लोकलुभावन तरीकों पर भरोसा किया है।

इन युक्तियों को अलग-अलग तरीकों और सफलता के अलग-अलग स्तरों पर अन्य वामपंथी नेताओं द्वारा अपनाया गया है, जैसे कि इक्वाडोर में कोरेया, बोलीविया में मोरेल्स और निकारागुआ में ओर्टेगा। हालाँकि ये नेता अपने दबदबे को बनाए रखने के लिए लोकलुभावन बयानबाजियों पर कुछ हद तक भरोसा करते हैं, लेकिन तथ्य यह है कि उनके देशों में तत्कालीन प्रतिष्ठानों के प्रति मोहभंग इतना मजबूत रहा है कि वे लगातार वैध तरीके से चुनाव जीतने में सफल रहे हैं। यह भी निर्विवाद है कि क्यूबा और वेनेजुएला को छोड़कर, लोकलुभावन लेकिन पुनर्वितरण की सुविचारित नीतियों के परिणामस्वरूप बहुसंख्यक गरीबों के जीवन स्तर के मानकों और स्थितियों में उल्लेखनीय रूप से सुधार हुआ है।

संदर्भ

1. अर्जेंटीना, बोलीविया, ब्राजील, चिली, कोलंबिया, इक्वाडोर, गुयाना, पराग्वे, पेरू, सूरीनाम, उरुग्वे और वेनेजुएला
2. बेलीज, कोस्टा रिका, अल सल्वाडोर, ग्वाटेमाला, होंडुरास, मेक्सिको, निकारागुआ और पनामा
3. एंटीगुआ और बारबुडा, बहामास, बारबाडोस, क्यूबा, डोमिनिका, डोमिनिकन गणराज्य, ग्रेनाडा, हैती, जमैका, सेंट किट्स एंड नेविस, सेंट लूसिया, सेंट विंसेंट और ग्रेनेडाइंस और त्रिनिदाद एवं टोबैगो
4. एंगुइला, बरमूडा, ब्रिटिश वर्जिन आइलैंड्स, गेमैन आइलैंड, फॉकलैंड आइलैंड, मोंटसेराट और तुर्क एंड कैकोस आइलैंड
5. ग्वाडेलोप, फ्रेंच गयाना और मार्टीनिक
6. प्यूर्टो रिको और यू.एस. वर्जिन आइलैंड्स
7. नीदरलैंड एंटिल्स और अरूबा
8. अर्जेंटीना, बोलीविया, चिली, कोलंबिया, कोस्टारिका, क्यूबा, डोमिनिकन गणराज्य, अल सल्वाडोर, इक्वाडोर, ग्वाटेमाला, होंडुरास, मेक्सिको, निकारागुआ, पनामा, पराग्वे, पेरू, उरुग्वे और वेनेजुएला
9. एंटीगुआ और बारबुडा, बहामास, बारबाडोस, बेलीज, डोमिनिका, ग्रेनाडा, गुयाना, जमैका, सेंट किट्स एंड नेविस, सेंट लूसिया, सेंट विंसेंट और ग्रेनेडाइंस और त्रिनिदाद एवं टोबैगो
10. http://www.ecolatino.ch/index.php?option=com_content&view=article&id=68:quechu-lengua-oficial-de-los-andes&catid=40:reportaje&Itemid=66
11. http://www.sorosoro.org/es/familia-de-lengua-aimara
12. http://www.yachana.org/research/oxford_langs.html
13. अमेरिका के पास सतत विकास के लिए 'अभूतपूर्व अवसर' है www.mercopress.com, 10/04/13
14. लैटिन अमेरिका और कैरेबियन अर्थव्यवस्थाओं का प्रारंभिक अवलोकन, दिसंबर 2013, www.cepal.org

15. 'ई.सी.एल.ए.सी. ने 2014 में लैटिन अमेरिका और कैरेबियन क्षेत्र में 2.7 प्रतिशत की वृद्धि की भविष्यवाणी की,' प्रेस विज्ञप्ति 29/4/2014. www.eclac.org.prensa
16. संयुक्त राष्ट्र ई.सी.एल.ए.सी. रिपोर्ट : लैटिन अमेरिका और कैरेबियन में प्रत्यक्ष विदेशी निवेश 2012, www.cepal.org
17. लैटिन अमेरिका : मिडिल क्लास हिट्स हिस्टोरिक हाई, www.worldbank.org/en/news/feature/2012/11/13
18. हाइन, जॉर्ज, लैटिन अमेरिका गोज ग्लोबल, अमेरिका क्वार्टरली, स्प्रिंग 2013
19. प्रो. जेम्स पेट्रास, लैटिन अमेरिका'ज ट्वेंटी फर्स्ट सेंचुरी कैपिटलिज्म और यू.एस. एंपायर, 2 दिसंबर 2010। www.globalresearch.ca
20. गार्डिनी, जियान लुका, 'इक्कीसवीं सदी में लैटिन अमेरिका इन द ट्वेंटी-फर्स्ट सेंचुरी, नेशंस, रीजनलिज्म, ग्लोबलाइजेशन', 2012, www.zedbooks.co.uk
21. कानूनी डिक्री संख्या 53080, दिसंबर 1963
22. 'ऑर्डेम ई प्रोग्रेसो' पुर्तगाली भाषा में राष्ट्रीय आदर्श वाक्य ब्राजील के झंडे पर अलंकृत है
23. http://news.bbc.co.uk/2/hi/americas/3720724.stm
24. वर्ल्ड सोशल फोरम (www.wsfindia.org)
25. द इकोनॉमिस्ट : एफरमेटिव एक्सन इन ब्राजील स्लेवरी'स लीगेसी, 26 अप्रैल, 2013
26. 'अर्जेंटीना समन अप द घोस्ट ऑफ पेरोन इन हार्ड टाइम', द टेलीग्राफ, 23/12/2001, लंदन
27. www.mercopress.com, 18 मई, 2012
28. द लैफ्ट इन लैटिन अमेरिका एंड द कैरेबियन, भोजवानी, दीपक, आर्थिक और राजनीतिक साप्ताहिक, खंड XLVII, नंबर 51, 22 दिसंबर, 2012
29. किंगस्टोन पीटर, पोलिटिकल इकोनॉमी ऑफ लैटिन अमेरिका : रिफ्लेक्संस ऑन नॉन-लिबराइजेशन एंड डेवलपमेंट, पृष्ठ 84-85
30. द ब्लू बुक : द मैरीटाइम क्लेम ऑफ बोलीविया, ला पाज, बोलीविया http://www.oocities.org/el_mar_boliviano/LAIN.pdf
31. ह्यूमन राइट्स वॉच वर्ल्ड रिपोर्ट 2009 (www.hrw.org)
32. www.eltiempo.com, 24 सितंबर, 2012 देखें
33. (http://www.eltiempo.com/politica/los-pilares-de-la-reforma-reral-tras-acuerdo-con-farc28/5/2013)
34. ओ.ई.सी.डी. आर्थिक सर्वेक्षण : कोलंबिया 2013, © OECD 2013
35. एम. रेंपे, डेनिस, स्माल वार्स एंड इंसर्जेंसीस, खंड 6, नंबर 3, पृष्ठ 304
36. द इकोनॉमिस्ट, 2 फरवरी 2013
37. ब्रूनो रोड्रिगेज, सप्रू हाउस लैक्चर, 27/5/13; http://icwadelhi.info/icwalive/index.html
38. www.socialistworker.org/2009/02/25/chavez-referendum-victory
39. ICSID एक स्वायत्त अंतरराष्ट्रीय संस्था है, जिसे 1965 में देशों और अन्य देशों के नागरिकों (ICSID या वाशिंगटन कन्वेंशन) के बीच निवेश विवादों के निपटान के कन्वेंशन के तहत

स्थापित किया गया था, जिसमें एक सौ चालीस से अधिक सदस्य राज्य शामिल थे। ICSID का प्राथमिक उद्देश्य अंतरराष्ट्रीय निवेश विवादों में सुलह और मध्यस्थता के लिए सुविधाएँ प्रदान करना है

40. 'माइनिंग जाइंट एंग्लो अमेरिकन ने वेनेजुएला पर 600 मिलियन डॉलर के विनियोग का मुकदमा किया', लैटिन अमेरिका हेराल्ड ट्रिब्यून, 13 अप्रैल, 2014। www.laht.com जायंट एंग्लो अमेरिकन ने वेनेजुएला पर 600 मिलियन डॉलर से अधिक का मुकदमा किया
41. साक्षात्कार-अलवरो गार्सिया-लिनेरा-इंटरनेशनल व्यूपॉइंट IV 373, दिसंबर 2005
42. 'निकारागुआ के इंटरोसीनिक कैनाल के मार्ग का अनावरण', www.laht.com, 9 जुलाई 2014
43. उरुग्वे : ए रोल मॉडल फॉर द लैफ्ट? डेविड ऑल्टमैन, रोसन्ना कैस्टिग्लिओनी और जुआन पाब्लो लूना-टेल्स ऑफ द लैटिन अमेरिकन लैफ्ट (www.academia.edu)

□

3

सहवृंद एवं सहगान : लैटिन अमेरिका और कैरेबिया में क्षेत्रीय एकीकरण

ब्राजील के शानदार कोस्टा डेल सॉइप रिसॉर्ट में लैटिन अमेरिकी और कैरेबियन शिखर सम्मेलन को संबोधित करते हुए, 16 दिसंबर, 2008 को, मेजबान राष्ट्रपति लुइस इनासियो लूला डा सिल्वा ने इस क्षेत्र के लिए अपनी दृष्टि को रेखांकित किया—

"आज हम लैटिन अमेरिका और कैरेबिया के नेतागण, हमारी क्षेत्रीय विलक्षणता को सुदृढ़ करने और एक साझा भविष्य पर बहस करने के लिए एकजुट हुए हैं। हमारी स्वतंत्रता की दो शताब्दी बाद, यह पहली बार है, जब इस क्षेत्र ने एकजुट होकर आवाज बुलंद की है। इस शिखर सम्मेलन का एक सरल, लेकिन मौलिक संदेश है, जब हम अपनी लैटिन अमेरिकी और कैरेबियाई भावना में वापस आएँगे, केवल तभी हम एकीकरण और विकास की चुनौतियों को पार कर सकते हैं। हमारी एकता को एक नए बहुध्रुवीय और बहुपक्षीय दुनिया में योगदान के रूप में समझा जाना चाहिए।"

राष्ट्रपति लूला कोरस से अपील कर रहे थे, जिसके साथ आने की उन्हें उम्मीद थी। वैचारिक और अन्य भिन्नताओं के बावजूद, हाल के दिनों में, प्रभावी क्षेत्रीय एकीकरण के लिए वास्तविक प्रयास किए गए हैं। यह इस क्षेत्र को विभाजित और एकजुट करनेवाले मुद्दों के जरिए सरकारों को अपने राजनीतिक हितों और शायद एक सामान्य नियति को आगे बढ़ाने में सक्षम बना सकते हैं और पारस्परिक लाभ के लिए व्यापार और आर्थिक सहयोग को बढ़ा सकते हैं। टुकड़ों में किए गए उनके आधे-अधूरे प्रयास क्षेत्र के भीतर और बाहर, भू-राजनीतिक वास्तविकताओं के साथ-साथ विपरीत दबावों को दरशाते हैं। वर्तमान में सकारात्मक रुझान होने के बावजूद, क्षेत्र में प्रामाणिक और स्थायी एकीकरण की प्रक्रिया को मजबूत करने के लिए पर्याप्त रूप से अपनी राजनीतिक अर्थव्यवस्थाओं के बीच सामंजस्य स्थापित करने में समान विचारधारा वाली सरकारों के सामने भी कई बाधाएँ हैं।

उन्नीसवीं शताब्दी की शुरुआत में एकीकरण के प्रयास किए गए थे, जैसा कि हमने अध्याय I में देखा था। लैटिन अमेरिका के सबसे प्रसिद्ध स्वतंत्रता सेनानी साइमन बोलिवर ने नए गणराज्यों का संघ बनाने का प्रयास किया। पुर्तगाली क्राउन के अंतर्गत होते हुए भी उनकी योजना में ब्राजील शामिल नहीं था। उन्होंने तीन हिस्पैनिक-अमेरिकी फेडरेशनों को पहले ही भाँप लिया था—एक मैक्सिको और मध्य अमेरिका के लिए, एक दक्षिण अमेरिका के उत्तरी भाग के लिए और एक दक्षिणी भाग के लिए। ये बदले में, एक एकीकृत हिस्पैनिक-अमेरिकी फेडरेशन बनाएँगे। इस प्रस्ताव को 1826 में पनामा में 'एम्फिक्टोनिक कांग्रेस' में रखा गया था, हालाँकि कांग्रेस विफल हुई थी।

अमेरिका द्वारा मुख्य रूप से गोलार्ध को एकजुट करने के लिए अन्य प्रयास किए गए थे। 1881 में, अमेरिकी विदेश मंत्री जेम्स ब्लेन ने एक अंतरराष्ट्रीय सम्मेलन में चर्चा की कि कैसे अमेरिका में बल के उपयोग को रोका जाए। पहला पैन-अमेरिकन सम्मेलन 1888 में आयोजित किया गया था, हालाँकि यह विचार द्वितीय विश्वयुद्ध के अंत तक समृद्ध नहीं हुआ था (नीचे देखें)।

उप-क्षेत्रीय एकीकरण

मध्य अमेरिका

1991 में, छह केंद्रीय अमेरिकी राज्यों—कोस्टा रिका, अल साल्वाडोर, ग्वाटेमाला, होंडुरास, निकारागुआ और पनामा, ने टेगुसीगाल्पा (होंडुरास) प्रोटोकॉल पर हस्ताक्षर कर 'केंद्रीय अमेरिकी एकीकरण प्रणाली' (एस.आई.सी.ए.) की स्थापना की। बेलीज 2000 में शामिल हुआ और कैरेबिया में डोमिनिकन गणराज्य 2013 में शामिल हुआ। ग्वाटेमाला, होंडुरास, निकारागुआ और एल सल्वाडोर द्वारा 1960 में गठित 'सेंट्रल अमेरिकन कॉमन मार्केट' (सी.ए.सी.एम.) एस.आई.सी.ए. का अग्रदूत बना। सीए4 के रूप में जानेवाले इन देशों ने अपने नागरिकों के लिए एक समान पासपोर्ट को अपनाया था, कोस्टा रिका, जो परंपरागत रूप से इस क्षेत्र में अपने पड़ोसियों से अलग रहा था, ने इस एकीकरण को विकृत करने की कोशिश की थी। इसका यूएस के साथ मजबूत संबंध है, जैसा कि होंडुरास, पनामा और ग्वाटेमाला के वर्तमान शासन का है। अल साल्वाडोर, जो पिछली शताब्दी में एक गृहयुद्ध से गुजरा था, में उदारवादी वामपंथी सरकार है। निकारागुआ वामपंथी ए.एल.बी.ए. समूह का सदस्य है।

एस.आई.सी.ए. का संस्थागत साँचा प्रभावशाली है। सर्वोच्च अंग, अध्यक्षों के शिखर सम्मेलन को, मंत्रिपरिषद, केंद्रीय अमेरिकी संसद् और केंद्रीय अमेरिकी न्यायालय का सहयोग प्राप्त है। क्षेत्रीय मुद्दों को संबोधित करने के लिए अध्यक्षों का शिखर सम्मेलन साल

में दो बार आयोजित किया जाता है। केंद्रीय अमेरिकी संसद् (पार्लासेन) में प्रत्येक सदस्य राज्य के बीस प्रतिनिधि हैं, जो एकीकरण प्रक्रियाओं में मदद करते हैं। सेंट्रल अमेरिकन कोर्ट टेगुसिगल्पा प्रोटोकॉल के तहत कानूनों की व्याख्या करता है और उन्हें निष्पादित करता है।

अल साल्वाडोर में मुख्यालय होने के साथ-साथ एस.आई.सी.ए. अंतरराष्ट्रीय मंचों पर क्षेत्र का प्रतिनिधित्व एक वार्त्ताकार गुट के तौर पर भी करता है। हैती को लेकर नौ क्षेत्रीय पर्यवेक्षक[1] हैं, जो इसकी सदस्यता को पाना चाहते हैं, जबकि इस क्षेत्र के बाहर से दस पर्यवेक्षक राज्य हैं, जिनमें चीनी ताइवान भी शामिल है और जिन्हें अधिकांश सदस्य देशों द्वारा मान्यता प्राप्त है।[2] इस गुट ने डोमिनिकन रिपब्लिक के साथ मिलकर 2008 में यू.एस.ए. के साथ एक क्षेत्रीय मुक्त व्यापार समझौते को साकार किया, जिसे 'सी.ए.एफ.टी.ए.-डी.आर.' कहा जाता है, जिसे तब से ही समर्थन प्राप्त है और लागू किया जा चुका है।

व्यक्तिगत रूप से, एस.आई.सी.ए. के सदस्यों का इतिहास दागदार रहा है—अल सल्वाडोर, ग्वाटेमाला और निकारागुआ गृहयुद्ध से गुजरे, जिसमें अमेरिका करीब से शामिल रहा था। होन्डुरास के लोकप्रिय निर्वाचित राष्ट्रपति मैनुअल जिलाया, जो एक जमींदार व्यवसायी थे, एकाएक वाम की ओर मुड़ गए और अपने देश को ए.एल.बी.ए. समूह में शामिल कर लिया। उन्हें 2009 में एक जबरदस्त तख्तापलट में हटा दिया गया। तख्तापलट की निंदा की गई और होंडुरास को इस क्षेत्र में आभासी तौर पर बहिष्कृत कर दिया गया। इसके बाद सत्ता सँभालने वाले दक्षिणपंथी राष्ट्रपति, पोर्फिरियो लोबो ने 2011 में जिलाया के साथ एक राष्ट्रीय सुलह समझौते पर हस्ताक्षर किए। होंडुरास को धीरे-धीरे शामिल कर लिया गया।

पनामा ने 1904 में कोलंबिया से स्वतंत्रता हासिल की, जब पनामा नहर के लिए एक परियोजना की पुष्टि करने से कोलंबिया के इनकार करने पर अमेरिका के व्यापारिक हितों को जबरदस्त झटका लगा और उसने मध्य अमेरिकी राज्यों को टूट के लिए उकसाया। इसके बाद अमेरिका ने पनामा नहर क्षेत्र पर एक लंबा लीज प्राप्त किया, जो कि वास्तव में अमेरिकी क्षेत्र था। संयुक्त राज्य अमेरिका के राष्ट्रपति जिमी कार्टर और वामपंथी पनामा के राष्ट्रपति मार्टिन टोरिजोस के बीच एक समझौते के बाद, 1999 में यह पनामा की संप्रभुता में परिणत हो गया।

मेसोअमेरिका

उन्नीसवीं सदी के मैक्सिको में एक बड़े क्षेत्र पर अमेरिकी विजय; जीवन स्तर में असमानता और पहचान के सवाल, ने दो पड़ोसियों के बीच के संबंध जटिल बना दिए। बीसवीं सदी में जैसे-जैसे यूएस-कनाडा गठजोड़ मजबूत हुआ, मैक्सिको को लेकर मुख्य

चिंता अवैध आव्रजन थी। 1979 में अमेरिका ने एक केंद्रीय अमेरिकी मुक्त व्यापार समझौते पर विचार करना शुरू किया। 1986 में मैक्सिको डब्ल्यू.टी.ओ. के प्रणेता, टैरिफ एंड ट्रेड पर सामान्य समझौते (जी.ए.टी.टी.) में शामिल हो गया और 1987 में अमेरिका के साथ एक द्विपक्षीय फ्रेमवर्क वाणिज्यिक संधि पर हस्ताक्षर किए।

1990 तक, शीत युद्ध की समाप्ति के बाद, आर्थिक रूप से पुनरुत्थानशील मैक्सिको ने अमेरिका के साथ एक मुक्त व्यापार क्षेत्र के लिए बातचीत के दरवाजे खोल दिए थे, जो दो साल पहले कनाडा के साथ ऐसा ही एक समझौता कर चुका था। 1992 में, 'उत्तरी अमेरिकी मुक्त व्यापार समझौता' (नाफ्टा) विधायी संधि पर हस्ताक्षर किए गए, जो 1994 में लागू हुआ।

नाफ्टा का एजेंडा बहुत विस्तृत है, लेकिन मर्कोसूर की तुलना में आर्थिक एकीकरण को लेकर यह कम महत्त्वाकांक्षी था। इसका कोई अंतरराष्ट्रीय संस्थान भी नहीं है। यह एक अंतर-सरकारी संरचना निवेश को विनियमित करने, सेवाओं में उदारीकरण को बढ़ावा देने, बौद्धिक संपदा अधिकारों एवं विवाद समाधान प्रक्रियाओं को परिभाषित करने पर जोर देता है। एक उल्लेखनीय विशेषता मैक्सिको के माक्विलाडोरस (maquiladoras) (सस्ते मेक्सिकन श्रम के साथ अमेरिकी बाजार के लिए उत्पादन करनेवाले कारखाने) में बड़े पैमाने पर निवेश रही है। अमेरिका के साथ मैक्सिको के व्यापार में भी तेजी आई है, हालाँकि इस बात पर संदेह है कि मैक्सिको ने इसका कितना फायदा उठाया है। नाफ्टा ने पर्यावरण प्रदूषण, नशीली दवाओं की तस्करी और अवैध आव्रजन जैसे क्षेत्रों में संयुक्त अमेरिकी-मैक्सिकन-कनाडाई प्रयासों को भी एकीकृत करने में मदद की है। अंतिम दो प्रमुख मुद्दे अब भी बने हुए हैं।

नाफ्टा के साथ पूरे जोश के साथ अमेरिका ने ऊपर बताए गए मुक्त व्यापार समझौते सी.ए.एफ.टी.ए. (CAFTA) के माध्यम से मध्य अमेरिका के साथ मुक्त-व्यापार की अपनी रणनीति को आगे बढ़ाया। एक हिस्से के रूप में मैक्सिको ने मध्य अमेरिका के साथ अधिक एकीकरण के लिए भी जोर लगाया।

मार्च 2001 में, राष्ट्रपति विसेंट फॉक्स ने 'प्यूब्ला-पनामा प्लान' (प्लान प्यूब्ला पनामा-पी.पी.पी.) का प्रस्ताव रखा, जिसे मेसोअमेरिकन एकीकरण और विकास परियोजना या प्रोजेक्ट मेसोअमेरिका के रूप में भी जाना जाता है। यह बहु-अरब डॉलर की विकास योजना औपचारिक रूप से जून 2001 में शुरू की गई थी। इसका उद्देश्य मध्य अमेरिका के सात देशों और डोमिनिकन गणराज्य के साथ मैक्सिको के नौ दक्षिणी राज्यों (प्यूब्ला, गुरेरो, वेराक्रूज और दक्षिण की ओर) के क्षेत्रीय एकीकरण और विकास को बढ़ावा देना था। कोलंबिया जुलाई 2006 में इस परियोजना में शामिल हो गया। पी.पी.पी. का उद्देश्य

राजमार्ग, वायु और समुद्री बंदरगाहों, विद्युत् और दूरसंचार ग्रिड जैसी बड़ी बुनियादी ढाँचा परियोजनाओं का निर्माण या सुधार करके क्षेत्र में निवेश और व्यापार को प्रोत्साहित करना था। प्रारंभिक योजना ने आठ क्षेत्रों में एकीकरण की पहल की घोषणा की—ऊर्जा, परिवहन, दूरसंचार, व्यापार सुविधा, सतत विकास, मानव विकास, पर्यटन और आपदा निवारण एवं शांति।[3]

पी.पी.पी. की शुरुआत धीमी थी, आंशिक रूप से कुछ परियोजनाओं के लोकप्रिय प्रतिरोध के कारण, जैसे कि पनबिजली स्टेशनों के लिए बाँध और हवाई अड्डे तथा साथ ही पर्याप्त खोज की कमी, हालाँकि इसे अमेरिकी उद्यम द्वारा दृढ़ता से समर्थन प्राप्त है। राष्ट्रपति फॉक्स के उत्तराधिकारियों, फेलिप कैलडरन और एनरिक पेरिया नीटो ने राजनीतिक और आर्थिक आकस्मिकताओं के अनुसार अपनी प्राथमिकताओं को फिर से परिभाषित करते हुए पी.पी.पी. के लिए समर्थन दोहराया।

द इंटर अमेरिकन डेवलपमेंट बैंक (IADB); आर्थिक एकीकरण के लिए सेंट्रल अमेरिकन-बैंक (CABEI) और विश्व बैंक ने धन उपलब्ध कराया है। दो सुप्रसिद्ध, पी.पी.पी. परियोजनाएँ मध्य अमेरिका के लिए विद्युत् एकीकरण प्रणाली (SIEPAC) और मेसोअमेरिकन परिवहन एकीकरण पहल या मेसोअमेरिकन राजमार्गों के अंतरराष्ट्रीय नेटवर्क (RICAM) हैं। SIEPAC में मैक्सिको से पनामा तक 2,100 किलोमीटर ऊर्जा लेन का निर्माण शामिल है। क्षेत्रीय रिफाइनरी के बारे में भी बात की गई है, हालाँकि अभी स्थान पर निर्णय नहीं लिया जा सका है।

कैरेबियाई क्षेत्र

कैरेबियाई समुदाय (कैरीकॉम-CARICOM) की स्थापना 1973 में चागुआरामस (त्रिनिदाद) की संधि के माध्यम से की गई थी, तब से अब तक पंद्रह कैरेबियाई राष्ट्र इसके सदस्य हो चुके हैं।[4] सात दक्षिण और मध्य अमेरिकी देश तथा पाँच आश्रित देश एसोसिएशन ऑफ कैरेबियन स्टेट्स (ए.सी.एस.) बनाने के लिए समूह में शामिल हो गए। कैरीकॉम ने कैरेबियाई मुक्त व्यापार संघ (CARIFTA) का स्थान लिया, जो 1965 से 1972 तक रहे कैरेबिया के अंग्रेजी बोलनेवाले देशों के बीच मौजूद वेस्टइंडीज फेडरेशन का पुनर्जन्म था। बारह कैरेबियन देश 2006 के बाद से कैरिकोम के तहत एक एकल बाजार साझा करते हैं। उनके नागरिक कैरेबियन पासपोर्ट रखते हैं। हैती में 2013 के कैरिकॉम शिखर सम्मेलन ने फैसला किया कि फ्रेंच इस समूह की दूसरी आधिकारिक भाषा होगी।[5]

कैरीकॉम के सामने कई चुनौतियाँ हैं। सबसे बड़ी समस्या एकरूपता की कमी है, जैसा कि हमने अध्याय I में देखा, कैरेबियाई देशों को विभिन्न यूरोपीय शक्तियों द्वारा अपना

उपनिवेश बनाया गया है। वे आकार, आर्थिक विकास, राजनीतिक संस्कृति और शासन क्षमताओं में भिन्न हैं। भाषा और नस्लीय लोकाचार में भी अंतर हैं। इस समूह पर कई तरह के दवाब तो हैं ही, साथ-ही-साथ इस क्षेत्र में अपना प्रभाव बढ़ाने के लिए संयुक्त राज्य अमेरिका, यूरोप और चीन इन देशों को फुसलाते भी रहते हैं (कैरीकॉम के पाँच सदस्य चीन के ताइवान गणतंत्र को मान्यता देते हैं)।

पर्यटन और सेवाओं पर निर्भर अर्थव्यवस्थाओं के साथ एकल वस्तु निर्यातक होने के नाते, कई द्वीप राज्य अमीर देशों की कृपा और अन्य तथ्यों, जैसे हर साल आनेवाले तूफान, जो कभी-कभी विनाशकारी प्रभाव के साथ आते हैं; महामारी बन चुके भ्रष्टाचार, जिसे मादक पदार्थों के पारगमन यातायात द्वारा और जटिल बना दिया जाता है की दया पर निर्भर है। 2006 में बनाई गई कैरेबियन सिंगल मार्केट एंड इकोनॉमी (CSME) को माल और सेवाओं के मुक्त आवागमन को बढ़ावा देने और एक समान बाहरी टैरिफ की स्थापना करने में भी समस्याओं का सामना करना पड़ रहा है।

ऐंडीज

वर्ष 1969 में कार्टाजेना (कोलंबिया) की संधि द्वारा चिली, बोलीविया, पेरू, इक्वाडोर और कोलंबिया के बीच एंडियन पैक्ट को बनाया गया। वेनेजुएला 1973 में समूह में शामिल हो गया। वामपंथी राष्ट्रपति सल्वाडोर अयेन्दे को उखाड़ फेंकने के बाद, नव-उदारवादी शासन तानाशाह अगुस्टो पिनोशे ने 1976 में चिली को बाहर कर दिया। 1997 में, समूह एंडीयन कम्युनिटी ऑफ नेशंस (कान-CAN) बन गया। 2005 में, दक्षिणी कॉमन मार्केट (मर्कोसूर) के चार सदस्य एसोसिएट सदस्य बने।

'कान' का उद्देश्य संयुक्त रूप से आर्थिक एकीकरण और सामाजिक सहयोग के माध्यम से अपने लोगों के जीवन स्तर में सुधार करना है। इसका मुख्यालय पेरू के लीमा में है। इसमें राज्य प्रमुखों, विदेश मंत्रियों और नीति निर्धारक आयोग के स्तर पर परिषदें हैं। इसमें एक महासचिव, न्याय के लिए एंडियन ट्रिब्यूनल और एंडियन संसद् भी हैं। 2005 में, 'कान' ने अपने क्षेत्र के भीतर सभी नागरिकों की मुफ्त आवाजाही और इसके 100 मिलियन नागरिकों के लिए एक समान एंडियन पासपोर्ट की शुरुआत की। अप्रैल 2013 में पेरू, कोलंबिया और इक्वाडोर ने अपने सभी दूतावासों में इलेक्ट्रॉनिक वीजा जारी करने की प्रणाली स्थापित करने के लिए एक पत्र पर हस्ताक्षर किए, जो उन्हें व्यक्तिगत यात्रा की आवश्यकता के बिना, सभी तीन देशों के आगंतुकों के लिए सामान्य वीजा जारी करने की अनुमति देगा।

''कान का इतिहास हाल के दिनों में दागदार रहा है, जो मुख्य रूप से एक तरफ कोलंबिया और पेरू के बीच विभाजन के कारण था, जो अमेरिका और यूरोप के साथ ज्यादा

घनिष्ठ एकीकरण और मुक्त व्यापार चाहते हैं, तो दूसरी ओर इक्वाडोर और बोलीविया के कारण, जो अधिक स्वायत्त नीति पर जोर देते रहे हैं। 1993 में 'कान' द्वारा बनाया गया एक मुक्त व्यापार क्षेत्र कुछ एकतरफा चरणों (1997 में पेरू; 2008 में इक्वाडोर) से प्रभावित रहा है। 2010 में कोलंबिया और पेरू में नए, मध्यमार्गी राष्ट्रपति सत्ता में आए। इसके बाद आर्थिक और वाणिज्यिक संबंधों को मजबूत करने के लिए राजनयिक कदम दोबारा शुरू किए गए थे।

यदि व्यापार को एक मानक के रूप में लिया जाता है तो इंट्रा–कान व्यापार बहुत उच्च स्तर के एकीकरण को प्रतिबिंबित नहीं करता है। 'कान' के अन्य सदस्यों के लिए चार 'कान' सदस्यों, बोलीविया, कोलंबिया, इक्वाडोर और पेरू द्वारा निर्यात 1969 के 5.268 करोड़ डॉलर से बढ़कर 2013 में 9.74 अरब डॉलर हो गया। यह 1969 में दुनिया भर में 'कान' के निर्यात का 2.9 प्रतिशत था, जो 2013 में 7.2 प्रतिशत हो गया। आयात के संबंध में बात करें तो 1969 में यह आँकड़ा 4.5 करोड़ डॉलर था (दुनिया भर में 'कान' के आयात का 2.7 प्रतिशत) और 2013 में 10.55 अरब डॉलर हो गया (दुनिया भर में 'कान' के आयात का 7.5 प्रतिशत)।[7]

यद्यपि एंडियन समुदाय अत्यधिक संस्थागत है, फिर भी यह पहचान के संकट का सामना कर रहा है। वेनेजुएला, जो 1973 में इसमें शामिल हुआ था, ने 2006 में इसके विघटन की घोषणा कर दी। अस्थिर राष्ट्रपति ह्यूगो चावेज ने कोलंबिया और पेरू पर 'कान' को अमेरिका और यूरोपीय ऑर्बिट में अपहरण करने का प्रयास करने का आरोप लगाया। उन्होंने कोलंबिया के राष्ट्रपतियों उरीबे और पेरू के एलन गार्सिया पर व्यक्तिगत हमले किए। वेनेजुएला तब से मर्कोसूर में शामिल हो गया है। वैश्विक अर्थव्यवस्था से अपने एकीकरण को गति प्रदान करने के लिए कोलंबिया और पेरू खुद पेसिफिक गठबंधन में शामिल हो गए हैं और यह स्पष्ट कर दिया है कि वे व्यापार और निवेश पर बाजार उन्मुख नीतियों को आगे बढ़ाने का इरादा रखते हैं। इक्वाडोर और बोलीविया अल्बा समूह के हैं।

'कान' के निर्माण की चालीसवीं वर्षगाँठ के अवसर पर इसके बोलिवियाई महासचिव पाब्लो गुजमैन ने स्वीकार किया कि एकीकरण मुश्किल साबित हुआ था, लेकिन संभव था। उन्होंने रेखांकित किया कि समूह पुनर्रचना की प्रक्रिया से गुजर रहा है'''कान' एकीकरण के अपने उद्देश्यों को संशोधित कर रहा है, भविष्य के लिए इन्हें पुनः परिभाषित करने और अपने संस्थानों को अधिक तर्कसंगत, चुस्त और लचीला बनाने के लिए तैयार कर रहा है।[8]

दक्षिणी शंकु

मर्कोसूर (दक्षिण का साझा बाजार) 1991 में असेंसियन (पैराग्वे) की संधि के माध्यम से अस्तित्व में आया, जिस पर अर्जेंटीना, ब्राजील, पैराग्वे और उरुग्वे ने हस्ताक्षर

किए। पराना नदी के जल संसाधनों पर विवाद के कारण लगभग दो शताब्दियों के संकट और क्षेत्रीय संघर्ष बेहद जटिल हो गए थे, पराना नदी एक तरफ ब्राजील और पैराग्वे के बीच की सीमा को चिह्नित करती है और दूसरी ओर पैराग्वे और अर्जेंटीना की सीमा को।

अक्तूबर 1979 में हस्ताक्षरित 'इटाईपुत संधि' ने दक्षिण अमेरिकी दिग्गजों, ब्राजील और अर्जेंटीना के बीच संबंधों में सुधार किया। 1980 में, वे परमाणु मुद्दों, जल संसाधनों, बिजली अंतर-संपर्क पर सहयोग करने के लिए सहमत हुए और साझा हितों के मुद्दों पर एक परामर्श तंत्र स्थापित किया। 1985 में, ब्राजील के राष्ट्रपति जोस सर्नी और अर्जेंटीना के राउल अल्फिंस ने आपसी समझ को और मजबूत किया। उन्होंने 'अर्जेंटीना-ब्राजील एकीकरण और आर्थिक सहयोग कार्यक्रम' (पी.आई.सी.ई.) की स्थापना की।[9]

यद्यपि मर्कोसूर को दक्षिणी शंकु में लोकतांत्रिकरण प्रक्रिया की पराकाष्ठा माना जाता है, लेकिन वास्तविक बातचीत 1983 में शुरू हुई, जब ब्राजील अभी भी जनरल जोआ बपतिस्ता फिगीरेडो के सैन्य शासन के अधीन था। यह पहल अर्जेंटीना के नवनिर्वाचित राष्ट्रपति राउल अलफिंसन ने अपने विदेश मंत्री दांते कैपुतो के भड़काने पर की थी। मर्कोसूर ने 'खुले क्षेत्रवाद' की घोषणा की, जो 1990 के दशक की एक परिभाषित विशेषता बन गई, 'अर्थव्यवस्थाओं को खोलने और विनियमन के संदर्भ में क्षेत्र के देशों की प्रतिस्पर्धात्मकता बढ़ाने के लक्ष्य के साथ क्षेत्रीय स्तर पर बढ़ती आर्थिक निर्भरता की प्रक्रिया को तरजीही व्यापार समझौतों के साथ-साथ अन्य नीतियों द्वारा भी उकसाया गया।'[10]

विश्व व्यापार में दक्षिणी शंकु के तेजी से हाशिए पर चले जाने के साथ ही ऋण संकट, अस्थिर मुद्राओं और क्षेत्रीय गुटों के निर्माण के बाद, इन दोनों देशों ने अपने पड़ोसियों पैराग्वे और उरुग्वे के साथ, पारस्परिक हित में हाथ मिला लिया। राष्ट्रपतियों अलफोन्सिन और सरने ने इसे सैन्य प्रभाव और आक्रामकता को कम करके अपने लोकतंत्रों को मजबूत बनाने और सुरक्षा खतरों को कम करने के तरीके के रूप में भी देखा। शीत युद्ध की समाप्ति के बाद कोई वैचारिक या व्यावहारिक विकल्प नहीं बचा था।

मर्कोसूर ने तेजी से बाधाओं को कम और व्यापार को समेकित किया। कुछ निश्चित अपवादों के साथ, 31 दिसंबर, 1994 तक समूह के भीतर शून्य टैरिफ को हासिल कर लिया गया। मर्कोसूर का आपसी व्यापार 1991 के 4.7 अरब यूएस डॉलर से बढ़कर 2001 में 31.13 अरब यू.एस. डॉलर और 2011 में 107.19 अरब यू.एस. डॉलर हो गया। 2011 में यह 2001 से 2 प्रतिशत की गिरावट के साथ सदस्यों के कुल विदेशी व्यापार का 16 प्रतिशत हिस्सा रहा।

यह संभवत: इसलिए है, क्योंकि दुनिया के साथ मर्कोसूर का व्यापारिक व्यापार अधिक अनुपात में बढ़ गया था, 2001 के 172 अरबयूएस डॉलर से लेकर 2011 में 687

अरब यूएस डॉलर तक।[11] यह आंतरिक कलह और संरक्षणवादी बाधाओं के कारण भी था, जो मुख्य रूप से अर्जेंटीना के द्वारा पैदा किया गया था।

ब्राजील में अवमूल्यन, अर्जेंटीना में वित्तीय संकट और अन्य जटिलताओं के कारण दरारें विकसित होने लगीं। अप्रैल 2013 में, ब्राजील के राष्ट्रपति डील्मा रौसेफ ने खुले तौर पर अर्जेंटीना की नीतियों से निराशा व्यक्त करते हुए, जिसने ब्राजील के हितों को प्रभावित किया था, ब्यूनस आयर्स की अपनी यात्रा जल्द समाप्त कर दी। ब्राजील की खनन दिग्गज, वाले दो रियो डोसे, ने लागत से अधिक राशि और अन्य कारकों का हवाला देते हुए अर्जेंटीना में 6 अरब डॉलर के निवेश को समेट लिया। अर्जेंटीना के साथ ब्राजील की मुख्य निराशाओं में चीन से अर्जेंटीना में अधिकृत आयात में अचानक हुई वृद्धि है, जबकि इसी अवधि में ब्राजील से अर्जेंटीना में आयात में सत्रह प्रतिशत की कमी आई थी; साथ ही अर्जेंटीना द्वारा लागू की गई समष्टि–आर्थिक (मैक्रोइकोनोमिक) नीति और विदेशी मुद्रा के मुद्दे से निपटना भी शामिल रहे, जिसने ब्राजील के निवेशों को सीमित कर दिया।

2012 में अर्जेंटीना में ब्राजील के निवेश की मात्रा इन समस्याओं के कारण सात अरब डॉलर कम हो गई थी और इस प्रकार दक्षिण अमेरिका की इस दूसरी सबसे बड़ी अर्थव्यवस्था की स्थिति अनिश्चित बनी हुई थी। मर्कोसूर के भीतर, उरुग्वे भी अर्जेंटीना के लिए महत्त्वपूर्ण रहा है। इसके उपाध्यक्ष डैनिलो अस्तुरी ने घोषणा की कि 'अर्जेंटीना की संरक्षणवादी नीतियाँ असुंसिओन संधि' (मर्कोसूर की आधार शिला) का घोर विरोध कर रही हैं और जबकि अर्जेंटीना सरकार को अपने फैसले लेने का अधिकार है, तब भी उन फैसलों का मर्कोसूर संधि में कोई समर्थन नहीं है।[12] हालाँकि 2014 तक ब्राजील और अर्जेंटीना के आर्थिक संबंधों के बीच बर्फ पिघलने के संकेत मिलने लगे थे।

1998 में, पराग्वे में तख्तापलट के प्रयास के जवाब में, मर्कोसूर ने मूल संधि में वर्णित उशुआ प्रोटोकॉल को अपनाया, जो किसी सदस्य राज्य में लोकतंत्र के समाप्त होने की स्थिति में अन्य सदस्यों को उसकी भागीदारी के अधिकार को निलंबित करने का अधिकार देता है। यह प्रोटोकॉल तब लागू किया गया था, जब 2012 में पराग्वे के राष्ट्रपति फर्नांडो लुगो के विरुद्ध संसद् में उनके विरोधियों द्वारा महाभियोग लगाया गया था और उन्हें पद से हटा दिया गया था। इसे व्यापक रूप से विधायी तख्तापलट के रूप में देखा गया। हालाँकि, निलंबन केवल राजनीतिक परिषदों से था। पराग्वे ने आम बाजार में भाग लेना जारी रखा। चुनावों के बाद 2013 में पारंपरिक दक्षिणपंथी कोलोराडो पार्टी के होरासियो कार्ट सत्ता में आए और तब से पराग्वे को समूह में बहाल कर दिया गया है।

एंडियन समुदाय से बाहर निकलने के बाद वेनेजुएला ने 2006 में मर्कोसुर के पूर्ण सम्मिलन के लिए आवेदन किया। राष्ट्रपति ह्यूगो चावेज का ब्राजील और अर्जेंटीना के

राष्ट्रपति लूला और किर्स्चनर के साथ आत्मीय संबंध था। उनके कोलंबिया के राष्ट्रपति अल्वारो उरीबे और पेरू के एलन गार्सिया के साथ राजनीतिक संबंध बहुत खराब थे। ब्राजील, उरुग्वे और अर्जेंटीना ने वेनेजुएला का स्वागत किया, लेकिन पराग्वे के दक्षिणपंथी प्रभुत्व वाले सीनेट ने वर्षों तक इसके सम्मिलन की पुष्टि करने से इनकार कर दिया। जुलाई 2012 में पराग्वे के निलंबन के बाद, अंततः इसे अन्य तीन सदस्यों द्वारा स्वीकार किया जा सका। वेनेजुएला की पूर्ण सदस्यता के लिए जरूरी था कि वो चार वर्षों में मर्कोसूर की सामान्य शब्दावली (एन.सी.एम.) और एकसमान बाहरी टैरिफ (सी.ई.टी.) को अपनाने के साथ-साथ एक वाणिज्यिक उदारीकरण कार्यक्रम को अपनाए और मर्कोसूर के अंतरराष्ट्रीय समझौतों के अनुरूप काम करे।[13] चावेज द्वारा मर्कोसूर और महाद्वीप के भीतर एकीकरण को मजबूत करने के लिए विशाल परियोजनाओं का प्रस्तावित रखा गया था, हालाँकि इनमें से केवल कुछ ही फलित हो पाई हैं।

द ग्रैन गैसोडेक्तो देल सुर (जिसे वेनेजुएला-अर्जेंटीना गैस पाइपलाइन के रूप में भी जाना जाता है) वेनेजुएला, ब्राजील और अर्जेंटीना को जोड़ने के लिए प्रस्तावित 8,000-15,000 किलोमीटर लंबी प्राकृतिक गैस पाइपलाइन थी। परियोजना की कुल लागत लगभग 17-23 अरब अमेरिकी डॉलर होने की उम्मीद थी। इस पर दिसंबर 2005 में हस्ताक्षर किया गया था, लेकिन यह परियोजना शिथिल हो चुकी है। ब्राजील का दावा है कि यह सफल नहीं हो पाएगी। उरुग्वे में गहरे पानी के बंदरगाह के निर्माण पर संभवतः मर्कोसूर के भीतर विवाद है।

मर्कोसूर में वेनेजुएला का एकीकरण एक रणनीतिक निर्णय था। पहले अर्जेंटीना के राष्ट्रपति नेस्टर किर्स्चनर और बाद में उनकी पत्नी क्रिस्टीना के कार्यकाल में, अर्जेंटीना के राष्ट्रपति चावेज के साथ घनिष्ठ संबंध थे, जिन्होंने पारस्परिकता में ऋणग्रस्त अर्जेंटीना के अरबों डॉलर के बांड खरीद लिये। राष्ट्रपति लूला के ब्राजील ने भी चावेज के वेनेजुएला के साथ करीबी संबंध बनाए रखा। मुख्य रूप से वेनेजुएला में ब्राजील द्वारा संचालित की जानेवाली परियोजनाओं के रूप में। इससे आर्थिक लाभांश प्राप्त हुआ। वेनेजुएला को मर्कोसुर में लाकर, ब्राजील ने यह भी सुनिश्चित किया कि इसमें वह वेनेजुएलाई नेता के अस्थिर और अप्रत्याशित कार्यों और शब्दों पर लगाम लगा सकता है। फरवरी 2013 में उनके निधन के साथ ही ब्राजील ने वेनेजुएला के प्रति अधिक सतर्क रुख अपनाना शुरू कर दिया और अपनी साख स्थापित करने के लिए नए नेतृत्व का इंतजार किया। ब्राजील ने भी वेनेजुएला के नेताओं को लोकतंत्र और कानून के शासन को सुनिश्चित करने की आवश्यकता पर जोर दिया है।

'कान' के सदस्य बोलिविया और इक्वाडोर सक्रिय रूप से मर्कोसूर में शामिल होने के लिए काम कर रहे हैं। राष्ट्रपति इवो मोरालेस ने दिसंबर 2012 में ब्रासीलिया में मर्कोसूर

शिखर सम्मेलन के दौरान बोलीविया के लिए असुन्सिअन आलेख पर हस्ताक्षर किए। मई 2013 में, बोलीविया ने अपने मर्कोसूर निगमन प्रोटोकॉल की प्रस्तुति को पूरा किया, जिसने विभिन्न सदस्य देशों की संसदों के लिए उसकी पूर्ण सदस्यता पर विचार करने का मार्ग प्रशस्त कर दिया और उसकी पूर्ण सदस्यता की पुष्टि कर दी। 14 मई, 2013 में इक्वाडोर के राष्ट्रपति राफेल कोरे ने घोषणा की कि वे यूरोपीय संघ के साथ व्यापार समझौते की औपचारिकताओं को पूरा करने के बाद अपने देश के लिए मर्कोसूर में सदस्यता चाहेंगे। 13 जुलाई, 2013 को मोंटेवीडियो में 45वें मर्कोसूर शिखर सम्मेलन ने गुयाना और सूरीनाम को संबद्ध सदस्यों के रूप में शामिल कराने के साथ ही इस गुट को पूरे दक्षिण अमेरिकी महाद्वीप में फैला दिया।[16]

हालाँकि अपने इक्कीसवीं सदी के अवतार में, मर्कोसूर वामपंथी सदस्यों को अपनी जद में लाने का प्रयास कर रहा है, जो गुट में वजन और मूल्य जोड़ सकते हैं, फिर भी इसमें मौलिक संस्थागत समस्याएँ हैं। मर्कोसूर यूरोपीय आयोग जैसा कार्यकारी कार्यों और स्वतंत्र शक्ति के साथ एक अंतरराष्ट्रीय अंग नहीं है। यह अंतर-सरकारी लाइनों पर कार्य करता है। बातचीत को अकसर क्षेत्रीय प्राथमिकताओं की तुलना में राष्ट्रीय स्तर पर अधिक आयोजित किया जाता है। ब्राजील कुल आबादी के अस्सी प्रतिशत का प्रतिनिधित्व करता है। यदि इसे तार्किक रूप से मर्कोसूर की संसद् में अस्सी प्रतिशत सीटें आवंटित की जातीं तो यह संस्था प्रासंगिकता खो देती। ब्राजील फिर भी अपने आवश्यक हितों पर विचार करने के लिए प्रभुत्व या कम-से-कम प्रयासों को बढ़ावा देता है। इक्वाडोर, बोलिविया और वेनेजुएला की राष्ट्रवादी और वामपंथी प्रवृत्ति को देखते हुए, जो व्यापार बाधाओं के अत्यधिक निम्न होने के खिलाफ युद्धरत है, उनका एकीकरण आसान नहीं होगा।

फिर भी, मर्कोसूर ने असमान समाजों और अर्थव्यवस्थाओं को एक साथ लाने में कुछ सफलता हासिल की है। इसने लोकतंत्र और आर्थिक एकीकरण के विचार को बढ़ावा दिया है और इसे क्षेत्र के भीतर मतभेदों को कम करने के लिए काम करना चाहिए। यह लैटिन अमेरिकी क्षेत्रीय एकजुटता के उद्देश्य को बढ़ावा देने में मदद करेगा, जैसे-जैसे मर्कोसूर अपने आंतरिक बाजार को मजबूत करेगा, यह बाहरी ताकतों के साथ समझौतों पर बातचीत करने के लिए बेहतर स्थिति में होगा।

दक्षिण अमेरिका

दक्षिण अमेरिका में क्षेत्रीय एकीकरण की प्रक्रिया 2004 में पेरू में दक्षिण अमेरिकी राष्ट्रों के संघ (यू.एन.ए.एस.यू.आर.) के गठन में परिणत हुई, जिसमें दक्षिण अमेरिका के सभी बारह स्वतंत्र राज्य शामिल थे। 17 मई, 2008 में ब्रासीलिया में संस्थापक संधि पर

हस्ताक्षर किए गए थे। यू.एन.ए.एस.यू.आर. का लैटिन अमेरिका में विशेष महत्त्व है, न केवल इसलिए कि यह समूचे दक्षिण अमेरिका की आवाज है, बल्कि इसलिए भी इसके पास क्षेत्रीय समस्याओं और संघर्षों को प्रभावी ढंग से संबोधित करने की क्षमता भी है।

यू.एन.ए.एस.यू.आर. ने 2008 में संवैधानिक संकट का सामना करने पर बोलीविया के राष्ट्रपति मोरेल्स का समर्थन किया; 2010 में वेनेजुएला और कोलंबिया के बीच एफ.ए.आर.सी. विद्रोहियों के विवाद में मध्यस्थता की और पराग्वे में 2012 के तख्तापलट की निंदा करते हुए उचित तरीके से निर्वाचित सरकार स्थापित होने तक इसकी सदस्यता को निलंबित कर दिया। यू.एन.ए.एस.यू.आर. के विदेश मंत्रियों ने इक्वाडोर का उस समय सर्वसम्मति से समर्थन किया, जब इक्वाडोर ने विकिलीक्स के संस्थापक जूलियन असांजे को 2012 में लंदन में अपने दूतावास में राजनयिक शरण प्रदान की। हाल ही में, मई 2014 में यू.एन.ए.एस.यू.आर. ने वेनेजुएला सरकार और विपक्षी प्रदर्शनकारियों के बीच मध्यस्थता करने का प्रयास किया, जहाँ उपजी अशांति के बाद दर्जनों मौतें हुईं।

यू.एन.ए.एस.यू.आर. की एक संस्थागत संरचना है, जिसमें एक महासचिव है तथा इसकी बैठक राज्य और सरकार के प्रमुखों, विदेश मंत्रियों और प्रतिनिधियों के बीच इसकी परिषदों के माध्यम से होती है। इसका मुख्यालय क्विटो, इक्वाडोर में है। यू.एन.ए.एस.यू.आर. की महत्त्वाकांक्षा अंततः एक साझा मुद्रा के साथ एक व्यापक दक्षिण अमेरिकी बाजार की है, जो संभवतः यूरोपीय संघ के मॉडल पर आधारित है। यह क्षेत्रीय संकटों और आपात स्थितियों पर बहस करने और निपटने के लिए आपातकालीन सत्र भी बुलाता है।

यू.एन.ए.एस.यू.आर. की प्रमुख पहलों में दक्षिण बैंक (बैंको डेल सुर) की स्थापना; दक्षिण अमेरिका में क्षेत्रीय अवसंरचना के एकीकरण के लिए पहल (आई.आई.आर.एस.ए. IIRSA); और दक्षिण अमेरिकी रक्षा परिषद शामिल है। बैंक का गठन 2009 में किया गया था, जिसका लक्ष्य 20 खरब अमेरिकी डॉलर का प्रारंभिक पूँजी आधार प्राप्त करना था। वेनेजुएला, ब्राजील और अर्जेंटीना को 7 खरब डॉलर का योगदान करना था। बैंक की नियति इसके प्रमुख नायक ह्यूगो चावेज के निधन के बाद से सवालों के घेरे में है, क्योंकि अर्जेंटीना के साथ-साथ वेनेजुएला भी भारी वित्तीय समस्याओं को झेल रहा है, जबकि ब्राजील की अपने राष्ट्रीय विकास बैंक (बी.एन.डी.ई.एस.) को कमजोर करने अनिच्छा स्पष्ट दिखाई दे रही है।

रक्षा परिषद जो ब्राजील की पहल है, का उद्देश्य दक्षिण अमेरिका में स्वतंत्रता, संप्रभुता और शांति को बनाए रखना है। कई देशों को घुसपैठ, शरणार्थियों, विद्रोहियों, मादक द्रव्यों के तस्कर आदि से जुड़ी सीमा संबंधी समस्याओं से संयुक्त रूप से या सामूहिक रूप से निपटना पड़ता है। यह देखते हुए कि यह समूह में शामिल होने के लिए कोलंबिया की

अनिच्छा को दूर करने में कामयाब रही, मुख्य रूप से एफ.ए.आर.सी. का संरक्षण प्राप्त करने में इक्वाडोर और वेनेजुएला का सामना करने में तथा अमेरिका के साथ इसके करीबी सैन्य संबंधों के मामले में सफल रही। इस परिषद को काफी सफल माना जा सकता है। नार्को-ट्रैफिक का मुकाबला करने के लिए एक सहायक परिषद के निर्माण ने भी साझा कारण बनाने में मदद की।[18]

पैन क्षेत्रीय एकीकरण

ए.एल.ए.डी.आई. (ALADI)

लैटिन अमेरिका के भीतर एकीकरण का सबसे पहला संस्थागत प्रयास 'लैटिन अमेरिकी मुक्त व्यापार संघ' (एल.ए.एफ.टी.ए. LAFTA) था, जिसमें 1960 में ग्यारह देश शामिल थे। इसने अंततः 1980 में मोंटेवीडियो (उरुग्वे) की संधि के माध्यम से 'लैटिन अमेरिकी एकीकरण संघ' (ए.एल.ए.डी.आई.) का मार्ग प्रशस्त किया। इस संधि ने ए.एल.ए.डी.आई. के सदस्यों के बीच सम्मिलन की माँग की, जो सदस्य देशों के बीच व्यापार संबंधों पर सामान्य दिशा-निर्देशों के साथ एक साझा लैटिन अमेरिकी बाजार के अंतिम गठन की ओर अग्रसर हुआ। ए.एल.ए.डी.आई. में वर्तमान में तेरह सदस्य हैं। निकारागुआ को चौदहवें सदस्य के रूप में शामिल किए जाने की प्रक्रिया चल रही है। ए.एल.ए.डी.आई. के ढाँचे के अंतर्गत वर्तमान में सत्तर से अधिक व्यापार समझौते लागू हैं, जिनमें से कई में सीमा शुल्क संबंधी लाभ शामिल हैं। इनमें से अठारह मुक्त व्यापार समझौते हैं, जिनकी बदौलत साठ प्रतिशत टैरिफ पूरी तरह से उदारीकृत हैं।

रियो समूह

कोंटाडोरा समूह (कोलंबिया, मैक्सिको, पनामा, वेनेजुएला), जिसका नाम पनामा के तट से दूर एक द्वीप के नाम पर पड़ा, पहली बार 1983 में मिला था। 1986 में कोंटाडोरा सपोर्ट ग्रुप (अर्जेंटीना, ब्राजील, पेरू और उरुग्वे) के साथ संयुक्त रूप से इसने संघर्षरत मध्य अमेरिका में शांति लाने की कोशिश की। इस समूह ने 1986 में ब्राजील में रियो डी जनेरियो के घोषणा-पत्र के माध्यम से रियो समूह के गठन का नेतृत्व किया। रियो ग्रुप फोरम दक्षिण अमेरिका के सभी देशों के साथ मैक्सिको को भी एक साथ लाया, इसके अलावा मध्य अमेरिका तथा कैरिकॉम से एक प्रतिनिधि को रोटेशन के आधार पर इसमें शामिल किया। 2010 तक, तेईस वार्षिक शिखर सम्मेलन के बाद, रियो समूह नए लैटिन अमेरिकी क्षेत्रवाद का शायद सबसे महत्त्वपूर्ण अवतार बन चुका है। इसके अध्यक्ष का पद अस्थायी है और इसके राज्य प्रमुखों एवं शासनाध्यक्षों की बैठकें निश्चित अंतराल पर होती हैं। इसने अंतरराष्ट्रीय मंचों और अन्य क्षेत्रीय गुटों के साथ इस क्षेत्र का प्रतिनिधित्व किया है।

सी.ए.एल.सी. (लैटिन अमेरिका और कैरेबियाई शिखर सम्मेलन) प्रक्रिया क्षेत्र के पहले राजनीतिक कार्यक्रम में एल.ए.सी. के सभी तैंतीस स्वतंत्र राज्यों को शामिल करती है। पहला सी.ए.एल.सी. शिखर सम्मेलन 2008 में ब्राजील में हुआ था; दूसरा मैक्सिको में और अंतिम शिखर सम्मेलन दिसंबर 2011 में काराकास में हुआ, जहाँ रियो समूह और सी.ए.एल.सी. दोनों का विलय नवगठित समुदाय लैटिन अमेरिकी और कैरेबियाई राज्यों (सी.ई.एल.ए.सी. CELAC) के साथ हो गया।

लैटिन अमेरिका और कैरेबियन राज्यों का समुदाय

सी.ई.एल.ए.सी., रूढ़िवादी मैक्सिकन राष्ट्रपति फेलिप कैलडरोन की एक पहल थी। फरवरी 2010 में मैक्सिको में इसे शुरू करनेवाले यूनिटी समिट ने क्यूबा को शामिल कर लिया, जबकि अंतर-अमेरिकी गोलार्ध प्रणाली में शामिल दो अन्य साझीदारों अमेरिका और कनाडा को बाहर कर दिया। समिट ने चिली के रूढ़िवादी राष्ट्रपति, सेबेस्टियन पिफिएरा और क्षेत्र में उग्रवादी वामपंथी नेता वेनेजुएला के राष्ट्रपति ह्यूगो चावेज को सी.ई.एल.ए.सी. के संविधान और जनादेश पर काम करने के लिए चुना। सी.ई.एल.ए.सी. को लॉन्च करनेवाले शिखर सम्मेलन को दिसंबर 2011 में वेनेजुएला में राष्ट्रपति चावेज द्वारा आहूत किया गया था।

जनवरी 2013 में चिली के सैंटियागो में आयोजित पहले नियमित शिखर सम्मेलन की कार्यसूची प्रभावशाली थी। शिखर सम्मेलन का घोषणा-पत्र बहुत विवाद और बहस के बाद सामने आया। चिली के राष्ट्रपति और मेजबान सेबेस्टियन पिफिएरा के शब्दों में, 'सी.ई.एल.ए.सी. में हमने अपने मतभेदों के साथ जीना सीखा है।' घोषणा-पत्र ने सुरक्षा, मादक पदार्थों की तस्करी, निरस्त्रीकरण, सतत विकास आदि पर क्षेत्रीय सहमति की परिकल्पना की और खो चुके समय की पूर्ति के लिए क्षेत्र के सामूहिक संकल्प का खुलासा किया। सी.ई.एल.ए.सी. शुरू-शुरू में 'तिकड़ी' (Troika) वर्तमान, अतीत और भविष्य के राष्ट्रपतियों द्वारा कूटनीतिक रूप से प्रेरित था। इसमें चौकड़ी बनाने के लिए चौथी चीज जो जोड़ी गई, वो था कैरीकॉम का वर्तमान अध्यक्ष, जो अंतरराष्ट्रीय स्तर पर सी.ई.एल.ए.सी. का प्रतिनिधित्व करता है।

2013 तक इस व्यापक समूह की क्यूबा प्रेसीडेंसी काफी हद तक घटनारहित थी। हवाना में दूसरे सी.ई.एल.ए.सी. समिट ने जनवरी 2014 में लैटिन अमेरिका और कैरेबिया को 'शांति का क्षेत्र' घोषित किया और अंतिम घोषणा-पत्र के माध्यम से सतत विकास पर ध्यान केंद्रित किया, जो विभिन्न राष्ट्रीय हितों को प्रतिबिंबित करता था।[20] 2014 में इसकी अध्यक्षता कोस्टा रिका को सौंप दी गई।

सी.ई.एल.ए.सी. ओ.ए.एस. के लिए उतना वजनदार साबित नहीं हुआ है, जैसा कि इसके सदस्य राज्य इसके लिए चाहते थे, जबकि सी.ई.एल.ए.सी. मंचों में बहस मुख्य रूप से लैटिन अमेरिका और कैरेबिया के लिए प्रासंगिक मुद्दों पर केंद्रित है और यह सदस्यों को अन्य देशों या संस्थाओं के खिलाफ शिकायतों को सार्वजनिक रूप से रखने के अवसर प्रदान करता है, जैसे कि यूके के खिलाफ अर्जेंटीना का माल्विनास द्वीपसमूह पर दावा, फिर भी यह न तो सहयोग के स्तर को बढ़ा पाया है और न ही वैसा ध्यान आकर्षित कर पाया है, जिसके बाद उसकी सर्व-अमेरिका संरचना करती है। ऐसा ज्यादातर इसकी बोझिल प्रकृति और अध्यक्षों की भिन्न-भिन्न प्राथमिकताओं के कारण है।

पारंपरिक भौगोलिक गठजोड़ों से परे पहुँचने की कोशिश ने उम्मीदें जगा दीं, जब चिली प्रेसीडेंसी ने अगस्त 2012 में ट्रोइका—चिली, वेनेजुएला और क्यूबा के विदेश मंत्रियों द्वारा भारत और चीन की यात्रा शुरू की। क्यूबा ने रूस और ब्रिक्स के निकट आने का प्रयास किया। क्वार्टेट बैठक के प्रारूप को छोड़कर सी.ई.एल.ए.सी. के पास चीन, भारत या रूस के साथ अपने संबंधों को नियोजित करने की कोई बहुत स्पष्ट परिभाषा नहीं है। इसने चीन की पहल को रोकने और सी.ई.एल.ए.सी. के साथ बातचीत के लिए मंत्रीस्तरीय तंत्र को स्थापित करने से नहीं रोका है। भारत राजनयिक शुरुआत का लाभ लेने में सुस्त रहा है।

सी.ई.एल.ए.सी. अभी भी एक ऐसे मंच के रूप में विकसित हो सकता है, जो क्षेत्र की आकांक्षाओं और राजनीतिक सर्वसम्मति का प्रतीक और प्रतिनिधित्व करता हो। यदि इसे क्षेत्र के प्रमुख वार्त्ताकार के तौर पर काम करना है तो इस क्षेत्र के प्रमुख अभिनेताओं के दृष्टिकोण और प्राथमिकता में अंतर को कम करना होगा और बातचीत के स्तर को ऊँचा करने के लिए आवश्यक ठोस सहयोग के तत्त्वों को शामिल करना होगा।

अंतर-अमेरिकी प्रणाली

द्वितीय विश्वयुद्ध के अंत में अमेरिका को विश्व मंच पर पैर पसारते हुए देखा गया। ब्रेटन वुड्स सिस्टम की स्थापना के माध्यम से इसकी सैन्य शक्ति और युद्ध के बाद की स्थितियों को सँभालने में दूरदर्शिता; संयुक्त राष्ट्र; यूरोप के लिए मार्शल प्लान आदि ने इसे महाशक्ति में बदल दिया था। इसने इसके बाद राजनीतिक, आर्थिक और मानवाधिकार संस्थानों के एक सेट के माध्यम से अमेरिका के समेकन को बढ़ावा दिया।

अमेरिकी राज्यों के संगठन (ओ.ए.एस.) की स्थापना मुख्य रूप से इस क्षेत्र में लोकतंत्र को बढ़ावा देने के लिए 1948 में हुई थी, जिसका मुख्यालय वाशिंगटन डी.सी. में था। शीतयुद्ध के परिणामस्वरूप उत्पन्न इस संगठन पर अमेरिका का प्रभुत्व था, जिसके पीछे उसका निहित स्वार्थ इस क्षेत्र पर अपनी पकड़ को बनाए रखना था और जिसे उसने

कुछ हद तक स्वीकार भी कर लिया था। ओ.ए.एस. का रिकॉर्ड भी मिश्रित है, जो मुख्य रूप से पिछली शताब्दी के उत्तरार्ध के दौरान सैन्य तानाशाही को दरशाता है। हालाँकि यह आर्थिक और सामाजिक परियोजनाओं और योजनाओं का एक पैनोरामा प्रदान करता है, जो पूरे गोलार्ध को एक साथ जोड़ता है। इसकी कमजोरी स्पष्ट रूप से इसके भीतर ही निहित है—कथित तौर पर संयुक्त राज्य अमेरिका द्वारा जारी वर्चस्व।

कोलंबिया में अमेरिका के 2012 के शिखर सम्मेलन (ओ.ए.एस. द्वारा संचालित) ने कोई राजनीतिक घोषणा-पत्र नहीं जारी किया, क्योंकि अल्बा (ALBA) समूह के आग्रह पर क्यूबा को अगले शिखर सम्मेलन में आमंत्रित किया गया था। अमेरिका की माँग पर, क्यूबा को 1962 के बाद से ओ.ए.एस. से इस आधार पर निलंबित कर दिया गया है कि यह गोलार्ध के लोकतांत्रिक चार्टर का पालन नहीं करता है। क्यूबा को फिर से उसी चार्टर के पालन की शर्त पर इसमें आमंत्रित किया गया, लेकिन अपनी आंतरिक प्रणालियों को बाहरी जाँच या हस्तक्षेप के अधीन नहीं करने के आधार पर उसने निमंत्रण को खारिज कर दिया है।

साम्यवाद के पतन और लैटिन अमेरिका को बहाकर ले जानेवाले लोकतंत्र की लहर तक ओ.ए.एस. उदासीनता में था। 1991 में, ओ.ए.एस. सदस्यों ने मानवाधिकारों और प्रतिनिधि लोकतंत्र को बढ़ावा देते हुए सैंटियागो प्रतिबद्धता पर हस्ताक्षर किए। संकल्प 1080 में कहा गया था कि अगर किसी भी सदस्य-राज्य में लोकतंत्र बाधित है या खतरे में है, तो हस्ताक्षर करनेवाली सरकारें तुरंत मिलेंगी और ओ.ए.एस. को सौंपी गई शक्तियों का इस्तेमाल करेंगी।

1992 में वाशिंगटन प्रोटोकॉल ने ओ.ए.एस. फाउंडिंग चार्टर में संशोधन कर महासभा को दो-तिहाई बहुमत के वोट से ऐसे राज्यों को निलंबित करने का अधिकार प्रदान किया, जिनकी सरकारें तख्तापलट या किसी अन्य कानूनी रूप से सत्ता में आई हैं। 1993 में 'मानागुआ घोषणा-पत्र' के साथ लोकतंत्र के प्रति प्रतिबद्धता को लागू किया गया। किंतु इस लोकतांत्रिक प्रतिबद्धता को पूरी तरह से पालन नहीं किया गया—1990 के दशक में हैती में; 1992 में पेरू में फुजीमोरी के स्वतंत्र तख्तापलट में और 1996 में पराग्वे में तख्तापलट के प्रयास में ओ.ए.एस. का प्रभावी हस्तक्षेप नहीं देखा गया था।

मानवाधिकारों पर संस्थागत उपायों में अमेरिकी लोगों के अधिकारों और कर्तव्यों का घोषणा-पत्र, मानव अधिकारों पर अमेरिकी कन्वेंशन, मानव अधिकारों पर अंतर-अमेरिकी आयोग और मानवाधिकारों का अंतर-अमेरिकी न्यायालय शामिल है। यह घोषणा-पत्र द्वितीय विश्वयुद्ध के बाद अपनाए गए सार्वभौमिक मानवाधिकार घोषणा-पत्र पर आधारित है। 1969 के कन्वेंशन में अमेरिका और कनाडा द्वारा हस्ताक्षर नहीं किए गए थे। आयोग ने 1960 में संचालन शुरू किया और यह वाशिंगटन में हर साल आठ सप्ताह तक बैठक

करता है। यद्यपि इसके निष्कर्ष और सिफारिशें बाध्यकारी नहीं हैं, फिर भी वे नैतिक और राजनीतिक प्रभाव डाल सकते हैं। कोर्ट एक अर्ध-स्थायी निकाय है, जिसका मुख्यालय कोस्टा रिका की राजधानी सैन जोस में है। महासभा में राज्यों द्वारा चुने गए सात स्वतंत्र न्यायाधीश हैं; हालाँकि निर्णय बाध्यकारी हैं, किंतु वे केवल कन्वेंशन के उन सदस्यों के लिए प्रासंगिक हैं, जो न्यायालय के अधिकार क्षेत्र को स्वीकार करते हैं।

इंटर-अमेरिकन सिस्टम की आर्थिक शाखा इंटर-अमेरिकन डेवलपमेंट बैंक (IDB) है। 1959 में स्थापित इस बैंक में शुरू-शुरू में सदस्य के रूप में बीस लैटिन अमेरिकी देश और अमेरिका थे। आई.डी.बी. क्षेत्र के विकासशील देशों में आर्थिक विकास को बढ़ावा देने का प्रयास करता है। यह निर्माण, स्वास्थ्य, शिक्षा, उच्च शिक्षा और क्षेत्रीय एकीकरण की परियोजनाओं के लिए ऋण देता है। 1970 के दशक में, आई.डी.बी. ने और अधिक संसाधनों की माँग की। तब सोलह विकसित देश ऋण के अधिकार के बिना दाता सदस्य के रूप में इसमें शामिल हुए। सदस्यों को बैंक के उधार तंत्र के माध्यम से क्षेत्रीय परियोजनाओं में भाग लेने के लिए सक्षम बनाने के लिए यह स्थिति जरूरी थी।

1942 में बनाया गया 'इंटर अमेरिकन डिफेंस बोर्ड' (IADB) दुनिया का सबसे पुराना क्षेत्रीय रक्षा संगठन है। यह ओ.ए.एस. और इसके सदस्य राज्यों को ओ.ए.एस. चार्टर के अनुसार गोलार्ध में सैन्य और रक्षा मुद्दों से संबंधित तकनीकी और शैक्षिक सलाह एवं परामर्श सेवाएँ प्रदान करता है। आई.ए.डी.बी. को ओ.ए.एस. (महासभा, विदेश मामलों के मंत्रियों की परामर्श बैठक और स्थायी परिषद) के आदेशों को मानने में तकनीकी स्वायत्तता प्राप्त है। वर्तमान में, इसमें सत्ताइस सदस्य हैं। इसकी संरचना में प्रतिनिधि परिषद, सचिवालय और अंतर-अमेरिकी रक्षा कॉलेज शामिल हैं, जो विभिन्न अमेरिकी देशों के नागरिकों और सैन्य प्रतिनिधियों को एक साथ लाते हैं।[21]

एल.ए.सी. एकीकरण : सद्भाव और मतभेद

प्रतिष्ठित 'लैटिन अमेरिकी सामाजिक विज्ञान संकाय' (FLACSO) के महासचिव फ्रांसिस्को रोजास अरवेना, क्षेत्र में एकीकरण प्रक्रिया का एक दिलचस्प विश्लेषण देते हैं, वर्तमान समय तक, क्षेत्र ने किसी भी ऐसी राजनीतिक-रणनीतिक परियोजना को शुरू करने में अक्षमता दिखाई है, जो इसे अंतरराष्ट्रीय पटल पर एक महत्त्वपूर्ण और एकीकृत अभिनेता के रूप में प्रस्तुत कर सकता है। लैटिन अमेरिका और कैरेबिया में विखंडन होने के नकारात्मक परिणाम सामने आए हैं, खासकर क्योंकि यह वैश्वीकरण के प्रभाव के प्रति अधिक संवेदनशील हो गया है, इसे सकारात्मक पहलुओं के फल पर विचार करने से रोका जाता है और यह वैश्वीकरण के 'अंधकार पक्ष' के प्रभाव के लिए अधिक स्थान प्रदान

कराता है। कुल मिलाकर, उन्हें बढ़ावा देने वाली राष्ट्रीय परियोजना की हर चीज के लेन-देन की लागत बढ़ जाती है।[22]

इस प्रक्रिया में रोजस दो प्रमुख क्षेत्रीय अभिनेताओं-मैक्सिको और ब्राजील के अलग-अलग उद्देश्यों को भी रेखांकित करते हैं। नाफ्टा के माध्यम से उत्तरी अमेरिकी अर्थव्यवस्था के साथ एकीकृत मैक्सिको ने अपने आप को क्षेत्रीय संगठनों के दक्षिण में हाशिए पर पाया। इसने पैन-क्षेत्रीय सम्मिलन, एकीकरण और संवाद के उच्च स्तर का प्रस्ताव रखने के लिए रियो ग्रुप फोरम का उपयोग किया। दूसरी ओर, ब्राजील, जिसे मर्कोसूर पर प्रभुत्व के दौरान यू.एन.ए.एस.यू.आर. के जरिए दक्षिण अमेरिकी महाद्वीप से एकीकृत होने में कुछ सफलता मिली थी, की अपनी अन्य प्राथमिकताएँ थीं।

राष्ट्रपति लूला के प्रशासन ने एफ.टी.ए.ए. के लिए अमेरिका द्वारा प्रायोजित प्रस्ताव की समाप्ति को प्रभावी ढंग से चित्रित किया था, जो स्पष्ट रूप से बिना किसी आनुषंगिक लाभ के इसके बाजार को उत्तर के लिए खोल देता। इसने लैटिन अमेरिका और कैरेबिया के लिए अधिक स्वायत्तता की माँग की। अधिक वैश्विक भूमिका के लिए ब्राजील की महत्त्वाकांक्षाओं ने इसे आर्थिक और राजनीतिक क्षेत्र दोनों में क्षेत्रीय एकजुटता की पहचान करने और इसे बढ़ावा देने की ओर अग्रसर किया।

यह दिलचस्प है कि, रोजस के विश्लेषण के प्रकाशन के साथ ही एक नया उप-क्षेत्रीय संगठन अस्तित्व में आ रहा था—'पैसिफिक गठबंधन', जिसे अगले खंड में दिया गया है, जो क्षेत्रीय एकीकरण की अंतर्विकसित प्रकृति के लिए एक चुनौती पेश करेगा।

अल्बा

लैटिन अमेरिका और कैरेबिया में क्षेत्रीय एकीकरण का एक वैचारिक आयाम भी है, जैसा कि अध्याय 2 में समझाया गया है, बीसवीं शताब्दी में कई चरम वामपंथी विद्रोह पूरे क्षेत्र में फैल गए और कुछ तो इक्कीसवीं सदी में भी जीवित रहे। इससे भी महत्त्वपूर्ण बात यह है कि कुछ विचारों ने उन नेताओं को जन्म दिया, जो सत्ता में आए और सफलतापूर्वक अमेरिका के प्रभाव और प्रभुत्व को भी चुनौती दी, एल.ए.सी. में वाम की वैधता को लोकतांत्रिक चुनावों, प्राकृतिक संसाधनों के मजबूत प्रबंधन, उदार सामाजिक और पुनर्वितरण कार्यक्रमों, पार्टी तंत्र के साथ-साथ सैन्य प्रतिष्ठानों पर अधिक राजनीतिक नियंत्रण ने भी और सुदृढ़ किया, इससे शासन की दीर्घायु सुनिश्चित हो गई। इन नेताओं द्वारा आर्थिक सहयोग के पारंपरिक ढाँचे पर भी सफलतापूर्वक सवाल उठाए गए हैं; हालाँकि ज्यादातर मामलों में, जिनमें इन ढाँचों को खारिज करने और उन्हें बदनाम करने के प्रयास किए गए, उन्हें सफलता नहीं मिली।

वेनेजुएला के राष्ट्रपति ह्यूगो चावेज एक पैराटूपर थे, जो वेनेजुएला में निर्दोषों और मताधिकार से वंचित लोगों को दबाने के लिए सेना का उपयोग नहीं कर सकते थे। अन्याय और उत्पीड़न का विरोध करते हुए 1999 में वे सत्ता में आए और फरवरी 2013 में अपनी मृत्यु तक वेनेजुएला के लोकतांत्रिक रूप से निर्वाचित राष्ट्रपति बने रहे। उनकी अध्यक्षता में लैटिन अमेरिकी राजनीति में एक महत्त्वपूर्ण मोड़ आया। उन्होंने उत्पादन को नियंत्रित करने के लिए ओपेक को यह तर्क देते हुए उकसाया कि मुद्रास्फीति और डॉलर के मूल्य के साथ वास्तविक रूप में तेल की कीमत कम हो गई है।

क्यूबा में फिदेल कास्त्रो से प्रेरित होकर चावेज ने आवर अमेरिका के लोगों के बोलिवेरियाई विकल्प के लिए 2004 में हवाना में एक संयुक्त घोषणा-पत्र पर हस्ताक्षर किया। यह मुख्य रूप से अमेरिका द्वारा अमेरिका के मुक्त व्यापार क्षेत्र (FTAA) के लिए प्रायोजित प्रस्ताव की प्रतिक्रिया थी। वेनेजुएला के प्रबल प्रतिरोध के कारण, जिसे ब्राजील और अन्य का समर्थन भी प्राप्त था, 2000 और 2005 के बीच अमेरिका के शिखर सम्मेलनों में बहस के बाद एफ.टी.ए.ए. प्रस्ताव को अंततः दफन कर दिया गया।

राष्ट्रपति चावेज ने क्यूबा के साथ एक व्यापार समझौते पर हस्ताक्षर किया। इन्होंने सीमा शुल्क को समाप्त कर दिया और क्यूबा को ऊर्जा प्रदान करने के लिए प्रतिदिन 1,00,000 बैरल कच्चा तेल प्रदान किया, जिसके बदले में चावेज के लोकप्रिय मिशनों में शामिल दसियों हजार डॉक्टरों, शिक्षकों और अन्य तकनीशियनों को वेनेजुएला के गरीबों को मुफ्त स्वास्थ्य, शिक्षा, आवास और अन्य सेवाएँ प्रदान करने के लिए भेजा गया। 2006 में, बोलिविया इसमें शामिल हुआ और 2009 में संगठन का नाम बदलकर अमेरिका के लिए बोलीविया गठबंधन (अल्बा) कर दिया गया। अन्य सदस्य निकारागुआ, डोमिनिका, इक्वाडोर, सेंट विंसेंट और ग्रेनेडाइंस, एंटीगुआ और बारबुडा तथा सेंट लूसिया हैं। हैती और सूरीनाम सहयोगी हैं। अल्बा मुख्य रूप से सामाजिक परियोजनाओं को अंजाम देता है, लेकिन अंतर-अल्बा व्यापार के लिए 2008 में इसने सुक्रे (क्षेत्रीय मुआवजा के भुगतान के लिए क्षेत्रीय व्यवस्था) नामक एक वैकल्पिक मुद्रा भी पेश की है। अल्बा लैटिन अमेरिका के भीतर एक ठोस गुट का गठन करता है और यह सुनिश्चित करता है कि इसकी वाम आधारित प्राथमिकताओं को अन्य क्षेत्रीय योजनाओं द्वारा अनिवार्य रूप से न मिला लिया जाए।

ए.एल.बी.ए. के सदस्यों और अन्य लोगों ने ह्यूगो चावेज के टेलीसुर (ला नुएवा टेलीविसोरा डेल सुर : द न्यू टेलीविजन ऑफ द साउथ) का स्वागत किया। यह काराकास में स्थित 24 घंटे का लैटिन अमेरिकी स्थलीय और उपग्रह टेलीविजन नेटवर्क है। यह संयुक्त रूप से वेनेजुएला, अर्जेंटीना, उरुग्वे, क्यूबा, बोलीविया, इक्वाडोर और निकारागुआ की सरकारों के स्वामित्व में है। स्टेशन के वित्तपोषण का अधिकांश हिस्सा वेनेजुएला सरकार के

तेल राजस्व से आता है, जबकि अन्य सरकारें ज्यादातर सैन्य संबंधी और देश को अंदरूनी समर्थन में मदद देती हैं।

जनवरी 2005 में इसे लैटिन अमेरिकी और अंतरराष्ट्रीय नेटवर्कों का मुकाबला करने के लिए स्वतंत्र और स्थानीय जानकारी प्रदान करने के उद्देश्य से स्थापित किया गया था। इसका प्रसारण उपग्रह के माध्यम से सत्रह देशों में उपलब्ध है, जिसमें लैटिन अमेरिका का पूरा हिस्सा तथा संयुक्त राज्य अमेरिका, यूरोप तथा उत्तरी अफ्रीका के कुछ हिस्से शामिल हैं। यह लगभग पाँच सौ केबल कंपनियों, लगभग साठ स्थलीय चैनलों और इंटरनेट पर टेलीसुर की आधिकारिक वेबसाइट के माध्यम से उपलब्ध है, हालाँकि टेलीसुर की उपलब्धता अकसर खराब होती है, क्योंकि उन्हीं देशों में अधिक सुसंगत सेवा दी पा जा रही है, जहाँ सरकारें स्टेशन को प्रायोजित कर रही हैं। इसके प्रसारणों में लगभग पैंतालीस प्रतिशत समाचारों के साथ-साथ कठिन सत्य आधारित वृत्तचित्र और सांस्कृतिक कार्यक्रम शामिल होते हैं।[23]

दिसंबर 2005 में, राष्ट्रपति चावेज ने अपने तेल संसाधनों के आधार पर क्षेत्रीय सहयोग का एक और कार्यक्रम शुरू किया। पेट्रो कैरिबे के माध्यम से, वेनेजुएला सोलह लैटिन अमेरिकी और कैरेबियाई देशों को रियायती तेल की आपूर्ति करता है, हालाँकि सभी प्राप्तकर्ता वेनेजुएला की बोलिवेरियन विचारधारा के अनुरूप नहीं हैं, जैसे कि डोमिनिकन गणराज्य। मई 2013 में काराकस में पेट्रो कैरिबे शिखर सम्मेलन में होंडुरास और ग्वाटेमाला इस क्लब में शामिल हुए थे। इसकी शर्तें बेहद आकर्षक हैं, जिसमें तेल के मोरचे के लिए 60 प्रतिशत आंशिक भुगतान शामिल है तथा शेष राशि की अदायगी पच्चीस वर्षों में एक प्रतिशत की दर से होनी है।

इस व्यवस्था ने सान होसे समझौते को समाप्त कर दिया, जिसके तहत 1970 के दशक में मैक्सिको और वेनेजुएला इस क्षेत्र में गैर-तेल उत्पादक देशों को रियायती तेल की आपूर्ति करने के लिए सहमत हुए थे। मैक्सिको के साथ चावेज के संबंध भी बेहद जटिल थे। इसकी वजह से 2006 में वेनेजुएला को जी3 (1 जनवरी 1995 को लागू एक मुक्त व्यापार समझौता, जो मैक्सिको, वेनेजुएला और कोलंबिया के बीच किया गया था), से बाहर होना पड़ा था।

प्रशांत गठबंधन

जिस समय अल्बा आकार ले रहा था, उसी समय प्रशांत के किनारे एक और पहल को बढ़ावा दिया जा रहा था। अक्तूबर 2008 में अल सल्वाडोर में XVIII इबेरो-अमेरिकी शिखर सम्मेलन के दौरान, प्रशांत समुद्र तट पर ग्यारह लैटिन अमेरिकी देशों ने पैसिफिक

आर्क फोरम बनाने का फैसला किया।[24] इसका उद्देश्य लैटिन अमेरिका के भीतर आम राजनीतिक और आर्थिक अभिव्यक्ति हासिल करना था। प्रशांत गठबंधन की परिकल्पना सबसे पहले 2010 में, पेरू के पूर्व राष्ट्रपति, एलन गार्सिया द्वारा मैक्सिको, कोलंबिया और चिली के अपने समकक्षों को लिखे एक पत्र में की गई थी, जिसमें दावा किया गया था, "हम वर्तमान वैश्विक वास्तविकता, बहुध्रुवीयता, अन्योन्याश्रितता की एक व्यावहारिक दृष्टि को साझा करते हैं। लंबी अवधि की अंतरराष्ट्रीय प्रतिद्वंद्विता अब देशों के बीच नहीं, बल्कि क्षेत्रों के बीच है। हमारे लिए चुनौती एक ऐसे विस्तारित स्थान का निर्माण करना है, जो निवेश, वाणिज्य और पर्यटन के लिए अधिक आकर्षक होगा।"[25]

2008 वह वर्ष था जब ब्राजील में यू.एन.ए.एस.यू.आर. की संवैधानिक संधि पर हस्ताक्षर किए गए थे, एक अस्थायी राजनीतिक गठबंधन में दक्षिण अमेरिका के बारह देशों को एकजुट किया गया था। इस समय तक वेनेजुएला के ह्यूगो चावेज के नेतृत्व में वामपंथी अल्बा समूह भी तैयार हो चुका था। 2010 तक लैटिन क्षेत्रीय और कैरेबियाई राज्यों (सी.ई.एल.ए.सी. (CELAC)) के गठन के लिए, यू.एन.ए.एस.यू.आर. से बचे मैक्सिको में पैन क्षेत्रीय एकीकरण की योजनाओं को भी भड़काया जा रहा था।

चिली, कोलंबिया, मैक्सिको और पेरू के नेताओं ने 28 अप्रैल, 2011 को लीमा में मुलाकात की। चारों नेताओं ने जून 2012 में एंटोफगास्टा, चिली में फिर से मुलाकात की और प्रशांत गठबंधन बनाने के लिए एक फ्रेमवर्क समझौते पर हस्ताक्षर किए। इस बैठक में कोस्टारिका, पनामा और कनाडा को पर्यवेक्षक का दर्जा सँभालते देखा गया और उन्होंने सदस्यता में रुचि व्यक्त की। अन्य पर्यवेक्षक देशों में ऑस्ट्रेलिया, ग्वाटेमाला, न्यूजीलैंड और उरुग्वे शामिल थे। पेरू के राष्ट्रपति ने इंडोनेशिया को भी पर्यवेक्षक के रूप में शामिल होने के लिए आमंत्रित किया। प्रशांत गठबंधन की सदस्यता पर विचार के लिए किसी देश के सामने मुख्य शर्त यह है कि उनका इसमें मौजूद सदस्य देशों के कम-से-कम आधे देशों के साथ द्विपक्षीय व्यापार समझौता होना चाहिए। मैक्सिको में हुए 2014 के शिखर सम्मेलन तक, गठबंधन ने पर्यवेक्षकों के रूप में भारत सहित बत्तीस देशों को शामिल किया था।

मैक्सिको, कोलंबिया और चिली की तत्कालीन सरकारों ने बाजार के अनुकूल राजनीतिक अर्थव्यवस्था को लेकर एक आम दृष्टि साझा की। पेरू के राष्ट्रपति के रूप में अपने दूसरे कार्यकाल में, एलन गार्सिया ने 1980 के दशक के अपने पहले कार्यकाल की वामपंथी नीतियों से मुँह फेर लिया था। उनके उत्तराधिकारी, पारंपरिक वामपंथी ओलंता हुमाला ने गार्सिया की नीतियों को जारी रखा और पेरू को प्रशांत गठबंधन में पूरी तरह से एकीकृत किया। पेरू के पूर्व विदेश मंत्री जोस एंतोनियो गार्सिया बेलांदे, जिन्होंने 2011 में समूह को लॉन्च करने में महत्त्वपूर्ण भूमिका निभाई थी, ने कहा, "यह समूह निकटता के

बजाय आत्मीयता पर आधारित है···एकीकरण उनके साथ, जो इसे करने में सक्षम हैं।"[26]

2014 में समूह में 2.14 करोड़ की संयुक्त आबादी शामिल थी। उनकी संयुक्त जी.डी.पी. 21 खरब डॉलर से अधिक थी, जो ब्राजील के 24 खरब डॉलर से थोड़ी कम और लैटिन अमेरिका व कैरेबिया के कुल भाग का सैंतीस प्रतिशत थी। इस दशक में समूह की वृद्धि औसतन चार प्रतिशत रही। इसने 2013 में प्रत्यक्ष विदेशी निवेश में 85.53 अरब डॉलर प्राप्त किए, जो एल.ए.सी. क्षेत्र की कुल प्राप्ति का बयालीस प्रतिशत था। 2014 में दुनिया भर में इसकी व्यापार और सेवाएँ 12 खरब डॉलर पर रहीं, जो लैटिन अमेरिका में सभी प्रकार के व्यापार का सैंतालीस प्रतिशत था।[27]

चारों संस्थापक सदस्यों ने एक एकीकृत लैटिन अमेरिकी बाजार (MILA) स्थापित करने के लिए 2011 में अपने स्टॉक एक्सचेंजों को एकीकृत करने पर भी सहमति व्यक्त की। एम.आई.एल.ए. इस क्षेत्र का सबसे बड़ा समूह है।[28] एक-दूसरे के साथ अपने मौजूदा व्यापार समझौतों में वे उत्पत्ति के नियमों में सामंजस्य बनाने के लिए बातचीत में प्रगति कर रहे हैं, ताकि यह सुनिश्चित हो सके कि मौजूदा माल सामग्री को किस हद तक सीमा शुल्क मुक्त किया जाना चाहिए। 'विनियामक सम्मिलन' में ऐसे अन्य अभ्यास भी हैं, जो यह सुनिश्चित करते हैं कि गठबंधन उसी जाल में नहीं फँसेगा, जिसमें उसका पुराना प्रतिद्वंद्वी मर्कोसूर फँस चुका है।

कोलंबिया के कैली में मई 2013 के शिखर सम्मेलन में चारों राष्ट्रपतियों ने चारों देशों के बीच व्यापार किए जानेवाले माल के नब्बे प्रतिशत हिस्से पर टैरिफ को समाप्त करनेवाले एक समझौते पर हस्ताक्षर किए। उन्होंने शेष दस प्रतिशत पर टैरिफ को समाप्त करने के लिए ऐसी समय सारणी पर भी सहमति व्यक्त की, जो सात साल से अधिक के लिए न हो। वे पहले से ही एक-दूसरे के नागरिकों के लिए वीजा आवश्यकताओं को समाप्त कर चुके थे और अब पर्यटकों एवं व्यापारियों के लिए पहुँच को आसान बनाने के लिए सभी सदस्यों को किसी भी सदस्य देश के दूतावास से वीजा जारी करने के लिए एक कॉमन इलेक्ट्रॉनिक वीजा नेटवर्क स्थापित करने की दिशा में आगे बढे हैं। नेताओं ने अन्य पर्यवेक्षकों के बीच कनाडाई और स्पेनिश राष्ट्रपतियों की उपस्थिति में एक साझा बाजार स्थापित करने की दिशा में तेजी से आगे बढ़ने की अपनी महत्त्वाकांक्षा की घोषणा की।

प्रशांत गठबंधन का एक राजनीतिक एजेंडा भी है, जो 'खुले क्षेत्रवाद' के सिद्धांतों पर वापस ले जाता है। 1990 के दशक में लैटिन अमेरिका में प्रचलित यह विचार मानता है कि बड़े पैमाने की किफायतें पाने के लिए विश्व व्यापार को किसी क्षेत्रीय बाजार के साथ गहन रूप से जोड़ना अधिक लाभकारी होगा। गठबंधन के सदस्यों ने अपने अलग-अलग अनुभवों में, वामपंथी अल्बा की वैचारिक सामग्री के साथ तालमेल बैठाया है। वे इस क्षेत्र में

वामपंथी झुकाववाले देशों द्वारा किए गए समझौते को लेकर भी सशंकित हैं, जो वेनेजुएला और अन्य कट्टरपंथी शासकों को अलग करने के लिए उत्सुक नहीं हैं, अंत में वे ब्राजील को भी प्रसंतुलन करने की चाह रखते हैं, जिसकी क्षेत्रीय भूमिका अकसर उन्हें अवसरवादी के रूप में दिखाई देती है।

अंतरराष्ट्रीय आर्थिक बढ़त

1980 के दशक में लैटिन अमेरिका की अधिक विकासोन्मुख प्रशांत अर्थव्यवस्थाओं ने 'प्रशांत को संलग्न करने' की आवश्यकता को समझते हुए, प्रशांत महासागर में उद्यम करना शुरू कर दिया। एशिया-प्रशांत आर्थिक सहयोग (एपेक APEC) इक्कीस प्रशांत रिम देशों (औपचारिक रूप से सदस्य अर्थव्यवस्थाओं) के लिए एक मंच है, जो पूरे एशिया-प्रशांत क्षेत्र में मुक्त व्यापार और आर्थिक सहयोग को बढ़ावा देना चाहता है। इसकी स्थापना 1989 में एशिया-प्रशांत अर्थव्यवस्थाओं के बढ़ते अन्योन्याश्रय संबंधों और दुनिया के अन्य हिस्सों में क्षेत्रीय व्यापार गुटों के अभ्युदय के प्रतिउत्तर में की गई थी। सदस्यों का हिस्सा दुनिया की आबादी का लगभग चालीस प्रतिशत, दुनिया के सकल घरेलू उत्पाद का लगभग पचपन प्रतिशत और विश्व व्यापार का लगभग चालीस प्रतिशत हिस्सा है।[29]

कोलंबिया, रूस, पेरू, वियतनाम और इक्वाडोर गैर-एपेक सदस्यों में से थे, जो प्रशांत आर्थिक सहयोग परिषद (पी.ई.सी.सी.) में शामिल हो गए। पी.ई.सी.सी. 1980 में स्थापित एक त्रिपक्षीय संगठन है और इसे व्यापक रूप से 1989 में एपेक के निर्माण के लिए प्रेरणा के स्रोत के रूप में देखा गया था। एक व्यावसायिक संगठन के रूप में, पैसिफिक बेसिक इकोनॉमिक काउंसिल (पी.बी.ई.सी. PBEC) एपेक में शामिल होने में दिलचस्पी दिखाने में एक समान, लेकिन मामूली भूमिका निभाता है। रूस, पेरू, इक्वाडोर और कोलंबिया भी पी.बी.ई.सी. के सदस्य हैं।

मैक्सिको, चिली और पेरू क्रमशः 1993, 1994 और 1997 में एपेक में शामिल हुए। मैक्सिको ने 2002 में एपेक की अध्यक्षता की। 'सहयोग, आर्थिक प्रगति और विकास के लाभों का विस्तार' के आदर्श वाक्य के तहत, मैक्सिकन शिखर सम्मेलन व्यापार और निवेश उदारीकरण तथा सुविधा, आतंकवाद विरोध एवं और आर्थिक प्रगति से जुड़ी पहल को लागू करने के लिए पर्याप्त प्रतिबद्धताओं पर पहुँचा।

बाद में 2004 में चिली में, 'एक समुदाय, हमारा भविष्य' के विचार के तहत, नेताओं ने 'एपेक में विस्तारित व्यापार के लिए सैंटियागो की पहल' और 'भ्रष्टाचार से लड़ने और पारदर्शिता सुनिश्चित करने के लिए प्रतिबद्धता' को मंजूरी दी। पेरू 2016 में एपेक की मेजबानी करेगा। नई सदस्यता पर एपेक की रोक के बावजूद, कई लैटिन अमेरिकी देशों

ने एपेक (कोलंबिया, इक्वाडोर पनामा एवं अन्य) में शामिल होने के लिए लगातार अपनी रुचि दिखाई है।

मैक्सिको, पेरू और चिली भी ट्रांस पैसिफिक पार्टनरशिप (टी.पी.पी.) के सदस्य हैं, जिनमें से चिली एक प्रमुख प्रस्तावक था। टी.पी.पी. में ग्यारह देश शामिल हैं—ऑस्ट्रेलिया, ब्रुनेई, चिली, कनाडा, मलेशिया, मैक्सिको, न्यूजीलैंड, पेरू, सिंगापुर, संयुक्त राज्य अमेरिका और वियतनाम। जापान के भी जल्द ही इसमें शामिल होने की उम्मीद है। निवेश, बौद्धिक संपदा अधिकारों आदि को लेकर दूरगामी प्रस्तावों पर अमेरिकी सहभागिता के कारण टी.पी.पी. को अब दोतरफा तलवार के रूप में भी देखा जा रहा है, यहाँ तक कि अग्रदूतों में से एक चिली के द्वारा भी।

लैटिन अमेरिका ने तेजी से बुद्धिमान दर पर व्यावसायिक घरानों के क्षेत्रीय एकीकरण को भी देखा है। आज, मैक्सिको, ब्राजील, अर्जेंटीना और चिली की कंपनियाँ पूरे क्षेत्र में संसाधनों और बाजार हिस्सेदारी के लिए अमेरिकी और यूरोपीय उद्यमों के साथ सफलतापूर्वक प्रतिस्पर्धा कर रही हैं। क्षेत्रीय मंचों के जरिए मिलने वाले राजनीतिक समर्थन से सांस्कृतिक लाभ बढ़ाए जा रहे हैं। लैटिन अमेरिकी कंपनियाँ अपने संसाधनों और रणनीतियों को क्षेत्रीय रूप से केंद्रित कर रही हैं, ताकि वे विदेश में उद्यम करने से पहले अपनी वृद्धि सुनिश्चित कर सकें। अधिकांश लैटिन अमेरिकी अर्थव्यवस्थाओं की संसाधन संपन्न प्रकृति भी निवेश की आतंरिक एकाग्रता की ओर बढ़ी है और किन्हीं अज्ञात एवं जोखिम भरे बाजारों में उद्यम करने के बजाय बाहरी निवेशकों के साथ सहयोग करने की प्रवृत्ति पैदा की है।

सामान्य कारण

इस क्षेत्र की एक महत्त्वपूर्ण राजनीतिक उपलब्धि 1967 की, त्लेटेलोको (मैक्सिको सिटी) की संधि पर हस्ताक्षर करना और उससे जुड़ना था। इस यंत्र के माध्यम से, लैटिन अमेरिका और कैरेबिया 'किसी भी परमाणु हथियार के परीक्षण, उपयोग, निर्माण, उत्पादन और अधिग्रहण को रोकने तथा किसी भी माध्यम से अधिग्रहण, प्राप्ति, भंडारण, स्थापना, तैनाती और किसी भी तरह के परमाणु हथियारों के किसी भी रूप में कब्जे को रोकने और उससे बचाव के लिए सहमत हुए।'[30]

संधि का प्रोटोकॉल 1 संधि की शर्तों के तहत क्षेत्र (अमेरिका, ब्रिटेन, फ्रांस और नीदरलैंड) में विदेशी शक्तियों को सीमित करता है। प्रोटोकॉल 2 दुनिया के घोषित परमाणु हथियार युक्त राज्यों को क्षेत्र की परमाणुमुक्त स्थिति को हर तरह से अक्षुण्ण रखने का आह्वान करता है। संयुक्त राज्य अमेरिका, ब्रिटेन, फ्रांस, चीन और रूस द्वारा इस संधि की पुष्टि की गई है। यह एक व्यापक नियंत्रण और सत्यापन तंत्र भी प्रदान करता है, जिसकी निगरानी 1969 में गठित मैक्सिको सिटी स्थित लैटिन अमेरिका और कैरेबिया में परमाणु

हथियारों के निषेध के लिए बनी एजेंसी (ओ.पी.ए.एन.ए.एल.) करती है।[31] इस संधि का इतिहास कुछ हद तक उस समय क्षेत्र में मौजूद राजनीतिक दरारों को भी उजागर करता है। अर्जेंटीना और क्यूबा ने शुरू में हस्ताक्षर नहीं किए थे। अर्जेंटीना ने 1994 में ऐसा किया। वह 1982 में यूके के साथ फॉकलैंड युद्ध के दौरान संधि द्वारा स्थापित परमाणु हथियार मुक्त क्षेत्र द्वारा असुरक्षित था। क्यूबा ने 1995 में हस्ताक्षर किए और अक्तूबर 2002 में ही इसकी पुष्टि की। उसने इस शर्त पर पुष्टि की कि इसका निरंतर पालन तभी किया जा सकेगा, जब अमेरिका से व्यापार पर प्रतिबंध और ग्वांतानामो बे सैन्य अड्डे को अमेरिकी परमाणु हथियारों के लिए उपयोग के मसले का समाधान किया जाएगा।

क्षेत्र के अधिकांश देशों ने भी संयुक्त राष्ट्र महासभा द्वारा 3 अप्रैल, 2013 को पारित हथियार व्यापार संधि के पक्ष में मतदान किया, जिसे 3 के मुकाबले 154 वोटों द्वारा पारित कर दिया गया। भारत चार लैटिन अमेरिकी देशों, बोलीविया, क्यूबा, इक्वाडोर और निकारागुआ के साथ इससे अलग रहा, जबकि दो और देश डोमिनिकन गणराज्य और वेनेजुएला वोट के दौरान अनुपस्थित रहे। कई लैटिन अमेरिकी देश उस क्षेत्र के जरिए हथियारों के अप्रतिबंधित प्रवाह को लेकर स्पष्ट रूप से चिंतित हैं। मैक्सिको ने कोलंबिया, ग्वाटेमाला और अल सल्वाडोर के साथ मिलकर संधि के समर्थन में एक वक्तव्य जारी किया। भारत ने मुख्य रूप से गैर राज्य घटकों (आतंकवादियों) को हथियारों की आपूर्ति को लेकर संधि में कमी तथा हथियार बेचनेवाले देशों को अपने विवेक पर बिक्री को प्रतिबंधित करने या रोकने के लिए दी गई छूट पर यह कहते हुए आपत्ति जताई कि इससे भारत जैसे वैध हथियार आयात करनेवाले देशों को जरूरत के समय खतरा हो सकता है।

इस शताब्दी के रुझान

इस क्षेत्र में महत्त्वपूर्ण राजनीतिक घटनाक्रम, जिनमें वामपंथी नेताओं के चुनाव शामिल हैं और इन पर होने वाली प्रतिक्रियाएँ, लैटिन अमेरिका और कैरेबिया में एक नए और मौजूदा राजनीतिक विन्यास के लिए जिम्मेदार हैं।

तीन रुझान उल्लेखनीय हैं—पारंपरिक, रुढ़िवादी और आधुनिक।

पारंपरिक : इस श्रेणी में, हम उपक्षेत्रीय संगठनों कैरीकॉम, एंडीयन समुदाय, एस.आई. सी.ए. और अलादी को शामिल कर सकते हैं। ये बहुत कम सक्रिय हैं और दशकों पहले अपने संस्थापकों द्वारा निर्धारित उद्देश्यों को प्राप्त करने के लिए आज भी संघर्ष कर रहे हैं, फिर भी उन्होंने कुछ उद्देश्यों को पूरा किया है, जिसमें उन्होंने अपने सदस्य देशों को औपनिवेशिक छाया से बाहर निकाला है और उन्हें आधुनिकता और एकीकरण के मार्ग पर रखा है।

रुढ़िवादी : मर्कोसूर और ओ.ए.एस. जैसे संगठन प्रासंगिक बने हुए हैं। गोलार्ध में

उनकी गतिशीलता और उनकी राजनीतिक एवं आर्थिक महत्ता आम सहमति की कमी के कारण कम हो जाती है, जो उनकी सदस्यता के लिए स्वीकार्य न्यूनतम सामान्य आवश्यकता के बराबर होता है। इस प्रकार ओ.ए.एस. अपना आधार खोता जा रहा है, क्योंकि लैटिन अमेरिकी सदस्य अपनी नई ताकत बढ़ा रहे हैं और संयुक्त राज्य अमेरिका के वर्चस्व का विरोध करने पर अड़े हुए हैं।

मर्कोसूर अर्जेंटीना की संरक्षणवादी नीतियों, ब्राजील की आतंरिक अभिमुखता तथा हाल के वर्षों में आर्थिक मंदी के कारण बड़े पैमाने पर समस्याओं का सामना कर रहा है। मर्कोसूर छोटे सदस्यों, उरुग्वे और पैराग्वे के उन्माद से भी ग्रस्त है, जो कि दो विशाल सदस्यों ब्राजील और अर्जेंटीना की प्रबल ताकत को संतुलित करने के लिए तरजीही स्थिति प्राप्त करने के लिए शोर मचा रहे हैं। पाँचवें और सबसे हाल में प्रवेश पानेवाले वेनेजुएला के पास अपने टैरिफ और वाणिज्यिक नीतियों में सामंजस्य बनाने के लिए कुछ वर्ष हैं, इससे पहले कि यह मर्कोसूर के साथ पूरी तरह से एकीकृत हो जाए। वेनेजुएला की सदस्यता के अनुसमर्थन में विलंब होना समूह के भीतर राजनीतिक विभाजन का संकेत था।

आधुनिक : 2004 में यू.एन.ए.एस.यू.आर. की स्थापना दक्षिण अमेरिकी इतिहास की महत्त्वपूर्ण घटना थी। यद्यपि इसे प्रमुख शक्ति ब्राजील द्वारा संचालित माना जाता है, जिसने मैक्सिको को इस महत्त्वपूर्ण लैटिन अमेरिकी संगठन से बाहर रखने की भी माँग की थी, फिर भी यू.एन.ए.एस.यू.आर. ने एकजुटता हासिल करने और कई मुद्दों पर सामान्य स्थिति बनाने में कामयाबी हासिल की। फ्रेंच गुयाना को छोड़कर बारह दक्षिण अमेरिकी सदस्य महत्त्वपूर्ण राजनीतिक घटनाक्रमों के अलावा सुरक्षा एवं आर्थिक और सामाजिक मुद्दों पर चर्चा करने के लिए नियमित शिखर सम्मेलनों और कुछ छोटे मंचों पर मिलते रहते हैं।

वेनेजुएला की तेल संपदा और क्यूबा की तकनीकी विशेषज्ञता पर आधारित अमेरिका की बोलिवेरियन अल्टरनेटिव (ALBA) ने भी इस क्षेत्र में महत्त्व बढ़ाने में कामयाबी हासिल की है। कई मुद्दों पर अल्बा के कड़े रुख ने इसे क्षेत्र के कई अन्य देशों के साथ अजीब स्थिति में डाल दिया है, विशेष रूप से अमेरिका से संबंधित; मुक्त व्यापार; ईरान आदि। फिर भी 2005 में पेट्रो कैरिब की स्थापना और सदस्य देशों एवं अन्य को क्यूबा की चिकित्सा सहायता के माध्यम से इसे गति मिली है।

जून 2012 में गठित द पैसिफिक अलायंस में मैक्सिको, कोलंबिया, पेरू और चिली शामिल हैं, जिन्हें उन अर्थव्यवस्थाओं के रूप में देखा जाता है, जिनकी सरकारें अमेरिका द्वारा संचालित नीतियों का पालन करती हैं। यहाँ तक कि पेरू के देशी राष्ट्रपति ओलांता हुमाला, जो 2006 में वेनेजुएला के ह्यूगो चावेज के साथ अपने कथित संबंध के कारण राष्ट्रपति चुनाव हार गए थे, अब और अधिक मध्यमार्गी, निवेशक हितैषी नीतियों पर अड़

गए हैं तथा प्रशांत गठबंधन के खेमे में मजबूती से टिके हुए हैं।

लैटिन अमेरिकी और कैरेबियाई राज्यों के समुदाय को एक विशिष्ट और एकीकृत पहचान प्राप्त करने के क्षेत्र के प्रयासों की पराकाष्ठा के रूप में देखा गया था। जनवरी 2013 में सी.ई.एल.ए.सी. ने सैंटियागो, चिली में एक सफल शिखर सम्मेलन किया था। इस संगठन के माध्यम से क्षेत्रीय सामंजस्य की संभावनाएँ अनिश्चित हैं। 2013 में क्यूबा की अध्यक्षता असमान, लेकिन विवादों से मुक्त रही है। दक्षिणपंथी कोस्टा रिका (2014) और वामपंथी इक्वाडोर (2015) के बीच वैकल्पिक अध्यक्षता इस मायने में भी महत्त्वपूर्ण है कि यह क्षेत्र में विचारधारा से स्वतंत्र सर्वसम्मति विकसित कर सकता है।

संदर्भ :

1. मेक्सिको, चिली, ब्राजील, अर्जेंटीना, पेरू, इक्वाडोर, उरुग्वे, कोलंबिया और अमेरिका
2. ताइवान, स्पेन, जर्मनी, इटली, जापान, ऑस्ट्रेलिया, दक्षिण कोरिया, फ्रांस, वेटिकन और यू.के.
3. www.proyectomesoamerica.org
4. एंटीगुआ और बारबुडा, बहामास, बारबाडोस, बेलीज, डोमिनिका, ग्रेनाडा, गुयाना, हैती, जमैका, मोंटसेराट, सेंट लूसिया। सेंट किट्स एंड नेविस, सेंट विंसेंट एंड द ग्रेनाडाइंस, सूरीनाम, और त्रिनिदाद एवं टोबैगो
5. कैरेबियाई नेताओं ने हैती में ऐतिहासिक शिखर सम्मेलन का समापन किया, http://www.miamiherald.com/2013/02/19/3243070/
6. एंडियन समुदाय की आधिकारिक वेबसाइट, www.comunidadandina.org
7. www.comunidadandina.org
8. आधिकारिक प्रेस विज्ञप्ति, लीमा 23 मई, 2014, www.comunidadandina.org
9. ओल्सनर, ए, टू साइड्स ऑफ द सेम कॉइन : म्युचुअल पर्सेप्संस एंड सेक्युरिटी कम्युनिटी इन द केस ऑफ अर्जेंटीना एंड ब्राजील : कंप्रेटिव रीजनल इंटीग्रेशन, 2012, पृष्ठ 198
10. गार्डिनी, जियान लुका : द ओरिजिंस ऑफ मर्कोसुर : डेमोक्रेसी एंड रीजनलाइजेशन इन साउथ अमेरिका, न्यूयॉर्क, पालग्रेव मैकमिलन, 2010
11. स्रोत : विश्व व्यापार संगठन सांख्यिकी डेटाबेस
12. दोनों प्रसंगों के लिए www.mercopress.com 04 मई, 2013 पर जाएँ
13. आर्य, नितिन, कॉमन मार्केट ऑफ द साऊथ—ए स्टडी ऑन दि ओरिजिंस, ऑर्गनाइजेशनल स्ट्रक्चर, लेटेस्ट डवलपमेंट्स एंड द कंटेम्पोररी ट्रेड पैटर्न्स ऑफ मर्कोसुर : आई.सी.डब्ल्यू.ए. पेपर, अक्तूबर 2012 (www.icwa.org)
14. www.mercopress.com, 7 मई, 2013
15. http://www.telesurtv.net/articulos/2013/05/04/ecuador-iniciara-proceso-de-adhesion-a-mercosur-9791.html
16. http://es.scribd.com/doc/153463180/Comunicado-Conjunto-de-Presidentes-Mercosur-ultima

17. चिली, अर्जेंटीना, पराग्वे, उरुग्वे, ब्राजील, बोलीविया, पेरू, इक्वाडोर, वेनेजुएला, सूरीनाम, गुयाना, कोलंबो
18. मार्को ऑरेलियो गार्सिया। 'लास नुक्वास एलियनजस : इंटरेसेस वाई ओपोर्टुनिडेड्स देसदे ला पर्सपेक्टिवा डे ब्रासिल' पृष्ठ 164 भाग III, 'ला एजेंडा इंटरनेशनल डी अमेरिका लैटिना' फ्रेडरिक एबर्ट स्टिफ्टंग 2011
19. ब्राजील, अर्जेंटीना, पराग्वे, उरुग्वे, वेनेजुएला, कोलंबिया, क्यूबा, इक्वाडोर, बोलीविया, चिली, मेक्सिको, पेरू और पनामा
20. द्वितीय शिखर सम्मेलन सी.ई.एल.ए.सी., हवाना 2014, http://celac.cubaminrex.cu/en
21. http://iadb.jid.org
22. रोजस अरवेना, फ्रांसिस्को : 'ला सेलेक वाई ला इंटीग्रेशन' एन लैटिनो अमेरिकाना वाई कैरि-बेन-ए : प्रिंसिपल्स क्लेव्स वाई डेसाफियोस', नुएवा सोसिदाद जुलाई-अगस्त 2012
23. www.telesurtv.net
24. चिली, कोलंबिया, कोस्टारिका, इक्वाडोर, अल सल्वाडोर, ग्वाटेमाला, होंडुरास, मैक्सिको, निकारागुआ, पनामा और पेरू
25. 'ला एलियांजा डेल पैसिफिको' जैनमे पिंटो कालिस्की, पृष्ठ 138-140, 'ला यूनियन यूरोपिया वाई अमेरिका लैटिना', सेंट्रो आंडिनो एस्टुडिओस इंटरनेशनल, मिशेल लेवी कोरल द्वारा संपादित, इक्वाडोर 2014
26. द इकॉनोमिस्ट : ए कोंटिनेंटल डिवीजन, 18 मई 2013
27. पैसिफिक एलाएंस की मंत्रिस्तरीय बैठक की संयुक्त विज्ञप्ति, 30 मई, 2014, http://alianzapacifico.net/en/xi-ministerial-meeting-of-the-pacific-alliance/
28. द इकोनॉमिस्ट: द ग्रोइंग पैसिफिक एलायंस: ज्वॉइन द क्लब. 29 अप्रैल 2013। http://www.apec.org
29. संधि का पाठ www.opanal.org पर उपलब्ध है
30. www.opanal.org

□

4

गठबंधन एवं समझौते : लैटिन अमेरिकी और कैरेबियाई अंतरराष्ट्रीय संबंध

27–28 जनवरी, 2013 को लैटिन अमेरिकी और कैरेबियाई (LAC) नेताओं की मेजबानी चिली के सैंटियागो में राष्ट्रपति सेबेस्टियन पिनेरा द्वारा की गई, जो लैटिन अमेरिकी और कैरेबियाई राज्यों के समुदाय सी.ई.एल.ए.सी. (CELAC) के अस्थायी राष्ट्रपति थे। पहले सी.ई.एल.ए.सी. शिखर सम्मेलन (जिसका उद्घाटन शिखर सम्मेलन दिसंबर 2011 में वेनेजुएला में आयोजित किया गया था)] का आयोजन प्रथम ईयू–सी.ई.एल.ए.सी. शिखर सम्मेलन से पहले किया गया था। पिनेरा ने पच्चीस प्रतिशत बेरोजगारी और कर्ज के पहाड़ से जूझ रहे स्पेन के राष्ट्रपति मारियानो राजोय का 'एक बेहतर दुनिया' में स्वागत किया। एल.ए.सी. नेताओं के आत्मविश्वास से उपजी ताकत, पूर्व औपनिवेशिक शक्ति के कारण खोई नहीं थी। सी.ई.एल.ए.सी. शिखर सम्मेलन ने, जिसका उद्देश्य 'हमारे महाद्वीप को अभूतपूर्व तरीके से एकजुट' करना था, क्षेत्र के अशांत अतीत को उजागर कर दिया।

जेम्स पेट्रास शक्ति के चार अक्षों की परस्पर क्रिया की पहचान करते हैं, जो लैटिन अमेरिका और कैरेबियाई देशों में इस सदी में राजनीतिक–आर्थिक विकास को निर्धारित करते हैं—

(क) ब्राजील की उभरती हुई आर्थिक शक्ति और लैटिन अमेरिकी अर्थव्यवस्थाओं के बीच अंतरक्षेत्रीय ट्रैक का विकास।

(ख) एशियाई व्यापार, निवेश और बाजारों का विस्तार, जिससे एक से अधिक आर्थिक विविधीकरण की ओर बड़े पैमाने पर और दीर्घकालिक बदलाव हुआ।

(ग) अमेरिका से लैटिन अमेरिका की ओर पर्याप्त वित्तीय प्रवाह ने, जिसमें अस्थिर प्रभाव के साथ 'हॉट मनी' शामिल है, पर्याप्त निवेश, व्यापार और सैन्य संबंधों को जारी रखा।

(घ) देश और समय-सीमा के आधार पर, विशेष रूप से यूरोपीय संघ, रूस और मध्य-पूर्व का प्रभाव।[1]

यूरोप और इबेरो (IBERO)–अमेरिका

लैटिन अमेरिका में स्पेन का रोष, शाही शक्ति उन्नीसवीं शताब्दी में भी जारी रहा, हालाँकि 1898 के स्पेनिश-अमेरिकी युद्ध और स्पेन की विनाशकारी हार ने दोनों को करीब ला दिया। स्पेन ने संस्कृति, भाषा और धर्म के साझा संबंधों पर जोर देना शुरू किया। बीसवीं शताब्दी के उत्तरार्ध में बढ़ते व्यापार के साथ-साथ संचार और परिवहन के आधुनिक तरीकों तथा स्पेन के तेजी से आर्थिक विकास ने इस रिश्ते को और संगठित कर दिया। विरोधाभासी रूप से, विचारधारा पर ऐतिहासिक संबंधों की प्रबलता को रेखांकित करते हुए कम्युनिस्ट विरोधी कट्टर दक्षिणपंथी स्पैनिश तानाशाह फ्रांसिस्को फ्रैंको ने फिदेल कास्त्रो के कम्युनिस्ट क्यूबा के साथ संबंधों को तोड़ने से इनकार कर दिया। स्पेन ने हमेशा क्यूबा पर अमेरिकी व्यापार प्रतिबंधों के खिलाफ मतदान किया है। इस द्वीप पर इसने महत्त्वपूर्ण निवेश किए हैं, हालाँकि रूढ़िवादी स्पेनिश सरकारें कास्त्रो शासन के प्रति अधिक सतर्क और यहाँ तक कि आलोचनावादी रही हैं।

स्पेन में लोकतंत्र और राजशाही की पुनर्बहाली के बाद राष्ट्रपति एडोल्फो सुआरेज और किंग खुआन कार्लोस ने बड़े स्तर पर इस क्षेत्र की यात्रा की। स्पेन, जिसका जिब्राल्टर पर ब्रिटेन के साथ मतभेद जारी है, ने 1982 में ब्रिटेन के साथ युद्ध में फॉकलैंड (माल्विनास) द्वीप समूह पर अर्जेंटीना के दावे का समर्थन किया। 1982 में सत्ता में आए समाजवादियों ने लैटिन अमेरिका के लिए एक विशेष सहायता कार्यक्रम बनाया, जिसने 1980 के दशक में दसियों लाख डॉलर का बजट बनाया। अल सल्वाडोर, ग्वाटेमाला और निकारागुआ में मध्य अमेरिकी संघर्षों को शांत करने के लिए बनाए गए 'कॉन्टाडोरा समूह' में स्पेन ने भी महत्त्वपूर्ण भूमिका निभाई। खोसे मारिया अजानार की रूढ़िवादी सरकार ने 1990 के दशक में स्पेनिश नीतियों को क्षेत्र में बाजार तथा दक्षिणपंथी शासनों के अनुकूल बनाया और क्यूबा, वेनेजुएला एवं अन्य वामपंथी देशों को अलग कर दिया।

सदी के अंत तक, सात सबसे बड़े स्पेनिश बहुराष्ट्रीय उद्यमों में 283 अरब अमेरिकी डॉलर की संपत्ति थी और लैटिन अमेरिका में 12.8 करोड़ ग्राहक थे। वे क्षेत्र की अर्थव्यवस्थाओं में प्रमुख खिलाड़ी बन गए थे। दूरसंचार में टेलीफोनिका, बैंकिंग में बैंको बिलबाओ विजकाया अर्जेंटेरिया (BBVA) और बैंको कन्टेनडर सेंट्रल फिस्पनो (SCFF), पब्लिक यूटिलिटीज में एंडेसा, इबेरड्रोला और यूनियन रेनोसा तथा तेल और गैस में रेप्सोल-वाई.पी.एफ., 2005 में बाजार पूँजी के हिसाब से स्पेन की सबसे बड़ी फर्म थीं। 1990 के बाद से लैटिन अमेरिका

में स्पेनिश कंपनियों ने जितना निवेश किया था, उस प्रत्यक्ष विदेशी निवेश का लगभग सत्तर प्रतिशत हिस्सा इन कंपनियों का था। क्षेत्र में स्पेनिश निवेश अत्यधिक केंद्रित और बारीकी से किया गया था। यह बाद के वर्षों में निवेश के शंकुकार होने के कारणों में से एक था और इसके कारण ही अर्जेंटीना तथा बोलीविया में क्रमशः रेप्सोल और एंडेसा जैसी कंपनियों को समस्याओं का सामना करना पड़ा।[2] यहाँ तक कि स्पेनिश दूरसंचार, बैंकिंग, निर्माण, हाइड्रोकार्बन और अन्य कंपनियों ने क्षेत्र में अपने कदम का विस्तार कर इसे विशाल प्राकृतिक संसाधनों के साथ 60 करोड़ डॉलर का बाजार बना दिया है।

2004 में समाजवादी पार्टी के नेता, रोड्रिग्ज जापातो के चुनाव ने स्पेन के लिए ब्राजील, चिली और उरुग्वे जैसे देशों के साथ-साथ अधिक लोकलुभावन वेनेज़ुएला, अर्जेंटीना और अन्य के साथ समझौता करना आसान बना दिया। 'इबेरो-अमेरिकी शिखर सम्मलेन' में क्यूबा की भागीदारी (1992 में मैड्रिड शिखर सम्मेलन में फिदेल कास्त्रो ने भाग लिया था) क्षेत्र की प्राथमिकताओं के साथ स्पेन की तारतम्यता की पुष्टि करती है।

स्पेन क्यूबा को लेकर यूरोपीय संघ की 'कॉमन पॉलिसी' का अगुआ रहा है, जो इसे लोकतंत्र और अधिक खुलेपन के लिए लुभाते हुए, संलग्न करने का प्रयास करता है। इसने 2010 में कैथोलिक चर्च की मध्यस्थता के बाद क्यूबा के दर्जनों राजनीतिक कैदियों को रिहा किया है। ह्यूगो चावेज़ के शासन के अधीन वेनेज़ुएला को हथियार बेचने की स्पेन की कोशिशों से उसकी सरकार पर भारी दबाव आया, जिसके कारण 2006 में अमेरिकी दबाव में उसे कुछ अनुबंध रद्द करने पड़े। यूरोपीय संघ (ईयू) और स्पेनी विदेश नीति के 'यूरोपीयकरण' के सुदृढ़ीकरण और समेकन के साथ ही स्पेन ने वास्तव में क्षेत्र में अपनी भूमिका को मजबूत करने का प्रयास किया है। यह यूरोप और हिस्पैनिक अमेरिका के बीच एक सेतु का काम करता है।

जबकि लैटिन अमेरिकी और कैरेबियाई देश यूरोपीय संघ के साथ एक गुट के रूप में मिलते हैं, व्यक्तिगत देश और उप-क्षेत्रीय संगठन इनके साथ स्वतंत्र रूप से वाणिज्यिक तथा सामाजिक, आर्थिक और सांस्कृतिक सम्पर्क से जुड़े अन्य समझौतों पर बातचीत करते हैं। पूर्व औपनिवेशिक शक्तियों—स्पेन और पुर्तगाल—के पास अलग से इबेरो-अमेरिकी शिखर सम्मलेन की रूपरेखा है, जो यूरोप और अमेरिका के स्पेनिश और पुर्तगाली बोलनेवाले देशों के प्रमुखों की एक बैठक है।

क्षेत्र के अभिन्न विकास, लोकतंत्र और एकीकरण के संदर्भ में शिक्षा, विज्ञान, प्रौद्योगिकी और संस्कृति के क्षेत्र में लैटिन अमेरिका के साथ अंतर-सरकारी सहयोग को बढ़ावा देने के लिए इबेरो-अमेरिकन स्टेट्स फॉर एजुकेशन, साइंस एंड कल्चर (Ibero-American States for Education, Science and Culture) बनाया गया था, हालाँकि इसके शिखर

सम्मलेन मौजूदा आर्थिक और राजनीतिक मुद्दों से अधिक निपटते रहे हैं। इसका मुख्य सचिवालय मैड्रिड में है, जबकि, अर्जेंटीना, ब्राजील, कोलंबिया, अल सल्वाडोर, स्पेन, मैक्सिको और पेरू में क्षेत्रीय कार्यालय एवं चिली, होंडुरास, निकारागुआ और पराग्वे में फील्ड कार्यालय हैं। इसके प्रमुख स्पेन के राजा हैं। संगठन ने अपना पहला शिखर सम्मेलन जुलाई 1991 में ग्वाडलाजारा, मैक्सिको में आयोजित किया।[3]

क्यूबा ने 1999 में, राजा खुआन कार्लोस की अध्यक्षता में शिखर सम्मेलन की मेजबानी की, जो एक सदी पहले अपनी स्वतंत्रता के बाद इस द्वीप की यात्रा करनेवाले पहले स्पेनिश प्रमुख बन गए थे। नवंबर 2007 में, चिली के सैंटियागो में आयोजित इबेरो-अमेरिकी शिखर सम्मलेन में किंग खुआन कार्लोस ने तब हलचल मचा दी जब उन्होंने आगे झुककर वेनेजुएला के जुझारू राष्ट्रपति चावेज से कहा—'Porque no te callast (आप चुप क्यों नहीं रहते!?), हालाँकि चावेज ने बाद में स्पेन की यात्रा के दौरान इसे मजाक में उड़ा दिया, जब वे राजा से मिले थे, लेकिन उनकी प्रारंभिक प्रतिक्रिया से स्पष्ट था कि लैटिन अमेरिका आज न केवल स्पेन के वर्चस्व को चुनौती देता है, बल्कि इबेरो-अमेरिकी योजना में भी इसका प्रमुख स्थान है। इसके बाद से शिखर सम्मेलन एक अर्धवार्षिक कार्यक्रम बन गया। स्पेन भी हर दशक में शिखर सम्मेलन की मेजबानी नहीं करेगा, जैसा कि शुरुआत में हुआ था।

स्पेन ने 2012 में कैडिज में शिखर सम्मेलन की मेजबानी की। इस शिखर सम्मेलन को व्यापक रूप से मदद के लिए आइबेरिया की पुकार के रूप में देखा गया। गहरी मंदी और बेरोजगारी से बेहाल यूरोपीय लोग लैटिन अमेरिका की ओर देख रहे थे—जो निवेश और व्यापार के अवसरों के लिए अभी भी तीन प्रतिशत से अधिक पर बढ़ रहा था। यह तर्कसंगत लग रहा था, क्योंकि लैटिन अमेरिका और कैरेबिया के लिए संयुक्त राष्ट्र आर्थिक आयोग के अनुसार, लैटिन अमेरिका—मुख्य रूप से मैक्सिको, चिली, ब्राजील और कोलंबिया—ने वर्ष 2010 में विदेश में 43 अरब डॉलर से अधिक का निवेश किया था। ऊपर उद्धृत ईयू-सी.ई.एल.ए.सी. (EU-CELAC) शिखर सम्मेलन तक स्थिति नहीं बदली थी। स्पेन के प्रधानमंत्री मारियानो राजोय ने यूरोपीय संघ, लैटिन अमेरिका और कैरेबिया के सैकड़ों व्यापारिक नेताओं को संबोधित करते हुए कहा, "इस क्षेत्र में यूरोप से निवेश के प्रवाह को तेज करने की बहुत अधिक संभावनाएँ हैं। स्पेन यूरोपीय बाजार में लैटिन अमेरिकी कंपनियों के लिए एक प्राकृतिक प्रवेश बिंदु के रूप में महत्त्वपूर्ण भूमिका निभा सकता है।"[4]

लैटिन अमेरिका को लेकर अपनी स्थिति की समीक्षा करने के लिए पुर्तगाल में, 1974 की क्रांति ने नई लोकतांत्रिक सरकार को मौका दे दिया। यह उस क्षेत्र में विकास के साथ विशेष रूप से मर्कोसुल (या मर्कोसुर) के उद्भव के साथ—दक्षिणी कॉमन मार्केट का

संक्षिप्त रूप समानांतर रूप से चला। ब्राजील के साथ पुर्तगाल के संबंध और लोकतांत्रिक शासन के समानांतर विकास, निकटतम आर्थिक और वाणिज्यिक संबंधों में सहायक थे। पुर्तगाल ने ब्राजील, मैक्सिको, अर्जेंटीना, चिली, वेनेजुएला और क्यूबा के साथ अपने संबंधों का आक्रामक रूप से विस्तार किया। इसने यूरोपीय संघ और लैटिन अमेरिका के बीच संबंधों को मजबूत करने में विशेष रूप से 2007 में यूरोपीय संघ की अपनी अध्यक्षता के दौरान, ब्राजील के साथ भी महत्त्वपूर्ण भूमिका निभाई, पुर्तगाल भी अपने यूरोजोन बेलआउट द्वारा लागू किए गए निजीकरण के लिए ब्राजील के निवेश को आकर्षित करने के लिए उत्सुक था। ई.डी.पी. और पुर्तगाल टेलीकम्युनिकेशन जैसी पुर्तगाली कंपनियों का ब्राजील में बड़ा और लाभदायक दाँव लगा हुआ है और न तो स्पेन और न ही पुर्तगाल लैटिन अमेरिका को हलके में ले रहे हैं।

यूरोप इस क्षेत्र में चीन और अमेरिका से हारता रहा है। यूरोपीय संघ-सी.ई.एल.ए.सी. शिखर सम्मेलन में बहस के दौरान, यूरोपीय संघ के निवेश संरक्षण और सुरक्षा पर जोर को वामपंथी अल्बा समूह द्वारा चुनौती दी गई थी, जिसके कारण अंततः घोषणा-पत्र नहीं लाया जा सका। यूरोपीय संघ का लैटिन अमेरिका के साथ संबंधों का एक जटिल नेटवर्क है। यूरोपीय संघ की नीति के तीन स्तंभ हैं, राजनीतिक परामर्श, व्यापार और निवेश तथा विकास सहयोग। विचाराधीन देश में इन स्तंभों में से प्रत्येक पर बल भिन्न-भिन्न है।

राजनीतिक संवाद के लिए दो आधिकारिक तंत्र हैं—यूरोपीय संघ-लैटिन अमेरिका/ कैरेबियाई शिखर सम्मेलन तथा यूरोपीय संघ-रियो समूह शिखर सम्मेलन। बाद वाले तंत्र को पैन-लैटिन अमेरिकी संगठन के निर्माण के साथ यूरोपीय संघ-सी.ई.एल.ए.सी. प्रारूप के अंतर्गत रखा गया है। पहला ई.यू.-एल.ए.सी. शिखर सम्मेलन रियो डी जनेरियो में 1999 में हुआ था। आखिरी 2012 में सैंटियागो, चिली में हुआ था। पहला ई.यू.-सी.ई.एल.ए.सी. शिखर सम्मेलन जनवरी 2013 में सैंटियागो, चिली में हुआ।

सैंटो डोमिंगो (2007) और प्राग (2009) में हुए पिछले शिखर सम्मेलनों में ऊर्जा पर्यावरण, बहुपक्षीय सहयोग एवं मानव अधिकारों, मादक पदार्थों की रोकथाम तथा अंतरराष्ट्रीय अर्थव्यवस्था के संकटों से निपटने के प्रबंधन पर वृहत एजेंडा को शामिल किया गया था। लैटिन अमेरिका के लिए यूरोपीय आयोग की 2007-2013 की रणनीति ने सहयोग कार्यक्रमों को परिभाषित किया और यूरोपीय संघ से सालाना 500 करोड़ यूरो से अधिक की प्रतिबद्धता जताई।

लैटिन अमेरिका के साथ यूरोपीय संघ का सहयोग इस प्रकार मर्कोसुर के साथ सबसे मजबूत रहा है। अंतरक्षेत्रीय सहयोग के लिए 1995 का फ्रेमवर्क समझौता तीन स्तंभों को शामिल करता है। बैठकें आमतौर पर यूरोपीय संघ-एल.ए.सी. शिखर सम्मेलन के साथ

मिलकर होती हैं। व्यापारिक वस्तुओं के व्यापार में ई.यू. मर्कोसुर का सबसे बड़ा व्यापारिक भागीदार है, हालाँकि 2001 की तुलना में 2011 में कुल व्यापारिक व्यापार में मर्कोसुर की हिस्सेदारी कम है। यह मर्कोसुर के सबसे बड़े निर्यात बाजार के रूप में उभरा है, जहाँ से यूरोपीय संघ के लिए निर्यात 2001 से 2011 के बीच तीन गुना से अधिक बढ़ा है। 2011 में यूरोपीय संघ को मर्कोसुर का निर्यात 68.8 अरब डॉलर था, जबकि इसका आयात 62.3 अरब डॉलर था। दोनों गुटों ने 2012 में एक मुक्त व्यापार समझौते पर बातचीत शुरू की।[6] इसे मुख्य रूप से संरक्षणवादी अर्जेंटीना के मौन के कारण आयोजित किया गया है, लेकिन 2014 के मध्य तक इसमें प्रगति होने के संकेत मिल रहे थे।

यूरोपीय संघ 464 अरब यूरो के प्रभावशाली वर्तमान स्टॉक के साथ, सी.ई.एल.ए.सी. का दूसरा व्यापारिक साझेदार तथा इस क्षेत्र का पहला विदेशी निवेशक है, जो कि चीन, भारत और रूस में यूरोपीय संघ के कुल निवेशों से भी अधिक है।[6a]

कुछ देशों, विशेष रूप से ब्राजील में यूरोपीय निवेश महत्त्वपूर्ण रहा है। फोक्सवैगन और फिएट क्रमशः जर्मनी और इटली की तुलना में ब्राजील में अधिक उत्पादन करते हैं। बैंको डी सैंटेनडर की अपने देश स्पेन की तुलना में ब्राजील में अधिक मौजूदगी है। राष्ट्रपति लूला के विदेश नीति सलाहकार, मार्को ऑरेलियो गार्सिया के शब्दों में, 'केवल यूरोप ही लैटिन अमेरिका की राजनीतिक स्थिरता के बारे में चिंतित नहीं है, बल्कि लैटिन अमेरिका भी यूरोप की राजनीतिक स्थिरता को लेकर चिंतित है।[7] क्षेत्र की अन्य प्रमुख अर्थव्यवस्थाएँ, विशेष रूप से चिली, कोलंबिया, पेरू और मैक्सिको भी यूरोप के साथ अपने संबंधों को मजबूत कर रही हैं।

यूरोपीय संघ का बड़ा फोकस मादक पदार्थों की तस्करी के खिलाफ अभियान पर है। यहाँ प्रमुख जोर एंडियन क्षेत्र और मध्य अमेरिका पर है। अटलांटिक पार से आनेवाले इस खतरे को रोकने के यूरोपीय संघ के प्रयासों में कैरेबियाई भी एक महत्त्वपूर्ण खिलाड़ी हैं।

कैरेबियाई देशों के साथ यूरोपीय संघ का व्यापार और विकास साझेदारी तीस वर्ष से अधिक पुरानी है। इस भागीदारी का केंद्र आज कैरिफोरम-ई.यू. (CARIFORUM-EU) आर्थिक भागीदारी या ई.पी.ए. है। 2008 में पंद्रह कैरेबियाई देशों के समूह के साथ यूरोपीय संघ द्वारा हस्ताक्षरित यह समझौता, यूरोपीय संघ के लिए पर्याप्त व्यापार लाभ वाला है। यह सभी उत्पादों के लिए यूरोपीय संघ में शुल्क मुक्त और कोटा मुक्त बाजार पहुँच सुनिश्चित करता है। अमेरिका के बाद यूरोपीय संघ कैरिफोरम का दूसरा सबसे बड़ा व्यापारिक भागीदार है। 2011 में, दोनों क्षेत्रों के बीच व्यापार 8 अरब यूरो से अधिक हो गया।[8]

यूरोपीय संसद् अकसर यूरोपीय आयोग से स्वतंत्र एक कार्यप्रणाली को अपनाता रहा है, जो अधिक व्यावहारिक रहा है, उदाहरण के लिए क्यूबा के साथ व्यवहार में। संसद् ने

प्रमुख क्यूबाई राष्ट्रपति स्वर्गीय ओसवाल्डो पाया को 2002 के विचार की आजादी के लिए 'सखारोव पुरस्कार' से सम्मानित किया। अप्रैल 2013 में, संसद् ने लेडीज इन व्हाइट को 2005 के सखारोव पुरस्कार से सम्मानित किया, जो उन 75 क्यूबाई कैदियों की पत्नियों, माताओं, बेटियों एवं अन्य पारिवारिक रिश्तेदारों का एक समूह था, जिन्हें उनके मत के कारण कैद किया गया था। उसी वर्ष जुलाई में, गुइलेर्मो फारिनास को वर्ष 2010 के लिए वही सम्मान प्राप्त हुआ। अन्य कई क्यूबाई असंतुष्टों को दिया गया 'सखारोव पुरस्कार' और समर्थन भले ही प्रतीकात्मक रहा है, लेकिन यह लैटिन अमेरिका के साथ यूरोप के संबंधों को क्षुब्ध करता रहा है। 2014 की शुरुआत में यूरोपीय संघ क्यूबा के साथ संबंधों को सामान्य बनाने के लिए बातचीत शुरू करने के लिए सहमत हुआ, मुख्य रूप से निवेश और व्यापार को पुनर्जीवित करने के लिए।

क्यूबा की क्रांति से पहले रूस (तब सोवियत संघ) के इस क्षेत्र के साथ कमजोर संबंध थे। बीसवीं शताब्दी के पूर्वार्ध में लैटिन अमेरिका पर कॉमिन्टर्न के जरिए इसका प्रभाव पड़ा था, जो बाद में घटता चला गया, क्योंकि लैटिन अमेरिका तेजी से अमेरिका और यूरोपीय प्रभाव में आता गया और लोकतंत्र ने जोर पकड़ लिया। कॉमिन्टर्न ने पाया कि लैटिन अमेरिकी समाज अर्ध-सामंती थे और इस क्षेत्र में सर्वहारा क्रांति असंभव थी।

यह क्यूबा की क्रांति के साथ बदल गया। इसके बाद तीन दशकों तक क्यूबा में रूस का प्रभाव और भूमिका महत्त्वपूर्ण बनी रही। हवाना में रूसी दूतावास गर्व का प्रतीक है। इसकी विलक्षण वास्तुकला, जैसा कि इस लेखक ने रूसी राजदूत के हवाले से लिखा है, 'क्यूबा के समुद्र तट पर एक खींची हुई मुट्ठी की तरह प्रतीत होती है, जिसे मियामी से देखा जा सकता है!' 1980 के दशक के अंत में शीत युद्ध की समाप्ति के बाद क्यूबा की हार होने के साथ ही रूस की लैटिन अमेरिका और कैरेबिया में संलिप्तता घट गई।

इस सदी में, अपनी वैश्विक भूमिका को पुनः प्रमाणित करने की रूस की चाहत; इराक पर अमेरिकी आक्रमण तथा पूर्व यूगोस्लाविया, जॉर्जिया एवं यूक्रेन में नाटो/यूरोपीय संघ के हस्तक्षेप पर मतभेद ने इसे लैटिन अमेरिका में अधिक सक्रिय भूमिका निभाने के लिए उकसाया। यह तथ्य कि रूस तेल और खनिजों का एक महत्त्वपूर्ण उत्पादक है, उस आर्थिक संबंध की पूरक प्रकृति को कम करता है, जिसने इस क्षेत्र में अन्य शक्तियों के हित को जन्म दिया है, इसलिए इसका राजनयिक जुड़ाव अधिक राजनीतिक, तकनीकी और सैन्य रहा है, हालाँकि यह अपने प्रमुख सहयोगियों को पर्याप्त परियोजना राशि प्रदान करता है।

इसे वेनेजुएला में एक तैयार साथी मिला। दिसंबर 2008 में वेनेजुएला की नौसेना के साथ संयुक्त अभ्यास के लिए कैरेबिया में चार रूसी युद्धपोतों के आगमन से शीत युद्ध की समाप्ति के बाद पहली बार ऐसा चिह्नित हुआ कि रूसी युद्धपोतों ने पश्चिमी गोलार्ध

के जल में यात्रा की। वेनेजुएला के नेता ह्यूगो चावेज की तीन महीने पहले रूस की दूसरी आधिकारिक यात्रा और नवंबर में रूसी राष्ट्रपति दिमित्री मेदवेदेव की 'दो दिन की यात्रा' ने पश्चिमी मीडिया में थोड़ी देर के लिए अटकलों को जन्म दे दिया कि क्या दक्षिण अमेरिका में 'शीत युद्ध' की स्थिति बननेवाली है? अगस्त 2013 में हवाना के बंदरगाह में एक रूसी नौसैनिक जहाज लगा और अक्तूबर 2013 में दो रूसी टीयू-160 सुपरसोनिक बमवर्षक काराकस में उतरे।[9]

वेनेजुएला में एके 47 बनाने के लिए एक संयंत्र के लिए अनुबंध पर हस्ताक्षर कर रूस से सुखोई विमान, मिसाइल और अन्य सैन्य उपकरण खरीदकर चावेज ने जान-बूझकर इस आग को भड़काने का काम किया था। रूसी फर्म, रोसबोरोनेक्सपोर्ट ने अनुमान लगाया कि पिछले बारह वर्षों में क्षेत्र में रूसी सैन्य बिक्री 14 अरब डॉलर से अधिक थी।[10]

वेनेजुएला जहाँ रूसी सेना सामग्री का सबसे बड़ा खरीददार है, वहीं अर्जेंटीना ने हेलीकॉप्टर, रडार और एयर ट्रैफिक कंट्रोल सिस्टम खरीदे हैं। पेरू ने रूसी सैन्य उपकरणों की भी खरीद की है, जबकि ब्राजील, क्यूबा, मैक्सिको और कोलंबिया ने उसके साथ सौहार्दपूर्ण सैन्य संबंध बनाए हैं। ब्राजील के साथ रूस की रणनीतिक साझेदारी है, जिसके माध्यम से दोनों प्रौद्योगिकी और अंतरिक्ष अन्वेषण में सहयोग करते हैं। 2008 में ब्राजील की तीन दिवसीय यात्रा पर राष्ट्रपति मेदवेदेव ने राष्ट्रपति लूला के साथ तेल और गैस उत्पादन एवं ऊर्जा के साथ-साथ परमाणु ऊर्जा, अंतरिक्ष, कृषि और मानवीय मुद्दों पर द्विपक्षीय परियोजनाओं का मुद्दा उठाया। दोनों सरकारों के प्रतिनिधियों ने सैन्य और तकनीकी सहयोग पर समझौतों पर भी हस्ताक्षर किए।[11]

रूसी रणनीति पर हाल ही में ध्यान गया था, जब रूसी रक्षा मंत्री, सर्गेई शोइगु ने मार्च 2014 की शुरुआत में घोषणा की थी कि रूस वेनेजुएला, क्यूबा और निकारागुआ में सैन्य ठिकाने स्थापित करेगा। रक्षा संबंधी आदान-प्रदान के बाद के इस बयान को अमेरिका द्वारा बहुत गंभीरता से नहीं लिया गया था, लेकिन इसने विशेष रूप से यूक्रेन और क्रीमिया पर टकराव के मद्देनजर अमेरिका के लिए 'उसके ही पिछवाड़े' में बढ़ रहे रूसी खतरे को उजागर कर दिया।

मई 2014 में विदेश मंत्री सर्गेई लावरोव की निकारागुआ यात्रा के दौरान रूस निकारागुआ की घेरलू परियोजना, 238 किमी. लंबे अंतर-महासागरीय ग्रैंड कैनाल, में मदद करने के लिए सहमत हुआ, जो पनामा नहर का एक विकल्प है और जिससे इस क्षेत्र के मुख्य निवेशकों की परिवहन लागत कम हो जाएगी। यह सौदा रूसी नौसेना और वायु सेनाओं को 30 जून, 2015 तक उन जलमार्गों तक पहुँचने और गश्त करने की अनुमति देता है। अन्य सुविधाओं के तहत इस सौदे में दो बंदरगाहों, एक हवाई अड्डे और एक तेल

पाइपलाइन का निर्माण भी शामिल है, जिसपर आने वाला कुल व्यय 40 अरब डॉलर होने का अनुमान लगाया गया है।[12]

वेनेजुएला और ब्राजील के अलावा रूस के अर्जेंटीना, बोलीविया, मैक्सिको और चिली के साथ तकनीकी समझौते हैं और वह इस क्षेत्र में कई बुनियादी ढाँचा परियोजनाओं में सहायता कर रहा है। वेनेजुएला और गुयाना दोनों के बॉक्साइट उद्योग में इसकी विशाल एल्यूमीनियम कंपनी रूसाल (RUSAL) की भागीदारी के साथ ही रूस के आर्थिक निवेश में कई गुना वृद्धि हुई है। इसकी तेल और गैस कंपनियाँ क्यूबा, वेनेजुएला और इस क्षेत्र के अन्य देशों में भी निवेश कर रही हैं। 2012 में रूस और लैटिन अमेरिका के बीच व्यापार 16 अरब डॉलर तक पहुँच गया।

रूस ने क्यूबा में अपनी उपस्थिति को बढ़ा दिया है और अपने जहाजों को उन अमेरिकी प्रतिबंधों को खत्म करने के लिए पट्टे पर दे रहा है, जिसके तहत छह महीने तक अमेरिकी बंदरगाहों पर क्यूबा के जहाजों को डॉकिंग की इजाजत नहीं है। मास्को ने दिसंबर 2013 के अंत में उस 32 अरब डॉलर ऋण के नब्बे प्रतिशत हिस्से को माफ करने के लिए सहमति व्यक्त की थी, जो क्यूबा के पास सोवियत युग के बाद से ही बकाया है।[13] शेष राशि को दस वर्षों में चुकाया जाना है।

सी.ई.एल.ए.सी. (CELAC) की क्यूबाई अध्यक्षता के दौरान इसके विदेश मंत्री ब्रूनो रोड्रिग्ज, ट्रोइका के अन्य सदस्यों—कोस्टा रिका और चिली तथा हैती के साथ मई 2013 में रूसी विदेश मंत्री सर्गेई लावरोव से मिले थे। रूस ने दावा किया कि यह बैठक 'रूस-सी.ई.एल.ए.सी. प्रारूप में राजनीतिक संवाद और सहयोग के लिए एक स्थायी तंत्र स्थापित करने के लिए थी''हमारे दोस्तों ने सी.ई.एल.ए.सी. और ब्रिक्स के बीच स्थायी संपर्क बनाने की इच्छा व्यक्त की है, विशेष रूप से विभिन्न बैठकों के मौके पर।'[14]

जुलाई 2014 में, रूसी राष्ट्रपति व्लादिमीर पुतिन ने क्यूबा, अर्जेंटीना और ब्राजील का एक सप्ताह का दौरा किया, हालाँकि आखिरी दौरा ब्रिक्स शिखर सम्मेलन में भाग लेने के लिए था, फिर भी उन्होंने तीनों देशों में अपने समकक्षों के साथ द्विपक्षीय बैठकें कीं।[15] दौरे से पहले, पुतिन ने दावा किया कि रूस को लैटिन अमेरिका के साथ व्यापक तकनीकी गठजोड़ बनाने में दिलचस्पी है। उन्होंने ऊर्जा (परमाणु सहित), नागरिक उड्डयन, बाहरी अंतरिक्ष के शांतिपूर्ण उपयोग, चिकित्सा और जैव प्रौद्योगिकी को प्राथमिकता वाले क्षेत्रों के रूप में माना।[16]

जैसा कि हमने अध्याय I में देखा है, यूनाइटेड किंगडम का लैटिन अमेरिका में भी इतिहास रहा है, कैरेबिया में ज्यादा। कुछ कैरेबियाई क्षेत्र अभी भी ब्रिटिश ध्वज के अधीन हैं तो उन सबके साथ इसके व्यापक सहायता और विकास कार्यक्रम चल रहे हैं, हालाँकि

लैटिन अमेरिका की प्रमुख अर्थव्यवस्थाओं के साथ इसने आर्थिक सहयोग की केंद्रीयता की सराहना करना शुरू कर दिया है। 2012-13 में लैटिन अमेरिका में लगभग तीस मंत्रिस्तरीय यात्राएँ हुईं, जिनमें उप प्रधानमंत्री निक क्लेग के नेतृत्व में दो व्यापारिक प्रतिनिधिमंडल शामिल थे। यूके ने नए मिशन भी खोले हैं और मौजूदा कर्मचारियों की संख्या में भी वृद्धि है। ब्राजील और मैक्सिको को निर्यात में वृद्धि हुई है। यूके की फर्मों ने आक्रामक व्यापारिक संपर्कों के माध्यम से महत्त्वपूर्ण अनुबंध हासिल किए हैं। चिली और कोलंबिया के साथ प्रवास और छात्र आदान-प्रदान ने भी रिश्ते को मजबूत किया है। कोलंबिया, ब्राजील और अन्य देशों से हुई उच्चस्तरीय यात्राओं ने राजनीतिक संबंधों को मजबूत किया है।

एक अड़चन जो अभी भी मौजूद है, वो है दक्षिणी अर्जेंटीना के तट पर फॉकलैंड्स (माल्विनास) द्वीप समूह का ब्रिटिश उपनिवेश। 1833 में ब्रिटेन द्वारा इस द्वीपसमूह पर कब्जा कर लिया गया था। 1965 में संयुक्त राष्ट्र महासभा के एक प्रस्ताव में भारी मत से निर्णय लिया गया कि 'दोनों देशों को विवाद का शांतिपूर्ण समाधान ढूँढ़ना चाहिए'। अर्जेंटीना माल्विना को 'औपनिवेशिक परिक्षेत्र' मानता है। स्पेन और पुर्तगाल के साथ ही सभी लैटिन अमेरिकी देश अर्जेंटीना के अतार्किक दावों के साथ हैं।

अर्जेंटीना के सैन्य शासन ने 1982 में बलपूर्वक द्वीपों को जब्त करने का प्रयास किया। ब्रिटेन की प्रधानमंत्री मार्गरेट थैचर ने एक मजबूत नौसेनिक बल भेजा और युद्ध कुछ हफ्तों के भीतर ही खत्म हो गया। अर्जेंटीना के लिए यह एक अपमानजनक हार साबित हुई। इस द्वीपसमूह के लगभग आठ हजार निवासियों ने यूनाइटेड किंगडम के अंतर्गत रहने के लिए मार्च 2013 के जनमत संग्रह में मतदान किया। अर्जेंटीना के विदेश मंत्री हेक्टर टिम्मरमैन ने मार्च 2013 में ब्रिटिश प्रेस से बात करते हुए ब्रिटेन पर आरोप लगाया कि वह 'अपने रुख से कणमात्र भी नहीं हटा है···अपनी कट्टरवादिता को प्राप्त करने के लिए वह द्वीपवासियों का इस्तेमाल कर रहा है'[17] और दावा किया कि 'ब्रिटिश रुख में मुझे तेल की तेज गंध का पता चलता है।' टिम्मरमैन माल्विनास के क्षेत्रीय जल में अनुमानित 3.5 अरब बैरल तेल और 90 खरब घन फीट प्राकृतिक गैस का जिक्र कर रहे थे, जिसकी कीमत करीब 40 अरब अमेरिकी डॉलर है।

इक्वाडोर के विकिलीक्स संस्थापक, जूलियन असांजे को शरण देने के मुद्दे पर ब्रिटेन को पीछे हटना पड़ा, जो जून 2012 से लंदन में इसके दूतावास में है। विदेश और राष्ट्रमंडल कार्यालय (अमेरिका द्वारा समर्थित) द्वारा उसे बाहर निकलने के प्रयास का अगस्त 2012 में वाशिंगटन डीसी में हुई ओ.ए.एस. आपातकालीन बैठक में बारह लैटिन अमेरिकी विदेश मंत्रियों ने विरोध किया था।

उत्तरी अमेरिका

अध्याय I में हमने देखा है कि कैसे मोनरो सिद्धांत ने लैटिन अमेरिका और कैरेबिया में एक अग्रणी संयुक्त राज्य की नीति पेश की। हालाँकि अमेरिकी कांग्रेस द्वारा उक्त सिद्धांत की पुष्टि नहीं की गई थी, न ही इसे समकालीन अंतरराष्ट्रीय कानून के तहत मान्यता दी गई थी। यद्यपि 1850 के दशक तक 'मोनरो सिद्धांत' शब्द को मान्यता नहीं मिली थी, फिर भी इसने इस क्षेत्र में अमेरिकी सुरक्षा नीति को परिभाषित किया।

अमेरिकी राष्ट्रपति पोल्क ने 1845 और 1848 में ओरेगन में ब्रिटिश दावों, टेक्सास के साथ अमेरिकी लगाव तथा यूकाटन में यूरोपीय राष्ट्रों की आकांक्षाओं को रोकने के ब्रिटिश और फ्रांसीसी साजिशों के मद्देनजर अपने विचारों पर फिर से जोर दिया। फ्रांस के नेपोलियन III द्वारा मैक्सिको में स्थापित सम्राट् मैक्सिकरोड से समर्थन वापस लेने के लिए फ्रांसीसी सरकार पर दबाव डालने के लिए भी इसका इस्तेमाल किया गया था, जैसे-जैसे अमेरिका की साम्राज्यवादी प्रवृत्ति बढ़ी, 'मोनरो सिद्धांत' न केवल अमेरिका से यूरोपीय (प्रभावी रूप से सभी गैर-अमेरिकी) शक्तियों के बहिष्कार तक सीमित रहा, बल्कि क्षेत्र में अमेरिकी आधिपत्य के संभावित विस्तार के साथ भी जुड़ गया। 'यांकी साम्राज्यवाद' का जन्म हुआ।

वर्ष 1904 में राष्ट्रपति थियोडोर रूजवेल्ट ने मोनरो सिद्धांत को लेकर रूजवेल्ट उपसिद्धांत की व्याख्या की, जिससे एक लैटिन अमेरिकी देश में निरंतर दुराचार और अशांति की स्थिति में यूरोपीय हस्तक्षेप को रोकने के लिए संयुक्त राज्य अमेरिका हस्तक्षेप कर सकता था। प्रथम विश्वयुद्ध के अंत तक मोनरो सिद्धांत अमेरिकी विदेश नीति में इतनी गहराई से अंतर्निहित था, कि वुडरो विल्सन ने 1919 में लीग ऑफ नेशंस की प्रसंविदा में इसके लिए एक विशेष अपवाद की माँग रखी।

राष्ट्रपति फ्रैंकलिन डेलानो रूजवेल्ट के शासन में इसे एक बहुपक्षीय उपक्रम के रूप में पुनर्परिभाषित किया गया था, जिसे इस गोलार्ध में एक साथ काम करनेवाले सभी देशों द्वारा लागू किया जाना था। पूरा जोर एक अधिक व्यापक आधारवाली पैन-अमेरिकी नीति पर रखा गया था। 1950 और 1960 के दशक तक ग्वाटेमाला, क्यूबा, बोलीविया और डोमिनिकन गणराज्य के विकास में संयुक्त राज्य अमेरिका की संलिप्तता ने गोलार्ध में फिर से क्षोभ बढ़ा दिया। क्यूबा, निकारागुआ, पनामा, चिली और इस क्षेत्र में अन्य स्थानों पर वामपंथी शासन और आंदोलनों के खिलाफ सी.आई.ए. की संलिप्तता ने वाम के रुख को और कठोर बना दिया।[18]

वर्ष 1946 में जॉर्जिया के कोलंबस के पोर्ट बेनिंग में स्थापित एक अमेरिकी सेना संस्थान, स्कूल ऑफ अमेरिका ने साठ हजार से अधिक सैनिकों और पुलिस को विद्रोह को

दबाने और युद्ध संबंधी कौशल में प्रशिक्षित किया, जिनमें से ज्यादातर लैटिन अमेरिका से थे। पूरे लैटिन अमेरिका में यातना, हत्या और राजनीतिक दमन में इस स्कूल के स्नातकों की संलिप्तता को इस तरह से प्रलेखित किया गया कि 2001 में स्कूल ने आधिकारिक तौर पर अपना नाम बदलकर 'वेस्टर्न हेमिस्फियर इंस्टीट्यूट फॉर सिक्योरिटी कोऑपरेशन' रख लिया। संयुक्त राज्य अमेरिका के संगठन के ढाँचे के भीतर हेमिस्फियर के सहयोग को संयुक्त राज्य अमेरिका ने जारी रखा, हालाँकि इसकी द्विपक्षीय नीति को इसके कथित हितों द्वारा निर्धारित किया गया था।

अमेरिकी नीति वैचारिक और ऐतिहासिक अनिवार्यता (क्यूबा, मैक्सिको, वेनेजुएला, बोलीविया, कोलंबिया) द्वारा निर्धारित की गई थी। इसने पिछले दशकों में विभिन्न संकेतों को भी व्यक्त किया। 1970 के कार्टर प्रशासन की मानवाधिकारों के लिए वास्तविक चिंताओं की जगह अब रीगन प्रशासन के कठिन शीत युद्ध सिद्धांत ने ले ली। क्लिंटन प्रशासन के दौरान आम धरातल को खोजने के लिए किए गए व्यावहारिक प्रयासों ने जॉर्ज डब्ल्यू बुश के 'हमारे-साथ या हमारे खिलाफ' नीतियों के लिए रास्ता दिया। लेटिन अमेरिका और कैरेबिया में इसकी आर्थिक और राजनीतिक प्राथमिकताएँ हाल ही में सामने आई हैं।

यूएस-लैटिन अमेरिकी/कैरेबियाई संबंधों को जो मुद्दा शायद सबसे ज्यादा प्रभावित करता है, वह क्यूबा पर सं.रा. अमेरिका का अंधदोष है। क्यूबा के संचार और प्रसारण में हस्तक्षेप तथा इस पर एकपक्षीय, क्षेत्रातीत प्रतिबंधों एवं अन्य कदमों के मामले में अमेरिका अंतरराष्ट्रीय कानून से विपरीत है। यहाँ तक कि इसने क्यूबा को आतंकवाद के प्रायोजक राज्य के रूप में चिह्नित करना जारी रखा, विशेषतः ऐसे समय में जब इसने अपने अच्छे इरादों की पेशकश की है और कोलंबिया एवं कोलंबिया सरकार में एफ.ए.आर.सी. (FARC) के बीच बातचीत की मेजबानी की। क्षेत्र में राजनीतिक दृष्टि से अमेरिका का रुख महँगा पड़ रहा है।

क्यूबा का पूर्वी छोर पर ग्वांतानामो में एन्क्लेव रखने के अमेरिकी अधिकार को लेकर भी विवाद है, जिसे अमेरिका ने 1903 में पूर्ववर्ती सरकार से अनंतकाल के लिए लीज पर ले लिया था, जबकि कास्त्रो का कहना है कि उन्होंने अमेरिकी सरकार से लिये गए पहले रेंटल चेक (4000 डॉलर से थोड़ा अधिक) को भुना लिया था, लेकिन उसके बाद के प्रत्येक वर्ष के चेक को बिना भुनाए रखा गया था। दो दशक से अधिक समय से संयुक्त राष्ट्र महासभा द्वारा बहुमत से पारित वार्षिक प्रस्तावों के बावजूद, जिनमें अमेरिका द्वारा लगाए गए एकतरफा व्यापारिक प्रतिबंध और राज्यक्षेत्रातीत प्रतिबंधों की निंदा की गई थी, अमेरिका अपनी नीति पर कायम है। यहाँ तक कि राष्ट्रपति ओबामा भी अपने दूसरे कार्यकाल में हठी क्यूबा या शक्तिशाली कास्त्रो विरोधी फ्लोरिडा लॉबी से निपट नहीं पाए। बहुमत न भी हो

तो भी—अमेरिकियों का एक बड़ा हिस्सा—व्यापार प्रतिबंधों को अनुत्पादक, यहाँ तक कि बेतुका मानता है।

एक दशक से भी अधिक समय से 'प्लान कोलंबिया' के जरिए अमेरिका के खुले हस्तक्षेप, वेनेजुएला में ह्यूगो चावेज का विरोध और उसके बाद हाल ही में अमेरिका के बोलीविया गठबंधन ने लैटिन अमेरिका के भीतर विभाजन को गहरा कर दिया और गोलार्ध में उत्तर व दक्षिण के बीच दरार को और चौड़ा कर दिया। लेटिन अमेरिकी वामपंथ के साथ अपने संबंधों को नए सिरे से बनाने में अमेरिकी असमर्थता के कारण वेनेजुएला से 2008 के बाद से तथा 2011 में इक्वाडोर और बोलीविया से इसके राजदूतों को निष्कासित होना पड़ा। बोलीविया ने अमेरिकी ड्रग प्रवर्तन प्रशासन और यू.एस.ए.आई.डी. कर्मियों को भी निष्कासित कर दिया है, जबकि इक्वाडोर ने 2009 में मंटा में एक अमेरिकी सैन्य अड्डे के लिए लीज का विस्तार करने से इनकार कर दिया और 2014 में अमेरिकी दूतावास स्थित रक्षाकर्मियों को निष्कासित कर दिया।

अमेरिका-ब्राजील संबंधों ने उतार-चढ़ाव देखा है, फिर भी पश्चिमी गोलार्ध में दो सबसे बड़े लोकतंत्रों और अर्थव्यवस्थाओं के बीच परस्पर सम्मान है। संयुक्त राज्य अमेरिका 1822 में ब्राजील की पुर्तगाल से स्वतंत्रता को मान्यता देनेवाला पहला देश था। सैन्य शासन के दौरान निर्बाध चलनेवाले संबंध इक्कीसवीं सदी में राष्ट्रवादी जाँच के दायरे में थे। राष्ट्रपति लूला को 2003 में इराक युद्ध के समय राष्ट्रपति बुश का तथा 2005 में अमेरिका के मुक्त व्यापार क्षेत्र (एफ.टी.ए.ए.) का दबाव सहना पड़ा। हाल ही में ब्राजील ने ईरान और लीबिया पर स्वतंत्र पहल की है। डबल्यू.टी.ओ. में बातचीत के दोहा दौर में ब्राजील ने अमेरिकी कृषि सब्सिडी के खिलाफ आरोप का नेतृत्व किया। 2001 में 9/11 के बाद होमलैंड सिक्योरिटी विभाग द्वारा अपनाए गए नियमों के जवाब में अमेरिकी नागरिकों के आगमन पर उनकी जैव-पहचान की शुरुआत करनेवाला यह एकमात्र देश था।

वर्ष 2007 में ब्राजील और अमेरिका ने एक बहु-एजेंसी तकनीकी परामर्शी तंत्र, आर्थिक साझेदारी संवाद की शुरुआत की, जो द्विपक्षीय, त्रिपक्षीय एवं गोलार्धीय पहलों की व्याख्या करता है। दोनों देशों ने व्यापार एवं निवेश में सहयोग बढ़ाने के लिए 2011 में एक समझौते पर हस्ताक्षर भी किए। उस वर्ष तक अमेरिका के पास ब्राजील के निर्यात का दस प्रतिशत और ब्राजील के आयात का पंद्रह प्रतिशत हिस्सा था। ब्राजील अमेरिकी विदेशी निवेश के लिए भी एक प्रमुख स्थल है। 2011 में, 1.5 करोड़ से अधिक ब्राजीलियाई लोगों ने संयुक्त राज्य अमेरिका का दौरा किया और 6.8 अरब डॉलर से अधिक खर्च किया। दिलचस्प रूप से, ब्राजील में हिस्पैनिक लैटिन अमेरिकी और कैरेबियाई प्रवासियों की तुलना में अमेरिका में ब्राजीलियाई प्रवासियों की संख्या बहुत कम है।

ओबामा प्रशासन ने ब्राजील के साथ एक विशेष संबंध की आवश्यकता को समझा। मार्च 2011 में राष्ट्रपति ओबामा की ब्राजील यात्रा के दौरान दस द्विपक्षीय समझौतों पर हस्ताक्षर किए गए और अप्रैल 2012 में राष्ट्रपति डिल्मा रूसेफ की संयुक्त राज्य अमेरिका की यात्रा के दौरान पाँच और समझौतों पर हस्ताक्षर किए गए। इसने दोनों देशों के आपसी संबंधों के व्यापक क्षेत्र में द्विपक्षीय जुड़ाव को और गहरा करने के दृढ़ संकल्प का संकेत दिया। ब्याज। 2011 से, उच्चस्तरीय संवादों की एक शृंखला बनाई गई या उन्नत की गई है, जिसमें चार राष्ट्रपति स्तर के संवाद भी शामिल हैं—वैश्विक साझेदारी संवाद, आर्थिक एवं वित्तीय संवाद, सामरिक ऊर्जा संवाद और रक्षा सहयोग संवाद।[19] मई 2013 में, ब्राजील की अपनी यात्रा के दौरान, उपराष्ट्रपति जो बिडेन ने इसे 'विकसित देश' करार देते हुए कहा कि 100 अरब डॉलर का द्विपक्षीय व्यापार कई गुना बड़ा हो सकता है।

दोनों देशों के संबंधों की एकता पर 2013 में तब प्रतिकूल प्रभाव पड़ा, जब पूर्व अमेरिकी विश्लेषक एडवर्ड स्नोडेन ने खुलासा किया कि अमेरिकी गुप्तचर राष्ट्रपति डिल्मा रूसेफ के कार्यालय की बातचीत और संचार की जासूसी कर रहे हैं। इसके कारण अक्तूबर 2013 में अमेरिका की उनकी यात्रा रद्द हो गई। इसके बाद, ब्राजील ने साइबर जासूसी पर अमेरिकी नीति के खिलाफ लैटिन अमेरिका और उसके बाहर जनमत जुटाया। उसने इस मुद्दे पर यूरोपीय संघ के साथ अप्रैल 2014 में एक अंतरराष्ट्रीय सम्मेलन को सह-प्रायोजित किया और इस क्षेत्र में साइबर सुरक्षा को बढ़ाने के लिए ठोस कदम उठाए।[20]

ब्राजील इस क्षेत्र में एक प्रमुख खिलाड़ी के रूप में अपने भाग्य को आजमाने की राह पर है। इसके लिए इसे अमेरिका के साथ वैकल्पिक रूप से सहयोग और प्रतिस्पर्धा करने की आवश्यकता है। इसके लिए आवश्यक है कि ब्राजील मर्कोसुर, यूनासुर और अन्य उप क्षेत्रीय संगठनों के साथ अपने संपर्कों के जरिए ओएएस, जी20 और अन्य मंचों की बैठकों में शामिल हो, जिनसे यह संयुक्त क्षेत्रीय महत्त्व प्राप्त कर सकता है। इसने अमेरिका की अस्वीकृति के बावजूद जान-बूझकर क्षेत्र के वामपंथी शासनों का सहचुनाव किया है, ताकि आंशिक रूप से उनकी नीतियों को संयमित किया जा सके तथा साथ-ही-साथ आवश्यक होने पर अमेरिका और उसके सहयोगियों से दूर रखा जा सके।

इब्सा (IBSA), ब्रिक्स (BRICS-भारत, चीन, रूस और दक्षिण अफ्रीका के साथ अंतरदेशीय समूह) और बेसिक (BASIC) में इसकी भागीदारी भी इसे टकराव की स्थिति में अमेरिकी हितों को चुनौती देने में सक्षम बनाती है। चीन, रूस, भारत और अफ्रीका के साथ इसके व्यापक द्विपक्षीय सहयोग ने इसे एक दुर्जेय और स्वतंत्र खिलाड़ी बना दिया है। मर्कोसुर के साथ व्यापार में अमेरिका और यूरोपीय संघ का वर्चस्व इस गुट और चीन के बीच बढ़ते व्यापार-वाणिज्य के कारण खतरे में है। 2011 में मर्कोसुर के विदेशी व्यापार में

चीन का योगदान पंद्रह प्रतिशत था, जबकि अमेरिका का सत्रह प्रतिशत था।[21]

2005 में अमेरिका को विफलता मिली, जब दक्षिण ने एफ.टी.ए.ए. के लिए इसके प्रस्ताव को अस्वीकार कर दिया तो इसे उप-क्षेत्रीय गुटों और व्यक्तिगत सरकारों के साथ बातचीत के लिए आगे आना पड़ा। आज मध्य अमेरिका (डोमिनिकन गणराज्य सहित), चिली, कोलंबिया और पेरू के साथ इसके एफ.टी.ए. हैं। नाफ्टा के कामकाज की आलोचना के बावजूद इसने मैक्सिकी उद्योग और अर्थव्यवस्था की मदद की है।

जर्मनी के सीमेंस ने हाल ही में बिजली सब-स्टेशन के लिए उच्च वोल्टेज बिजली के उपकरणों को जोड़ने की अपनी सेवाओं को चीन और भारत से मैक्सिको में स्थानांतरित किया है। बैंकिंग कॉर्पोरेशन एच.एस.बी.सी. (HSBC) का अनुमान है कि 2018 तक मैक्सिको कनाडा और चीन को पछाड़कर अमेरिका के आयात का मुख्य स्रोत बन जाएगा। मैक्सिको का विशाल अमेरिकी उपभोक्ता बाजार के बगल में होना एक बड़ा कारक है। यह एशिया की बजाय मैक्सिको से यू.एस.ए. तक माल भेजने के लिए बहुत तेज और सस्ता है। संयुक्त राज्य अमेरिका में मैक्सिकी और मध्य अमेरिकी प्रत्यक्ष निवेश 2012 तक 15 अरब डॉलर के साथ शीर्ष पर था, जो रूस, चीन और भारत द्वारा संयुक्त निवेश से भी अधिक था।[22]

2011 में अमेरिका का लैटिन अमेरिका को निर्यात 650 अरब डॉलर था। अपने दूसरे कार्यकाल में, राष्ट्रपति ओबामा इस क्षेत्र में खो चुके समय की भरपाई करने के लिए दृढ़ संकल्पित दिखे। अप्रैल 2013 में मैक्सिको और कोस्टा रिका (जहाँ वे मध्य अमेरिका और डोमिनिकन गणराज्य के राष्ट्रपतियों के साथ भी मिले थे) की उनकी यात्रा के बाद चिली के राष्ट्रपति पिनेरा और पेरू के हुमाला ने उसी साल जून में वाशिंगटन की यात्रा की।

तत्कालीन उपराष्ट्रपति जो बाइडेन मई 2013 में ब्राजील, कोलंबिया तथा त्रिनिदाद और टोबैगो की यात्रा पर गए थे। कोलंबिया में उन्होंने उस रणनीतिक साझेदारी की प्रशंसा की, जिसने 'प्लान कोलंबिया' को जन्म दिया, कोका उत्पादन को कम किया और फार्क (FARC) को बातचीत के लिए मजबूर किया। उन्होंने प्रशांत गठबंधन के माध्यम से, जिसमें उन्होंने अमेरिका के लिए पर्यवेक्षक का दर्जा माँगा था, बाजार के अनुकूल अर्थव्यवस्थाओं को एकीकृत करने में कोलंबिया की केंद्रीय भूमिका को भी नोट किया।

त्रिनिदाद में उन्होंने कैरिकॉम समूह के पंद्रह नेताओं में से अधिकांश के साथ मुलाकात की और कैरिकॉम तथा संयुक्त राज्य अमेरिका के बीच एक 'व्यापार एवं निवेश फ्रेमवर्क समझौते' (TIFA) पर हस्ताक्षर किए, जिसका 'उद्देश्य दोनों पक्षों के बीच और कैरिकॉम के भीतर व्यापार और निवेश गतिविधियों को आगे बढ़ाना था।' डोमिनिकन गणराज्य को क्षेत्रीय सुरक्षा, मादक पदार्थ विरोधी अभियानों तथा अन्य अमेरिकी प्राथमिकताओं में अमेरिका के एक प्रमुख भागीदार के रूप में पहचाना जाता है।

व्यापार और निवेश संबंधों की निगरानी तथा व्यापार एवं निवेश की बाधाओं को पहचानने और उन्हें दूर करने के लिए कैरिकॉम चेयर द्वारा नामित एवं ऑफिस ऑफ द यूनाइटेड स्टेट्स ट्रेड रिप्रेजेंटेटिव (USTR) के एक प्रतिनिधि के नेतृत्व में एक परिषद साल में कम-से-कम एक बार मिलती है। यह दोनों तरफ निजी क्षेत्रों के बीच विस्तारित संपर्कों की सुविधा भी देती है। 2011 में, कैरिकॉम का अमेरिका के साथ 8.6 अरब डॉलर के कुल निर्यात के साथ, 1.2 अरब डॉलर का एक अनुकूल व्यापार संतुलन था। कैरेबियाई नेताओं ने अपने हिस्से के लिए, अमेरिका की लचीली प्राथमिकताओं को लेकर अपनी बात रखी।

'कैरेबियन बेसिन सुरक्षा पहल' (CBSI) को अमेरिका और कैरेबियाई नेताओं द्वारा अवैध तस्करी को कम करने, नागरिक रक्षा और सुरक्षा बढ़ाने तथा उन क्षेत्रों से संबद्ध दृष्टिकोणों को एकीकृत करके सामाजिक न्याय को बढ़ावा देने के लिए विकसित किया गया था। इसमें एल.ए.सी. क्षेत्र के पंद्रह देश शामिल हैं—एंटीगुआ और बारबुडा, बारबाडोस, बहामास, बेलीज, कोलंबिया, डोमिनिका, ग्रेनाडा, गुयाना, हैती, जमैका, सेंट किट्स एंड नेविस, सेंट लूसिया, सेंट विंसेंट और ग्रेनेडाइंस, सूरीनाम और त्रिनिदाद एवं टोबैगो। 2010 से इस पहल का समर्थन करने के लिए अमेरिका ने 263 करोड़ अमेरिकी डॉलर से अधिक की प्रतिबद्धता जताई है।[24]

अमेरिका ने हाल के दिनों में ओ.ए.एस. में कम महत्त्वपूर्ण उपस्थिति बनाए रखी है। कोलंबिया में 2010 में अमेरिका के शिखर सम्मेलन में अमेरिकी नीतियों का विरोध और अमेरिकी विचारों से भिन्न सबसे अधिक स्पष्ट था। क्यूबा को अगले शिखर सम्मेलन में आमंत्रित करने पर अड़े ए.एल.बी.ए. सदस्यों के आग्रह पर अमेरिका की आपत्ति के कारण तीखी बहस के बाद बैठक बिना किसी राजनीतिक घोषणा के ही समाप्त हो गई। जून 2013 में ग्वाटेमाला में मंत्री स्तर पर हुई ओ.ए.एस. असेंबली की बैठक मुख्य रूप से चार देशों द्वारा ओ.ए.एस. रक्षा सलाहकार निकाय, आई.ए.डी.बी. (IADB) (अध्याय III देखें) से बाहर हो जाने के कारण सुर्खियों में रही। वेनेजुएला, निकारागुआ, इक्वाडोर और बोलीविया ने कहा कि उन्हें अंतर-अमेरिकी रक्षा बोर्ड में बने रहने की कोई जरूरत नजर नहीं आती है।

अमेरिका, ए.पी.ई.सी. और एशिया की संलिप्तता वाले ट्रांस-पैसिफिक पार्टनरशिप (टी.पी.पी.) वार्त्ता के हिस्से के रूप में मैक्सिको, कनाडा, चिली और पेरू जैसे समान विचारधारावाले साझेदारों के माध्यम से काम कर रहा है। अन्य प्रशांतमुखी पड़ोसी—कोस्टा रिका, पनामा और कोलंबिया—नियम आधारित, खुले व्यापार और निवेश उन्मुख नीतियों पर अपने विचार साझा करते हैं। टी.पी.पी. में उनका समावेशन अमेरिका के व्यापार समझौतों को अद्यतन कर उनकी भरपाई कर सकता है, जो सभी अमेरिकी वैश्विक व्यापार का लगभग एक-चौथाई है।

अमेरिका की विदेश में जन्मी आबादी का 40 प्रतिशत मैक्सिको और मध्य अमेरिका से है, जबकि अन्य 10 प्रतिशत आबादी कैरेबिया और दक्षिण अमेरिका से है। दुनिया की तीसरी सबसे बड़ी लैटिन अमेरिकी जनसंख्या और अर्थव्यवस्था—केवल ब्राजील और मैक्सिको को छोड़कर—अमेरिका में है। अभी तक ज्यादातर एल.ए.सी. देशों के लिए सबसे बड़ा व्यापार भागीदार संयुक्त राज्य अमेरिका, प्रत्येक देश के सकल घरेलू उत्पाद का दो से सत्तर प्रतिशत तक प्रेषित धन के जरिए कहीं भी उत्पन्न करता है।

अमेरिकी सुरक्षा सहयोग, मैक्सिको तथा सेंट्रल अमेरिकन रीजनल सिक्योरिटी इनिशिएटिव (CARSI) के साथ मेरिडा इनिशिएटिव के जरिए राष्ट्रपति ओबामा द्वारा बताए गए 'साझा समस्या' की व्याख्या करना चाहता है। इस तरह के वित्त पोषित कार्यक्रमों के माध्यम से (अमेरिका ने 2008 और 2013 के बीच सी.ए.आर.एस.आई. (CARSI) में 496 करोड़ डॉलर का योगदान दिया), यह मैक्सिको और मध्य अमेरिका में नार्को-ट्रैफिक और संगठित अपराध के खतरे से निपटने की उम्मीद करता है। 'प्लान कोलंबिया' को इसका वित्तपोषण भी उस देश की सुरक्षा को बढ़ाने की दिशा में एक लंबा रास्ता तय कर चुका है।

कैरेबिया और उसके आसपास के देशों में डी.ई.ए., कोस्ट गार्ड, फोर्थ फ्लीट और अन्य एजेंसियों के जरिए—अमेरिकी बलों की लगभग गुप्त रूप से मौजूदगी और उनके क्रियाकलाप का कई देशों द्वारा स्वागत किया गया है। पनामा, हैती, डोमिनिकन रिपब्लिक और उस क्षेत्र में अन्य देशों के पास अपने व्यापार का लेन-देन करनेवाले शक्तिशाली और अमीर उत्पादक संघों को सँभालने के लिए संसाधन नहीं हैं। अब वे संगठित अपराधों की निगरानी और उन्हें रोकने में अमेरिकी एजेंसियों को सैन्य संबंधी तथा ऑपरेशनल सहायता प्रदान कर रहे हैं।

क्यूबा में गुआंतानामो खाड़ी के अलावा मध्य अमेरिका और कैरेबिया के कुछ स्थानों पर अमेरिकी सेना की मौजूदगी है। होंडुरास के प्रशांत तट पर सोटो कैनो एयर बेस में अमेरिका का एक संयुक्त कार्यबल है। होंडुरास सरकार कथित तौर पर लैंडिंग पट्टी को एक वाणिज्यिक हवाई अड्डे में बदलने के लिए इस स्थान का अधिग्रहण करना चाहती है और अमेरिका संभवत: देश के कैरेबियन तट पर एक नया एयर बेस खोलना चाहता है। 1999 में अमेरिकी सेना द्वारा पनामा छोड़ने के बाद 2000 में अल साल्वाडोर में कोमालापा कोपरेटिव सिक्योरिटी लोकेशन (नौसैनिक अड्डा) खोला गया था। इसे बाद की सरकारों ने भी बरकरार रखा है, जिसमें वामपंथी राष्ट्रपति सल्वाडोर सांचेज सेरेन भी शामिल हैं।

कैरेबिया में, डच आश्रित अरूबा और कुरासाओ ने अमेरिका के फॉरवर्ड ऑपरेटिंग स्थानों के लिए सुविधाएँ प्रदान की हैं। अमेरिका ने कैरेबियाई द्वीप एंटीगुआ पर एक रडार स्टेशन संचालित किया था। हालाँकि माना जाता है कि इसे बंद कर दिया गया था और

बहामास में एंड्रोस द्वीप पर एक अटलांटिक समुद्रतलीय टेस्ट तथा मूल्यांकन केंद्र का संचालन भी किया था। इन सभी ठिकानों को कथित तौर पर दक्षिण अमेरिका से निकल कर मध्य अमेरिका और कैरेबियाई देशों तक पहुँचनेवाले नार्को-ट्रैफिक का मुकाबला करने के लिए बनाया गया था; हालाँकि आलोचकों ने इनपर उँगली भी उठाई है, क्योंकि उन्हें ऐसा लगता है कि इनके जरिए क्षेत्र में अमेरिका अपनी मौजूदगी को बनाए रखना चाहता है।[25]

अमेरिकी सशस्त्र बलों की शाखा 'अमेरिकी दक्षिणी कमान' (SOUTHCOM), जो पश्चिमी गोलार्ध के अधिकांश दक्षिणी हिस्से की देख-रेख करती है, के बारे में माना जाता है कि वह वित्तीय कारणों से तनाव में है। जनरल जॉन केली ने 'साउथकॉम' के 2014 का विवरण देते हुए कहा, "अगले दस वर्षों में, सेवाएँ राजकोषीय बाधाओं को दुरुस्त करने के लिए कर्मियों, जहाजों और विमानों की तैनाती को कम कर रही हैं, क्योंकि सबसे कम प्राथमिकता वाले जियोग्राफिक योद्धा कमांड (साउथकॉम) को बहुत कम प्राप्त हो सकेगा जो मिलेगा, वो फंडिंग को 'ट्रिकल डाउन' करेगा।"[26]

कोलंबिया अमेरिका का एक महत्त्वपूर्ण सहयोगी बन गया है। वर्ष 2000 में, शांति की उम्मीद में राष्ट्रपति पास्त्राना ने अपनी गलती को स्वीकार किया, जिनपर आरोप है कि उन्होंने एफ.ए.आर.सी. (FARC) छापामार समूह को स्विट्जरलैंड के आकार का एक क्षेत्र दे दिया था। 8 जून, 1998 को उन्होंने कोलंबिया के लिए एक संभावित 'मार्शल प्लान' के विचार का प्रस्ताव दिया था। कोलंबियाई किसानों को अवैध नशीली खेती का विकल्प प्रदान कर यह अन्य बातों के अलावा, सामाजिक समस्याओं का समाधान करनेवाला था। उसी वर्ष बाद में, उन्होंने राष्ट्रपति क्लिंटन के साथ मादक पदार्थ विरोधी परियोजनाओं के लिए सहायता की संभावना, मानवाधिकारों के संरक्षण, निजी निवेश आदि पर चर्चा की। 2000 से पहले अमेरिकी सरकार मुख्य रूप से कोलंबिया को सैन्य सहायता दे रही थी—1999 में 309 करोड़ डॉलर दिए गए। 2000 में, क्लिंटन प्रशासन द्वारा लागू—कोलंबियाई रणनीतिक विकास पहल—जिसे 'प्लान कोलंबिया' के नाम से जाना जाता है—के तहत विदेशी सहायता के रूप में 1.3 अरब डॉलर दिए गए तथा स्थानीय बलों को प्रशिक्षित करने के लिए 500 सैन्यकर्मियों को नियुक्त किया गया। 300 अतिरिक्त नागरिक सहायकों को भी कोका पत्तियों की खेती के उन्मूलन के लिए प्रतिबद्ध किया गया था, जो अमेरिका में तस्करी की जानेवाली मुख्य नशीली दवा कोकीन का स्रोत था। प्लान कोलंबिया ने सरकारी संस्कृति को बदल दिया। कांग्रेस की निगरानी और अमेरिकी सरकार के दबाव ने कोलंबियाई सशस्त्र बलों में अधिक जवाबदेही, पारदर्शिता और प्रभावशीलता उत्पन्न की तथा एफ.ए.आर.सी. और ई.एल.एन. (पूर्व में संदर्भित) के गुरिल्ला आंदोलनों के साथ-साथ मादक पदार्थों के व्यापार के के खिलाफ एक रणनीति और अभियान की शुरुआत की। अनुमान है कि योजना

शुरू होने के बाद से 2006 तक प्रति वर्ष अमेरिका ने 60 करोड़ डॉलर का निवेश किया है, जिसका 80 प्रतिशत सैन्य घटकों पर किया गया है। हालाँकि मद के प्रतिशत में कमी आई है, तब से वित्तीय योगदान कम हुआ है। वित्तीय वर्ष 2014 के लिए आवंटन लगभग 30 करोड़ डॉलर था।

2012 में अमेरिका के साथ निवर्तमान राष्ट्रपति उरीबे की सरकार द्वारा हस्ताक्षरित एक रक्षा सहयोग समझौते को कोलंबिया की संवैधानिक अदालत (कोलंबिया की कांग्रेस द्वारा इसकी समीक्षा नहीं की गई थी) द्वारा खारिज कर दिया गया था। हालाँकि जून 2013 में, कोलंबिया नाटो के साथ सूचना की सुरक्षा पर एक समझौते पर हस्ताक्षर करनेवाला पहला लैटिन अमेरिकी देश बन गया।[27] यद्यपि, दोनों पक्ष इस ओर इशारा करते हैं कि यह 'कोलंबिया को नाटो साझेदार के रूप में औपचारिक रूप से मान्यता नहीं देता है, बल्कि भविष्य में सुरक्षा क्षेत्र में सहयोग के लिए पहला कदम है', फिर भी इसने इस क्षेत्र में संदेह और प्रतिक्रियाओं को उकसाया है।

इस पूरे क्षेत्र में मादक द्रव्यों के खिलाप अमेरिका के नेतृत्व वाले युद्ध को गरीबों पर हमले के रूप में माना जाता है, जो गिरोह और पुलिस के बीच गोलीबारी में फँस जाते हैं। मैक्सिको में 2006 से 2012 के बीच 70,000 लोग मारे गए और 20,000 लोग लापता हो गए, जो ज्यादातर सशस्त्र काररवाई के कारण हुआ। 80 लाख की आबादी वाले देश होंडुरास में 2012 में 7, 200 लोग मारे गए थे; वेनेजुएला में हाल के वर्षों में मादक द्रव्यों से जुड़ी हिंसा में हर साल 15,000 लोग मारे गए हैं। ब्राजील में पुलिस ने कथित तौर पर 2003-13 के दशक में 11,000 लोगों को गोली मार दी है।[28] लैटिन अमेरिकियों का आरोप है कि अमेरिका और यूरोप ने उनकी समस्या को क्षेत्र में उपजाया है, क्योंकि वास्तविक समस्या नशीले पदार्थों के उपभोग के बाजार में बड़ी मात्रा में धन का होना है। राष्ट्रपति फेलिप काल्डेरन की दोस्ताना, रूढ़िवादी सरकार ने सार्वजनिक रूप से दावा किया कि समस्या का बड़ा कारण मुख्य रूप से मैक्सिको के उत्पादक संघों को अमेरिकी हथियारों की बिक्री है।

मई 2013 में ओ.ए.एस. द्वारा संकलित एक रिपोर्ट के अनुसार 1971 से 2012 के बीच अमेरिका ने इस युद्ध पर 10 खरब डॉलर खर्च किए, जिसके कारण 45 करोड़ गिरफ्तारियाँ हुईं। इसने 'दक्षिण अमेरिका से अमेरिका तक मादक पदार्थों के व्यापार पर रोक लगाने के लिए' कोलंबिया और मैक्सिको जैसे कई लैटिन अमेरिकी देशों में पुलिस एजेंटों को प्रशिक्षण देने, निगरानी स्टेशनों के नेटवर्क का निर्माण करने, रडार, विमान, जहाजों, रनवे और स्टेशनों पर ईंधन भरने पर प्रति वर्ष 20 अरब डॉलर खर्च किए। रिपोर्ट में कहा गया कि 'नशीली दवाओं के उपभोग को वैध बनाना ही किसी भी सार्वजनिक स्वास्थ्य रणनीति का आधार होना चाहिए।'

यह मुद्दा अमेरिका और कुछ रूढ़िवादी लैटिन अमेरिकी सरकारों और बहुसंख्यक देशों के मध्य में विवाद की जड़ बन गया है। ओ.ए.एस. अध्ययन ने कोई विशिष्ट प्रस्ताव नहीं दिया और पाया कि कोकीन—लैटिन अमेरिका पर सबसे अधिक प्रभाव डालनेवाली अवैध दवा या अन्य नशीली दवा—को वैध बनाने के लिए ओ.ए.एस. के 35 सदस्य राज्यों में 'कोई महत्त्वपूर्ण समर्थन नहीं' है। जून 2013 में ओ.ए.एस. असेंबली इन मुद्दों पर बिना किसी समझौते के समाप्त हो गई।[29]

कई लैटिन अमेरिकी सरकारों ने इस संदर्भ में अपनी आंतरिक नीतियों की समीक्षा करना शुरू कर दिया है। उरुग्वे में सरकार ने 2014 में मारिजुआना के सीमित उत्पादन और वितरण को वैध करार दिया। अर्जेंटीना ने व्यक्तिगत उपभोग के लिए मारिजुआना रखने को वैध बनाया। ब्राजील के सुप्रीम कोर्ट ने 2013 में सात पूर्व न्याय मंत्रियों द्वारा याचिका दायर करने के बाद मादक पदार्थों के वैधीकरण की समीक्षा शुरू की, जिसमें कहा गया कि व्यक्तिगत नशीली दवाओं के उपयोग के लिए आपराधिक जुर्माना 'असंवैधानिक' है। बोलीविया में, इवो मोरालेस ने बड़े पैमाने पर कोका पत्ती की खेती को कम करने के लिए अमेरिकी अभियान के साथ जाने से इनकार कर दिया है। उन्होंने बोलीविया के आंतरिक मामलों में हस्तक्षेप का आरोप लगाते हुए बोलीविया से अमेरिकी ड्रग प्रवर्तन प्रशासन को निष्कासित कर दिया।

अमेरिका ने फिर भी अपनी लालच और धमकी की नीति को जारी रखा है। चार एंडियन देशों (बोलीविया, कोलंबिया, इक्वाडोर और पेरू) की मदद करने के लिए उनके आर्थिक विकल्पों का विस्तार कर ड्रग उत्पादन और तस्करी के खिलाफ लड़ाई के लिए दिसंबर 1991 में एंडियन ट्रेड प्रेफेरेंस ऐक्ट (ATPA) लागू किया गया था। 6 अगस्त, 2002 को लागू किया गया एंडियन ट्रेड प्रमोशन एंड ड्रग एरीडिकेशन ऐक्ट (ATPDEA), ए.टी.पी.ए. (ATPA) के तहत पहले से छोड़ दिए गए कुछ उत्पादों को शुल्क मुक्त सुविधा प्रदान करने के लिए ए.टी.पी.ए. (ATPA) को नवीनीकृत और संशोधित करता है। इसके लाभ कार्यक्रम के पात्रता मानदंड को पूरा करनेवाले देशों के अधीन हैं। इस कार्यक्रम का अमेरिकी कांग्रेस में हर दो साल में निरीक्षण किया जाना है।[30] ए.टी.पी.डी.ई.ए. उन एंडियन देशों के लिए महत्त्वपूर्ण हो गया है, जिनके किसान अपनी आजीविका के लिए इसकी सुविधा पर निर्भर हैं। हालाँकि इसे मुख्य रूप से इक्वाडोर और बोलीविया के खिलाफ एक खतरे के रूप में इस्तेमाल किया गया है बोलीविया के विशेषाधिकार पिछले कुछ वर्षों से निलंबित किए जा रहे हैं। मैक्सिको पर केंद्रित मेरिडा पहल और मध्य अमेरिकी क्षेत्रीय सुरक्षा पहल (सी.ए.आर.एस.आई.) भी ड्रग्स पर युद्ध के लिए प्रमुख अमेरिकी मंच हैं।

व्यापक रूप से अमेरिकी छाया के नीचे रहनेवाले देश के रूप में देखे जानेवाले कनाडा

ने कई मामलों में लैटिन अमेरिका और कैरेबिया के प्रति स्वतंत्र नीति अपनाई है। अमेरिका के विपरीत, कनाडाई नीति लैटिन अमेरिकी प्राथमिकताओं के लिए अधिक व्यावहारिक और संवेदनशील थी, खासकर उन वर्षों के दौरान जब प्रधानमंत्री पियरे ट्रूडो सत्ता में थे (1968–84)। 1970 और 1980 के बीच हजारों वामपंथी चिली शरणार्थियों को शरण देने, दक्षिण अमेरिका में विभिन्न अमेरिकी राजनीतिक हस्तक्षेपों का विरोध करने और 1976 में ट्रूडो के मैक्सिको, वेनेजुएला और क्यूबा की यात्रा के दौरान—कैनेडियन सहिष्णुता 1970 के दशक में स्पष्ट होकर सामने आई थी। क्यूबा, जहाँ इसका एक जीवंत दूतावास और कई महत्त्वपूर्ण निवेश एवं परियोजनाएँ हैं, पर अमेरिकी रुख के साथ चलने से कनाडा के इनकार ने इसे अच्छी स्थिति में खड़ा किया है और इसे पूरे दक्षिण में सम्मान दिया है।

शीत युद्ध की शुरुआत ने जहाँ कनाडा और लैटिन अमेरिका के बीच अंतर-संपर्क में मदद की, वहीं 1980 के दशक के उत्तरार्ध में सोवियत सत्ता के ह्रास ने और भी मजबूत साझेदारी को जन्म दिया। 1990 में कनाडा की ओ.ए.एस. की पूर्ण सदस्यता ने अमेरिकियों के साथ उसके मजबूत संपर्क को जारी रखने की पुष्टि कर दी, हालाँकि ओ.ए.एस. में कनाडाई प्रतिनिधिमंडल विवादास्पद मुद्दों पर अमेरिका की स्थिति का समर्थन करते हैं। कनाडाई नीति समायोजन ने 2006 में लैटिन अमेरिका के साथ कुल व्यापार को 50 अरब डॉलर तक (1990 से 500 प्रतिशत तक) बढ़ाने में मदद की।

वर्ष 2007 में कनाडा सरकार ने एक अमेरिकी रणनीति विकसित की। 2012 में समीक्षा की गई इस रणनीति में विदेशी मामले, व्यापार और रक्षा विभाग शामिल थे।[31] जहाँ इससे संयुक्त रक्षा, नशीले पदार्थों जैसे क्षेत्रों में रणनीति तैयार करने में मदद मिली, वहीं पूरे क्षेत्र में प्राकृतिक संसाधन उद्योगों, मुख्य रूप से खनन में कनाडाई कंपनियों द्वारा निवेश किए जाने से व्यापार के आयाम को बढ़ावा मिला। विदेश स्थित कनाडा की आधी से अधिक खनन संपत्ति लैटिन अमेरिका में है, जिसका मूल्य 2010 में लगभग 46 अरब डॉलर था। कनाडा ने पेरू, कोलंबिया, चिली, कोस्टा रिका, पनामा और मैक्सिको के साथ नाफ्टा के जरिए मुक्त व्यापार समझौते किए हैं।

एशिया

एशिया के साथ इस क्षेत्र संबंध और अनुभव वैश्वीकरण की एक उत्कृष्ट कहानी है, फिर भी इसका एक ऐतिहासिक आयाम है। कुछ चीनी दस्तावेजों का दावा है कि उनके नाविकों ने पाँचवीं शताब्दी ईस्वी की शुरुआत में ही लैटिन अमेरिका की खोज कर ली थी। भारतीय संदर्भ, जो शायद ऐतिहासिक से अधिक पौराणिक हैं, भारत से मध्य अमेरिका और आगे दक्षिण की ओर प्राचीन प्रवास की बात करते हैं, जिससे प्राचीन माया और वैदिक सभ्यताओं के बीच संबंध का पता लगता है।

पारंपरिक इतिहास बताता है कि सोलहवीं शताब्दी के उत्तरार्ध में फिलीपींस का स्पेनिश उपनिवेश इस क्षेत्र और एशिया के बीच सबसे शुरुआती प्रामाणिक संपर्क था। स्पेनी लोग 1575 से 1815 के बीच 'समुद्री रेशम मार्ग' से मसालों और चीनी रेशम के बदले में चाँदी को मनीला से एकापुलको तक लेकर गए।[32] फिलीपींस भी कथित रूप से मध्ययुगीन भारत और हिस्पैनिक अमेरिका के बीच प्रमुख प्रवेश द्वार था।

उन्नीसवीं सदी में, पाँच लाख चीनी कथित तौर पर लैटिन अमेरिका गए और उनके वंशज ब्राजील, क्यूबा, मैक्सिको, पेरू और मध्य अमेरिका के कुछ हिस्सों में बस गए। 1911 में राजशाही को उखाड़ फेंकने के बाद स्थापित चीनी गणराज्य को ब्राजील और पेरू (1913), तथा मैक्सिको, चिली, बोलीविया, निकारागुआ और ग्वाटेमाला द्वारा त्वरित मान्यता दे दी गई थी। 1949 में पीपुल्स रिपब्लिक ऑफ चाइना के संस्थापन को संयुक्त राज्य के प्रभाव वाले इस एक क्षेत्र में सहानुभूति तो मिली, लेकिन राजनीतिक समर्थन बहुत कम मिला।

लैटिन अमेरिका के साथ जापान का संबंध उन्नीसवीं सदी के उत्तरार्ध में हुआ, जब जापानी आप्रवासी गरीबी, अति-जनसंख्या और बेरोजगारी से बचते हुए अमेरिका आने लगे। द्वितीय विश्वयुद्ध के अंत तक लगभग 2,00,000 जापानी (जिन्हें निक्केई के नाम से जाना जाता है) ब्राजील, पेरू और मैक्सिको में रह रहे थे। ब्राजील में आज अपने मातृ देश के बाहर जापानी मूल का दूसरा सबसे बड़ा समुदाय है—अनुमानतः बीस लाख से अधिक। चौथी और पाँचवीं पीढ़ी के जापानी पूरी तरह से समाज में घुल-मिल गए हैं और अधिकांश लोग जापानी नहीं बोलते हैं। कई लोग महत्त्वपूर्ण सरकारी पदों पर काबिज हैं। 1950 के दशक से लैटिन अमेरिका को जापानी निर्यात और निवेश के लिए एक बाजार के रूप में देखा गया था। 1985 तक जापान का बीस प्रतिशत से अधिक प्रत्यक्ष विदेशी निवेश लैटिन अमेरिका में था, उसके बाद थोड़ा कम होकर यह ग्यारह प्रतिशत से कुछ अधिक रह गया। पेरू, ब्राजील, मैक्सिको, बोलीविया और पैराग्वे में प्रवासी समुदायों के लिए नियत 'प्रवासी विकास सहायता' (ODA) भी महत्त्वपूर्ण था।

हालाँकि इस क्षेत्र के साथ जापान का व्यापार 1990 के लैटिन अमेरिका के कुल 11 प्रतिशत से घटकर 2005 में लगभग 6.5 प्रतिशत रह गया, जिसने दक्षिण कोरिया और चीन जैसे अन्य देशों को मौका दे दिया। कोरियाई कंपनियों ने, जो अमेरिका और यूरोप के पारंपरिक बाजारों से कुछ अलग की चाहत रखती थीं, लैटिन अमेरिका में अपने निवेश को बढ़ाया। 1990 के दशक के मध्य तक इस क्षेत्र के साथ दक्षिण कोरिया का व्यापार उसके कुल व्यापार का लगभग चार प्रतिशत था।

इक्कीसवीं सदी में जापान और कोरिया दोनों ने न केवल लैटिन अमेरिका और कैरेबिया

की क्षमता का एहसास किया, बल्कि चीन की तेजी से बढ़ती उपस्थिति से उत्पन्न खतरे को भी पहचाना। 2004 में, जापान के प्रधानमंत्री जुनिचिरो कोइजुमी ने ब्राजील, मैक्सिको और चिली का दौरा किया। इसके बाद जापान आर्थिक भागीदारी समझौते (ई.पी.ए.) और मुक्त व्यापार समझौते (एफ.टी.ए.) के क्षेत्र में अपने प्रमुख सहयोगियों के साथ बातचीत करने के लिए आगे बढ़ा। कोरिया ने चिली और कोलंबिया के साथ भी ऐसा ही किया।

जापान ने कैरेबियाई देशों के साथ कैरीकॉम और मध्य अमेरिका के साथ सिका (SICA) के माध्यम से अपने संबंधों को मजबूत किया। कोरिया के साथ अंतर-अमेरिकी विकास बैंक (IDB) तथा एशिया-प्रशांत आर्थिक सहयोग (APEC) के साथ ही प्रशांत बेसिन आर्थिक सहयोग (PBEC), प्रशांत आर्थिक सहयोग परिषद (PECC) तथा अन्य संगठनों में इसकी सदस्यता ने आर्थिक संपर्क एवं इस क्षेत्र में बुनियादी ढाँचे तथा अन्य परियोजनाओं में भाग लेने के लिए अवसर प्रदान किया।

लैटिन अमेरिका और कैरेबिया में आज प्रमुख एशियाई उपस्थिति पीपुल्स रिपब्लिक ऑफ चाइना की है। शुरू-शुरू में क्रांति के बाद क्यूबा के साथ चीन के संबंध मजबूत हुए। सोवियत मॉडल पर चीन की माओवादी विचारधारा को वरीयता देते हुए इस क्षेत्र में कई विद्रोही आंदोलनों और यहाँ तक कि कुछ सरकारों ने भी अपना लिया। अमेरिका के साथ संबंधों के सामान्यीकरण के साथ चीन का रवैया आर्थिक संबंधों पर ध्यान केंद्रित करते हुए अधिक व्यावहारिक हो गया। यह तर्कसंगत था, क्योंकि चीन इस समय तक उच्च विकास पथ पर था और उसे कच्चे माल के साथ-साथ बाजारों की भी तलाश थी।

1970 के दशक के अंत तक चीन ने इस क्षेत्र के अधिकांश प्रमुख राज्यों के साथ राजनयिक संबंध स्थापित कर लिये थे, जिनमें अर्जेंटीना, ब्राजील, चिली, मैक्सिको और पेरू शामिल थे। बीजिंग की मंशा ताइवान की राजनयिक उपस्थिति और प्रभाव में कमी लाना भी था। चीन गणराज्य के साथ राजनयिक संबंधों को बनाए रखनेवाली 23 सरकारों में से, 11 तो इसी क्षेत्र में थीं।[33] चीन की आक्रामक कूटनीति में पूरे क्षेत्र में बड़े पैमाने पर चल रही परियोजनाएँ शामिल थीं, खासकर कोस्टा रिका और गुयाना जैसे छोटे देशों में। उच्चस्तरीय कूटनीति ने इस क्षेत्र में चीन की उपस्थिति को मजबूत किया।

वर्ष 2001 में राष्ट्रपति जियांग जेमिन ने ब्राजील, क्यूबा, वेनेजुएला, चिली, अर्जेंटीना और उरुग्वे का दौरा किया। बहरहाल, 2004 में राष्ट्रपति हू जिंताओ की चिली, ब्राजील, क्यूबा और वेनेजुएला की यात्रा परिवर्तनकारी साबित हुई। इस यात्रा के दौरान 30 अरब अमेरिकी डॉलर के निवेश की प्रतिबद्धता जताई गई तथा 400 समझौतों पर हस्ताक्षर किए गए थे।[34] 2005 में उपराष्ट्रपति जेंग क्विंगहोंग मैक्सिको, वेनेजुएला और पेरू की यात्रा पर गए। उन्होंने चीन-कैरेबिया आर्थिक और व्यापार सहयोग की बैठक में भी भाग लिया।

2004 में सैंटियागो, चिली में एपेक (APEC) की बैठक के दौरान राष्ट्रपति हू जिंताओ ने व्यापक प्रतिनिधिमंडल के साथ विस्तृत व्यापारिक बैठकें कीं। बाद में उसी वर्ष, ब्राजील के राष्ट्रपति लूला, अर्जेंटीना के किर्चनर और वेनेजुएला के चावेज ने चीन का दौरा किया। अगले वर्ष बोलीविया के राष्ट्रपति मोरालेस ने दौरा किया। राष्ट्रपति हू जिन्ताओ ने 2005 में मैक्सिको का दौरा किया और 2006 में चिली की राष्ट्रपति मिशेल बैशलेट से मुलाकात की।

इस दशक में चीन ने इस क्षेत्र में एक आक्रामक राजनयिक और राजनीतिक अभियान चलाया है। प्रीमियर वेन जियाबाओ ने जून 2012 में मैक्सिको में होनेवाले जी20 शिखर सम्मेलन के लिए अपने रास्ते में ब्राजील, उरुग्वे, अर्जेंटीना और चिली का दौरा किया। नवनियुक्त उपराष्ट्रपति ली युआंचाओ ने मई 2013 में अर्जेंटीना और वेनेजुएला का दौरा कर लैटिन अमेरिका में अपनी पहली विदेश यात्रा की। अर्जेंटीना में अपने पहले पड़ाव पर उन्होंने "माल्विनास द्वीपों पर अर्जेंटीना की संप्रभुता...पर बीजिंग का समर्थन तथा 'एक चीन' के सिद्धांत और ताइवान एवं तिब्बत के प्रश्न पर अर्जेंटीना के रुख के लिए आभार व्यक्त किया।"[35]

उपराष्ट्रपति की यात्रा के तुरंत बाद राष्ट्रपति शी जिनपिंग ने जून 2013 में त्रिनिदाद और टोबैगो, कोस्टा रिका और मैक्सिको की राजकीय यात्रा की। उपराष्ट्रपति के रूप में 2009 में मैक्सिको की यात्रा के दौरान उन्होंने कहा था, "चीन क्रांति का निर्यात नहीं करता है। चीन न तो भूख और न ही गरीबी का निर्यात करता है। हम समस्या पैदा नहीं करते हैं। इससे ज्यादा हमारे बारे में और क्या कहा जा सकता है?" त्रिनिदाद की अपनी यात्रा के दौरान वे कई कैरेबियाई नेताओं से मिले और 3 अरब डॉलर के रियायती ऋण की पेशकश की। उन्होंने त्रिनिदाद में एक अस्पताल के लिए 25 करोड़ डॉलर के ऋण भी दिया और अन्य क्षेत्रों के अलावा ऊर्जा, खनिज एवं बुनियादी ढाँचे के विकास में सहयोग के लिए समझौतों पर हस्ताक्षर किए।[36]

जुलाई 2014 में राष्ट्रपति शी जिनपिंग ने ब्राजील में ब्रिक्स शिखर सम्मेलन में भाग लिया और राष्ट्रपति डिल्मा रूसेफ के साथ द्विपक्षीय वार्त्ता की। शिखर सम्मेलन के एक दिन बाद उन्होंने चीन, ब्राजील तथा कोस्टा रिका (सी.ई.एल.ए.सी. के तत्कालीन अध्यक्ष), क्यूबा (पूर्व अध्यक्ष), इक्वाडोर (अगले अध्यक्ष) तथा कैरेबियन समुदाय के राष्ट्रपति द्वारा एकीकृत लैटिन अमेरिकी और कैरेबियाई राज्यों के समुदाय की चौकड़ी (सी.ई.एल.ए.सी.) के नेताओं के पहले शिखर सम्मेलन में भाग लिया । उन्होंने अर्जेंटीना, वेनेजुएला और क्यूबा का द्विपक्षीय दौरा भी किया।[37]

चीन की बढ़ती अर्थव्यवस्था के लिए रणनीतिक कच्चे माल के एक महत्त्वपूर्ण स्रोत तथा इसके निर्माण के लिए एक बाजार के तौर पर चीन ने लैटिन अमेरिका में अपनी रुचि

को कतई नहीं छिपाया है। 2010 में इसकी प्रतिबद्धताएँ संयुक्त रूप से विश्व बैंक, आई.डी.बी. और यू.एस. एक्जिम बैंक को मिलाकर उनसे भी आगे बढ़ गईं। हालाँकि विश्लेषकों का कहना है कि चीनी विकास बैंक (सी.डी.बी.) के ऋण की शर्तें विश्व बैंक की तुलना में अधिक कठोर हैं, चीनी एक्जिम बैंक आमतौर पर यूएस एक्जिम बैंक की तुलना में कम ब्याज दर प्रदान करते हैं।

अर्जेंटीना, इक्वाडोर और वेनेजुएला जैसे देशों को, जिन्होंने ब्रेटन वुड्स सिस्टम से लगभग बाहर रहना चुना है, वित्त प्रदान करने की चीन की इच्छा ने एक जीवन रेखा प्रदान की है। मुख्य रूप से प्राकृतिक संसाधनों और बुनियादी ढाँचा क्षेत्रों में चीनी वित्तपोषण, उदाहरण के लिए वेनेजुएला और ब्राजील के साथ तेल बिक्री समझौतों के जरिए वित्त प्रदान करने का उसके भागीदारों ने स्वागत किया है। चीनी बैंक भी कथित तौर पर नीतिगत शर्त नहीं लगाते हैं। मार्च 2013 में पनामा में आई.डी.बी. की 54वीं वार्षिक बैठक में, पीपुल्स बैंक ऑफ चाइना ने लैटिन अमेरिका में गरीबी को कम करने और इस क्षेत्र में स्थायी विकास के लिए निजी क्षेत्र की परियोजनाओं का समर्थन करने के लिए चल रही परियोजनाओं में मेजबान के संसाधनों में इजाफा करने के लिए 2 अरब डॉलर का योगदान करने पर सहमति व्यक्त की।

हाल के वर्षों में चीन ने लैटिन अमेरिका के साथ कमोडिटी कॉन्ट्रैक्ट में 100 अरब यू.एस. डॉलर से अधिक पर हस्ताक्षर किए हैं—तेल शिपमेंट के बदले में वेनेजुएला को 32 अरब यू.एस. डॉलर; एक संयुक्त कॉपर उद्यम में चिली को 2 अरब यू.एस. डॉलर; चीन को निर्यात के लिए गेहूँ, मक्का और अन्य फसलों को उगाने के अधिकारों के लिए अर्जेंटीना में सिंचाई के बुनियादी ढाँचे में 1.4 अरब यू.एस. डॉलर। अर्जेंटीना ने रेल परियोजनाओं पर काम करने के लिए चीन के साथ 12 अरब अमेरिकी डॉलर के अनुबंध पर हस्ताक्षर किए हैं। इक्वाडोर ने 2010 में एक पनबिजली परियोजना के लिए चीन के साथ 2 अरब डॉलर की परियोजना पर हस्ताक्षर किए, जिसका वित्तपोषण चीन द्वारा किया गया।

लैटिन अमेरिका एवं कैरेबिया के लिए संयुक्त राष्ट्र आर्थिक आयोग की भविष्यवाणी के अनुसार चीन 2016 में लैटिन अमेरिका के दूसरे सबसे बड़े व्यापारिक भागीदार के रूप में यूरोपीय संघ से आगे निकल जाएगा। स्टेट काउंसिल ऑफ चाइना की एक पत्रिका चाइना पालिसी रिव्यू में पीटर हकीम और मागरिट मायर्स के अनुसार, अगले पंद्रह वर्षों में, चीन लैटिन अमेरिका के सबसे बड़े व्यापार भागीदार के तौर पर अमेरिका को पछाड़ देगा।[38]

चीन को लेकर लैटिन अमेरिका की आशंकाएँ माँग में कमी, चीनी अर्थव्यवस्था में मंदी और चीनी वित्त पर अति निर्भरता के कारण केंद्रित रहती हैं। कई लैटिन अमेरिकी अर्थव्यवस्थाएँ, मुख्य रूप से मैक्सिको, चीन के सस्ते उत्पादों को लेकर शंकालु बनी हुई हैं,

जो उसके बाजार में भर चुके हैं। आँकड़े भी कुछ आशंकाओं की पुष्टि करते हैं। आई.एम.एफ. के आँकड़ों के अनुसार, चीन के साथ लैटिन अमरिकी व्यापार घाटा, 2012 में 6.6 अरब अमेरिकी डॉलर हो गया, जो 2011 में केवल 15 करोड़ अमेरिकी डॉलर था। 1990 के दशक के अंत तक लैटिन अमेरिका से चीन का आयात केवल 3 अरब अमेरिकी डॉलर था। उस समय इसका निर्यात 5 अरब अमेरिकी डॉलर से थोड़ा अधिक था। 2012 तक कुल व्यापार आठ प्रतिशत की वृद्धि के साथ 255.5 अरब अमेरिकी डॉलर हो गया, और अमेरिका के 6.2 प्रतिशत वृद्धि के साथ था। चीन इस क्षेत्र के दूसरे व्यापारिक भागीदार के रूप में यूरोपीय संघ से आगे निकल गया है। यह पहले से ही चिली, पेरू और ब्राजील का शीर्ष व्यापारिक भागीदार है, 2012 में अमेरिका के 75.8 अरब अमेरिकी डॉलर की तुलना में अंतिम रूप से 85.5 अरब अमेरिकी डॉलर तक पहुँच गया।

मैक्सिको के 44 एफ.टी.ए. हैं, जिनमें से केवल एक एशिया में है—जापान के साथ और अब दक्षिण कोरिया के साथ बातचीत चल रही है। पारंपरिक ज्ञान कहता है कि मैक्सिको चीन के साथ बातचीत नहीं करेगा। मैक्सिको के आर्थिक विभाग के आँकड़ों के अनुसार, 2012 में चीन में मैक्सिकन निर्यात 5-7 अरब डॉलर से कुछ अधिक था, जबकि उस देश से इसका आयात लगभग 57 अरब डॉलर का था। मैक्सिको मुख्य रूप से तेल, ताँबा और सीसा निर्यात करता है, लेकिन चीन से निर्मित उत्पादों का आयात करता है। राजनयिक केबलों से प्रकाशित लैटिन अमेरिकी विचारों को 2011 में विकिलिक्स द्वारा उपलब्ध कराया गया, जिसमें मैक्सिको के अधिकारियों का बयान था कि "हम चीन का अफ्रीका नहीं बनना चाहते हैं।" कोलंबिया, ब्राजील और चिली ने भी लीक दस्तावेजों को लेकर चिंता व्यक्त की, जबकि वेनेजुएला और अर्जेंटीना ने चीन को अपने निर्यात के लिए और अमेरिका पर अपनी निर्भरता को कम करने के लिए एक अवसर के रूप में देखा।[39]

चीन ने वेनेजुएला, चिली, बोलीविया और क्यूबा के साथ सैन्य यात्राओं और नौसैनिक के आदान-प्रदान के जरिए अपना रणनीतिक कद भी बढ़ाया है। वेनेजुएला, चिली और बोलीविया ने चीन से रणनीतिक उपकरण खरीदे हैं। 2004 में चीन स्थायी पर्यवेक्षक के रूप में ओ.ए.एस. में शामिल हो गया। 2008 में यह दाता के रूप में आई.डी.बी. में शामिल हो गया।

जहाँ जापान और कोरिया ने बीसवीं शताब्दी के अंत में एल.ए.सी. के साथ अपने संबंधों को मजबूत किया और इसके बाद क्षेत्र में चीन की उपस्थिति मजबूत होती गई, दक्षिण-पूर्व एशिया को भी लैटिन अमेरिका और कैरेबिया की क्षमता का अहसास हुआ और उसने भी इस क्षेत्र के साथ संबंधों और सहभागिता के लिए कदम उठाए। 1998 में, एशिया-यूरोप मीटिंग (ASEM) की सफलता से उत्साहित सिंगापुर के प्रधानमंत्री गोह चोक टोंग ने चिली के राष्ट्रपति एडुआर्डो फ्रेई को पूर्वी एशिया और लैटिन अमेरिका के बीच की खाई को

कम करने के लिए एक फोरम के निर्माण का प्रस्ताव दिया। ई.ए.एल.ए.एफ. (EALAF) (ईस्ट एशिया-लैटिन अमेरिका फोरम) के वरिष्ठ अधिकारियों की बैठक सितंबर 1999 में सिंगापुर में आयोजित की गई थी। एफ.ई.ए.एल.ए.एफ. (FEALAC) (फोरम फॉर ईस्ट एशिया-लेटिन अमेरिका कोऑपरेशन—जिसका स्पैनिश संक्षिप्त नाम FOCALAE है ने सैंटियागो, चिली में 30 मार्च, 2001 को अपनी पहली मंत्रिस्तरीय बैठक की।

विदेश मंत्रियों के स्तर पर इस फोरम की बैठकें लैटिन अमेरिका और एशिया में द्विवार्षिक और वैकल्पिक रूप से आयोजित की जाती हैं। इसका उद्देश्य दोनों क्षेत्रों के बीच व्यापार और निवेश को मजबूत करना है। वे वरिष्ठ आधिकारिक बैठकें भी करते हैं। सहयोग पर तीन कार्य समूहों में चर्चा की जाती है—राजनीति, संस्कृति, शिक्षा एवं खेल, अर्थव्यवस्था और समाज, विज्ञान तथा तकनीक।[40]

चिली की बैठक ने फोरम के लिए फ्रेमवर्क दस्तावेज को अपनाया, जबकि 2004 में मनीला मंत्रिस्तरीय बैठक ने 'मनीला प्लान ऑफ एक्शन' को अपनाया, जिसने दोनों क्षेत्रों के बीच आपसी समझ और सहयोग को बढ़ावा देने के लिए एक ठोस पाठ्यक्रम का प्रस्ताव रखा। 2007 में अपनाई गई ब्रासीलिया मंत्रिस्तरीय घोषणा और कार्ययोजना में, एफ.ई.ए.एल.ए.सी. (FEALAC) के आगे के विकास के लिए दिशा और कार्ययोजनाओं के बारे में प्रस्तावों की रूपरेखा तैयार की गई। दस्तावेज किसी भी बड़े बहुपक्षीय सभा के संकलन की तरह है, जो गैर-विवादास्पद राजनीतिक, आर्थिक और सामाजिक मुद्दों को कवर करता है।

एफ.ई.ए.एल.ए.सी. (FEALAC) में वर्तमान में छत्तीस प्रतिभागी हैं—पूर्वी एशिया से सोलह[41] और लैटिन अमेरिका एवं कैरेबिया से बीस।[42] होंडुरास और मंगोलिया को 2009 में ऑब्जर्वर का दर्जा मिला और उसके बाद पूर्ण सदस्यता मिली। अन्य इच्छुक देशों में हैती और गुयाना शामिल हैं, जबकि ब्राजील ने बाकी कैरेबियाई देशों का भी आह्वान किया है। यद्यपि ऑस्ट्रेलिया और न्यूजीलैंड की भागीदारी असंगत लगती है, उनकी उपस्थिति सिंगापुर के प्रयासों के कारण थी और मलेशिया के विरोध के बावजूद थी। एल.ए.सी. क्षेत्र में ऑस्ट्रेलिया की कुछ हद तक ही कूटनीतिक उपस्थिति है। अमेरिका और कनाडा को इस फोरम से बाहर रखा गया है। मर्कोसुर और दक्षिण पूर्वी देशों का संघ (आसियान) के बीच संबंध जारी हैं।

अफ्रीका

क्रांतिकारी क्यूबा का किसी भी लैटिन अमेरिकी देश में सबसे अधिक गहरा रिश्ता शायद अफ्रीका के साथ रहा है। ऐसा मुख्य रूप से ग्वेरा के आदेश की वजह से, जाएर,

इथियोपिया, अल्जीरिया के क्रांतिकारी आंदोलनों में तथा सबसे बढ़कर 1970 के दशक में दक्षिण अफ्रीका की पकड़ से अंगोला की मुक्ति के दौरान था। अक्तूबर 2014 में क्यूबा ने पश्चिम अफ्रीका को इबोला महामारी में मदद करने के लिए कई चिकित्सा कर्मियों को वहाँ भेजा।

मुख्य रूप से अंगोला और मोजांबिक में अपने उपनिवेशों के माध्यम से तथा दास व्यापार के जरिए पुर्तगाली संबंध ने ब्राजील और अफ्रीका के साथ एक अव्यक्त गठजोड़ कायम किया, जब 1950 और 1960 के दशक की शुरुआत में कई अफ्रीकी देशों की आजादी के बाद ब्राजील के राष्ट्रपति जेनोवा क्वाड्रोस ने अफ्रीका के साथ संधि प्रस्ताव रखा। 1970 के दशक में तेल की कीमतों में वृद्धि ने नाइजीरिया और अंगोला पर ब्राजील का ध्यान आकर्षित किया। 1983 में राष्ट्रपति जोआओ फिगुएरेडो दक्षिणी अफ्रीका की यात्रा करनेवाले पहले ब्राजील राज्य प्रमुख थे।

इक्कीसवीं सदी में ब्राजील ने अफ्रीका के साथ अपने संबंध को पुनर्जीवित करने के लिए एक ठोस अभियान शुरू किया। राष्ट्रपति लूला ने अपने 'अटलांटिक को पाटने' के मिशन को लॉञ्च किया और अफ्रीका के लिए ब्राजील के 'ऐतिहासिक ऋण' के रूप में जो कुछ भी कहा गया था, उसका भुगतान किया। लूला ने अपने कार्यकाल में अफ्रीका के इक्कीस देशों की बारह यात्राएँ कीं। ब्राजील ने सत्ताइस देशों के सैंतालीस अफ्रीकी राजाओं, राष्ट्रपतियों और प्रधानमंत्रियों का स्वागत किया।

राष्ट्रपति लूला के कार्यकाल के दौरान विदेश मंत्री सेलसो अमोरिम ने अफ्रीकी देशों की 67 आधिकारिक यात्राएँ कीं। 2013 में ब्राजील की राजधानी ब्रासीलिया में 37 अफ्रीकी दूतावास थे, जो उस पूरे गोलार्ध में केवल वाशिंगटन डी.सी. को छोड़कर किसी भी अन्य राजधानी से अधिक थे। अफ्रीका में ब्राजील के दूतावासों की संख्या यू.के. से भी अधिक है। 2012 तक इसका व्यापार 20 अरब अमेरिकी डॉलर तक पहुँच गया था। भारत-ब्राजील-दक्षिण अफ्रीका वार्त्ता फोरम तथा ब्राजील-रूस-भारत-चीन-दक्षिण अफ्रीका समूह, जिसमें ब्राजील भारत के साथ सह-संस्थापक था, में दक्षिण अफ्रीका के समावेश ने आगे चलकर ब्राजील के अफ्रीकी कनेक्शन को समेकित किया। 2005 के बाद से ब्राजील की विकास परियोजनाएँ उसकी अफ्रीकी रणनीति का एक अनिवार्य हिस्सा रही हैं।

मई 2013 में अफ्रीकी संघ की 50वीं वर्षगाँठ पर अदिस अबाबा में बोलते हुए ब्राजील के राष्ट्रपति डिल्मा रूसेफ ने घोषणा की कि ब्राजील अपने देश में 90 करोड़ डॉलर के अफ्रीकी ऋण को माफ करेगा। बारह अफ्रीकी देश, मुख्य रूप से तेल-समृद्ध कांगो-ब्रेज्जविले, तंजानिया और जांबिया इससे लाभान्वित हुए। ब्राजील के अफ्रीका में काफी निवेश मुख्य रूप से खनन और बुनियादी ढाँचा क्षेत्रों में हैं।

यह अफ्रीकी वोटों की ही महिमा थी कि ब्राजील के जोस ग्रैजियानो दा सिल्वा को जनवरी 2012 में संयुक्त राष्ट्र खाद्य एवं कृषि संगठन का महानिदेशक चुना गया और रॉबर्टो अजेवेदो को मई 2013 में विश्व व्यापार संगठन (डब्ल्यू.टी.ओ.) का महानिदेशक चुना गया था, जबकि उनके खिलाफ मैक्सिको से दुर्जेय प्रतिद्वंद्वी, हरमिनियो ब्लैंको खड़े थे, जिन्हें अमेरिका का समर्थन प्राप्त था। ब्राजील का अफ्रीकी कनेक्शन इसके व्यापक एफ्रो-अमेरिकी समुदाय के कारण भी जीवित है, जो तेजी से एकीकृत हो रहा है, हालाँकि उनकी स्थिति में अभी भी विसंगतियाँ हैं।

पहला 'अफ्रीका-दक्षिण अमेरिका (ए.एस.ए.) शिखर सम्मेलन' नवंबर 2006 में अबूजा, नाइजीरिया में आयोजित किया गया था; सितंबर 2009 में वेनेजुएला में दूसरा और इक्वेटोरियल गिनी के मालाबो में तीसरा सम्मलेन फरवरी 2013 में आयोजित किया गया था। दोनों महाद्वीपों की 63 सरकारों ने इसमें हिस्सा लिया। एक संस्थान के रूप में ए.एस.ए. के सामने इन दोनों क्षेत्रों के बीच संबंधों को आगे ले जाने के लिए मुद्दों की पहचान करने और संरचना की चुनौतियाँ हैं। वेनेजुएला, ब्राजील और चिली जैसे लैटिन अमेरिकी देशों के बीच प्रतिस्पर्धा के कारण किसी ठोस और स्पष्ट एजेंडे पर ध्यान केंद्रित करना मुश्किल है।

यद्यपि माना जाता है कि अफ्रीका और दक्षिण अमेरिका के बीच व्यापार 2002 के 7.2 अरब अमेरिकी डॉलर से बढ़कर 2011 में 40 अरब डॉलर हो गया है, फिर भी अभी एक लंबा रास्ता तय करना बाकी है। यह देखा जाना बाकी है कि ए.एस.ए. स्थायी सचिवालय, जिसकी मंजूरी दी जा चुकी थी और वेनेजुएला में स्थापित किया जाना था तथा साथ ही लगभग 30 संयुक्त परियोजनाओं को नेताओं द्वारा परिकल्पित किया जाता है या नहीं!

मध्य-पूर्व

लैटिन अमेरिका और दुनिया के इस हिस्से के बीच संबंध इक्कीसवीं सदी में मजबूत हुए हैं। सांस्कृतिक भिन्नताओं के बावजूद, पूरकताओं की पहचान और दक्षिण-दक्षिण जुड़ाव की आवश्यकता ने अरब-दक्षिण अमेरिका शिखर सम्मेलन (ए.एस.पी.ए.) के गठन को प्रेरित किया। ब्राजील के पूर्व राष्ट्रपति लूला के दिमाग की उपज, पहला ए.एस.पी.ए. शिखर सम्मेलन 2005 में ब्राजील में आयोजित किया गया था। तब से दो और शिखर सम्मेलन आयोजित किए गए हैं, जिनमें सबसे हाल में पेरू में अक्तूबर 2012 में किया गया था।

प्रमुख लैटिन अमेरिकी देश फिलीस्तीन, सीरिया और यहाँ तक कि ईरान के प्रश्न को लेकर उलझे हुए हैं। ईरान ने इस क्षेत्र में अपने प्रभाव का विस्तार किया है, विशेष रूप से

अल्बा सदस्यों के बीच। वेनेजुएला ने खुले तौर पर ईरानी शासन का समर्थन किया था, जैसा कि उसने लीबिया, लेबनान और सीरिया के साथ भी किया था, उनका दावा था कि वे अमेरिका और इजरायल के शिकार थे। अन्य देश अधिक चौकन्ने रहे हैं।

2012 तक मध्य पूर्व के देशों के अर्जेंटीना में 7 अतिरिक्त देशों को शामिल करते हुए 13 दूतावास थे; ब्राजील में 10 थे; मैक्सिको में 8 और चिली में 7। मध्य पूर्व में, मिस्र में लैटिन अमेरिका के प्रभाव के लिए 11 दूतावास थे—इजराइल में 9, अल्जीरिया, लेबनान और ईरान प्रत्येक में 8, सऊदी अरब में केवल 3 दूतावास थे। केवल दो लैटिन अमेरिकी देश—वेनेजुएला और इक्वाडोर—ओपेक के सदस्य हैं।

मध्य पूर्व के साथ लैटिन अमेरिका के व्यापारिक संबंध कम हैं, 2012 में लगभग 30 अरब अमेरिकी डॉलर का द्विपक्षीय व्यापार हुआ। मुख्य रूप से संयुक्त अरब अमीरात और कतर के साथ हवाई संपर्क का विस्तार, पेरू, ब्राजील और अर्जेंटीना में अरब देशों द्वारा प्रत्यक्ष विदेशी निवेश तथा मुक्त व्यापार समझौतों की बात संबंधों को बढ़ा सकती है। दिसंबर 2012 में आयोजित अबू धाबी फोरम में जनमे एक विचार के अनुसार, पंद्रह अरब देशों और पंद्रह लैटिन अमेरिकियों के बीच एक परिषद की स्थापना होने की संभावना है।

इजरायल के साथ संबंध जटिल रहे हैं। अधिकांश लैटिन अमेरिकी राष्ट्रों ने फिलीस्तीन के विभाजन और 1948-49 में संयुक्त राष्ट्र में इजरायल के प्रवेश के लिए मतदान किया। इजराइल ने अपने पक्ष में प्रभाव का इस्तेमाल करने के लिए विशेष रूप से अर्जेंटीना, कोलम्बिया, ब्राजील और अन्य में मौजूद अपने प्रवासी नागरिकों का उपयोग किया है। फिदेल कास्त्रो के उदाहरण पर 1973 में, क्यूबा के साथ संबंध टूट गए, जबकि ह्यूगो चावेज ने 2000 में लेबनान के साथ युद्ध के बाद इजरायल के राजदूत को निष्कासित कर दिया। ब्राजील, अर्जेंटीना, वेनेजुएला, पनामा और अन्य देशों में सीरिया-लेबनान से प्रवासियों की महत्त्वपूर्ण संख्या है; हालाँकि बीसवीं शताब्दी की शुरुआत से इस प्रवास का अधिकांश हिस्सा, उन देशों के ईसाई समुदायों द्वारा था, उस क्षेत्र में मुख्य रूप से पराग्वे इसलामी प्रवास का एक केंद्र है।

1979 के बाद से ह्यूगो चावेज़ के अभ्युदय तक वेनेजुएला के ईरान के लैटिन अमेरिका के साथ बहुत कम संपर्क थे। ईरान पर पश्चिमी प्रतिबंधों ने चावेज को उकसाया, जिन्होंने ईरान के साथ संबंध को मजबूत किया। दोनों देशों ने कारखानों, निर्माण परियोजनाओं, बैंकिंग और ऊर्जा पहल आदि की स्थापना के लिए 270 से अधिक समझौतों पर हस्ताक्षर किए। अमेरिकी रिपोर्ट ने वेनेजुएला द्वारा ईरान के परमाणु कार्यक्रम की सहायता किए जाने के संकेत दिए थे, हालाँकि कुछ भी साबित नहीं हुआ। ईरान पर वेनेजुएला, इक्वाडोर, अर्जेंटीना और अन्य जगहों पर अपने दूतावासों के माध्यम से आतंकवाद के वित्तपोषण का

आरोप भी लगाया गया था। ए.एम.आई.ए. की 1992 की बमबारी और ब्यूनस आयर्स में इजरायली दूतावास पर 1994 के हमले के लिए ईरान को दोषी ठहराया गया था, जिसने जाँच के लिए अर्जेंटीना के साथ सहयोग करने पर सहमति जताई थी। जनवरी 2012 में, राष्ट्रपति महमूद अहमदीनेजाद ने वेनेजुएला, निकारागुआ, क्यूबा और इक्वाडोर के लिए एक उच्च प्रोफाइल यात्रा की।[43]

संदर्भ :

1. प्रो. जेम्स पेट्रास, 'लैटिन अमेरिका'ज ट्वेंटी फर्स्ट सेंचुरी कैपिटलिज्म एंड द यूएस एंपायर', 2 दिसंबर, 2010, www.globalresearch.ca
2. तोरल, पाब्लो, 'लैटिन अमेरिका में स्पेनिश निवेश' 1, www.focal.ca
3. मूल सदस्यता में पुर्तगाल और स्पेन के अलावा अर्जेंटीना, बोलीविया, ब्राजील, चिली, कोलंबिया, कोस्टारिका, क्यूबा, डोमिनिकन गणराज्य, इक्वाडोर, अल सल्वाडोर, ग्वाटेमाला, होंडुरास, मैक्सिको, निकारागुआ, पनामा, पराग्वे, पेरू, उरुग्वे और वेनेजुएला शामिल थे। यूरोप, अफ्रीका और एशिया के अन्य देशों (फिलीपींस, पूर्वी तिमोर) ने भी इसमें शामिल होने में रुचि व्यक्त की।
4. http://www.csmonitor.com/tags/topic/Caribbean, 27/1/2013
5. गार्डिनी, जियान लुका, 21वीं सदी में लैटिन अमेरिका इन ट्वेंटी फर्स्ट सेंचुरी, 2012, www.zedbooks.co.uk
6. आर्य, नितिन, ए स्टडी ऑन दि ओरिजिंस, ऑर्गनाइजेशनल स्ट्रक्चर, लेटेस्ट डवलपमेंट्स एंड द कंटेम्पोररी ट्रेड पैटर्न्स ऑफ मर्कासुर, भारतीय वैश्विक परिषद, अक्तूबर 2012, www.icwa.in

6a. 2015 : ए मोमेंटस इयर फॉर ईयू-कैरेबियन रिलेशंस, द गार्जियन, 31/01/2015. http://www.guardian.co.tt/commentary/2015-01-30/2015-momentous-year-eu-caribbean-relations

7. मार्को ऑरेलियो गार्सिया, 'लास नुएवास एलियनजस : इंटरेसेस वाई ऑपर्टुनिडेड्सडे ला पर्सपेक्टिवा डे ब्रासिल', पृष्ठ 164, भाग III, 'ला एजेंडा इंटरनेशनल डी अमेरिका लैटिना'- फ्रेडरिक एबर्ट स्टिफटंग/एस.डब्ल्यू.पी., 2011
8. www.trade.ec.europa.eu
9. डब्ल्यू. एलेजांद्रो सांचेज, 'जियोसिक्योरिटी 101 : वाशिंगटन एंड मॉस्कोज मिलिट्री बेसेस इन लैटिन अमेरिका', काउंसिल ऑन हेमिस्फेरिक अफेयर्स, 6 मई, 2014
10. बासेस रुसास एं लैटिनो अमेरिका? ओपेनहाइमर, एंड्रेस, 22 मार्च, 2014, www.elnuevoherald.com
11. इश्माएल ओडेन, वेनेजुएला में गुयाना के पूर्व-राजदूत, 'लैटिन अमेरिकी-रूसी संबंधों का विस्तार,' www.opednews.com 23/1/2019
12. यूरी पनियेव, 'रूस और निकारागुआ अंतरमहासागरीय नहर के निर्माण में सहयोग करेंगे।' रसिया बियॉण्ड द हेडलाइंस, 14 मई, 2014। http://rbth.com/international

13. अलजजीरा अमेरिका, 10/12/2013, http://america.aljazeera.com/articles
14. 'रूस लैटिन अमेरिका में प्रभाव बहाल करना चाहता है', द मॉस्को टाइम्स, 29/5/2013
15. 'यूक्रेन संकट के बीच पुतिन ने लैटिन अमेरिकी दौरे की शुरुआत की।' न्यूयॉर्क टाइम्स, 11 जुलाई, 2014
16. 'पुतिन की यात्रा ने हवाना और मास्को के बीच संबंधों को बहाल किया।' अल नूवो हेराल्ड, 7/11/2014
17. www.telegraph.co.uksnewssworldnewsssouthamericasfalklandislandss 9856104, मार्च 2013
18. एफ. मर्क, 'द मोनरो डॉक्ट्रिन एंड अमेरिकन एक्सपेंशनिज्म' (1966)
19. यू.एस. डिपार्टमेंट ऑफ स्टेट, http://www.state.gov/r/pa/ei/bgn/35640.htm
20. ब्राजील, अर्जेंटीना ने दक्षिण अमेरिका के लिए संयुक्त साइबर शील्ड पर जोर दिया, द हिंदू, 24/11/2013 www.thehindu.com
21. आर्य, नितिन, ए स्टडी ऑन दि ओरिजिंस, ऑर्गनाइजेशनल स्ट्रक्चर, लेटेस्ट डवलपमेंट्स एंड द कंटेम्पोररी ट्रेड पैटर्न्स ऑफ मर्कासुर, भारतीय वैश्विक परिषद, अक्तूबर 2012, www.icwa.in.
22. वार्षिक आर्थिक और वाणिज्यिक रिपोर्ट 2012, भारतीय दूतावास, मेक्सिको
23. http://www.miamiherald.com/2013/05/28/3421312/biden-heads-to-brazil-after-brutal बाइडन हैड्स टू ब्राजील आफ्टर ब्रूटल डिस्कसंस इन द कैरेबियन
24. http://www.sknvibes.com/news/newsdetails.cfm/84479 28 January, 2014
25. 'जियोसिक्योरिटी 101 : वॉशिंगटन एंड मॉस्को'ज बेसेज इन लैटिन अमेरिका,' एलेजांद्रो सांचेज, काउंसिल ऑफ हेमिस्फेरिक अफेयर्स, 6 मई, 2014
26. ब्रीफिंग टू यू.एस. हाउस की आर्म्ड सर्विसेज कमेटी, पृष्ठ 2-3; 26 फरवरी, 2014 http://www.southcom.mil/newsroom.Documents/2014_SOUTHCOM_Posture_Statement_HASC_FINAL_
27. नाटो और कोलंबिया ने भविष्य के सहयोग के लिए राह खोली, 25 जून, 2013, http://www.nato.int/cps/en/natolive/news_101634.htm
28. सक्सेना, शोभन, यू.एस. लैड वार ऑन ड्रग्स टू चेंज ट्रैक ? क्रैकिंग अंडर स्ट्रेन, टाइम्स ऑफ इंडिया, क्रेस्ट एडिशन, 25/5/2013।
29. www.miamiherald.com/2013/06/07/3439079/no-drug-policy-change-as-oas-wraps नो ड्रैग पॉलिसी चेंज ऐज ओ.ए.एस. रैप्स अप इन ग्वाटेमाला
30. अमेरिकी व्यापार प्रतिनिधि का कार्यालय, www.ustr.gov
31. कनाडा-लैटिन अमेरिका/कैरेबियन डिफेंस रिलेशंस, www.forces.gc.ca
32. मैनफ्रेड मोल्स, 'इज चाइना दि अवांत-गार्दे ऑफ ईस्ट एशिया इन लैटिन अमेरिका ? रूटलेज, 2010
33. बेलीज, डोमिनिकन गणराज्य, अल सल्वाडोर, ग्वाटेमाला, हैती, होंडुरास, निकारागुआ, पनामा,

पराग्वे, सेंट किट्स एंड नेविस, सेंट विंसेंट और ग्रेनेडाइंस (कोस्टारिका ने 2007 में ताइवान से राजनयिक संबंध समाप्त कर जनवादी चीन गणराज्य से संबद्ध कायम कर लिए।)

34. लैटिन अमेरिका एंड एशिया रिव्यू, 2005

35. www.mercopress.com, 11/5/13

36. http://www.miamiherald.com/2013/06/02/3429682/trinidad-pm-says-china-offirs.html#storylink=cpy

37. 'ब्राजील, अर्जेंटीना, वेनेजुएला और क्यूबा की यात्रा करेंगे शी जिनपिंग', www.laht.com 7 जुलाई, 2014 C'Xiu, http://www.laht.com/article.asp?ArticleId=2342989&CategoryId=

38. 'चीन का व्यापार लैटिन अमेरिका के साथ दो साल के भीतर यूरोपीय संघ से आगे निकल जाएगा', साउथ चाइना मॉर्निंग पोस्ट, 17 मार्च, 2014

39. www.newamericanmedia.org

40. www.fealac.org

41. ऑस्ट्रेलिया, ब्रुनेई, कंबोडिया, पी.आर.सी., इंडोनेशिया, जापान, कोरिया, लाओस, मलेशिया, मंगोलिया, म्याँमार, न्यूजीलैंड, फिलीपींस, सिंगापुर, थाईलैंड, वियतनाम

42. अर्जेंटीना, बोलीविया, ब्राजील, चिली, कोलंबिया, कोस्टारिका, क्यूबा, डोमिनिकन गणराज्य, इक्वाडोर, अल सल्वाडोर, ग्वाटेमाला, होंडुरास, निकारागुआ, मेक्सिको, पनामा, पराग्वे, पेरू, सूरीनाम, उरुग्वे, वेनेजुएला

43. 'अहमदीनजाद ने लैटिन अमेरिका के दौरे में शावेज के नेतृत्ववाले सहयोगियों को लुभाया', बिजनेस वीक, 20 जनवरी, 2012

□

5

सागर पार के संस्मरण

'भारतीय' शब्द लैटिन अमेरिका और प्राचीन एशियाई उप-महाद्वीप दोनों के लिए समान है। यह एक अप्रत्याशित विकास था, क्योंकि उस दूरस्थ भूमि के शुरुआती खोजकर्ताओं ने मान लिया था कि वे भारत में उतरे थे। इसके परिणामस्वरूप कुछ कैरेबियाई देशों को 'वेस्ट इंडीज' कहा जाने लगा; फिर भी ऐसे विद्वानों का एक समुदाय है, जो इस बात से आश्वस्त है कि प्राचीनकाल में दुनिया के उस हिस्से के साथ भारत के संबंध थे और वहाँ भारत की उपस्थिति भी थी।

भिक्षु चमनलाल (हिंदू अमेरिका; अमेरिका की खोज किसने की?) और एन.पी. चौधरी (भारत का लैटिन अमेरिका के साथ संबंध) जैसे भारतीय लेखक मैक्सिको और मध्य अमेरिका की मय सभ्यता के साथ भारत के प्राचीन सांस्कृतिक संपर्क का हवाला देते हैं। प्राचीन ऐतिहासिक संपर्क के प्रति आश्वस्त दिखनेवाले पश्चिमी लोगों में 'जी.आर. इंटरनेशनल अकादमी फॉर संस्कृत रिसर्च' के जी.आर. जोसेर, रॉबर्ट हेन-टेल्डर्न, गॉर्डन एफ. एकहोम, राजदूत माइल्स पॉइंडेक्सटर और ऐसे अन्य लोग हैं, जिन्होंने दोनों सभ्यताओं का अध्ययन किया है। हालाँकि प्राचीन संबंधों के विवरण में कुछ वैधता हो सकती है, जो प्राचीन भारत और लैटिन अमेरिकी सभ्यताओं की प्राचीन कला, आध्यात्मिकता और भाषाओं में समानता की पहचान करते हैं। वास्तव में किसी भी शुरुआती संपर्क का बहुत कम समकालीन ऐतिहासिक रिकॉर्ड है।

भारत में पूर्व मैक्सिकन राजदूत ऑक्टेवियो पाज ने अपनी पुस्तक 'इन लाइट ऑफ इंडिया' में एक भारतीय महिला, मीरा की कथा लिखी है। यह शायद भारत और स्पेनिश लैटिन अमेरिका के बीच संबंधों का प्रथम लिखित विवरण है। एक हिंदू भारतीय गुलाम, मीरा को सत्रहवीं शताब्दी के प्रारंभ में पुर्तगाली समुद्री डाकुओं द्वारा अपहरण कर लिया गया और फिलीपींस होकर मैक्सिको लाया गया। उसका धर्म परिवर्तित कर उसे ईसाई बनाया गया और अंततः मैक्सिको के पुएब्ला शहर में एक अमीर जोड़े को बेच दिया गया। उसके मालिकों की मृत्यु के बाद वह एक कॉन्वेंट से जुड़ गई और प्यूब्ला के लोगों ने उसकी

धर्मनिष्ठा के लिए उसे सम्मानित किया। मैक्सिको के इतिहास में उसे 'ला चाइना पोबलाना' के नाम से जाना जाता है।

औपनिवेशिक संबंध सबसे पहले पुर्तगालियों द्वारा स्थापित किया गया था, जो भारत के पश्चिमी तट पर और ब्राजील में लगभग एक साथ बसे थे। जेसुइट मिशनरियों ने भारत, पुर्तगाल और ब्राजील के कुछ हिस्सों में अपने अनुभवों के बारे में रोचक पत्राचार किए। ये आदान-प्रदान अच्छी तरह से रिकॉर्ड नहीं किए गए हैं, लेकिन चूँकि वहाँ एक-दूसरे की आवश्यकताओं के लिए आदर भाव था, अतः कुछ कृषि उत्पादों को दक्षिण अमेरिका से भारत में और कुछ को भारत से दक्षिण अमेरिका में स्थानांतरित किया गया। अठारहवीं और उन्नीसवीं शताब्दियों के दौरान लैटिन अमेरिका के साथ भारत के संबंध ब्रिटिश साम्राज्य के जरिए अधिकांशतः प्रतिनिधिमूलक थे। बाद के अध्याय में हम वृक्षारोपण और अन्य क्षेत्रों में काम करने के लिए भारतीय गिरमिटिया मजदूरों को कैरेबिया ले जाने की ब्रिटिश, फ्रांसीसी और डच नीति के प्रभाव का अध्ययन करेंगे।

प्रारंभिक संपर्क और विरोधाभास

द्वितीय विश्वयुद्ध तक भारत और लैटिन अमेरिका के बीच व्यापार नगण्य था। राजनीतिक संपर्क, यदि कोई रहे भी हों तो दुर्लभ थे। प्रसिद्ध भारतीय कम्युनिस्ट एम.एन. रॉय (मूल नाम नरेंद्र भट्टाचार्य) अंग्रेजों को उखाड़ फेंकने के लिए हथियारों की तलाश में ब्रिटिश भारत से भाग खड़े हुए। उन्होंने एशिया से अमेरिका तक की यात्रा की और आखिरकार मैक्सिको पहुँचे। उनकी अविश्वसनीय यात्रा का समापन जुलाई 1917 में मैक्सिको सिटी में हुआ। उन्होंने भारतीय स्वतंत्रता संग्राम के लिए चीन में हथियार खरीदने हेतु धन इकट्ठा करना शुरू किया। उन्होंने मैक्सिको के राष्ट्रपति जोस वेन्स्टियानो कैराना से मुलाकात की और मैक्सिकन दैनिक एल पुएब्लो के लिए लिखना शुरू किया। उस अवधि के क्रांतिकारी देश मैक्सिको में उनके वामपंथी विचारों को समर्थन मिला। उसके बाद उन्होंने युवा बुद्धिजीवियों के एक समूह के साथ मिलकर मैक्सिको सोशलिस्ट पार्टी बनाई और उन्हें उसका जेनरल सेक्रेटरी चुना गया।

वर्ष 1918 में उस पार्टी ने अपना नाम बदलकर कम्युनिस्ट पार्टी रख लिया और बोल्शेविक क्रांति को बढ़ावा देने के लिए मास्को द्वारा चलाए गए कम्युनिस्ट इंटरनेशनल (कॉमिन्टर्न) के साथ संबद्धता की माँग की। नवंबर 1919 में रॉय ने कथित तौर पर राष्ट्रपति कारंजा के अनुमोदन से कॉमिन्टर्न की दूसरी कांग्रेस में मैक्सिकन कम्युनिस्ट पार्टी का प्रतिनिधित्व किया, जिसके लिए राष्ट्रपति कारंजा ने उन्हें एक राजनयिक पासपोर्ट भी जारी किया, लेकिन विचित्र बात यह है कि 1920 में मॉस्को में कोमिन्टर्न बैठक में अपनी

कम्युनिस्ट पार्टी का प्रतिनिधित्व करने के बाद वे कभी मैक्सिको नहीं लौटे।[1]

गुरुदेव रवींद्रनाथ टैगोर वर्ष 1924-25 में अर्जेंटीना में तीन महीने रहे, जहाँ वे पेरू की स्वतंत्रता के शताब्दी समारोह में भाग लेने के लिए जाते समय बीमार पड़ गए। अर्जेंटीना की कवयित्री विक्टोरिया ओकैम्पो के साथ उनके संपर्क की चर्चा बाद के अध्याय में की गई है।

आधुनिक भारत और लैटिन अमेरिका के बीच पहला राजनीतिक संपर्क वर्ष 1927 में ब्रुसेल्स में साम्राज्यवाद के खिलाफ अंतरराष्ट्रीय कांग्रेस में हुआ। पं. जवाहरलाल नेहरू ने भारतीय राष्ट्रीय कांग्रेस पार्टी के प्रतिनिधि के रूप में उसमें भाग लिया और मैक्सिको, पेरू एवं लैटिन अमेरिका के अन्य प्रतिनिधियों से मुलाकात की। नेहरू ने लैटिन अमेरिका और भारत द्वारा वहन किए जानेवाले औपनिवेशिक शासन के समान बोझ पर अपनी अवधारणा के बारे में विस्तार से लिखा। ब्रसेल्स कांग्रेस के बारे में अखिल भारतीय कांग्रेस समिति (ए.आई.सी.सी.) को सौंपी गई अपनी रिपोर्ट में उन्होंने कहा, "हममें से, विशेष रूप से एशिया से आनेवाले अधिकांश लोग दक्षिण अमेरिका की समस्याओं से और इस बात से पूरी तरह से अनभिज्ञ थे कि किस प्रकार संयुक्त राज्य अमेरिका प्रचुर संसाधन संपन्न होते हुए एवं बाहरी आक्रमण से मुक्त रहते हुए धीरे-धीरे मध्य और दक्षिण अमेरिका में अपनी उपस्थिति शक्तिशाली बना रहा है।" नेहरू के अनुसार, वित्तीय निवेश, कृषि, खनन और उद्योग के जरिए अमेरिका के वर्चस्व वाले लैटिन अमेरिकी बाजार, उनकी सरकारों को ऋण दिया जाना आदि आर्थिक साम्राज्यवाद के प्रतीक हैं। उन्होंने लैटिन अमेरिका में सैन्य तानाशाही के उद्भव को भी आशंका के साथ देखा।

नेहरू ने अपनी बेटी इंदिरा गांधी को लिखे अपने एक पत्र में मध्य अमेरिका की मय सभ्यता और पेरू में इंका सभ्यता के प्रति अपने आकर्षण का खुलासा किया था। नेहरू को विश्वास था कि भारत और लैटिन अमेरिका साझा ऐतिहासिक अनुभवों से अपने सामाजिक-आर्थिक पिछड़ेपन को दूर कर सकते हैं। उनका मानना था कि यद्यपि भारत और दक्षिण अमेरिका 'भौगोलिक रूप से एक-दूसरे से बहुत दूर हैं, परंतु मन से वे एक-दूसरे के करीब हैं।'[2]

उस समय तक लैटिन अमेरिकियों ने भी भारत को समझना शुरू कर दिया था। टैगोर के साथ विक्टोरिया ओकैम्पो के संपर्क तो थे ही, इसके अलावा चिली के कवि पाब्लो नेरुदा ऐसे प्रथम व्यक्ति थे, जो भारतीय सभ्यता के प्रति अति उत्साही थे। उन्होंने 1927-28 में भारत का दौरा किया और उस समय उन्होंने महात्मा गांधी, मोतीलाल नेहरू, सुभाषचंद्र बोस और जवाहरलाल नेहरू से मुलाकात की। नेरुदा की कविताओं का भारतीय भाषाओं में अनुवाद किया गया । उन्होंने 1951 में तत्कालीन प्रधानमंत्री जवाहरलाल नेहरू के लिए एक पत्र लेकर विश्व शांति परिषद के प्रतिनिधि के रूप में भारत का दौरा किया। दुर्भाग्य से,

उन्हें उस दौरे पर उस समय कुछ समस्या का सामना करना पड़ा, जब भारतीय सीमा-शुल्क अधिकारियों ने उनके दस्तावेजों और पत्रों को जब्त कर लिया। तब उन्हें प्रधानमंत्री नेहरू से मिलने के लिए एक घंटे से अधिक का इंतजार करना पड़ा। उस समय तेलंगाना आंदोलन के प्रति उनकी सहानुभूति और उनका कटु व्यक्तिगत अनुभव, 'भारत 1951' कविता में उभरकर सामने आया, जो उनकी साहित्यिक कलम से उभरनेवाली सबसे अधिक निंदात्मक अभिव्यक्ति थी।[3]

लैटिन अमेरिका और कैरेबिया के साथ भारत के संबंधों का अध्ययन करते समय दोनों के बीच कुछ महत्त्वपूर्ण सामाजिक-सांस्कृतिक मतभेदों को समझना जरूरी है, यद्यपि यूरोपीय साम्राज्य से मुक्ति के लिए और उसके प्रति प्रतिक्रया जाहिर करने के लिए काफी हद तक लैटिन अमेरिकी समाज की क्रियोल पहचान जिम्मेदार है, तथापि यह सुनिश्चित हो कि यूरोप के साथ उसका जन्मजात संबंध रहा है, जो उन्नीसवीं और बीसवीं शताब्दी तक चालू रहा।

लैटिन अमेरिका की इस नस्लीय, धार्मिक और भाषाई विरासत के अन्य, विशेष रूप से एशियाई संस्कृति, तक नहीं पहुँचने के कारण इसके राजनीतिक और आर्थिक संबंध यूरोप के साथ कायम हुए और पनपे। 20वीं सदी में कैरेबिया में यूरोपीय उपस्थिति गयाना, मार्टीनिक और ग्वादालूपे के फ्रांसीसी क्षेत्रों पर प्रत्यक्ष प्रशासनिक नियंत्रण के रूप में; ब्रिटिश के नियंत्रण या शासन के अधीन द्वीप क्षेत्र (ब्रिटिश वर्जिन आइलैंड्स, केमैन आइलैंड्स, मोंटसेराट) में और डच उपस्थिति (कुरासाओ और डच एंटिलीज के अन्य द्वीप) के रूप में बरकरार रही, परंतु धीरे-धीरे यूरोप का राजनीतिक और आर्थिक वर्चस्व समाप्त हुआ और उसकी जगह संयुक्त राज्य अमेरिका ने ले ली।

इसके विपरीत, भारत की स्वतंत्रता में पूरी तरह से स्वदेशी स्थापना के लिए सत्ता का सहज हस्तांतरण हुआ, हालाँकि स्वतंत्र भारत के भाग्य की दिशा निर्धारित करनेवाले कई स्वतंत्रता सेनानियों और बुद्धिजीवियों ने औपनिवेशिक कुलीन वर्ग से शिक्षा प्राप्त की थी, परंतु उनकी स्वदेशी विशिष्टता ने भारत के भाग्य को दिशा दी और उसे आकार दिया। उत्तरवर्ती पीढ़ियों ने स्थापित किया है कि यद्यपि भारत की राजनीतिक अर्थव्यवस्था में ब्रिटिश से उधार ली हुई संस्थाएँ और अवधारणाएँ हैं, तथापि यह भारत की अपनी संस्कृति और सभ्यता का उत्पाद है।

लैटिन अमेरिका और कैरेबिया के तथा भारत के सामाजिक-राजनीतिक विकास में अंतर के परिणामस्वरूप ऐसी राजनीतिक अर्थव्यवस्था का अभ्युदय हुआ, जिसकी प्राथमिकताएँ अलग-अलग थीं। भारत ने औपनिवेशिक खुमार को दूर करने की कोशिश की और औपनिवेशिक व्यवस्था के बाद उभरनेवाली साझेदारी के जरिए अपने भाग्य को दिशा

दी। एक सदी पहले स्वतंत्रता प्राप्त करनेवाला लैटिन अमेरिका अभी भी पुरानी व्यवस्था के मोह में फँसा था। बीसवीं सदी में ही स्वतंत्रता प्राप्त करनेवाले अधिकांश छोटे कैरेबियाई देश अमेरिका और यूरोप के प्रभाव में रहने के कारण दूरस्थ भारत के साथ संबंध जोड़ने में समर्थ नहीं थे, तथापि कैरेबिया में रहनेवाले प्रवासी भारतीयों से उनके संबंध बने रहे।

राजनयिक संबंध

भारत से इनकी दूरी और विरल राजनीतिक एवं आर्थिक संबंध को देखते हुए, इसकी स्वतंत्रता के तुरंत बाद प्रमुख लैटिन अमेरिकी देशों के साथ तेज गति से राजनयिक संबंध कायम करने का श्रेय भारत की विदेश नीति संस्थापन और उस क्षेत्र में इसके साझेदारों को जाता है।

ब्राजील के साथ राजनयिक संबंध वर्ष 1948 में कायम किए गए। मीनू आर. मसानी ने भारतीय मिशन स्थापित किया, जिसे जनवरी 1949 में रियो डी जेनेरियो में दूतावास के रूप में अपग्रेड किया गया। इसे वर्ष 1971 में ब्राजीलिया ले जाया गया। इस मिशन में वाणिज्यिक सचिव पेरू, वेनेजुएला, कोलंबिया और इक्वाडोर के साथ व्यावसायिक गतिविधियों के लिए जिम्मेदार थे। ब्राजील के पहले राजदूत, कैओ डी मेलो फ्रेंको अक्तूबर1949 में भारत आए।

दक्षिणी शंकु-उरुग्वे, पैराग्वे, चिली और बोलीविया में भी प्राधिकार रखने के लिए ब्यूनस आयर्स में एक व्यापार आयोग वर्ष 1943 में स्थापित किया गया। जमशेद वेसुगर ने जून 1949 में अर्जेंटीना में पहले राजदूत के रूप में कार्य भार ग्रहण किया। अर्जेंटीना ने वर्ष 1920 में कलकत्ता में एक महावाणिज्य दूतावास की स्थापना की थी, जिसे वर्ष1950 में दिल्ली में एक दूतावास के रूप में स्थानांतरित किया गया। भारत में अर्जेंटीना के पहले राजदूत ऑस्कर शेरेट ने भारत और अर्जेंटीना के बीच घनिष्ठ संबंध पर जोर दिया।[4] अर्जेंटीना ने अप्रैल 2009 में मुंबई में एक महावाणिज्य दूतावास खोला।

चिली के साथ राजनयिक संबंध वर्ष 1949 में कायम किए गए। अर्जेंटीना में भारत के राजदूत उस देश के भी राजदूत थे। स्वतंत्र भारत को मान्यता देनेवाला पहला लैटिन अमेरिकी देश मैक्सिको था। अगस्त 1950 में उसके साथ राजनयिक संबंध स्थापित किए गए। उसके प्रथम भारतीय राजदूत श्री पी.एल. भंडारी, नवंबर 1951 में मैक्सिको सिटी पहुँचे। मैक्सिकन दूतावास वर्ष 1952 में दिल्ली में खोला गया।

क्यूबा के साथ राजनयिक संबंध वर्ष 1956 में कायम किए गए और जनवरी 1959 में भारत फिदेल कास्त्रो की क्रांतिकारी क्यूबा सरकार को मान्यता देनेवाला पहला एशियाई देश था। एस.जे.एस. छतरवाल ने प्रभारी राजदूत के रूप में सितंबर 1962 में हवाना में मिशन खोला। इसके बाद 1962 के चीन-भारत युद्ध के बाद क्यूबा द्वारा चीन को मौन समर्थन दिए

जाने के कारण संबंध ठंडा पड़ गया। वर्ष 1971 में, हवाना मिशन को अपग्रेड करके राजदूत स्तर का कर दिया गया। क्यूबा ने वर्ष 1972 में विलियम फेरस को दिल्ली में अपने पहला राजदूत नियुक्त किया।

1960 के दशक में कोलंबिया (1970 तक सैंटियागो सहित) और वेनेजुएला (1966 से भारत में और 1972 से काराकास में राजदूत स्तरीय) सहित और देशों के साथ राजनयिक संबंध कायम किए गए। फरवरी 1973 में बोगोटा में एक आवासी भारतीय दूतावास को स्थापित किया गया, परंतु शायद वित्तीय प्रतिफल को ध्यान में रखकर सरकार द्वारा लिए गए निर्णय के अनुसरण में इस दूतावास को जनवरी 1993 में बंद कर दिया गया। इससे भारत को बोगोटा शहर के बीचोबीच एक उत्कृष्ट संपत्ति से हाथ धोना पड़ा। जब यह महसूस किया गया कि कोलंबिया वर्ष 1995 में XIवाँ गुट-निरपेक्ष आंदोलन शिखर सम्मेलन की मेजबानी करेगा तो अक्तूबर 1994 में इस दूतावास को फिर से खोल दिया गया। राजदूत का निवास और कार्यालय अब उसी उत्कृष्ट संपत्ति पर स्थित हैं और इस देश के 4.5 करोड़ लोगों के बीच भारत की उपस्थिति दर्ज हो रही है।

वर्ष 1962 में मैक्सिको सिटी के साथ-साथ पनामा में एक आवासी दूतावास स्थापित किया गया। पेरू के साथ पहले कांसुलर संबंध थे, लेकिन वर्ष 1963 में उसके साथ राजनयिक संबंध स्थापित किए। यहाँ के कार्य की देखभाल सैंटियागो, चिली के साथ की जाने लगी। वर्ष 1968 में, लीमा में आवासी मिशन खोला गया और पेरू के पहले रेजिडेंट राजदूत वर्ष 1973 में भारत आए। निकारागुआ के साथ राजनयिक संबंध 1971 में कायम किए गए और निकारागुआ ने 1985 में दिल्ली में अपना दूतावास खोला।

1960 और 1970 के दशक में बोलीविया, कोस्टा रिका, इक्वाडोर, अल सल्वाडोर, ग्वाटेमाला, पैराग्वे और उरुग्वे के साथ राजनयिक संबंध स्थापित किए गए। इन सभी देशों के आवासी दूतावास भारत में हैं, तथापि इन देशों में से केवल ग्वाटेमाला में भारत का एक आवासी मिशन है, जिसे 2009 में स्थापित किया गया। ग्वाटेमाला ने क्रमशः वर्ष 2013 में दिल्ली में एक दूतावास खोला। वर्ष 1979 में होंडुरास के साथ राजनयिक संबंध स्थापित किए गए। कैरेबिया में अधिकांश देशों के साथ राजनयिक संबंध उनकी स्वतंत्रता के बाद 1960, 1970 और 1980 के दशक में स्थापित किए गए।

2014 के मध्य तक भारत के चौदह आवासी मिशन लैटिन अमेरिका और कैरेबिया में थे।[5] उन क्षेत्रों के बीस आवासी मिशन दिल्ली में थे।[6] इसकी तुलना बीजिंग स्थित बाईस एल.ए.सी. मिशनों के साथ की जा सकती है। दिलचस्प बात यह है कि लैटिन अमेरिका में जवाबी तौर पर मिशन खोलने में भारत की सुस्ती के बावजूद, उन देशों के भारत स्थित किसी भी दूतावास को बंद नहीं किया गया या उसके आकार को छोटा नहीं किया गया। वस्तुतः

कई ने अपनी संख्या बढ़ाई और मुंबई, कोलकाता, बैंगलोर एवं चेन्नई जैसे महत्त्वपूर्ण भारतीय शहरों में मानद वाणिज्य-दूत भी नियुक्त किए। जब कुछ वर्ष पहले वित्तीय कारणों से राष्ट्रपति राफेल कॉरीया ने दुनिया भर में इक्वाडोरियन मिशनों की संख्या को कम करने का निर्णय लिया तो उन्होंने जान-बूझकर दिल्ली में दूतावास को बरकरार रखा तथा उसमें एक रक्षा विंग जोड़कर उसे और मजबूत किया।

उच्च स्तरीय दौरे

समुदाय, व्यापार, नौ-परिवहन आदि के जरिए समान ब्रिटिश संबंध को देखते हुए, अर्जेंटीना के साथ भारत के संबंध सबसे पहले मजबूत किए गए। वर्ष 1946 में अर्जेंटीना ने गेहूँ की महत्त्वपूर्ण खेप भेजी, जब भारत को इसकी सबसे ज्यादा जरूरत थी।

श्री वी.के. कृष्ण मेनन ने वर्ष 1954 में प्रधानमंत्री नेहरू के निजी दूत के रूप में अर्जेंटीना, चिली और पेरू का दौरा किया। उसी वर्ष अक्तूबर में उपराष्ट्रपति एस. राधाकृष्णन ने अर्जेंटीना, बोलीविया, ब्राजील, चिली, कोलंबिया, मैक्सिको और पेरू का दौरा किया। किसी लैटिन अमेरिकी राष्ट्र के प्रमुख की भारत की पहली यात्रा दिसंबर 1961 में की गई, जब अर्जेंटीना के राष्ट्रपति आर्टुरो फ्रोंडीजी चालीस सदस्यों के प्रतिनिधिमंडल के साथ भारत आए, उनकी यात्रा के दौरान परमाणु निरस्त्रीकरण और शांति जैसे मुद्दों पर हुई चर्चा में उन मुद्दों पर सामान विचार व्यक्त किए गए। दोनों देश तीसरी दुनिया के देशों के आर्थिक विकास और आत्मनिर्णय के महत्त्व पर भी सहमत हुए।

प्रधानमंत्री नेहरू ने सितंबर 1960 में संयुक्त राष्ट्र महासभा के सत्र में भाग लेने के लिए अमेरिका के दौरे पर आए श्री फिदेल कास्त्रो से हार्लेम, न्यूयॉर्क में मुलाकात की। उन्होंने नवंबर 1961 में मैक्सिको का दौरा किया, जहाँ हवाई अड्डे पर उनकी अगवानी राष्ट्रपति अडोल्फो लोपेज माटेओस ने की और फिर अक्तूबर 1962 में वे भारत आए।

प्रधानमंत्री इंदिरा गांधी ने वर्ष 19687 में इस क्षेत्र का व्यापक दौरा किया। जिन आठ देशों का उन्होंने दौरा किया, उनके दृष्टिकोण में अंतर के बावजूद, उनके विचारों में काफी समानता थी। उन्हें पेरू का भी दौरा करना था, लेकिन जनरल जुआन वेलास्को अल्वाराडो द्वारा तख्तापलट करके राष्ट्रपति फर्नांडो बेलांडे टेरी को अपदस्थ किए जाने के कारण अंतिम क्षण में उनकी यात्रा रद्द कर दी गई। लेखक को उस समय भारत में तैनात पेरू के एक राजनयिक ने बताया था कि पेरू के तत्कालीन उपविदेश मंत्री जेवियर पेरेज डी क्युएलार ने, जो बाद में संयुक्त राष्ट्र संघ के महासचिव बने, हवाई अड्डे पर उन्हें मनाने की कोशिश की कि वे कम-से-कम विमान छोड़ दें और वी.आई.पी. लाउंज में प्रवेश करें, जिसके लिए उन्होंने मना कर दिया। उन्होंने बाद में वेनेजुएला में अपने दर्शकों के समक्ष

स्पष्ट किया कि वह एक ऐसा निमंत्रण था, जो सरकार द्वारा दिया गया था, परंतु जो अब तानाशाही द्वारा प्रतिस्थापित कर दी गई। तार्किक रूप से वे जाने के लिए बाध्य नहीं थीं या नई सरकार उनकी अगवानी करने के लिए बाध्य नहीं थी।[8]

जिन देशों का उन्होंने दौरा किया, उनके साथ कमजोर द्विपक्षीय संबंधों के चलते उन्होंने अपने समकक्षों से मुख्यतः समान हित के बहुद्देशीय मुद्दों (हाल ही में दिल्ली में संपन्न यू.एन. सी.टी.ए.डी. II सम्मलेन, गुटनिरपेक्षता के गुणों का प्रचार), भारत की नीतियों के साथ सहभागिता और आज की प्राथमिकता पर चर्चा शामिल थी। किसी महत्त्वपूर्ण देश में सत्ता के सर्वोच्च शिखर पर आसीन होनेवाली गिनी-चुनी महिलाओं में से एक के प्रति मीडिया और जनता की भी गहरी रुचि थी। उनका अपना आकर्षण उनके संदेश में निहित था "…/आइए लैटिन अमेरिका और मेरे देश के बीच स्नेह के पुल का निर्माण करें।"[9]

भारत सरकार ने भिन्न विचारधारा या राजनीतिक व्यवस्था के बावजूद सभी लैटिन अमेरिकी सरकारों के साथ संबंध बनाए रखा। इस प्रकार वर्ष 1968 में प्रधानमंत्री का पेरू का दौरा रद्द किए जाने या वर्ष 1973 में चिली में तख्तापलट की निंदा किए जाने के बावजूद भारत ने अपने राजनयिक संबंधों को बनाए रखा और अंततः लोकतंत्र की बहाली का स्वागत किया। क्यूबा के राष्ट्रपति फिदेल कास्त्रो ने सितंबर 1973 में भारत का दौरा किया। प्रधानमंत्री राजीव गांधी वर्ष 1985 में क्यूबा गए और ऐसा करनेवाले वे पहले भारतीय प्रधानमंत्री थे। दक्षिण अफ्रीका की रंगभेद नीति के खिलाफ प्रतिबंध सहित कई विषयों पर दोनों पक्षों के विचारों में समानता थी।

मैक्सिको से वहाँ के राष्ट्रपति लुइस एचेवरिया अल्वारेज ने जुलाई 1975 में भारत का दौरा किया और राष्ट्रपति जोस लोपेज पोर्टिलो जनवरी 1981 में भारत के गणतंत्र दिवस समारोह में मुख्य अतिथि के रूप में शामिल हुए। दोनों देशों ने अफगानिस्तान मुद्दे के राजनीतिक समाधान का आह्वान किया। मैक्सिकन राष्ट्रपति मिगुएल डे ला मैड्रिड ने जनवरी 1985 में भारत का दौरा किया। उन्होंने परमाणु निरस्त्रीकरण पर छह राष्ट्रों के शिखर सम्मेलन में भाग लिया। उसी सम्मेलन में भाग लेने के लिए प्रधानमंत्री राजीव गांधी ने अगस्त 1986 में मैक्सिको का दौरा किया। नवंबर 1981 में वेनेजुएला के राष्ट्रपति लुइस हरेरा कैंपिंस ने भारत का दौरा किया। निकारागुआ के राष्ट्रपति डैनियल ओर्टेगा ने, जिन्होंने गुटनिरपेक्ष शिखर सम्मेलन के दौरान मार्च 1983 में भारत का दौरा किया था, सितंबर 1986 में भारत का राजकीय दौरा किया।

अप्रैल 1984 में भारत के राष्ट्रपति ज्ञानी जैल सिंह का मैक्सिको और अर्जेंटीना का राजकीय दौरा भारत के किसी राष्ट्र प्रमुख द्वारा किया गया लैटिन अमेरिका का पहला दौरा था। हवाई जहाज में फिर से ईंधन भरने के लिए लीमा में रुकने के दौरान राष्ट्रपति सिंह ने

पेरू के राष्ट्रपति से भी मुलाकात की। राष्ट्रपति के.आर. नारायणन ने 1998 में पेरू का दौरा किया। इसके बाद इस क्षेत्र में भारत के राष्ट्रपतियों और उपराष्ट्रपतियों के दौरे, जिसे पहले तात्विक की तुलना में अधिक औपचारिक माना जाता था, काफी नियमित रहे हैं और उसकी आवृत्ति में वृद्धि हुई है। इन दौरों में राजनीतिक और आर्थिक मुद्दों के महत्त्व पर भी जोर दिया गया।

जहाँ तक अन्य देशों के साथ संबंध का प्रश्न है, निचले स्तर पर भी द्विपक्षीय दौरे हुए। पिछले तीन दशकों में भारत के कई संसदीय प्रतिनिधिमंडलों ने लैटिन अमेरिकी और कैरेबियाई देशों का दौरा किया। इनका उद्देश्य मूल रूप से सद्भावना-प्रदर्शन और सांसदों को विदेशी स्थलों की यात्रा करने का अवसर उपलब्ध कराना था तथा प्राय: इनका कोई राजनीतिक या आर्थिक महत्त्व नहीं था। उस क्षेत्र के कुछ देशों ने समान काररवाई की। कुछ देशों का औपचारिक दौरा एकजुटता दिखाने और दोस्ती को मजबूत करने के लिए किया गया।

हालिया राजनीतिक नैकट्य

बीसवीं शताब्दी के उत्तरार्ध में भारत और लैटिन अमेरिका एवं कैरेबियाई देशों के बीच पर्याप्त राजनीतिक सद्भावना के बावजूद, राजनीतिक जुड़ाव, मुख्य रूप से भौगोलिक दूरी के कारण, सीमित रहा। अधिकांश लैटिन अमेरिका में प्रवासी भारतीयों की कम संख्या और आर्थिक एवं सांस्कृतिक आदान-प्रदान के अपेक्षाकृत लघु स्तर के कारण यह क्षेत्र भारतीय राजनीतिक और राजनयिक जुड़ाव के हाशिए पर रहा। कुछ भारतीय मिशन अधिक महत्त्वपूर्ण देशों में स्थापित हुए और नई दिल्ली में एल.ए.सी. मिशन के (2002 तक बारह) कारण यद्यपि आवश्यक राजनीतिक संपर्क बना रहा, तथापि उसका स्तर लघु था। वस्तुत: बहुपक्षीय मंच, मुख्य रूप से संयुक्त राष्ट्र संघ के कार्यालयों और न्यूयॉर्क, जिनेवा एवं अन्य स्थानों पर स्थित उसके अंगों के साथ ये संपर्क सक्रिय बने रहे।

1980 के दशक में और उसके बाद से पूरे लैटिन अमेरिकी क्षेत्र में लोकतंत्र के सुदृढ़ीकरण और उसके बाद विश्व अर्थव्यवस्था में एक प्रमुखकर्ता के रूप में भारत के उभरने तथा वर्ष 1991 से उसके द्वारा व्यापक आर्थिक सुधार किए जाने के कारण दोनों पक्षों के बीच पारस्परिक दिलचस्पी बढ़ी। वर्ष 2013 तक भारत ने इक्वाडोर, डोमिनिकन गणराज्य और उरुग्वे में कम-से-कम तीन और दूतावास स्थापित करने की योजना तैयार की। हाल के वर्षों में भारतीय विदेश सेवा कैडर में भरती में वृद्धि और द्विपक्षीय व्यापार में भारी बढ़ोतरी के कारण भारत उस क्षेत्र में भारतीय दूतावासों की संख्या में अपेक्षित वृद्धि करने में समर्थ हुआ। इससे स्पेनिश और पुर्तगाली भाषाओं के जानकार भारतीय राजनयिकों

की संख्या में वृद्धि हुई। वर्ष 2007 से ब्राजील और चिली के भारतीय दूतावासों में रक्षा कार्य से जुड़े अधिकारी नियुक्त किए गए हैं, जो इस क्षेत्र के अन्य देशों में भी संबंधित कार्य देखते हैं।

आधिकारिक और उच्च स्तरीय दौरों की गति इक्कीसवीं सदी के पहले दशक में काफी बढ़ी। भारत की स्वतंत्रता के पहले पचास वर्षों में लैटिन अमेरिका से केवल दस राष्ट्रपति भारत के दौरे पर आए। वर्ष 2001-2011 के दशक में एक दर्जन दौरे हुए।[10] यद्यपि बीसवीं शताब्दी में चिली के किसी भी राष्ट्रपति ने दौरा नहीं किया, तथापि चिली से 2005 और 2009 में दो राष्ट्रपति दौरे पर आए। राष्ट्रपति प्रतिभा पाटिल ने 2008 में चिली का दौरा किया, जो भारत से किसी राष्ट्रपति का दूसरा दौरा था। ब्राजील के राष्ट्रपति फर्नांडो हेनरिक कार्डसो ने 1996 में भारत का दौरा किया। उनके उत्तराधिकारी, राष्ट्रपति लूला ने 2004, 2007 और 2008 में भारत के तीन दौरे किए और ब्राजील तथा भारत के संबंधों में प्रगाढ़ता लाई। राष्ट्रपति लूला की उत्तराधिकारी, सुश्री डिल्मा रूसेफ ने 2012 में भारत का दौरा किया। भारत से राष्ट्रपति के.आर. नारायणन ने 1999 में ब्राजील का दौरा किया; राष्ट्रपति प्रतिभा पाटिल ने 2008 में, जबकि प्रधानमंत्री डॉ. मनमोहन सिंह ने 2010 और फिर 2012 में ब्राजील का दौरा किया।

भारत के प्रधानमंत्री श्री नरेंद्र मोदी ने प्रधानमंत्री का पदभर सँभालने के केवल दो महीने बाद जुलाई 2014 में ब्रिक्स शिखर सम्मेलन में भाग लेने के लिए ब्राजील का दौरा किया। उन्होंने राष्ट्रपति रूसेफ और ब्राजील द्वारा मेहमान के रूप में आमंत्रित अन्य लैटिन अमेरिकी नेताओं के साथ द्विपक्षीय चर्चा की। दुर्भाग्यवश, प्रधानमंत्री मोदी फीफा विश्व फुटबॉल कप के अंतिम मैच को देखने के लिए राष्ट्रपति रूसेफ के निमंत्रण का लाभ नहीं उठा सके, जो शिखर सम्मेलन से दो दिन पहले आयोजित हुआ था।

इस सदी में मैक्सिको के साथ आदान-प्रदान जारी रहा। राष्ट्रपति पाटिल 2008 में मैक्सिको गईं और 2007 में राष्ट्रपति फेलिप काल्डेसेन भारत आए। प्रधानमंत्री मनमोहन सिंह ने 2012 में जी20 शिखर सम्मेलन में भाग लेने के लिए मैक्सिको का दौरा किया। अर्जेंटीना की राष्ट्रपति क्रिस्टीना फर्नांडीज ने अक्तूबर 2009 में सैन जुआन और ला पम्पा प्रांतों के गवर्नरों तथा एक बड़े व्यापारिक प्रतिनिधिमंडल के साथ भारत का दौरा किया। यात्रा के दौरान कई समझौता ज्ञापनों और समझौतों पर हस्ताक्षर किए गए, जिससे, बताया जाता है, रणनीतिक साझेदारी के लिए एक व्यापक वार्त्ता शुरू हुई; हालाँकि संबंधों की वर्तमान स्थिति इस कथन को नहीं ठहराती है।

मार्च 2001 में राष्ट्रपति एंड्रेस पास्ट्राना ने भारत का दौरा किया, जो कोलंबिया से भारत का पहला राजकीय दौरा था। कोलंबिया के उपराष्ट्रपति फ्रांसिस्को सांतोस ने 2011

में भारत का दौरा किया। वेनेजुएला के राष्ट्रपति ह्यूगो चावेज ने मार्च 2005 में भारत का राजकीय दौरा किया और दोनों देशों के बीच हाइड्रोकार्बन पर महत्त्वपूर्ण समझौते किए। पेरू से राष्ट्रपति एलन गार्सिया और अल्बर्टो फुजीमोरी ने क्रमशः 1987 और 1997 में भारत का दौरा किया। भारत के उपराष्ट्रपति श्री एम.एच. अंसारी ने 2013 में क्यूबा और पेरू का दौरा किया। डोमिनिकन गणराज्य के राष्ट्रपति लियोनेल फर्नांडीज ने 2011 में भारत का दौरा किया। उरुग्वे के उपराष्ट्रपति डैनिलो एस्टुरी ने 2011 में भारत का दौरा किया। इक्वाडोर के उपराष्ट्रपति जॉर्ज ग्लैस एस्पिनेल ने दिसंबर 2013 में एक महत्त्वपूर्ण आधिकारिक और व्यापार प्रतिनिधिमंडल के साथ भारत का दौरा किया।

इस क्षेत्र के साथ समग्र रूप से राजनीतिक वार्त्ता का प्रयास वर्ष 1995 से शुरू हुआ, जब भारत के तत्कालीन विदेश मंत्री ने न्यूयॉर्क में रियो समूह के तत्कालीन ट्रोइका के विदेश मंत्रियों से मुलाकात की। उस समय वार्षिक आधार पर संरचित वार्त्ता करने का निर्णय लिया गया था, जिसपर दुर्भाग्यवश अनुवर्ती काररवाई नहीं की गई। वर्ष 2005 में अपने पेरू दौरे के समय विदेश मंत्री यशवंत सिन्हा ने रियो ग्रुप ट्रोइका—पेरू के विदेश मंत्री और ब्राजील एवं कोस्टा रिका के प्रतिनिधियों से मुलाकात की, जहाँ उन्हें 2003 के शिखर सम्मेलन की 'क्युस्को सर्वसम्मति' के बारे में जानकारी दी गई। दोनों पक्षों ने भारत और रियो ग्रुप के बीच संबंधों को और मजबूत बनाने के लिए अपनी प्रतिबद्धता दोहराई।[11]

जून 2003 में विदेश मंत्री की लीमा, पेरू की यात्रा के दौरान एंडियन कम्युनिटी (कान) के साथ राजनीतिक परामर्श और सहयोग के लिए एक समझौते पर हस्ताक्षर किए गए। इस दौरे के दौरान विदेश मंत्री ने एंडियन समुदाय के महासचिव महामहिम डॉ. गुइलेर्मो फर्नांडीज डी सोटो के साथ बैठक की, जिसमें भारत और कान[12] के बीच एक तरजीही व्यापार समझौते की संभावनाओं पर भी चर्चा की गई। इस पर और साथ ही आर्थिक सहयोग के बारे में संबंधित प्रयास की दिशा में बहुत कम अनुवर्ती काररवाई की गई।

नवंबर 2003 में जमैका के विदेश और व्यापार मंत्री के, जो उस समय कैरेबियाई समुदाय (कैरिकॉम) परिषद के अध्यक्ष भी थे, भारत दौरे के समय भारत और कैरिकॉम के बीच परामर्श, सहयोग एवं समन्वय के लिए एक स्थायी संयुक्त आयोग की स्थापना हेतु एक समझौते पर हस्ताक्षर किए गए। भारत-कैरिकॉम विदेश मंत्रियों की प्रथम एवं एकमात्र बैठक फरवरी 2005 में सूरीनाम में आयोजित की गई, जिसमें भारत के विदेश राज्य मंत्री ने कैरिकॉम सचिवालय के कंप्यूटरीकरण के लिए अमेरिकी $1.3 करोड़ की परियोजना सहायता की घोषणा की। उन्होंने आईटी, आपदा प्रबंधन, एचआईवी/एड्स और नवीकरणीय ऊर्जा के क्षेत्र में सहायता के लिए कैरिकॉम के अनुरोध पर सहमति व्यक्त की।[13]

मध्य अमेरिका की 'आठ सदस्यीय एकीकृत प्रणाली' (एस.आई.सी.ए.) के विदेश

मंत्रियों ने 2004 में और फिर 2008 में दिल्ली में विदेश मंत्री से मुलाकात की। सितंबर 2010 में संयुक्त राष्ट्र महासभा की तर्ज पर न्यूयॉर्क में एक बैठक हुई और आगे की बैठक की योजना बनाई गई। न्यूयॉर्क में एस.आई.सी.ए. की बैठक में भारत के विदेश मंत्री के बयान से भारत के एस.आई.सी.ए. के साथ सहयोग के तत्त्वों की रूपरेखा का पता चलता है।[14] जहाँ तक भारत का संबंध है, इस उप-क्षेत्र और कैरिकॉम के मुद्दे समान हैं। भारत आपदा प्रबंधन में सहायता प्रदान करता है; विशिष्ट परियोजनाओं के लिए ऋण व्यवस्था उपलब्ध कराता है; मुख्य रूप से आई.टी. के क्षेत्र में तकनीकी सहायता और समर्थन प्रदान करता है और व्यापार एवं यात्रा को बढ़ाने में सहयोग करता है। भारत जलवायु परिवर्तन पर इन मंचों से सहयोग और संयुक्त राष्ट्र सुरक्षा परिषद की स्थायी सदस्यता के लिए सदस्य देशों से अपनी उम्मीदवारी का समर्थन भी चाहता है।

द्विपक्षीय संबंध

बड़े पैमाने पर एल.ए.सी. क्षेत्र के साथ भारत के संबंध द्विपक्षीय रहे है। यहाँ भी शायद राजनीतिक संघर्ष या विवाद के अभाव के कारण, राजनीतिक से अधिक आर्थिक संबंधों पर ध्यान केंद्रित किया गया । संयुक्त राष्ट्र या अन्य बहुपक्षीय निकायों और मंचों में पारस्परिक बहुपक्षीय हितों से जुड़ी समस्याओं का निदान किया गया। द्विपक्षीय वार्त्ता की रूपरेखा उपमंत्री के (भारत के मामले में विदेश मंत्रालय के सचिव) स्तर पर विदेश कार्यालय से परामर्श (एफ.ओ.सी.) करके तैयार की जाती है। ब्राजील, मैक्सिको और अर्जेंटीना में उच्च स्तरीय विचार-विमर्श मंत्रिमंडल स्तरीय संयुक्त आयोग (जे.सी.एम.) स्तर पर किया जाता है। क्यूबा में यह प्रणाली लागू थी, लेकिन कुछ वर्ष पहले कुछ अंतर्निहित कारणों से संयुक्त आयोग की अधिकांश बैठकों को स्थगित करने का फैसला किया गया। यह तंत्र पेरू में भी मौजूद है, जिसके संयुक्त आयोग की प्रथम बैठक 2015 में करने का निर्णय लिया गया।[15] हाल के वर्षों में कई देशों के संयुक्त आयोग की बैठकें हुई हैं।

ब्राजील के साथ चतुर्दिक् संबंध सबसे अधिक सक्रिय रहे हैं। दोनों देशों के आकार के अलावा, उनकी बहु-सांस्कृतिक, बहुजातीय और धर्मनिरपेक्ष प्रकृति में समानता है; उनकी बड़ी और बढ़ती अर्थव्यवस्था है; और सर्वोपरि, एक पूरक तत्त्व है, जो संबंधों को प्रगाढ़ बनाता है; हालाँकि यह हमें उन मूल विषमताओं से विचलित नहीं करता है, जो हमें काफी आगे चलकर उनसे अलग करती हैं।

पश्चिमी गोलार्ध में उभरती शक्ति के रूप में अपनी प्रकट नियति को आगे बढ़ाने के ब्राजील के दृढ़ संकल्प और उसकी क्षमता—इस सदी में भारत की बहुध्रुवीयता की नीति के साथ पूरी तरह सही बैठती है। दोनों राष्ट्र अपने संबंधों को अलग-थलग करके नहीं, बल्कि

दक्षिण-दक्षिण विचार-विमर्श को दृढ़ करने की एक समग्र परियोजना के हिस्से के रूप में देखते हैं।[16] इसका शुभारंभ तीन देशों—भारत-ब्राजील-दक्षिण अफ्रीका (आई.बी.एस.ए. इब्सा) के विदेश मंत्रियों के त्रिपक्षीय मंच द्वारा जून 2003 में ब्रासीलिया में किया गया था। यह परियोजना तीनों देशों के नेताओं के राजनीतिक समर्थन पर निर्भर रही, हालाँकि 2013 में भारत में होनेवाले शिखर सम्मेलन की योजना समय निर्धारण की समस्या के कारण फलीभूत नहीं हो सकी। कुछ विश्लेषकों का दावा है कि ब्रिक्स फोरम में दक्षिण अफ्रीका को शामिल किए जाने से आई.बी.एस.ए. की प्राथमिकता कम हो गई।

वर्ष 2007 और 2013 के बीच भारत के विदेश मंत्री ने तीन बार ब्राजील का दौरा किया, जबकि ब्राजील के विदेश मंत्री ने चार बार भारत का दौरा किया। इसके अतिरिक्त इस अवधि में इन दोनों देशों के बीच कई अन्य मंत्री स्तरीय दौरे हुए। इस आदान-प्रदान के अलावा दोनों देशों के विदेश मंत्री और अन्य मंत्रियों के बीच संयुक्त राष्ट्र संघ और अनेक बहुपक्षीय स्थानों पर बैठकें हुईं। संयुक्त आयोग की बैठकें (जे.सी.एम.) ब्राजील के साथ नियमित रूप से आयोजित की गईं और इसकी पिछली बैठक अक्तूबर 2013 में आयोजित की गई।[17] संभवत: जी4 में ब्राजील और भारत के विचार और कार्य में काफी समानता है, जहाँ वे जापान और जर्मनी के साथ विस्तारित संयुक्त राष्ट्र सुरक्षा परिषद में अपनी स्थायी सदस्यता की आक्रामक तरीके से वकालत करते हैं। दक्षिण अफ्रीका को भी इस संरचना में शामिल किया गया है, जबकि द. अफ्रीका अभी तक यह निर्णय नहीं ले पाया है कि संयुक्त राष्ट्र सुरक्षा परिषद की पुनर्संरचना की स्थति में उसे किस उम्मीदवार का समर्थन करना चाहिए?

प्रत्यर्पण संधि, विज्ञान और प्रौद्योगिकी, रक्षा आदि में सहभागिता सहित कई द्विपक्षीय समझौते हुए, जो आपसी संबंधों को परिभाषित करते हैं और सहयोग के लिए आधार बनाते हैं। भारत और ब्राजील ने 2004 में अंतरिक्ष सहयोग संबंधी समझौते पर हस्ताक्षर किए, जिसके तहत भारत ने एक ब्राजीलियाई सूक्ष्म-उपग्रह लॉन्च करने और उपग्रह से डेटा प्राप्त करने के लिए ब्राजील में एक ग्राउंड स्टेशन स्थापित करने पर सहमति व्यक्त की। दोनों देशों ने आई.बी.एस.ए. समूह के तत्त्वावधान में दक्षिण अफ्रीका के साथ एक संयुक्त उपग्रह परियोजना भी शुरू की है। इस परियोजना के अधीन शुरू में मौसम पूर्वानुमान, कृषि और खाद्य सुरक्षा का अध्ययन करने के लिए दो उपग्रहों का निर्माण किया जाएगा। ब्राजील ने हाल ही में भारत को अपने अंतरिक्ष वैज्ञानिकों को प्रशिक्षित करने के लिए कहा है।[18]

ब्राजील इस क्षेत्र में भारत के लिए एक महत्त्वपूर्ण रणनीतिक साझेदार है। वर्ष 2003 में हस्ताक्षरित एक रक्षा सहयोग समझौते में वैमानिकी, जहाज निर्माण, एकीकृत हवाई रक्षा, जंगल युद्ध और रक्षा सॉफ्टवेयर में संयुक्त गतिविधियों की परिकल्पना की गई। ब्राजील

ने भारतीय वायु सेना के लिए अपने एम्ब्रेयर विमानों की खरीद करने की पेशकश की है। इनमें से तीन विमानों में भारतीय बलों की प्रारंभिक चेतावनी क्षमता को बढ़ावा देने के लिए रडार और अन्य उपकरण लगाए जा रहे हैं। भारत ने ब्राजील के रक्षा मंत्री के अनुरोध पर सहमति व्यक्त की है। ब्राजील द्वारा हार्डवेयर के बेहतर अधिग्रहण के लिए यहाँ के विदेश मंत्री सेल्सो एमोरिम ने खुली निविदा मूल्यांकन प्रक्रिया साझा की है।[19] ब्राजील और भारत पाँचवीं पीढ़ी के लड़ाकू विमानों के लिए रूस के साथ भारत के सह-उत्पादन समझौते और साइबर-रक्षा में ब्राजील के अनुभव के बारे में जानकारी साझा करने पर चर्चा कर रहे हैं। ब्राजील ने अपनी फ्रांस-निर्मित ऐसी स्कॉर्पीन पनडुब्बियों के लिए नई दिल्ली से स्पेयर पार्ट्स में परिचालन प्रशिक्षण और सहयोग भी माँगा है, जिसे भारत ने भी तैनात किया है।

भारत के मैक्सिको के साथ संबंध राजनीतिक से अधिक आर्थिक रहे हैं। वर्ष 2010 और 2012 में मैक्सिको की विदेश मंत्री पेट्रीसिया एस्पिनोसा के भारत दौरे सहित दोनों देशों के बीच उच्च स्तरीय आदान-प्रदान के बावजूद, मैक्सिको के साथ भारत के संबंध अभी भी रणनीतिक साझेदारी के स्तर तक नहीं पहुँचे हैं। वर्ष 2007 में राष्ट्रपति काल्डेरोन के भारत दौरे के समय प्रत्यर्पण संधि और अपराध पर पारस्परिक कानूनी सहायता संधि हुई। इस दौरे के समय दोनों देशों के बीच के संबंध को 'विशेषाधिकृत साझेदारी' का रूप दिया गया । संयुक्त आयोग की पिछली बैठक नवंबर 2014 में आयोजित हुई।

इस संबंध में एक बाधा संयुक्त राष्ट्र सुरक्षा परिषद में स्थायी सीटों के लिए जी-4 की माँग का संयुक्त राष्ट्र संघ में 'आम राय के लिए एकजुटता' समूह के जरिए अर्जेंटीना, कोलंबिया और कोस्टा रिका सहित मैक्सिको द्वारा किया जानेवाला विरोध है। उनका विरोध स्पष्टत: वीटो की शक्ति प्राप्त सदस्यों की संख्या में होनेवाली वृद्धि से है। उनका दावा है कि वे परिषद की गैर-स्थायी सदस्यता के विस्तार को प्राथमिकता देंगे, जहाँ सभी देशों को प्रतिनिधित्व करने का समान अवसर होगा। एक विचार यह है कि मैक्सिको और लैटिन अमेरिका के अन्य देश सुरक्षा परिषद में इस क्षेत्र का प्रतिनिधित्व करने के ब्राजील के दावे का विरोध कर रहे हैं। तथापि, वर्ष 2003 से जी20 शिखर सम्मेलन द्वारा एक ऐसा मंच प्रदान किया गया है, जिसमें भारत और मैक्सिको के अधिकारी नियमित रूप से मिल सकते हैं।

एल.ए.सी. की तीसरी सबसे बड़ी अर्थव्यवस्था अर्जेंटीना के साथ संबंध वर्ष 2009 में राष्ट्रपति क्रिस्टीना फर्नांडीज के भारत दौरे से और मजबूत हुए। यह पंद्रह वर्षों में अर्जेंटीना के राष्ट्रपति का पहला भारत दौरा था, जिसमें दोनों देश की सरकारों ने एक नागरिक परमाणु ऊर्जा समझौते पर हस्ताक्षर किए। अर्जेंटीना भी 'आम राय के लिए एकजुटता' ग्रुप का सदस्य है, जो विस्तारित संयुक्त राष्ट्र सुरक्षा परिषद में स्थायी सदस्यता के लिए ब्राजील और भारत की उम्मीदवारी सहित जी4 द्वारा प्रस्तुत फार्मूले का विरोध करता है।

वर्ष 1982 में माल्विनास (फॉकलैंड्स) द्वीपसमूह के संबंध में ब्रिटेन के साथ अर्जेंटीना के युद्ध पर भारत का रुख नरम था। भारत, हालाँकि इस क्षेत्र के भविष्य पर बातचीत के लिए अर्जेंटीना के रुख का समर्थन करता है, तथापि इसने बल प्रयोग पर खेद जताया और द्विपक्षीय राजनयिक समाधान का आह्वान किया। वर्ष 2012 में, भारत के ओ.एन.जी.सी. (विदेश) लिमिटेड द्वारा इस द्वीपसमूह के अपतटीय क्षेत्रों में तेल और गैस रियायतों के लिए सर्वेक्षण करने की पहल पर भारत सरकार द्वारा नाराजगी व्यक्त की गई। कंपनी ने इस परियोजना को छोड़ दिया, जिसे अर्जेंटीना द्वारा काफी सराहना मिली। दोनों देशों के विदेश मंत्रियों ने वर्ष 2013 में पारस्परिक दौरे किए। अप्रैल 2014 में ब्यूनस आयर्स में एफ.ओ.सी. का आयोजन किया गया।

जैसा कि हम बाद में देखेंगे, चिली के साथ बढ़ते व्यापार और निवेश से उसके साथ संबंध मजबूत हुए। सितंबर 1973 में राष्ट्रपति सल्वाडोर अलेंदे का तख्तापलट किए जाने पर भारत ने एहातियातपूर्वक प्रतिक्रिया जाहिर की। अपनी गहरी चिंता व्यक्त करते हुए भारत ने अमेरिकी संलिप्तता का उल्लेख करने से परहेज किया, हालाँकि भारतीय जनता द्वारा तख्तापलट की कड़ी निंदा की गई । उच्च स्तरीय दौरों, विशेष रूप से राष्ट्रपति मिशेल बाशेलेट द्वारा 2009 में किए गए भारत के दौरे से यह संबंध मजबूत हुआ है। चिली ने संयुक्त राष्ट्र सुरक्षा परिषद में स्थायी सीट के लिए भारत के दावे का समर्थन किया है।

पेरू के साथ भारत के संबंध सौहार्दपूर्ण रहे हैं, लेकिन बीसवीं सदी के दौरान इसमें कोई उल्लेखनीय प्रगति नहीं हुई। ऊपरलिखित राष्ट्रपति के दौरे के अलावा, आर्थिक मुद्दे पर वार्त्ता नगण्य रही। इस सदी में पेरू के साथ संबंधों के विकास की गति तेज हुई है, निवेशक-अनुकूल अर्थव्यवस्था और संसाधन आधार के कारण भारत का ध्यान उधर आकर्षित हुआ है। व्यापार में काफी वृद्धि हुई है और वह वर्ष 2012-13 में पहली बार 1 अरब अमेरिकी डॉलर को पार कर गया तथा इसमें और वृद्धि होने की आशा है। सितंबर 2013 में भारत के उपराष्ट्रपति एम.एच. अंसारी के दौरे के समय रक्षा सहयोग और एक संयुक्त आयोग की स्थापना किए जाने से संबंधित समझौते को हस्ताक्षरित किए जाने से दोनों देशों के बीच संबंध और मजबूत हुए। भारत का वाणिज्य मंत्रालय पेरू के साथ अंततः मुक्त व्यापार समझौते पर बातचीत शुरू करने की उम्मीद करता है।

'इलस्ट्रेटेड वीकली ऑफ इंडिया' ने 15 दिसंबर, 1985 को एक रिपोर्ट प्रकाशित की, जिसमें यह कहा गया कि सिख अलगाववादियों ने, 'खालिस्तानी' नायक जगजीत सिंह चौहान के नेतृत्व में दिनांक 3 अक्तूबर, 1985 को इक्वाडोर की राजधानी क्विटो में, 'निर्वासित खालिस्तान सरकार' का 'उच्चायोग' खोला था, जिसके स्वागत समारोह में इक्वाडोर के सरकारी अधिकारियों और कैबिनेट मंत्रियों ने भाग लिया। भारतीय पत्रिका

के अनुसार, इक्वाडोर के तत्कालीन राष्ट्रपति, लियोन फेब्रिस कोर्डेरो ने शायद इस मुद्दे की जटिलता से अनभिज्ञ रहते हुए इक्वाडोर में सिख प्रवासियों का स्वागत करने के लिए अपने दूत के रूप में इक्वाडोर के पूर्व राष्ट्रपति कार्लोस जूलियो अरोसेमना को प्रतिनियुक्त किया। इक्वाडोर के अधिकारियों के पास भारत द्वारा विरोध दर्ज किए जाने के बाद मामले को हल किया गया।

वर्ष 2005 में इक्वाडोर ने भारत में अपना दूतावास खोला–राष्ट्रपति राफेल कोरीया के तहत राजनीतिक संबंध सौहार्दपूर्ण रहे, जो मुख्य रूप से रक्षा सहयोग और हाइड्रोकार्बन पर केंद्रित रहा। वर्ष 2008 में इक्वाडोर भारतीय ध्रुव हेलीकॉप्टरों की खरीद करनेवाला पहला देश बन गया। यह भारत से और हेलीकॉप्टर खरीदने का इच्छुक है, परंतु कुछ निहित स्वार्थी इस क्षेत्र में भारत की क्षमता को बदनाम करने की कोशिश कर रहे हैं, जबकि राष्ट्रपति कोरीया और उनके संस्थान ने इसका विरोध किया, जब वर्ष 2009 में एक प्रदर्शन उड़ान के दौरान एक हेलीकॉप्टर दुर्घटनाग्रस्त हो गया तो राष्ट्रपति कोर्रिया ने अपने रक्षा मंत्री और वायु सेना प्रमुख के साथ सार्वजनिक रूप से कहा कि हिंदुस्तान एयरोनॉटिक्स लिमिटेड द्वारा ($ 5 करोड़ से कुछ अधिक में) आपूरित सात हेलीकॉप्टर पहले दरजे के थे। दुर्घटना की जाँच से बाद में यह सिद्ध हुआ कि दुर्घटना इक्वाडोर के पायलट की त्रुटि के कारण हुई थी। दुर्भाग्य से एक दूसरा ध्रुव हेलीकॉप्टर, जिसे राष्ट्रपति के उपयोग के लिए सौंपा गया था, जनवरी 2014 में दुर्घटनाग्रस्त हो गया, जिसका कारण भी पायलट की त्रुटि मानी गई। इक्वाडोर का दूतावास, दिल्ली स्थित कुछ ऐसे लैटिन अमेरिकी दूतावासों में से एक है, जिसमें साथ रक्षा विभाग भी है।

वर्ष 1995 में कार्टाजेना में कोलंबिया द्वारा आयोजित गुटनिरपेक्ष शिखर सम्मेलन में 'जम्मू और कश्मीर लिबरेशन फ्रंट' (जे.के.एल.एफ.) के प्रतिनिधियों के पर्यवेक्षक के रूप में प्रवेश पाने के प्रयास को सक्रिय भारतीय राजनयिक हस्तक्षेप द्वारा विफल कर दिया गया। कोलंबिया भारत को आतंक के खिलाफ युद्ध में एक सहयोगी के रूप में देखता है और संयुक्त राष्ट्र संघ में आतंकवाद के खिलाफ एक व्यापक सम्मेलन के लिए भारत के प्रयासों का समर्थन करता है।

कोलंबिया ने 2009 में भारत के साथ एक रक्षा सहयोग समझौते पर भी हस्ताक्षर किए और उस समय भारतीय रक्षा उपकरणों में रुचि व्यक्त की। भारत के ऑर्डनेंस फैक्ट्री ब्यूरो को हॉवित्जर के लिए एक संभावित आदेश, पूरी तरह से दिल्ली में नौकरशाही जड़ता की भेंट चढ़ गया, जिसने रक्षा समझौते संबंधी मामले को लंबा खींचा और अनुमोदन देने में कई सप्ताहों की देर कर दी। कोलंबिया लैटिन अमेरिका में भारत का तीसरा सबसे महत्त्वपूर्ण निर्यात गंतव्य बन गया है और भारत का वाणिज्य मंत्रालय इसके साथ मुक्त

व्यापार समझौता करने पर विचार कर रहा है, हालाँकि इसने 'आम राय के लिए एकजुटता' ग्रुप के साथ मिलकर संयुक्त राष्ट्र सुरक्षा परिषद की स्थायी सदस्यता के विस्तार के जी4 के प्रस्ताव का विरोध करना जारी रखा है।

भारत ने पनामा नहर क्षेत्र पर संप्रभुता हासिल करने के पनामा के दावे का लगातार समर्थन किया और 1979 में इस मुद्दे को हल करने के लिए पनामा के राष्ट्रपति उमर तोरोजोस और अमेरिका के राष्ट्रपति जिमी कार्टर के बीच किए गए समझौते का स्वागत किया, हालाँकि 2005 में पनामा के उप-प्रधानमंत्री और विदेश मंत्री सैमुअल लुईस नवारो का भारत आगमन ही अभी तक का सर्वोच्च द्विपक्षीय दौरा रहा है।

निकारागुआ में सैंडिनिस्टा विद्रोहियों के लिए भारत के लगातार समर्थन को डैनियल ऑर्टेगा ने बहुत सराहा, जिन्होंने सैंडिनिस्टा आंदोलन का नेतृत्व किया और 1980 के दशक में दो बार भारत का दौरा किया। उनके विदेश मंत्री सैमुअल सैंटोस लोपेज ने 2013 में दो बार पर्याप्त प्रतिनिधिमंडल के साथ भारत का दौरा किया और उस समय उन्होंने अंतर-महासागरीय नहर बनाने की अपने देश की योजना का खुलासा किया।

मध्य अमेरिका के साथ भारत के संबंध मुख्य रूप से मध्य अमेरिकी एकीकरण प्रणाली (एस.आई.सी.ए.) समूह के तत्त्वावधान में रहे हैं। भारत के विदेश मंत्री और एस.आई.सी.ए. के विदेश मंत्रियों के बीच प्रथम वार्त्ता फरवरी 2004 में नई दिल्ली में हुई। जून 2008 में भारत ने सहयोगी सदस्य के रूप में एस.आई.सी.ए. और डोमिनिकन गणराज्य के विदेश मंत्रियों की मेजबानी की। भारत ने संयुक्त राष्ट्र सुरक्षा परिषद में स्थायी सीट के लिए एस.आई.सी.ए. का समर्थन माँगा। 'आम राय के लिए एकजुटता' के हिस्से के रूप में कोस्टा रिका ने इसका विरोध किया, परंतु अल सल्वाडोर, ग्वाटेमाला और होंडुरास ने भारत का समर्थन किया । जारी वार्त्ता के अन्य मुद्दों में शामिल हैं—आपदा प्रबंधन; जलवायु परिवर्तन; आतंकवाद; परमाणु अप्रसार और निरस्त्रीकरण; ऋण व्यवस्था (होंडुरास द्वारा उपभोग किए जाने हेतु); आई.टी.ई.सी. कार्यक्रम के जरिए तकनीकी सहायता और आईटी में उत्कृष्टता केंद्रों की स्थापना। एस.आई.सी.ए. ने भारत को आर्थिक सहयोग को बढ़ावा देने के लिए एक फ्रेमवर्क समझौते और पारस्परिक संवर्धन एवं निवेश के संरक्षण के लिए एक समझौते का प्रस्ताव दिया। वर्ष 2011-12 में भारत-एस.आई.सी.ए. व्यापार 1.2 अरब अमेरिकी डॉलर हो गया, जबकि पिछले वर्ष यह 84.2 करोड़ अमेरिकी डॉलर था।

भारत की स्वतंत्र विदेश नीति के कारण इसे लेटिन अमेरिका के वामपंथियों से सम्मान प्राप्त हुआ है। क्यूबा के साथ मैत्रीपूर्ण संबंध रहे हैं, लेकिन हाल में संबंधों में थोड़ी दृढ़ता कम हुई है। महत्त्वपूर्ण भारतीय व्यापार उद्यम की अनुपस्थिति, अमेरिकी प्रतिषेध के कारण

बैंकिंग, शिपिंग आदि पर अत्यधिक अड़चन; भारतीय निवेश के लिए अनिश्चित वातावरण (क्यूबा के अपतटीय क्षेत्रों में तेल की खोज करने के बाद भारत के सार्वजनिक क्षेत्र के ओ.एन.जी.सी. ने क्यूबा में प्रचालन बंद कर दिया) और क्यूबा की अखंड स्थापना से निपटने की कठिन संभावना के कारण बीसवीं शताब्दी में क्यूबा के साथ आर्थिक संबंध पुराने पड़ गए।

क्यूबा की कमजोर नौकरशाही प्रक्रियाएँ, ऋण चुकाने में असमर्थता के कारण संबंध उतने प्रगाढ़ नहीं रहे और संबंधों में बीसवीं सदी में रहने वाला 'आकर्षण' नहीं रह गया है। वर्ष 2011 के अंत में एक रात्रिभोज में फिदेल कास्त्रो के सबसे बड़े बेटे ने (जो एक परमाणु वैज्ञानिक हैं और जिन्होंने अपना वही नाम रखा है, जो उनके पिता का है तथा जो राष्ट्रपति के वैज्ञानिक सलाहकार नामित किए गए हैं) क्यूबा के वरिष्ठ अधिकारियों की उपस्थिति में, लेखक को क्यूबा के हलकों में प्रचलित इस तथ्य से अवगत कराया कि क्यूबाई योजना में भारत की छोटी भूमिका के कारण वे 'ब्रिक्स' का उच्चारण उसमें छोटी 'आई' की मात्रा लगाकर करते हैं।

क्यूबा ने भारत की कम्युनिस्ट पार्टियों के साथ अपनी आत्मीयता को गुप्त नहीं रखा और वर्ष 2008 में जब भारत में कम्युनिस्ट पार्टी गठबंधन सरकार से बाहर निकल गई और सत्ता के गलियारों तक उनकी पहुँच कम हो गई तो क्यूबा को निराशा हुई, जिसे उन्होंने स्वीकार किया। क्यूबा 2011 में जी4 के 'लघु संकल्प' को सह-प्रायोजित करने के लिए सहमत नहीं हुआ, जिससे उसे संयुक्त राष्ट्र सुरक्षा परिषद के विस्तार के मुद्दे पर संयुक्त राष्ट्र महासभा में वोट देने का अधिकार मिलता, हालाँकि इसपर इसने अपना समर्थन व्यक्त किया।

क्यूबा की स्वतंत्र नीति के लिए भारत की श्रद्धा, कास्त्रो भाइयों के लिए आकर्षण और जिज्ञासा के कारण इस द्वीप पर लगातार भारत का राजनीतिक एवं आधिकारिक दौरा हुआ। वर्ष 2012 में भारत के विदेश मंत्री ने क्यूबा का दौरा किया और वर्ष 2013 में क्यूबा के विदेश मंत्री ने भारत का दौरा किया तथा उस समय क्यूबा की अर्थव्यवस्था में भारत के योगदान की चर्चा की। अक्तूबर 2013 में भारत के उपराष्ट्रपति एम.एच. अंसारी ने क्यूबा का दौरा किया और वहाँ क्यूबा के पहले उपराष्ट्रपति मिगेल डियाज-कैनेल बरमूडेज तथा क्यूबा के राष्ट्रपति राउल कास्त्रो से मुलाकात की। वे बीमार फिदेल कास्त्रो से मुलाकात करने के लिए भी गए। ऐसा सौजन्य प्रदर्शन कई आगंतुक राष्ट्र प्रमुखों के प्रति भी नहीं किया गया।

वेनेजुएला के साथ संबंध सौहार्दपूर्ण रहे हैं; 1960 और 1990 के बीच कुछ उच्च राजनयिकों के पारस्परिक दौरे हुए हैं। वर्ष 1999 में राष्ट्रपति बने ह्यूगो चावेज रूस, चीन

और भारत के साथ संबंधों को मजबूत करने और अपने देश में अमेरिकी प्रभाव को कम करने के लिए दृढ़संकल्प थे। वर्ष 1999 और 2001 के बीच तीन बार उन्होंने भारत की आधिकारिक यात्रा करने की इच्छा प्रकट की, परंतु समय निर्धारित नहीं होने के कारण उनकी इच्छा फलीभूत नहीं हो सकी। वर्ष 2001 में चीन से वापस आते समय चावेज स्वयं ही से मुंबई में रुके। इस दौरे से पहले उन्होंने भारत के ओ.एन.जी.सी. (विदेश लिमिटेड (ओ.वी.एल.) को वेनेजुएला के छह सीमांत तेल क्षेत्रों पर रियायत देने की सहमति व्यक्त की थी। एक आधिकारिक दौरे संबंधी चावेज के अनुरोध को मानने में भारत की असमर्थता इन रियायतों के रद्द होने का कारण बनी।

फरवरी 2004 में काराकास में आयोजित जी15 शिखर सम्मेलन में विदेश मंत्री यशवंत सिन्हा दारा भारत का प्रतिनिधित्व किए जाने के बाद संबंध ठीक हो गए। एक अस्थिर चित्त राष्ट्रपति के साथ अस्सी मिनट की लंबी बैठक के बाद, जिसमें दो घंटे की देरी हुई—उन्होंने औपचारिक रूप से भारत का दौरा करने के लिए अपने मेजबान को निमंत्रण दिया। राष्ट्रपति चावेज ने मार्च 2005 में भारत के राजकीय दौरे का भरपूर लाभ उठाया और उस समय भारत के साथ रणनीतिक साझेदारी का आह्वान किया। उन्होंने महत्त्वपूर्ण समझौतों पर हस्ताक्षर किए, जो अंततः वेनेजुएला में ओ.वी.एल. के संयुक्त उपक्रम का कारण बने। मार्च 2013 में चावेज की मृत्यु के बाद उनके उत्तराधिकारी निकोलस मादुरो के साथ, जो भारत में पुट्टपर्थी के दिवंगत साईं बाबा के भक्त माने जाते हैं, संबंध सौहार्दपूर्ण बने रहे, हालाँकि राजनीतिक संबंधों में कोई विशेष प्रगति नहीं हुई। वेनेजुएला ने संयुक्त राष्ट्र सुरक्षा परिषद की स्थायी सदस्यता के लिए भारत के दावे का समर्थन किया है।

बोलीविया लैटिन अमेरिका में एक ऐसा देश है, जहाँ से न तो किसी उच्च राजनयिक ने भारत का दौरा किया है और न ही भारत से किसी उच्च राजनयिक ने बोलीविया का दौरा किया है। बहुपक्षीय मंचों के हाशिए पर मंत्रिस्तरीय बैठकें आयोजित की गई हैं, जैसा कि हम बाद के अध्याय में देखेंगे, इस संसाधन संपन्न देश के प्रति अधिक राजनीतिक संवेदनशीलता से शायद भारत सरकार, जिंदल स्टील बोलिविया की विशाल लौह-अयस्क खनन परियोजना में हस्तक्षेप कर सकती थी, जो 2012 में बंद हो गई । परागुवे के राष्ट्रपति फर्नांडो लुगो ने संसदीय तख्तापलट द्वारा पदच्युत होने के महीनों पहले 2012 में भारत का दौरा किया था। उरुग्वे के साथ भारत के सौहार्दपूर्ण संबंध रहे हैं और वाणिज्यिक आदान-प्रदान लगातार बढ़ रहे हैं।

कैरेबिया में, क्यूबा और डोमिनिकन गणराज्य के अलावा और कुछ हद तक जमैका में भारत की विदेश नीति त्रिनिदाद एवं टोबैगो तथा गुयाना और सूरीनाम पर काफी हद

तक केंद्रित है, जहाँ भारतीय प्रवासियों की संख्या अधिक है। इनके बारे में बाद के अध्याय में चर्चा की जाएगी। जमैका के मामले में, वाणिज्यिक और आर्थिक संबंध जमैका की अर्थव्यवस्था की दुर्भाग्यपूर्ण स्थिति से निरुद्ध हैं। शासनाध्यक्षों द्वारा (भारत के प्रधानमंत्री अटल बिहारी वाजपेयी ने 1999 में जी-15 शिखर सम्मेलन में भाग लेने के लिए किंग्स्टन का दौरा किया) नियमित रूप से दौरा किए जाने के बावजूद, भारत के साथ संबंधों में भारत द्वारा अनिवार्य रूप से द्वीप को तकनीकी सहायता दिया जाना शामिल है।

इस क्षेत्र में हैती भारत की सहायता कूटनीति का एक उदाहरण है। भारत ने 27 सितंबर, 1996 को इससे राजनयिक संबंध स्थापित किए। जमैका स्थित भारतीय उच्चायोग को हैती में भी कूटनीतिक कार्य के लिए प्रत्यायित किया गया। वर्ष 2003 में, यह प्रत्यायन हवाना, क्यूबा में स्थानांतरित कर दिया गया। जनवरी 2010 में वहाँ आए विनाशकारी भूकंप के तुरंत बाद भारत ने संयुक्त राष्ट्र के माध्यम से अपने योगदान के अलावा 50 लाख अमेरिकी डॉलर का चेक उन्हें सौंपा।

क्यूबा के समवर्ती, हैती के राजदूत के रूप में लेखक की अगवानी चयनित राष्ट्रपति मार्टेली द्वारा की गई, जो अप्रैल 2011 में अमेरिकी राजदूत के बाद अगवानी किया जानेवाला दूसरा राजदूत था। राष्ट्रपति मार्टेली को भूकंप के दौरान ध्वस्त हो चुके सरकारी भवनों में से एक के पुनर्निर्माण के लिए भारत के प्रस्ताव के बारे में बताया गया। इसके बजाय उन्होंने सड़कों पर रहनेवाले 6,00,000 से अधिक लोगों को घर देने के लिए कम लागत के हजारों आवास बनाने के लिए भारत की सहायता माँगी। सितंबर 2012 में 50 लाख अमेरिकी डॉलर का एक और चेक 2010 के भूकंप से हुए शरणार्थियों को बने हुए आवास उपलब्ध कराने के लिए राष्ट्रपति मार्टेली को सौंपा गया।[20] वर्ष 2013 में उसी भारतीय कंपनी ने राजधानी पोर्ट-औ-प्रिंस से लगभग दस किलोमीटर उत्तर-पूर्व के एक क्षेत्र में 300 घर बनाने का काम शुरू किया, जिसने उत्तरी श्रीलंका में एक आवास परियोजना को सफलतापूर्वक पूरा किया था। उस क्षेत्र को अंततः 'महात्मा गांधी ग्राम' के रूप में जाना जाएगा।[21]

बहुपक्षीय मुद्दे

लैटिन अमेरिका और कैरेबिया में भारत की पहुँच के अलग-अलग पहलू थे, जो उस देश के राजनीतिक झुकाव; लंबित मुद्दे (बहुपक्षीय या तीसरे देश के मामले में); और यथास्थिति, उस देश या समूह के साथ स्थापित संबंध पर निर्भर करते थे। इसके प्रारंभिक अभिमूल्यन का कारण मुख्य रूप से लैटिन अमेरिकी सभ्यताओं के लिए पंडित नेहरू का बौद्धिक आकर्षण और उपनिवेशवाद या उपनिवेशवाद के बाद के देश एवं

उस क्षेत्र के लोगों के अनुभवों के प्रति सहानुभूति थी। नेहरू के समाजवादी और स्वतंत्र विचारवाली विदेश नीति के उन्मुखीकरण से अमेरिका या किसी अन्य औपनिवेशिक सत्ता से आत्मनिर्भरता और स्वतंत्रता प्राप्त करने के प्रयासों के लिए एक प्राकृतिक संबंध बना।

शीत युद्ध की शुरुआत और 'केंद्रीय संधि संगठन' (सी.ई.एन.टी.ओ.), जैसे सैन्य ब्लॉकों का निर्माण, जिसमें 1955 की 'बगदाद संधि' के बाद पाकिस्तान को शामिल किया गया; अमेरिका द्वारा फिदेल कास्त्रो के क्यूबा का क्रूर व्यवहार; मध्य और दक्षिण अमेरिका में अमेरिकी विद्रोह और अन्य घटनाक्रमों ने नेहरू को आश्वस्त किया कि उपनिवेशवाद के बाद के अफ्रीकी-एशियाई देशों को लैटिन अमेरिका तक पहुँचना चाहिए। दुर्भाग्य से अन्य संबंधित देशों की स्थिति के कारण नेहरू के विचारों को आसानी से राजनीतिक समर्थन नहीं मिला। चिली, बोलीविया, पेरू, मध्य अमेरिका और अन्य जगहों पर वामपंथी शासन ने खुद को अमेरिका के दबाव का सामना करने में असमर्थ पाया।

जैसा कि हम नीचे देखेंगे, गुटनिरपेक्ष आंदोलन में लैटिन अमेरिका की भागीदारी की प्रक्रिया धीमी और अनिश्चित थी। अपनी स्वतंत्रता से 1980 के दशक तक, दुनिया भर में भारत की नीति और कार्य अकसर लैटिन अमेरिका के अनुरूप नहीं थे। भारत को शुरू में अपने कार्यों की ईमानदारी के बारे में लैटिन अमेरिका को घरेलू स्तर पर और उसके पड़ोस में समझाने में कठिनाई हुई।

आजादी के तुरंत बाद भारत से संबंधित तीन प्रमुख मुद्दे संयुक्त राष्ट्र सुरक्षा परिषद के सामने आए—जूनागढ़ और हैदराबाद का भारत संघ में प्रवेश तथा पाकिस्तान द्वारा 1948 में कश्मीर पर आक्रमण। संयुक्त राष्ट्र सुरक्षा परिषद में अर्जेंटीना और कोलंबिया तब लैटिन अमेरिकी सदस्य थे। दोनों ने भारत के विरोध के बावजूद 'जम्मू-कश्मीर' से 'भारत-पाकिस्तान प्रश्न' तक एजेंडे के शीर्षक के विस्तार के लिए मतदान किया। उन्होंने हैदराबाद की शिकायत को स्वीकार करने और उस मुद्दे पर पाकिस्तान को अपना समर्थन देने के लिए वोट दिया। उन्होंने पाकिस्तानी आक्रमण की निंदा किए बिना संयुक्त राष्ट्र संघ के तत्त्वावधान में कश्मीर में जनमत संग्रह कराने के प्रस्ताव का समर्थन किया।

बाद की चर्चा में, सुरक्षा परिषद के अन्य लैटिन अमेरिकी सदस्यों—क्यूबा और इक्वाडोर ने पाकिस्तान को उत्तरी क्षेत्रों पर नियंत्रण देने के ब्रिटिश प्रस्ताव का समर्थन किया। चिली और क्यूबा ने पश्चिमी मध्यस्थता का समर्थन किया, जबकि ब्राजील, बोलीविया और वेनेजुएला ने पंचाट का समर्थन किया। एक दशक के बाद इस रुख में थोड़ा अंतर तब आया, जब लैटिन अमेरिकी सीधी बातचीत का समर्थन करने लगे। वर्ष 1965 में भारत और पाकिस्तान के बीच शत्रुता प्रारंभ होने के बाद, बोलिविया और उरुग्वे ने सुरक्षा परिषद में पश्चिमी माँग के साथ तत्काल युद्ध विराम और 5 अगस्त, 1965 की

स्थिति के अनुसार दोनों पक्षों को सभी सशस्त्र बल वापस लेने की माँग की।

गोवा में भारत की 1961 की पुलिस काररवाई पर एफ्रो-एशियन ग्रुप ने 1961 में एक प्रस्ताव पेश किया, जिसमें सुरक्षा परिषद को भारत के खिलाफ आक्रामकता के पुर्तगाली आरोप को खारिज करने के लिए कहा गया। चिली और इक्वाडोर ने इस प्रस्ताव के खिलाफ यह मानते हुए मतदान किया कि औपनिवेशिक मूल के क्षेत्रीय विवादों को सुलझाने में बल का प्रयोग अवैध था।[22]

जब 1962 में चीन ने भारत पर आक्रमण किया तो अधिकांश लैटिन अमेरिकी देशों ने चिंता और सहानुभूति व्यक्त की। यह बात कम्युनिस्ट चीन के प्रति उनके विरोध और संयुक्त राज्य अमेरिका के प्रति लगाव को देखते हुए समझ में आने लायक थी। कम्युनिस्ट क्यूबा ने चीन की निंदा करने में भारत का समर्थन नहीं किया।

वर्ष 1971 के बांग्लादेश संघर्ष के दौरान अर्जेंटीना, ब्राजील, इक्वाडोर, मैक्सिको, निकारागुआ और उरुग्वे ने इस बात पर बल दिया कि संयुक्त राष्ट्र संघ को सशस्त्र संघर्ष समाप्त करने के लिए काररवाई करनी चाहिए और उसके बाद ही एक राजनीतिक समाधान के माध्यम से मूल कारण का पता लगाना चाहिए, जब संकल्प पर वोट देने का समय आया तो भारत के साथ मतदान करनेवाला एकमात्र लैटिन अमेरिकी देश क्यूबा था, जबकि चिली ने वोट से अपने को अलग रखा। इस रुख के बावजूद, जो हो सकता है निस्स्वार्थ उद्‌देश्य से प्रदर्शित किया गया हो, लैटिन अमेरिकियों ने जल्द ही वास्तविकता को स्वीकार किया और बांग्लादेश को स्वतंत्रता के बाद मान्यता दी।

जब 18 मई 1974 को भारत ने अपना पहला शांतिपूर्ण परमाणु विस्फोट (पी.एन.ई.) किया तो अधिकांश लैटिन अमेरिकी देशों ने प्रतिकूल प्रतिक्रिया नहीं दी। ब्राजील और अर्जेंटीना वास्तव में परमाणु हथियार हासिल करने की महत्त्वाकांक्षा रखते थे और अपने विकल्पों को समाप्त नहीं करना चाहते थे। ब्राजील का पहले से ही भारत के साथ परमाणु सहयोग पर एक समझौता था; अर्जेंटीना ने उसका अनुसरण किया।

रासायनिक और जैविक हथियारों, परमाणु निरस्त्रीकरण और संबंधित मुद्‌दों के प्रश्न पर विचारों का अपेक्षाकृत काफी मेल था। वेनेजुएला, मैक्सिको और ब्राजील ने परमाणु हथियार परीक्षणों पर रोक लगाने के अभियान पर भारत के साथ मिलकर काम किया। वर्ष 1968 की 'परमाणु अप्रसार संधि' (एन.पी.टी.) का क्यूबा द्वारा विरोध किया गया था, जबकि अर्जेंटीना और ब्राजील ने भारत के साथ इस मुद्‌दे पर संयुक्त राष्ट्र संघ के संकल्प से अपने को अलग रखा।

भारत ने 1980 में फिर से पहल की तथा परमाणु निरस्त्रीकरण की तत्काल आवश्यकता और परमाणु हथियार संपन्न राष्ट्रों के बीच वार्त्ता के पुनरारंभ पर देशों के विवेक को

जगाया। प्रधानमंत्री इंदिरा गांधी ने पाँच अन्य राष्ट्राध्यक्षों के साथ 22 मई 1984 को सभी परमाणु हथियार संपन्न राष्ट्रों के लिए एक संयुक्त अपील जारी की। राष्ट्रों के प्रमुख में मैक्सिको के राष्ट्रपति मिगुएल डे ला मैड्रिड, अर्जेंटीना के राष्ट्रपति डॉ. राउल अल्फोंसिन और तंजानिया एवं ग्रीस के राष्ट्रपति तथा स्वीडेन के प्रधानमंत्री थे।[23] मैक्सिको और अर्जेंटीना के राष्ट्रपतियों ने जनवरी 1985 में दिल्ली में आयोजित प्रधानमंत्री राजीव गांधी के छह राष्ट्रों के सम्मेलन में भाग लिया तथा 1988 में निरस्त्रीकरण पर संयुक्त राष्ट्र संघ के विशेष सत्र (एस.एस.ओ.डी.) में पूर्ण परमाणु निरस्त्रीकरण के लिए उनके प्रस्ताव को तैयार करने की प्रक्रिया में सक्रिय रूप से भाग लिया।

नवंबर 1963 में, भारत ने लैटिन अमेरिका में एक परमाणु-मुक्त क्षेत्र की स्थापना के लिए यू.एन.जी.ए. के प्रस्ताव के पक्ष में मतदान किया। भारत ने 1967 में लैटिन अमेरिका में परमाणु हथियारों के निषेध के लिए टेल्टेल्को संधि के पक्ष में भी मतदान किया। अधिकांश लैटिन अमेरिकी देशों ने परमाणु, रासायनिक, जीवाणुविज्ञानी और सामूहिक विनाश के अन्य हथियारों के भंडार को पूरी तरह से समाप्त करने संबंधी भारत की सोच का साथ दिया।

अधिकांश लैटिन अमेरिकी देशों ने भी उपनिवेशवाद के उन्मूलन पर नवंबर 1984 में सं.रा. महासभा के प्रस्ताव पर भारत का समर्थन किया और औपनिवेशिक शक्तियों से माँग की कि वे 'उस क्षेत्र की संवैधानिक स्थिति और अवस्था के बारे में संयुक्त राष्ट्र संघ को सूचित करें।'[24]

भारत ने भी मध्य अमेरिका में गृह युद्ध की स्थिति को बातचीत से निपटाने के कॉन्टैडोरा ग्रुप के प्रयासों का समर्थन किया।

भारत ने क्यूबा की स्वतंत्रता का समर्थन किया और इस द्वीप पर अमेरिकी प्रतिबंध की लगातार निंदा की तथा इस विषय पर संयुक्त राष्ट्र संघ के प्रस्ताव के पक्ष में दो दशकों से अधिक समय तक मतदान किया। प्रधानमंत्री नेहरू ने 1961 में 'बे ऑफ पिग्स' के अमेरिका समर्थित आक्रमण की निंदा की। अक्तूबर 1962 में चीनी आक्रमण और क्यूबा का मिसाइल संकट साथ-साथ हुआ। भारत ने शायद इस कारण से या चीन-भारत युद्ध पर क्यूबा की उभयभावी स्थिति के कारण और परमाणु निरस्त्रीकरण पर भारत के सिद्धांतवादी रुख के कारण इस पर कोई प्रतिक्रिया व्यक्त नहीं की।

अन्य संघर्षों पर, भारत और लैटिन अमेरिका के सहयोग का मिश्रित रिकॉर्ड है। कोरियाई युद्ध इसका एक महत्त्वपूर्ण उदाहरण है । भारत ने, क्यूबा और इक्वाडोर के साथ, जो 1950 में सुरक्षा परिषद में थे, उस संकल्प को स्वीकार किया, जिसमें उत्तर कोरिया को आक्रमणकारी माना गया था। इसके बाद भारत ने शांतिपूर्ण समझौते के लिए बातचीत

पर जोर दिया। इसने अमेरिका के उस प्रायोजित प्रस्ताव के खिलाफ भी मतदान किया, जिसमें चीन को आक्रमणकारी बताया गया था। अधिकांश लैटिन अमेरिकी देश, अमेरिका के रुख द्वारा निर्देशित हो रहे थे और बीस लैटिन अमेरिकी देशों में से सत्रह ने कोरियाई राजनीतिक सम्मेलन में भारत को शामिल करने के खिलाफ मतदान किया।

फिलिस्तीन पर केवल क्यूबा ने भारत के साथ एक संघीय समाधान के लिए मतदान किया, जबकि अर्जेंटीना, चिली, कोलंबिया, मैक्सिको और अल सल्वाडोर ने मतदान में भाग नहीं लिया। अधिकांश लैटिन अमेरिकियों ने विभाजन और इजरायल को संयुक्त राष्ट्र संघ में प्रवेश के पक्ष में मतदान किया। वर्ष 1967 और 1973 में हुए अरब और इजरायल के बीच युद्ध पर कुछ लैटिन अमेरिकी देशों में मतभेद था। स्वेज संकट के दौरान, स्पष्ट रूप से अमेरिका के रुख के कारण, लैटिन अमेरिकियों ने भारत के दृष्टिकोण को साझा किया और ब्रिटेन एवं फ्रांस द्वारा आक्रमण की निंदा की।

वर्ष 1956 में हंगरी में रूस के सैन्य हस्तक्षेप पर अधिकांश लैटिन अमेरिकी देशों ने अमेरिका का समर्थन किया और रूस की निंदा की। इसी तरह 1960-61 में कांगो संकट के दौरान क्यूबा, निकारागुआ और वेनेजुएला के अलावा अधिकांश लैटिन अमेरिकी देशों ने बेल्जियम और अन्य सैन्य कर्मियों की वापसी के लिए भारत द्वारा सह-प्रायोजित संकल्प का समर्थन नहीं किया। दूसरी ओर साइप्रस के मुद्दे पर द्वीप की स्वतंत्रता और अखंडता की रक्षा करने और संयुक्त राष्ट्र शांति-सेना को बनाए रखने की बात पर भारत और लैटिन अमेरिका के बीच मतैक्य था।

कंपूचिया में वियतनाम के सैन्य हस्तक्षेप पर बीस लैटिन अमेरिकी और कैरेबियाई देशों में से तेरह भारत के इस रुख से असहमत थे कि पोल पॉट शासन के पास कोई वैधता नहीं थी। क्यूबा, निकारागुआ और पनामा ने भारत का समर्थन किया, जबकि मैक्सिको, पेरू, वेनेजुएला और डोमिनिकन गणराज्य ने इस पर कोई प्रतिक्रया जाहिर नहीं की। वर्ष 1979 में अफगानिस्तान पर सोवियत आक्रमण की क्यूबा के अलावा सभी लैटिन अमेरिकी देशों ने निंदा की थी, जबकि निकारागुआ ने इस पर कोई प्रतिक्रया जाहिर नहीं की।

जलवायु परिवर्तन पर हालिया वार्त्ता के दौरान विकसित देशों द्वारा विकासशील देशों पर लाए जा रहे भेदभावपूर्ण दबाव पर अपनी आपत्तियों को संतुलित करने के लिए भारत की स्थिति में अंतर बताया गया है। वर्ष 2009 में कोपेनहेगन में ब्राजील, चीन और दक्षिण अफ्रीका के साथ संयुक्त मोरचे के सामने आने के बाद भारत दिसंबर 2010 में मैक्सिको के कैनकन में जलवायु परिवर्तन सम्मेलन में 'उचित कानूनी रूप में बाध्यकारी प्रतिबद्धता' के लिए सहमत हुआ। यह 'विधिक रूप से बाध्यकारी प्रतिबद्धताओं' की विकसित देशों की माँग के मुकाबले था, जिसका विरोध भारत अमेरिका, चीन और कुछ अन्य देशों द्वारा

किया गया, जिसमें लैटिन अमेरिका से बोलीविया, क्यूबा एवं निकारागुआ शामिल थे, जैसा कि कैनकन में भारतीय प्रतिनिधिमंडल का नेतृत्व करनेवाले भारत के तत्कालीन पर्यावरण मंत्री जयराम रमेश द्वारा बताया गया, इस रुख की प्रशंसा ब्राजील और मैक्सिको सहित बड़े लैटिन अमेरिकी देशों ने की, क्योंकि इससे बातचीत की प्रक्रिया में गतिरोध समाप्त हुआ तथा विकसित देशों से बाध्यकारी रियायत प्राप्त की जा सके।[25]

अप्रैल 2013 में संपन्न 'शस्त्र व्यापार संधि' से भारत तथा चार लैटिन अमेरिकी और कैरेबियाई देश अलग रहे एवं दो देश अनुपस्थित रहे। अधिकांश एल.ए.सी. देशों ने पक्ष में मतदान किया। मैक्सिको, कोलंबिया, ग्वाटेमाला और अल सल्वाडोर ने संधि के समर्थन में एक वक्तव्य जारी किया। भारत ने सिद्धांततः संधि में निहित इस कमी पर आपत्ति जताई कि उसमें गैर-राज्य तत्त्वों (आतंकवादियों) को हथियारों की आपूर्ति नहीं किए जाने पर जोर नहीं दिया गया था। भारत ने संधि की इस शर्त पर भी आपत्ति जाहिर की, जिसमें हथियारों की बिक्री करनेवाले देशों को यह अधिकार दिया गया था कि वे अपने विवेक से बिक्री को प्रतिबंधित या रोक सकते थे, जिससे जरूरत पड़ने पर भारत जैसे वैध हथियार का आयात करनेवाले देशों को जोखिम उठाना पड़ सकता था।[26]

संयुक्त राष्ट्र संघ के शांति अभियानों में भारत की व्यापक भूमिका की बराबरी संभवतः किसी लैटिन अमेरिकी देश द्वारा नहीं की जा सकती, हालाँकि ब्राजील इस क्षेत्र में तेजी से सक्रिय है। अक्तूबर 2008 में, भारत से 140 सदस्यीय गठित 'पुलिस इकाई' (एफ.पी.यू.) हैती (माइनस्टाह) के लिए संयुक्त राष्ट्र के स्थिरीकरण मिशन में शामिल हो गई, ताकि हिंसा से पीड़ित उस देश में एक सुरक्षित वातावरण सुनिश्चित करने के लिए अंतरराष्ट्रीय प्रयासों में मदद मिल सके। इसके बाद दो और इकायाँ तैनात की गईं। वर्ष 2011 तक सभी में लगभग पाँच सौ कर्मचारी थे, जिसमें केंद्रीय औद्योगिक सुरक्षा बल, केंद्रीय रिजर्व पुलिस बल और सीमा सुरक्षा बल प्रत्येक से एक-एक यूनिट थी। केंद्रीय औद्योगिक सुरक्षा बल और केंद्रीय रिजर्व पुलिस बल राजधानी पोर्ट-औ-प्रिंस में तैनात थे, जबकि बी.एस.एफ. की टुकड़ी करीब दो सौ किलोमीटर दूर हिंच में थी। भारतीय कर्मियों ने लोक व्यवस्था के प्रबंधन, चौकियों की स्थापना, अपराधियों पर नजर रखने और अपराध-विरोधी अभियानों का संचालन करने में शानदार प्रदर्शन किया। संयुक्त राष्ट्र संघ का मिशन शुरू में ब्राजील के नेतृत्व में था। भारतीय टुकड़ी को कई अन्य लैटिन अमेरिकी और कैरेबियाई सैन्य दल के साथ बड़े पैमाने पर बातचीत करने का मौका मिला।[27]

एल.ए.सी. और गुटनिरपेक्ष आंदोलन (एन.ए.एम.)

अमेरिकी राज्यों के संगठन (ओ.एस.) में उनकी सदस्यता और संयुक्त राज्य अमेरिका पर निर्भरता की विभिन्न कोटि को देखते हुए, लैटिन अमेरिका को अपनी स्थापना के समय इस आंदोलन के बारे में हिचकिचाहट थी। अमेरिकी विदेश मंत्री जॉन फोस्टर डलेस का रुख कि गुटनिरपेक्षता 'अनैतिक' थी, कारगर सिद्ध नहीं हुआ। 1961 में इसकी स्थापना के समय आंदोलन में शामिल होनेवाला क्यूबा एकमात्र लैटिन अमेरिकी देश था।

ब्राजील, बोलीविया और इक्वाडोर ने 1961 में बेलग्रेड में पर्यवेक्षक के रूप में भाग लिया। क्यूबा ने उस शिखर सम्मेलन के दौरान अर्जेंटीना, चिली, कोस्टा रिका और मैक्सिको जैसे अन्य लैटिन अमेरिकी राष्ट्रों को शामिल करने के लिए भारत की वकालत का विरोध किया।

वर्ष 1964 में काहिरा में दूसरे शिखर सम्मेलन में अर्जेंटीना, चिली, उरुग्वे और वेनेजुएला ने भी पर्यवेक्षक के रूप में भाग लिया। वर्ष 1970 में लुसाका में आयोजित तीसरे शिखर सम्मेलन में उरुग्वे के स्थान पर कोलंबिया पर्यवेक्षक था। वर्ष 1973 में अल्जीयर्स में आयोजित चौथे शिखर सम्मेलन में क्यूबा के अलावा अर्जेंटीना, चिली और पेरू ने पूर्ण सदस्य के रूप में भाग लिया, जबकि छह एल.ए.सी. देशों—इक्वाडोर, मैक्सिको, उरुग्वे, पनामा, कोलंबिया और वेनेजुएला—ने पर्यवेक्षक के रूप में भाग लिया। इसी शिखर सम्मेलन में फिदेल कास्त्रो ने यह घोषणा करने का आश्चर्यजनक कदम उठाया कि क्यूबा इजरायल के साथ अपने संबंधों को तोड़ रहा है, जिससे अरब देशों में उन्हें जबरदस्त सहानुभूति प्राप्त हुई।

वर्ष 1976 में कोलंबो (श्रीलंका) में आयोजित पाँचवें शिखर सम्मेलन में, चिली ने गुटनिरपेक्ष आंदोलन (अमेरिका समर्थक तानाशाह अगस्टो पिनोशे के प्रभाव में) छोड़ दिया तथा अर्जेंटीना, क्यूबा और पेरू के साथ पनामा पूर्ण सदस्य के रूप में शामिल हो गया। अल सल्वाडोर ने भी पर्यवेक्षक के रूप में भाग लिया।

छठा शिखर सम्मेलन 1979 में पहली बार हवाना में आयोजित किया गया, जो आंदोलन के प्राकृतिक सहयोगी के रूप में रूस को एकतरफा बढ़ावा देकर कास्त्रो द्वारा उसका लाभ उठाने के लिए किया गया था। इस शिखर सम्मेलन में, बोलीविया और निकारागुआ ने भी पूर्ण सदस्य के रूप में भाग लिया, जबकि कोस्टा रिका पर्यवेक्षक के रूप में शामिल हुआ।

नई दिल्ली में 1983 में आयोजित सातवें शिखर सम्मलेन में कोलंबिया और इक्वाडोर पूर्ण सदस्य थे और कोस्टा रिका ने इसमें भाग नहीं लिया। वर्ष 1989 में आयोजित नौवें शिखर सम्मेलन (बेलग्रेड) में वेनेजुएला शामिल हुआ, जिससे इस आंदोलन मे लैटिन

अमेरिकी सदस्यों की संख्या नौ हो गई।

अगस्त 2012 में तेहरान में आयोजित सोलहवें एन.ए.एम. शिखर सम्मेलन में, तैंतीस लैटिन अमेरिकी और कैरेबियाई देशों में से छब्बीस ने इसमें भाग लिया।[28] इस क्षेत्र के छह देशों ने पर्यवेक्षक के रूप में भाग लिया।[29] एल.ए.सी. समूह की प्राथमिकताएँ (जी. आर.यू.एल.ए.सी.) तेहरान शिखर सम्मेलन की अंतिम दस्तावेज की पृष्ठ सं. 100 से 104 (पैराग्राफ 365 से 390) तक में परिलक्षित हैं। जी.आर.यू.एल.ए.सी. में, पराग्वे में तख्तापलट; इक्वाडोर में तख्तापलट के प्रयास; बोलिविया के प्लुरिनेशनल राष्ट्र और कोका पत्ती के उपभोग की इसकी परंपरा को समर्थन; पनामा नहर के विस्तार; क्यूबा पर अमेरिकी प्रतिबंध के अंत; बेलीज और ग्वाटेमाला के बीच सीमा विवाद को अंतरराष्ट्रीय न्यायालय में प्रस्तुत करने; मध्य अमेरिका में निरस्त्रीकरण के प्रयास; यू.एन.ए.एस.यू.आर., सी.ई.एल.ए.सी. और ए.एल.बी.ए. की कार्यप्रणाली जैसे मुद्दे शामिल थे। उसमें राष्ट्रपति चावेज के चुनाव और वेनेजुएला एवं क्यूबा के प्रति अमेरिकी रवैए की आलोचना का विस्तृत उल्लेख किया गया था। वेनेजुएला और ईरान के बीच घनिष्ठ संबंध रहने के कारण यह कोई आश्चर्य की बात नहीं थी।

एल.ए.सी. देशों द्वारा गुटनिरपेक्ष आंदोलन की सदस्यता तथा शिखर सम्मेलन और मंत्रिस्तरीय बैठकों में उपस्थिति अनियमित रही।[30] यह उपस्थिति किसी भी देश में सत्ता में रहनेवाली तत्कालीन शासन-व्यवस्था पर निर्भर रही। एन.ए.एम. के एजेंडे पर एल.ए.सी. देशों से जुड़े विवाद, यथा-अर्जेंटीना के माल्विनास दावे, वेनेजुएला और गयाना के बीच एस्सेदिबो विवाद, चिली के खिलाफ समुद्र तक पहुँच के लिए बोलीविया के दावे आदि की भी रुचि और उपस्थिति के स्तर के निर्धारण में महत्त्वपूर्ण भूमिका रही।

आंदोलन के प्रति लैटिन अमेरिका के रवैए में वैचारिक आयाम एक महत्त्वपूर्ण भूमिका निभाता है। पिछले सोलह शिखर सम्मेलनों में से तीन की मेजबानी लैटिन अमेरिका द्वारा वर्ष 1979 और 2006 में दो की मेजबानी क्यूबा द्वारा और वर्ष 1995 में एक की मेजबानी कोलंबिया द्वारा की गई। वेनेजुएला को 2015 में सत्रहवें शिखर सम्मेलन की मेजबानी दी गई।

संदर्भ :

1. बावा, वी.के. : लैटिन अमेरिका-एन इंट्रोडक्शन, नेशनल बुक ट्रस्ट, इंडिया 2010
2. नारायणन, आर., इंडिया एंड साउथ अमेरिका : टुवाड्र्स मेच्योर पार्टनरशिप, इंडियन एंड फॉरेन रिव्यू, 15-31 जनवरी 1981
3. हाइन, जॉर्ज। ला नुवे इंडिया; एल मर्कुरियो, एगुइलर, 2012
4. द हिंदू, 11 फरवरी, 1950

5. मैक्सिको, ग्वाटेमाला, पनामा, क्यूबा, जमैका, त्रिनिदाद और टोबैगो, सूरीनाम, गुयाना, वेनेजुएला, कोलंबिया, पेरु, ब्राजील, अर्जेंटीना, चिली और ब्राजील के साओ पाउलो में एक महावाणिज्य दूतावास
6. अर्जेंटीना, बोलीविया, ब्राजील, चिली, कोलंबिया, क्यूबा, कोस्टा रिका, डोमिनिकन रिपब्लिक, इक्वाडोर, अल सल्वाडोर, ग्वाटेमाला, गुयाना, मैक्सिको, पनामा, पैराग्वे, पेरु, सूरीनाम, त्रिनिदाद और टोबैगो, उरुग्वे, वेनेजुएला। ब्राजील और अर्जेंटीना के कौंसल का दफ्तर मुंबई में हैं।
7. ब्राजील, उरुग्वे, अर्जेंटीना, चिली, कोलंबिया, वेनेजुएला, त्रिनिदाद और टोबैगो तथा गुयाना
8. जैसा कि 'इंदिरा गांधी इन वेनेजुएला' (1968-2013) : फोर्टिफफ्थ एनिवर्सरी ऑफ ए हिस्टोरिक विजिट, प्रो. हर्नान लुसेना मोलेरो, हेड इंडिया स्टडीज चेयर, यूनिवर्सिटी लॉस एंडीज, मेरिडा, वेनेजुएला में स्मरण किया गया है, http://www.embindia.org/news/IndiraGandhiVisit.php
9. 'वेंगो ए टेंडर पुएंट्स डे इफेक्टो एंट्रे अमेरिका लाटिना वाई मी पेट्रिया, दिजो इंदिरा गांधी अल उगर', अल नेशनल, काराकस 11 अक्तूबर, 1968, कवर
10. हाइन, जॉर्ज : ला न्यूवा इंडिया; अल मर्कुरियो, एगुइलर, 2012, पृष्ठ 65
11. भारत-पेरु,संयुक्त वक्तव्य, भारत के विदेश मंत्री श्री यशवंत सिन्हा के आधिकारिक दौरे के अवसर पर, 05 जून, 2003, http://www.mea.gov.in/ bilateral-documents.htm?dtl/7666
12. वही
13. 15 फरवरी, 2005 को सूरीनाम में कैरिकॉम के विदेश मंत्रियों के साथ राज्यमंत्री श्री राव इंद्रजीत सिंह की बैठक http://www.mea.gov.in/press-releases.htmidtl/5810/
14. दिनांक 27 सितंबर, 2010 को यू.एन.जी.ए. के 65वें सत्र के दौरान भारत-एस.आई.सी.ए. वार्त्ता में विदेश मंत्री का कथन, http:www.mea.gov.in/Speeches-Statements.htm?dd/727
15. भारत-पेरू संबंधों पर संक्षिप्त जानकारी http://www.mea.gov.in/Portal/ForeignRelation/Peru_December_2013.pdf
16. ओलिवर स्टुएनकेल, सीइंग इंडिया थ्रू ब्राजीलियन आइज, सेमिनार, फरवरी 2012
17. www.mea.gov.in, आउटगोइंग विजिट्स
18. 'ब्राजील का भारत सरकार से अंतरिक्ष कार्यक्रमों के लिए वैज्ञानिकों को प्रशिक्षण प्रदान करने का आग्रह,' पोलिटिकल एंड डिफेंस वीकली, 15 सितंबर, 2012
19. 'भारत द्वारा ब्राजील के साथ राफेल प्रलेखन साझा किया जाना,' इन्फोरेल, 20 फरवरी, 2012
20. विदेश मंत्रालय-देश का संक्षिप्त विवरण, हैती, www.mea.gov.in
21. हैती को मदद, 'द हिंदू', 2/6/2013
22. वोटिंग पैटर्न एंड स्टेटमेंट्स सोर्स्ड फ्राम यू.एन. डॉक्यूमेंट्स एंड एन.पी. चौधरी, 'इंडियन लैटिन अमेरिका रिलेशंस', चौप्टर 2 एवं 6
23. http://mealib.nic.in/reports/84.85.htm
24. यू.एन.जी.ए.ओ.आर., 3 नवंबर 1984 योजना, एम.डी.जी.,155 (III)

25. 'इंडिया'ज कॉल ऑन कानकुन कॉन्क्लेव', रमेश,जयराम, टाइम्स ऑफ इंडिया, 30/6/14
26. संयुक्त राष्ट्र महासभा का संकल्प जीए/11354, 2 अप्रैल, 2013.
27. विदेश मंत्रालय : देश का संक्षिप्त विवरण, हैती, www.mea.gov.in
28. एंटीगुआ और बारबुडा, बहामास, बारबाडोस, बेलीज, बोलीविया, चिली, कोलंबिया, क्यूबा, डोमिनिका,डोमिनिकन गणराज्य, इक्वाडोर,ग्रेनेडा, ग्वाटेमाला, गुयाना, हैती, होंडुरास, जमैका, निकारागुआ, पनामा, पेरू, सेंट किट्स एंड नेविस, सेंट लूसिया, सेंट विंसेंट और ग्रेनेडाइंस, सूरीनाम, त्रिनिदाद और टोबैगो तथा वेनेजुएला, www.nam.gov.in
29. अर्जेंटीना, ब्राजील, कोस्टा रिका, मैक्सिको, पैराग्वे और उरुग्वे, www.nam.gov.in
30. लैटिन अमेरिका एंड द कैरेबियन कंट्रीज पार्शिफेशन इन द नॉन-एलाइंड मूवमेंट, डलनेग्रा पेड्राजा, लुइस. द नॉन अलायंड वर्ल्ड, वॉल्यूम-II, सं. 2, अप्रैल-जून 1984, नई दिल्ली, भारत

□

6

लैटिन अमेरिकी और कैरेबियाई देशों के साथ व्यापार

लैटिन अमेरिका और कैरेबियाई देशों के साथ भारत का आर्थिक विचार-विमर्श मुख्य रूप से औपनिवेशिक काल के दौरान ब्रिटिश संबंध पर निर्भर था। अर्जेंटीना, बोलीविया, ब्राजील, कोलंबिया, कोस्टा रिका, क्यूबा, डोमिनिकन गणराज्य, इक्वाडोर, हैती, मैक्सिको, निकारागुआ, पनामा और अल सल्वाडोर के बारे में यह माना जाता था कि उन्होंने विभिन्न केंद्रों पर कांसुलर कार्यालय स्थापित कर लिये हैं।[1] पनामा नहर के निर्माण से पहले संयुक्त राज्य अमेरिका के पश्चिमी तट से केप हॉर्न होते हुए पोत बंगाल की खाड़ी में आते थे। इस मार्ग पर चिली के बंदरगाहों पर रुकनेवाले पोतों ने भारत के साथ व्यापार करना शुरू किया। शायद यही कारण है कि चिली दक्षिण अमेरिका का एकमात्र देश है, जहाँ कॉफी के स्थान पर चाय को ज्यादा पसंद किया जाता है।

स्वतंत्र भारत का अंतर्मुखी आर्थिक अभिविन्यास और सहमी औद्योगिक नीति के परिणामस्वरूप अर्थव्यवस्था की चिरकालिक कमी भारतीय उद्योगों द्वारा पूरी नहीं हो रही थी। उच्च आयात शुल्क के कारण अधिकांश वस्तुओं का आयात नहीं हो रहा था। इसके समरूप बीसवीं सदी के प्रारंभ में लैटिन अमेरिका द्वारा अपनाए गए आयात प्रतिस्थापन औद्योगीकरण (आई.एस.आई.) मॉडल के कारण भारत के निर्यात में अवरोध उत्पन्न हुआ। स्थापित आर्थिक और वाणिज्यिक संपर्क को चुनौती देने तथा नई अंतरराष्ट्रीय व्यवस्था स्थापित करने पर जोर देने से यह प्रवृत्ति उभरकर सामने आई। भारत और लैटिन अमेरिका दोनों ने विकसित देशों से रियायत और सहायता प्राप्त करने पर ध्यान केंद्रित किया। भौतिक दूरी, भाषाई और सांस्कृतिक अंतराल के कारण भारत और लैटिन अमेरिका एवं कैरेबियाई देशों के बीच व्यापार और आर्थिक आदान-प्रदान के लिए संभावनाएँ और अधिक जटिल हो गईं।

बीसवीं सदी का व्यापार और वाणिज्य

दो विश्वयुद्ध के बीच के वर्षों में व्यापार नगण्य था। द्वितीय विश्वयुद्ध के दौरान ब्रिटिश भारत ने अर्जेंटीना से टाट के बदले गेहूँ के विनिमय का समझौता किया। पहला भारत व्यापार आयोग 1943 में ब्यूनस आयर्स में स्थापित किया गया। वर्ष 1944-45 में भारत द्वारा अर्जेंटीना को किया जानेवाला निर्यात 4.7 करोड़ रु. का था, जो वर्ष 1948-49 में बढ़कर 16.8 रु. करोड़ का हो गया। उस समय अर्जेंटीना भी भारत का प्रमुख निर्यातक था, जिसका निर्यात रु.12.8 करोड़ का था। उसके बाद निर्यातकों में ब्राजील, चिली, पेरु, क्यूबा और मैक्सिको का नंबर आता था।[2]

भारत से निर्यात के लिए दूसरा सबसे बड़ा गंतव्य क्यूबा था, जिसको इस अवधि में किया जानेवाला निर्यात रु.1.7 करोड़ से बढ़कर लगभग रु.5 करोड़ हो गया। अन्य आयातक देशों में ब्राजील, चिली, पेरू, उरुग्वे और मैक्सिको शामिल थे। वर्ष 1951-52 में लैटिन अमेरिका के साथ भारत का व्यापार 53 करोड़ रु. का था और इस तरह भारत के पक्ष में 42.8 करोड़ रु. का अधिशेष था।

वर्ष 1956 में सबसे पहला वाणिज्यिक समझौता चिली के साथ किया गया। इसे वर्ष 1960 में 1966 के प्रभाव से एक ऐसे समझौते द्वारा अधिक्रमित किया गया, जिसके द्वारा परस्पर सर्वाधिक अनुकूल राष्ट्र (एम.एफ.एन.) का व्यवहार किए जाने की बात को मंजूरी मिली। बाद में समान प्रावधानों सहित एक व्यापार समझौता अर्जेंटीना के साथ किया गया। फरवरी 1968 में भारत ने एम.एफ.एन. व्यवहार और संयुक्त औद्योगिक व्यापार के लिए ब्राजील के साथ एक व्यापार समझौते पर हस्ताक्षर किए। वर्ष 1970 में कोलंबिया के साथ एक समान समझौते पर हस्ताक्षर किए गए। नवंबर 1971 में भारत और पेरू ने एक व्यापार और आर्थिक सहयोग समझौते पर हस्ताक्षर किए। जुलाई 1979 में भारत और क्यूबा ने एक व्यापार समझौते पर हस्ताक्षर किए। वर्ष 1981 में भारत ने ग्वाटेमाला के साथ एक एम.एफ. एन. समझौते पर हस्ताक्षर किए। वर्ष 1982 में भारत और मैक्सिको ने आर्थिक सहयोग पर एक व्यापक समझौते पर हस्ताक्षर किए।

भारत का निर्यात और व्यापार अधिशेष दोनों 1950 के दशक में घटने लगे, जिससे व्यापार घाटा लगभग 1987-88 तक लगातार घटता गया। उस वर्ष इस क्षेत्र के साथ भारत का व्यापार 5.86 अरब रु. तक पहुँच गया, जिसमें भारत का घाटा 4.926 अरब रु. का था। भारत के व्यापार घाटे के काफी हिस्से—3.468 अरब रु. के लिए ब्राजील जिम्मेदार था। उसी वर्ष भारत का व्यापार घाटा अर्जेंटीना के साथ (34.1 करोड़ रु.); क्यूबा के साथ (6.44 करोड़ रु.); मैक्सिको के साथ (38.3 करोड़ रु.); वेनेजुएला के साथ (36.5 करोड़ रु.); चिली के साथ (3.9 करोड़ रु.) और पेरू के साथ (4.9 करोड़ रु.) का था।

भारत का व्यापार अधिशेष बोलीविया, कोलंबिया, निकारागुआ, पनामा, पराग्वे, उरुग्वे जैसे कुछ अन्य छोटे देशों के साथ बना रहा।[3]

संबंधित दशकों के दौरान इस व्यापार को अमेरिकी डॉलर में आँकना उपयोगी और दिलचस्प है। वर्ष 1950 से 1970 तक एक अमेरिकी डॉलर का मूल्य लगभग 4.78 रु. था। वर्ष 1970 से 1985 तक यह 7.56 रु. और 8.39 के बीच रहा। वर्ष 1985 में एक डॉलर का मूल्य 12.36 रु. था, जबकि वर्ष 1990 यह 17.50 रु. हो गया और वर्ष 1991 से आर्थिक सुधारों के लागू किए जाने के बाद वर्ष 1995 में 32.42 रु. हो गया। इस प्रकार वर्ष 1951-62 में भारत-लैटिन अमेरिका एवं कैरेबियन देशों का व्यापार 11 करोड़ डॉलर से थोड़ा अधिक था। वर्ष 1987-88 तक यह 50 करोड़ डॉलर के भीतर ही था। इस अवधि के दौरान यह भारत और लैटिन अमेरिका एवं कैरेबियन देशों के वैश्विक व्यापार के एक प्रतिशत से कम था।

वर्ष 2000 तक एक डॉलर का मूल्य 45 रु. तक हो गया था और उसके बाद एक दशक तक उतार-चढ़ाव के बाद वर्ष 2010 तक एक डॉलर का मूल्य 50 रु. से कम रहा। वर्ष 2014 तक यह 60 रु. के पार पहुँच गया और इस तरह वैश्विक अर्थव्यवस्था अमेरिकी मौद्रिक नीति, तेल के मूल्य एवं अन्य कारणों से विनिमय दर में काफी परिवर्तनशीलता देखी गई; जैसा कि हम नीचे देखेंगे, इक्कीसवीं सदी के दौरान रुपए के अवमूल्यन के बावजूद लैटिन अमेरिका एवं कैरेबियन देशों के साथ व्यापार में डॉलर की दृष्टि से वृद्धि होती रही।

प्रमुख लैटिन अमेरिकी एवं कैरेबियन देशों के साथ समझौतों के बावजूद, ब्राजील और अर्जेंटीना के साथ 1980 के दशक तक व्यापार में उल्लेखनीय वृद्धि नहीं हुई। मैक्सिको, क्यूबा, चिली, पेरू और वेनेजुएला के साथ व्यापार उन स्तरों से भी नीचे था। अन्य देशों के साथ यह अभी भी कम था। पारंपरिक निर्यात की वस्तुओं पर अत्यधिक निर्भरता के साथ भारत का व्यापार कुछ बाजारों पर केंद्रित था। लैटिन अमेरिका के बीस बड़े देशों में से अर्जेंटीना, चिली, कोस्टा रिका, ब्राजील, उरुग्वे और पेरू में भारत का निर्यात लगभग सत्तर प्रतिशत था, जबकि 1980 के दशक में पाँच देश—पेरु, मैक्सिको, ब्राजील, बोलीविया और अर्जेंटीना बानवे प्रतिशत से अधिक का आयात भारत से करते थे। भारतीय उद्योग परंपरागत उत्पादों, जैसे—कपड़ा और पोशाक, कालीन, हस्तशिल्प, जूट उत्पाद और कुछ औद्योगिक मशीनरी और वाहन पर केंद्रित था।[4]

विदेशी व्यापार भारत के सकल घरेलू उत्पाद का अपेक्षाकृत मामूली अनुपात था। यात्रा पर प्रतिबंध, यथा—'पी' फॉर्म, यात्रा के लिए भारतीय रिजर्व बैंक प्रणाली के भीतर विदेशी मुद्रा प्राप्त करने में कठिनाइयाँ, निर्यात विप्रेषण की प्राप्ति के लिए भारतीय रिजर्व बैंक के बोझिल और कठोर नियम आदि के कारण भारतीय व्यापारी परंपरागत बाजारों से परे व्यापार करने के लिए हतोत्साहित हुए। वित्त और निर्यात सहायता प्राप्त करने के लिए संभावनाओं

की कमी के कारण इस क्षेत्र के साथ भारत का व्यापार बाधित हुआ। दक्षिण पूर्व एशिया, अफ्रीका के कुछ हिस्सों और यहाँ तक कि यूरोप की तुलना में उस क्षेत्र में किसी भारतीय प्रवासी समुदाय की लगभग अनुपस्थिति का अर्थ था कि आर्थिक और व्यापारिक संबंध शुरू से ही खराब थे।

भारतीय उद्योग भी तब प्राकृतिक संसाधनों, यथा-ईंधन, खनिज और कृषि उत्पाद विदेश से मँगाने में उतने सक्षम नहीं थे, जैसा कि आज हैं। स्टेट ट्रेडिंग कॉरपोरेशन और मिनरल्स एंड मेटल्स ट्रेडिंग कॉरपोरेशन जैसी भारत की सार्वजनिक क्षेत्र की कंपनियाँ में, जिनके जरिए सरकार द्वारा कतिपय आयात किया जाता था, बोझिल एवं सुस्त नौकरशाही के कारण उस क्षेत्र में पाई जानेवाली प्राकृतिक संपदा की क्षमता का लाभ भारतीय उद्योगों द्वारा नहीं उठाया जा सका। भारत के ऊर्जा क्षेत्र की बड़ी कंपनियों ने केवल इस सदी में लैटिन अमेरिका की ओर विशेष ध्यान देना शुरू किया।

लैटिन अमेरिका में उप-क्षेत्रीय वाणिज्यिक संरचनाओं के समेकन के फलस्वरूप अधिक आवक अभिविन्यास हुआ। भाषा और संचार की समस्या के कारण भारतीय व्यवसायी लैटिन अमेरिकी बाजारों को आसानी से समझ नहीं सके या उसमें प्रवेश नहीं कर सके, फिर भी, दोनों ओर से आधिकारिक और व्यापारिक प्रतिनिधिमंडल के दौरे हुए। भारतीय व्यापारियों ने लैटिन अमेरिकी व्यापारियों की तुलना में लैटिन अमेरिका में व्यापार मेलों और प्रदर्शनियों में अधिक भाग लिया।

शिपिंग कॉर्पोरेशन ऑफ इंडिया ने 1983 में अर्जेंटीना के नेशनल शिपिंग लाइन (ई.एल.एम.ए.) के साथ सिंगापुर में कार्गो के परिवहन के लिए समझौता किया। चिली की शिपिंग कंपनी इंटरओसेनिका ने 1980 में भारत से होकर दक्षिण पूर्व एशिया के लिए एक सीधी शिपिंग सेवा शुरू की। भारत-अरब शिपिंग ने 1980 के दशक में भारत के पश्चिमी तट और ब्राजील के बीच एक समुद्री संपर्क स्थापित किया था, जिसे कुछ वर्षों के बाद बंद कर दिया गया। यह समुद्री संपर्क अपर्याप्त और अलाभकारी थे, जिसके कारण इसे अंततः स्थगित कर दिया गया। संपर्क अभी भी समस्या बनी हुई है। लेखन की तारीख तक भारतीय बंदरगाहों और लैटिन अमेरिका एवं कैरेबियाई क्षेत्र के किसी भी बंदरगाह के बीच कोई प्रत्यक्ष शिपिंग संपर्क नहीं हैं। कार्गो उड़ानों को भी दुष्कर मार्ग अपनाना पड़ता है।

वर्ष 1980 के दशक से भारत सरकार ने व्यापार और आर्थिक आदान-प्रदान को बढ़ावा देने के लिए प्रमुख लैटिन अमेरिकी एवं कैरेबियाई अर्थव्यवस्थाओं के साथ संयुक्त आयोगों की स्थापना शुरू की। वर्ष 1997 में भारत के वाणिज्य मंत्रालय ने फोकस एल.ए.सी. कार्यक्रम शुरू किया, जिससे उस क्षेत्र के साथ वाणिज्यिक संपर्क के लिए आधिकारिक समर्थन और संरक्षण मिला और मुख्य रूप से भारत के निर्यात को बढ़ावा मिला। उक्त

मंत्रालय ने कई लैटिन अमेरिकी एवं कैरेबियाई देशों में भारतीय मिशन में वाणिज्यिक स्कंध के लिए बजट भी प्रदान किया और व्यापार से संबंधित समझौतों पर बातचीत की।

नई अंतरराष्ट्रीय आर्थिक व्यवस्था (एन.आई.ई.ओ.)

गुटनिरपेक्ष आंदोलन में लैटिन अमेरिकी और कैरेबियाई समूह (जी.आर.यू.एल.ए.सी.) की बढ़ती साझेदारी के साथ वैश्विक अर्थव्यवस्था के मुद्दों पर सामान्य चिंता के मामलों पर अंतरंग बातचीत हुई। भारत और लैटिन अमेरिका दोनों आयात प्रतिस्थापन के साथ प्रयोग कर रहे थे और बीसवीं शताब्दी के अधिकांश समय में अपेक्षाकृत बंद अर्थव्यवस्थाएँ थीं। सामाजिक और आर्थिक असमानता तथा विकासशील देशों की गरीबी के जाल से बाहर निकलने में असमर्थता की काफी चिंता थी। अर्जेंटीना के राउल प्रीबिश जैसे लैटिन अमेरिकी अर्थशास्त्री और भारत के वित्त मंत्री एवं बाद में प्रधानमंत्री बने डॉ. मनमोहन सिंह ने, जो उस समय दक्षिण आयोग के सिलसिले में जिनेवा में थे, कहा कि विकासशील देशों के लिए दक्षिण-दक्षिण सहयोग आवश्यक है।

वर्ष 1962 में काहिरा में आयोजित विकासशील देशों के मंत्रिस्तरीय आर्थिक सम्मेलन में बोलीविया, ब्राजील, क्यूबा और मैक्सिको ने पूर्ण सदस्य के रूप में और चिली, इक्वाडोर, उरुग्वे एवं वेनेजुएला ने पर्यवेक्षक के रूप में भाग लिया। भारत और सभी लैटिन अमेरिकी देशों ने व्यापार और विकास पर संयुक्त राष्ट्र सम्मेलन (यू.एन.सी.टी.ए.डी.)की स्थापना के लिए मतदान किया। वे 1964 में आयोजित होनेवाले व्यापार और विकास पर जिनेवा सम्मेलन में शामिल होने के लिए संयुक्त राष्ट्र आर्थिक और सामाजिक परिषद का निमंत्रण प्राप्त करने में सफल रहे। सम्मलेन की तैयारी समिति में अर्जेंटीना, ब्राजील, कोलंबिया, अल साल्वाडोर, पेरू, उरुग्वे और भारत शामिल थे। अर्जेंटीना के राउल प्रीबिशिन, लैटिन अमेरिका के आर्थिक आयोग के कार्यकारी सचिव थे, जिन्हें यू.एन.सी.टी.ए.डी. का महासचिव नियुक्त किया गया और जिस पद पर वे 1968 तक आसीन रहे। उनके बाद 1962 से 1972 तक इस पद पर वेनेजुएला के डॉ. मैनुअल पेरेज गुरेरो आसीन रहे।

वर्ष 1974 में संयुक्त राष्ट्र महासभा के छठे विशेष सत्र में नई अंतरराष्ट्रीय अर्थव्यवस्था की अवधारणा की घोषणा की गई। यह असमानताओं को सुधारने और विकसित एवं विकासशील देशों के बीच चौड़ी खाई को पाटने का एक प्रयास था, ताकि भावी पीढ़ियों के लिए पर्याप्त आर्थिक और सामाजिक विकास सुनिश्चित किया जा सके।[5]

लैटिन अमेरिकी देशों को अपने सार्वजनिक ऋण के आकार और संरचना को देखते हुए नई अंतरराष्ट्रीय अर्थव्यवस्था में विशेष रुचि थी। विकासशील देशों के इक्कीस प्रतिशत की तुलना में उनके पचास प्रतिशत से अधिक ऋण परिवर्तनीय ब्याज दरों के अंतर्गत थे। विश्व बैंक के एक अनुमान के अनुसार, 1983 के अंत तक, विकासशील देशों के कुल ऋण

के चालीस प्रतिशत से अधिक लैटिन अमेरिका ने लिया था। ब्राजील, मैक्सिको, अर्जेंटीना और इंडोनेशिया के ऋण 1987 में भारत के ऋण से अधिक हो गए। इस ऋण संकट को उत्तर-दक्षिण वार्ता और विकास के लिए धन एवं वित्त पर एक अंतरराष्ट्रीय सम्मेलन के जरिए दूर करने संबंधी भारत के सुझाव का लैटिन अमेरिका में स्वागत किया गया।

इक्कीसवीं सदी

प्रमुख लैटिन अमेरिकी अर्थव्यवस्थाएँ पारंपरिक रूप से भारत को वस्तुओं और कच्चे माल के निर्यात पर केंद्रित थीं। 1990 के दशक में भारत की अर्थव्यवस्था के प्रारंभिक दौर में उच्च विकास दर प्राप्त करने की इसकी आकांक्षा तथा बढ़ते और समृद्ध मध्यम वर्ग की चेतना ने अधिक गतिशील लैटिन अमेरिका एवं कैरेबियाई देशों का ध्यान आकर्षित किया।

नए भारत ने पहले पहल ब्राजील के जरिए इस सदी में नए लैटिन अमेरिका की खोज शुरू की। भारतीय प्रतिष्ठान ब्राजील की कई परियोजनाओं में सहयोगी बने। उन्होंने ब्राजील के साथ क्षेत्रीय और बहुपक्षीय संबंध भी स्थापित किए। संयुक्त विकास परियोजनाओं को बढ़ावा देने के लिए एक त्रिपक्षीय समूह आई.बी.एस.ए. (भारत-ब्राजील-दक्षिण अफ्रीका) शिखर बैठकें आयोजित करता है और एक ऐसे एजेंडा को बढ़ावा देता है, जिसका उद्देश्य सामान्य हित के मुद्दों को हल करने के लिए अपने सदस्यों के संसाधनों, प्रतिभाओं और संयुक्त समूह का लाभ उठाना है। ब्रिक्स (ब्राजील-रूस-भारत-चीन-दक्षिण अफ्रीका) इक्कीसवीं सदी की प्रमुख उभरती अर्थव्यवस्थाओं का समूह है, जो नियमित रूप से बैठकें करता है और वैश्विक वित्तीय एवं संबंधित मुद्दों पर समान नीति का लेखा-जोखा रखता है। बी.ए.एस.आई.सी. (ब्राजील-दक्षिण अफ्रीका-भारत-चीन) एक अनौपचारिक समूह है, जो बहुपक्षीय पर्यावरण-संबंधी वार्त्ताओं में विकसित देशों के दबाव का सामना करने की जरूरत को ध्यान में रखकर समूह की कार्यनीति पर परामर्श करता है एवं उन्हें समन्वित करता है। उपर्युक्त सभी मंचों में भारत और ब्राजील के प्रतिनिधिमंडलों के बीच हितों और मंत्रणा में काफी समानता है।

इस साझेदारी ने पारस्परिक हितों की पहचान के माध्यम से विश्व व्यापार संगठन के तत्त्वावधान में बातचीत के बहुपक्षीय दौर में महत्त्वपूर्ण भूमिका निभाई। सितंबर 2003 में डब्ल्यू.टी.ओ. की कैनकन में आयोजित मंत्रिस्तरीय बैठक में विकसित दुनिया के प्रस्ताव के विरुद्ध दोनों देशों के दृढ़ रुख के परिणामस्वरूप जी5-संयुक्त राज्य अमेरिका, यूरोपीय यूनियन, ऑस्ट्रेलिया, ब्राजील और भारत का गठन हुआ। इस समूह के भीतर हुई वार्त्ता के फलस्वरूप अंततः जुलाई 2004 में कृषि फ्रेमवर्क समझौते के आवश्यक तत्त्वों पर समझौता समाधान संभव हो सका और दोहा राउंड की निरंतरता बरकरार रही।[6] उल्लेखनीय है कि

यद्यपि कृषि उत्पाद के शुद्ध आयातक भारत और उसके निर्यातक ब्राजील के हित मेल नहीं खाते थे, तथापि उन्होंने एक संयुक्त मोरचे का गठन किया।

इसी प्रकार, ब्रिक्स के ढाँचे के भीतर भारत और ब्राजील ने समान उद्देश्य अपनाए तथा ब्रेटन वुड्स प्रणाली—आई.एम.एफ. एवं विश्व बैंक में उभरती अर्थव्यवस्थाओं के लिए अधिक न्यायसंगत प्रतिनिधित्व का आह्वान किया। वर्ष 2009 में जलवायु परिवर्तन वार्त्ता पर कोपेनहेगन शिखर सम्मेलन में भारत और ब्राजील ने 'बेसिक' (बी.ए.एस. आई.सी.) समूह का नेतृत्व करते हुए उत्सर्जन में एकतरफा कटौती करने के लिए विकसित देशों को मजबूर किया।

ब्राजील और भारत ने, विशेषकर फार्मास्युटिकल क्षेत्र में, बौद्धिक संपदा के संरक्षण पर सामान रुख अपनाया और दोनों ने जीवन-रक्षक दवाओं की उच्च कीमतों के बावजूद पेटेंट का संरक्षण बनाए रखने के विकसित देशों के आग्रह को चुनौती दी। ब्राजील के स्वास्थ्य मंत्री, जोस सेरा ने वर्ष 1999 में भारत के अपने दौरे के बाद सस्ती भारतीय दवाओं और प्रौद्योगिकी के लिए ब्राजील का बाजार खोल दिया तथा पश्चिमी बड़ी फार्मास्यूटिकल कंपनियों को आवश्यक दवाओं की कीमत कम करने के लिए मजबूर कर दिया। वर्ष 2009 में भारत से ब्राजील जानेवाली जेनेरिक दवा की खेप को पेटेंट का उल्लंघन किए जाने का आरोप लगाकर हॉलैंड द्वारा रोके जाने के प्रयास का ब्राजील और भारत ने सफलतापूर्वक विरोध किया।[7]

ब्राजील के साथ भारत के संबंध तेजी से बढ़े और विमानन, हाइड्रोकार्बन, इथेनॉल एवं पारस्परिक हित की अन्य परियोजनाओं में संयुक्त व्यापार उपक्रम स्थापित किए गए। ब्राजील, मैक्सिको, कोलंबिया, चिली, पेरू और अर्जेंटीना ने दिल्ली और प्रमुख भारतीय नगरों में अपने दूतावासों के भीतर बहुत सक्रिय वाणिज्यिक कार्यालय स्थापित किए। हाल के वर्षों में भारत आनेवाले व्यापारिक प्रतिनिधिमंडल की संख्या में वृद्धि हुई है। चिली और ब्राजील जैसे देशों से किए जानेवाले निर्यात में शराब, फल, फर्नीचर, विमान और अन्य मूल्य वर्धित उत्पाद जैसे परिष्कृत सामान शामिल हैं।

वर्ष 2010 में इंटर अमेरिकन डेवलपमेंट बैंक (आई.डी.बी.) ने एक मौलिक रिपोर्ट प्रकाशित की जिसका शीर्षक था 'भारत : लैटिन अमेरिका की अगली बड़ी बात'। उसमें भारत में हाल के विकास और आर्थिक रुझानों तथा लैटिन अमेरिका एवं कैरेबियाई देशों के साथ उसके आर्थिक और वाणिज्यिक संबंधों पर उनके संभावित प्रभाव की गहन परीक्षा की गई थी।[8] इस अध्ययन में तर्क दिया गया कि भारत के पास चीन के ऐसे हालिया आर्थिक प्रदर्शन का प्रतिरूप प्रस्तुत करने की क्षमता है, जहाँ से अधिकांश निर्यात लैटिन अमेरिकी और कैरेबियाई देशों को किया जाता है, लेकिन यह इस क्षेत्र के विनिर्माण क्षेत्र के लिए एक चुनौती होगी।

आई.डी.बी. के अध्यक्ष कोलंबिया के लुइस अल्बर्टो मोरेनो ने एक सेमिनार में इस अध्ययन को प्रकाशित करते हुए कहा, "इस क्षेत्र और भारत द्वारा बड़े-बड़े निर्णय एक साथ तेजी से लिये जा रहे हैं।...हम उनके बीच अधिक समन्वय देख रहे हैं और उनके बीच अधिक व्यापार और सहयोग के लिए जबरदस्त अवसर है। लैटिन अमेरिका और कैरेबियाई देश आशाजनक भविष्य की ओर आत्मविश्वास के साथ आगे बढ़ने के लिए तैयार हैं और भारत उस प्रक्रिया में सक्रिय भागीदार बनने के लिए काफी इच्छुक है।"

शीर्षक के अंत में हालाँकि, जान-बूझकर प्रश्नचिह्न लगाया गया था। लेखकों को कई ऐसे तत्त्वों के बारे में पता था, जो प्राकृतिक आर्थिक भागीदारी के तार्किक विस्तार की राह में बाधक थे। अध्ययन में इस बात पर जोर दिया गया था कि व्यापार को बढ़ावा देने के लिए भारत और लैटिन अमेरिका दोनों को सीमाशुल्क और व्यापार बाधाओं को कम करना होगा। लैटिन अमेरिकी कृषि वस्तुओं पर भारत का औसत सीमाशुल्क पैंसठ प्रतिशत था, जो चीन के औसत सीमाशुल्क 12.5 प्रतिशत से पाँच गुने से अधिक था; हालाँकि, भारतीय वस्तुओं पर लैटिन अमेरिकी सीमाशुल्क उतने अधिक नहीं थे और निर्मित उत्पादों के मामले में 9.8 प्रतिशत तक थे, परंतु वे चार से छह प्रतिशत की ओ.ई.सी.डी. सीमा से काफी अधिक थे। अध्ययन के अनुसार, भारतीय उत्पादों पर लगाए जानेवाले औसत सीमाशुल्क में दस प्रतिशत की कमी करने से चिली और अर्जेंटीना में भारतीय माल का निर्यात छत्तीस प्रतिशत बढ़ सकता था।

पहचान की गई अन्य बाधा भौगोलिक रूप से दूर क्षेत्रों के बीच परिवहन की उच्च लागत थी। चीन के विपरीत, भारत से इस क्षेत्र के लिए कोई सीधी शिपिंग सेवा नहीं है। माल पहले सिंगापुर या यूरोप में भेजा जाता था, जिससे माल भाड़ा और शिपिंग समय दोनों बढ़ जाता था। उदाहरण के लिए, ब्राजील के मामले में, सांतोस से सीधे मुंबई के लिए किसी उत्पाद की शिपिंग करने में लगभग सत्ताईस दिन और पंद्रह घंटे लगेंगे। सिंगापुर से होकर शिपिंग करने में लगभग छत्तीस दिन और अठारह घंटे लगेंगे, यानी इसमें लगभग नौ दिन अधिक समय लगेगा।

हालाँकि अध्ययन में उन बाधाओं पर बहुत विचार किया गया, जिनसे क्षमता कम होती थी और यह अध्ययन उस समय भी सामने आया, जब व्यापार बहुत तेजी से बढ़ रहा था। इस अध्ययन में भारत को किए जानेवाले लैटिन अमेरिकी निर्यात की संभावनाओं पर भी प्रमुखता से ध्यान केंद्रित किया। लैटिन अमेरिकी आबादी और बाजारों की छितरी हुई प्रकृति के कारण लैटिन अमेरिका द्वारा भारत को किए जानेवाले निर्यात की तुलना में, जिसमें बड़े पैमाने पर भारी मात्रा में माल लदान होता था, भारत द्वारा लैटिन अमेरिका को किए जानेवाले निर्यात में परिवहन लागत अधिक लगती थी। ब्राजील को निर्यात करनेवाली

कंपनियाँ आधारिक संरचना एवं संयोजकता की समस्या के कारण इस क्षेत्र के अन्य सभी देशों तक स्वत: नहीं पहुँच सकती थीं।

दुर्भाग्य से, दोनों पक्षों को हानि हुई; हालाँकि यह तर्क दिया जा सकता है कि भारतीय उपभोक्ताओं द्वारा लैटिन अमेरिकी औद्योगिक और उपभोक्ता उत्पादों से लाभ उठाए जाने की तुलना में लैटिन अमेरिकी उपभोक्ता भारतीय औद्योगिक और उपभोक्ता उत्पादों से अधिक लाभ उठा सकते थे। लैटिन अमेरिका और कैरेबियन देशों के साथ व्यापार के भविष्य के विकास के लिए भौतिक संपर्क एक महत्त्वपूर्ण तत्त्व है। परिवर्तन आने की गति धीमी हो गई है, लेकिन दोनों पक्षों के आधिकारिक स्थापनों द्वारा सावधानीपूर्वक निगरानी की जा रही है, ताकि उनके संबंधित बाजारों के अधिक तेजी से खुलने के लाभ और नुकसान का पता लगाया जा सके।

लैटिन अमेरिका और कैरेबिया के लिए संयुक्त राष्ट्र के आर्थिक आयोग (ई.सी.एल.ए.सी.) के आँकड़ों के अनुसार भारत और इस क्षेत्र के बीच कुल व्यापार, जो 1990 में 50 करोड़ अमेरिकी डॉलर था, 2005 तक एक अरब अमेरिकी डॉलर का आँकड़ा पार कर गया। भारतीय वाणिज्य मंत्रालय के अनुसार, 2000-2001 में भारत और लैटिन अमेरिका के बीच कुल व्यापार 1.686 अरब अमेरिकी डॉलर (भारत के वैश्विक व्यापार के दो प्रतिशत से भी कम) का था।

यह परिमाण लगभग हर साल बढ़ा और 2010-11 तक 24.44 अरब अमेरिकी डॉलर हो गया। वर्ष 2011-12 तक यह 32 अरब अमेरिकी डॉलर पार कर चुका था और इस तरह इस क्षेत्र में पिछले एक दशक में प्रतिवर्ष तीस प्रतिशत से अधिक की औसत वृद्धि हुई।

इस दशक के प्रारंभ में भारत ने व्यापार अधिशेष का लाभ उठाया। वर्ष 2006-07 से, लैटिन अमेरिका और कैरेबियाई देशों ने व्यापार अधिशेष का लाभ उठाया, जो उस वर्ष के 1.87 अरब अमेरिकी डॉलर से बढ़कर वर्ष 2011-12 में लगभग 5 अरब अमेरिकी डॉलर हो गया। भारत के वाणिज्य मंत्रालय के आँकड़ों के अनुसार, वर्ष 2012-13 में कुल व्यापार 46.67 अरब अमेरिकी डॉलर का था, जिसमें भारत का घाटा बढ़कर 16.28 अरब अमेरिकी डॉलर हो गया। पिछले वर्ष की तुलना में भारतीय निर्यात में 11.2 प्रतिशत की वृद्धि हुई, जबकि आयात में 69 प्रतिशत से अधिक की वृद्धि हुई। यह वृद्धि मुख्य रूप से वेनेजुएला से कच्चे तेल के आयात में वृद्धि के कारण हुई। वर्ष 2012-13 में भारत के कुल निर्यात का 5.5 प्रतिशत और कुल आयात का 6.41 प्रतिशत लैटिन अमेरिका और कैरेबियन देशों के साथ हुआ।[9]

वाणिज्य मंत्रालय के 2013-14 के आँकड़ों से यह पता चलता है कि लैटिन अमेरिका

और कैरेबियाई देशों के साथ कुल व्यापार पिछले वर्ष से घटकर 45.58 अरब अमेरिकी डॉलर रह गया; हालाँकि वेनेजुएला 12.83 अरब अमेरिकी डॉलर के साथ पहले नंबर पर है, जिनमें भारत द्वारा वेनेजुएला से किया गया 12.65 अरब अमेरिकी डॉलर के कच्चे तेल का आयात शामिल है, ब्राजील के साथ व्यापार लगभग पंद्रह प्रतिशत घटकर 8.54 अरब अमेरिकी डॉलर रह गया है, जिसका सबसे बड़ा कारण भारत द्वारा पिछले वर्ष की तुलना में कच्चे तेल के आयात और शोधित पेट्रोलियम उत्पाद के निर्यात में कमी करना है।

मैक्सिको के साथ व्यापार लगभग चालीस प्रतिशत बढ़कर 5.665 अरब अमेरिकी डॉलर हो गया और कोलंबिया के साथ तिरासी प्रतिशत बढ़कर 5.16 अरब अमेरिकी डॉलर हो गया। इन दोनों देशों के साथ व्यापार में वृद्धि का मुख्य कारण भारत द्वारा कच्चे तेल के आयात में वृद्धि किया जाना था। चिली और अर्जेंटीना के साथ व्यापार सत्रह और आठ प्रतिशत बढ़कर क्रमश: 3.61 अरब और 1.75 अरब अमेरिकी डॉलर का हो गया। भारत द्वारा मुख्य रूप से चिली से ताँबा का आयात और अर्जेंटीना से खाद्य तेल का आयात किया गया। पेरू के साथ व्यापार लगभग दस प्रतिशत बढ़कर 1.12 अरब अमेरिकी डॉलर का हो गया। पेरू भारत को सोने का निर्यात करनेवाला प्रमुख देश बन रहा है।

पिछले दशक में व्यापार में अभूतपूर्व वृद्धि का कारण अर्थव्यवस्थाओं की पूरक प्रकृति को माना गया है। वैश्विक आर्थिक विस्तार की अवधि के दौरान भारतीय अर्थव्यवस्था और प्रमुख लैटिन अमेरिकी अर्थव्यवस्थाओं के प्राय: एक ही समय में खुलने के कारण यह संवृद्धि हुई।

अधिकांश लैटिन और कैरेबियाई देशों द्वारा 'आई.एस.आई. मॉडल' पहले ही छोड़ दिए जाने के साथ और उनके द्वारा 'वैश्वीकरण मॉडल' अपनाए जाने के कारण लैटिन और कैरेबियाई देशों तथा भारत के बीच स्वाभाविक पूरक संबंधों का पता लगाया गया एवं उनका लाभ उठाया गया। ब्राजील, वेनेजुएला, मैक्सिको और कोलंबिया के साथ भारत का व्यापार इन चार देशों से हाइड्रोकार्बन का आयात किए जाने के कारण बढ़ा। मैक्सिको और ब्राजील के साथ भारत के समग्र व्यापार में हाइड्रोकार्बन के आयात का अनुपात प्राय: सुसंगत (उनके कुल निर्यात का चालीस से पचास प्रतिशत) रहा है, वर्ष 2013-14 में भारत द्वारा किए गए व्यापार का एक बड़ा भाग कोलंबिया और ईक्वाडोर के साथ और अट्ठानबे प्रतिशत से अधिक कच्चे तेल का वेनेजुएला से आयात के कारण रहा।

वर्ष 2011-12 की तुलना में वर्ष 2012-13 के दौरान भारत के साथ कोलंबिया का व्यापार तेजी से बढ़ा। भारत का निर्यात केवल 2.2 प्रतिशत बढ़ा और वह 89.2 करोड़ अमेरिकी डॉलर से बढ़कर 91.2 करोड़ अमेरिकी डॉलर हो गया, जबकि कोलंबिया का निर्यात 55.9 करोड़ अमेरिकी डॉलर से बढ़कर 3.25 अरब अमेरिकी डॉलर हो गया। इसी

तरह इक्वाडोर द्वारा भारत को किया गया निर्यात उन दो वर्षों में 29.4 करोड़ अमेरिकी डॉलर से बढ़कर 87.5 करोड़ अमेरिकी डॉलर हो गया, जिसमें मुख्य रूप से कच्चे तेल का निर्यात शामिल था।

पिछले दशक में भारत द्वारा विविध प्रकार के और परिष्कृत माल का निर्यात किया गया। कुछ पारंपरिक वस्तुएँ, जैसे सूती धागा, थोक औषधियाँ और कुछ पशुओं की खाल और चमड़ा का निर्यात जारी रहा। भारतीय निर्यातकों द्वारा ऑटोमोबाइल एवं इंजीनियरिंग सामानों का निर्यात किया गया, जिसमें संयंत्र और मशीनरी, फार्मास्यूटिकल्स, सिंथेटिक वस्त्र और अन्य मूल्यवर्धित विनिर्माण शामिल हैं। भारत से ब्राजील को कच्चे तेल के बदले डीजल तेल का निर्यात किया गया।

कैरेबियाई देशों में बहामास जैसे छोटे द्वीपसमूहों को किए जानेवाले शोधित उत्पादों के निर्यात की मात्रा काफी अधिक है, जो वर्ष 2012-13 में 2.77 अरब अमेरिकी डॉलर के थे। यह लगभग विशेष रूप से भारत द्वारा किए जानेवाले निर्यात के कारण संभव हो सका। मुख्य रूप से रिलायंस इंडस्ट्रीज लिमिटेड द्वारा बहामास के जरिए उस क्षेत्र के गंतव्यों में 2.6 अरब अमेरिकी डॉलर से अधिक के शोधित कच्चे उत्पादों का पोतांतरण हुआ था, हालाँकि जाहिर तौर पर बहामास को इसका चालान भेजा गया था। वर्ष 2013-14 में इन परिवहनों को अन्यत्र भेज दिए जाने पर बहामास के साथ व्यापार काफी कम हो गया।

उल्लेखनीय है कि लैटिन अमेरिका और कैरेबियाई देशों के साथ भारत के व्यापार में ढाँचे का पालन नहीं किया गया है और यह इस अर्थ में अनोखा है कि बाजार केवल आग्रह और प्रतिस्पर्धा के आधार पर सृजित किए गए हैं। इससे वाणिज्यिक संबंध अधिक मजबूत हुए हैं, क्योंकि वे महँगे विपणन अभियान, अधीनस्थ संबंध या अधिमान्य सीमाशुल्क दरों या ऋण की उदार शर्तों पर आधारित नहीं हैं। लैटिन अमेरिकी बाजार में भारत की पैठ केवल प्रतिस्पर्धी भारतीय व्यापार के बल पर हुई है।

संस्थागत उपाय

भारत के वाणिज्य और उद्योग मंत्रालय द्वारा नवंबर 1997 में लागू किए गए फोकस लैटिन अमेरिका और कैरेबियन (फोकस-एल.ए.सी.) कार्यक्रम से लैटिन अमेरिका और कैरेबियाई देशों के साथ भारत के व्यापार को काफी प्रेरणा मिली। मार्च 2017 तक विस्तारित इस कार्यक्रम में तैतालीस स्वतंत्र देशों तथा लैटिन अमेरिका और कैरेबियाई क्षेत्र के आश्रित क्षेत्रों पर ध्यान केंद्रित किया गया है। इसका लक्ष्य भारतीय निर्यात को बढ़ावा देने के लिए जिम्मेदार भारतीय संगठनों को अमेरिका और कैरेबियाई क्षेत्र में उपलब्ध संभावनाओं के प्रति संवेदनशील बनाना है। इनमें चैंबर्स ऑफ कॉमर्स एंड इंडस्ट्री, इंडिया ट्रेड प्रमोशन ऑर्गनाइजेशन (आई.टी.पी.ओ.),एक्सपोर्ट प्रमोशन काउंसिल्स फॉर

कमोडिटीज एंड सर्विसेज तथा प्राइवेट सेक्टर भी शामिल हैं।

इस कार्यक्रम द्वारा भारतीय निर्यातकों को इस क्षेत्र की यात्रा करने, प्रदर्शनियों और व्यापार प्रदर्शन में भाग लेने और निर्यात को बढ़ावा देने के लिए अन्य उपाय करने हेतु प्रोत्साहन दिया जाता है।[10] हाल के वर्षों में भारत के शीर्ष व्यापार मंडलों द्वारा व्यापार और निवेश के लिए भारत—एल.ए.सी. कॉन्क्लेव का आयोजन किया गया, जिसे वाणिज्य और उद्योग मंत्रालय द्वारा प्रायोजित किया गया था। इसमें लैटिन अमेरिका और कैरेबियाई देशों के महत्त्वपूर्ण प्रतिनिधिमंडलों ने भाग लिया।

उस क्षेत्र में भारतीय दूतावासों को 'बाजार विकास सहायता (एम.डी.ए.) योजना' के तहत धन प्राप्त होता है, जिसकी शर्तों को अप्रैल 2006 में फोकस एल.ए.सी. कार्यक्रम के तहत संशोधित किया गया। वर्ष 2013 में एक और संशोधन द्वारा यात्रा, प्रदर्शनियों में भागीदारी आदि के लिए इन दिशा-निर्देशों के तहत पात्रता की सीमा बढ़ाई गई। मंत्रालय ने लैटिन अमेरिका के चिह्नित देशों में नए बाजारों का पता लगाने के लिए विदेश में आयोजित खरीदार-विक्रेता मिशन/मेलों/प्रदर्शनियों में भागीदारी के लिए 'बाजार विकास सहायता' (एम.डी.ए.) के लिए पात्रता के संबंध में ऊपरी सीमा को हटा दिया।

पिछले वर्ष 30 करोड़ रुपए तक के मूल्य के पोतपर्यंत निःशुल्क (एफ.ओ.बी.) माल का निर्यात करनेवाली निर्यातक कंपनियाँ एम.डी.ए. सहायता के लिए पात्र बन गईं। पहले यह सीमा 1 करोड़ 50 लाख रुपए थी। संशोधित दिशा-निर्देशों के अनुसार चिह्नित लैटिन अमेरिकी और कैरेबियाई देशों के वैयक्तिक व्यवसाय के लिए व्यापार मेलों और प्रदर्शनियों में भागीदारी की वित्तीय सीमा को पर्याप्त रूप से बढाया गया है और इसे 1,80,000 रु. से बढ़ाकर 2,50,000 रु. (लगभग 4000 अमेरिकी डॉलर) कर दिया गया है। इसके अलावा, अंतरराष्ट्रीय प्रदर्शनियों में, जहाँ प्रतिभागियों की संख्या पचहत्तर से अधिक है, वहाँ निर्यात प्रोत्साहन परिषद 40 करोड़ रु. (लगभग 70,000 अमेरिकी डॉलर) की उच्च वित्तीय सहायता के लिए पात्र बन गईं।[11]

भारत में, विशेष रूप से लैटिन अमेरिकी और कैरेबियाई देशों में व्यवसाय के उद्देश्य से आयोजित कार्यक्रमों पर भी समान रूप से ध्यान दिया जाता है। फोकस एल.ए.सी. कार्यक्रम बाजार अध्ययन, सर्वेक्षण, परियोजनाओं, क्षमता निर्माण आदि के जरिए उत्पादों के लिए विशिष्ट बाजार विकसित करने हेतु फोकस-उत्पाद और फोकस—देश दृष्टिकोण पर तैयार किए गए बाजार पहुँच पहल (एम.ए.आई.) योजना के माध्यम से भारतीय निर्यात को भी बढ़ावा देता है। इस योजना के अधीन भारत में व्यावसायिक कार्यक्रमों में विदेशी भागीदारी को भी आर्थिक सहायता दी जाती है।

भारतीय निर्यातकों को मिलनेवाली सुविधाओं में भारतीय निर्यात ऋण और गारंटी

निगम (ई.सी.जी.सी.) द्वारा संचालित लैटिन अमेरिका और कैरेबियाई क्षेत्र में देश जोखिम और सुरक्षा निर्यात बीमा पालिसी के अधीन सुरक्षा शामिल है। दिनांक 30 सितंबर, 2013 के अपने वर्गीकरण में, ई.सी.जी.सी. ने होंडुरस को किए जानेवाले निर्यात को 'गुण-दोष को ध्यान में रखते हुए मामला-दर-मामला आधार पर' तथा क्यूबा, गुयाना और निकारागुआ को किए जानेवाले निर्यात को 'परिक्रामी सीमा के अधीन सामान्य रूप से एक वर्ष के लिए वैध,' के तहत बीमा सुरक्षा प्रदान की। लैटिन अमेरिका और कैरेबियाई क्षेत्र के अन्य सभी देशों को अलग-अलग रेटिंग के साथ उनके पिछले प्रदर्शन और वाणिज्यिक जोखिम संभावनाओं के आधार पर 'बीमे का व्यापक करारनामा' श्रेणी के तहत बीमा सुरक्षा प्रदान की गई।[12]

कुछ लैटिन अमेरिकी और कैरेबियाई देशों ने अपने देश द्वारा भारत को किए जानेवाले निर्यात को बढ़ावा देने के लिए जिम्मेदार संस्थानों यथा-प्रोचिली, प्रोएक्सपोर्ट (कोलंबिया), प्रोमैक्सिको और प्रोपेरू को भी वित्तपोषित किया है। लैटिन अमेरिकी और कैरेबियाई देशों के दूतावास और राजनयिकों ने तेज गति और संस्थागत तरीके से बाजार आसूचना और अपने उद्योगों एवं निर्यात को बढ़ावा देने पर ध्यान केंद्रित किया है।

लैटिन अमेरिका के साथ भारत के संबंधों में कृषि ने महत्त्वपूर्ण भूमिका निभाई है। भारत की हरित क्रांति में मैक्सिको का शुरुआती योगदान रहा और उसने गेहूँ की विशेष किस्मों की आपूर्ति की। अर्जेंटीना से कभी-कभार गेहूँ का आयात होता है, हालाँकि आज वह भारत को मुख्य रूप से खाद्य तेल (मुख्यतः सोया और सूरजमुखी) का निर्यात करता है, जो अर्जेंटीना द्वारा भारत को किए जानेवाले माल के निर्यात के आधे से अधिक है। ब्राजील, भारत को मुख्य रूप से चीनी, गुड़ और शहद का निर्यात करता है। कोलंबिया और पेरू मुख्य रूप से भारत को फल और उत्पाद, जैसे सेब, एवोकैडो और क्विनोआ का निर्यात करते हैं। लैटिन अमेरिकी कॉफी का भारत में एक विशिष्ट बाजार है।

पशुपालन ब्राजील के साथ सहयोग का केंद्र रहा है। भारतीय मवेशी की नस्लों, विशेष रूप से नेल्लोर, ओंगोले, जेबू और गायों की अन्य किस्मों को 1970 के दशक से पहले ब्राजील को निर्यात किया गया था तथा ब्राजील के पशु समूह की गुणवत्ता और नस्ल में सुधार करने में मदद की गई थी। हाल के वर्षों में, ब्राजील के पशुपालक अपनी मवेशी आबादी के आनुवंशिक विभेद को नवीकृत करने के लिए भारतीय मवेशियों के भ्रूण को आयात करने के लिए उत्सुक हैं।

इस सदी में कृषि और पशुपालन में सहयोग संबंधी संस्थागत समझौता ज्यादातर ब्राजील, अर्जेंटीना, चिली, इक्वाडोर, पनामा और पेरू के साथ किया गया है। ब्राजील के ई.एम.बी.आर.ए.पी.ए. और भारत के आई.सी.ए.आर. तथा दोनों ओर के अन्य संस्थानों

के बीच ब्राजील, अर्जेंटीना, चिली के साथ व्यापक सहयोग रहा है। फसलों, फलों आदि पर अनुसंधान में उनके योगदान के अलावा, वाणिज्य वस्तु की रक्षणीयता के लिए फाइटोसैनिटरी मानकों पर समझौते के ठोस प्रयास किए गए हैं।

वर्ष 2011 में, कृषि अनुसंधान में सहयोग के लिए एक सामान्य समझौता भारतीय कृषि अनुसंधान परिषद (आई.सी.ए.आर.) तथा कैरेबियन कृषि अनुसंधान और विकास संस्थान (सी.ए.आर.डी.आई.) के बीच संपन्न हुआ। इसके अंतर्गत कैरेबिया के अधिकांश देश और मध्य अमेरिका के कुछ देश आए। कृषि अनुसंधान और सहयोग पर अलग-अलग समझौतों पर त्रिनिदाद और टोबैगो, गुयाना एवं जमैका के साथ हस्ताक्षर किए गए। हाल ही में भारतीय व्यापार प्रतिनिधिमंडल बड़े पैमाने पर औद्योगिक खेती की संभावनाओं का पता लगाने के लिए अर्जेंटीना और परागुए जैसे बड़े भूमि अधिशेष वाले देशों का दौरा कर रहा है।

छोटे उद्योगों के विकास के लिए राष्ट्रीय अनुसंधान और विकास परिषद, राष्ट्रीय लघु उद्योग परिषद, जैसे भारतीय संस्थानों ने अर्जेंटीना, जमैका, मैक्सिको एवं त्रिनिदाद में अपने समकक्षों के साथ समझौतों और समझौता ज्ञापनों पर हस्ताक्षर किए हैं। अभी हाल ही में इंडियन चैंबर ऑफ कॉमर्स एंड इंडस्ट्री ने लैटिन अमेरिका और कैरेबियाई देशों में अपने समकक्षों के साथ संस्थागत समझौते किए हैं और कई संयुक्त व्यापार परिषद स्थापित किए हैं। भारतीय संगठनों ने लैटिन अमेरिका और कैरेबिया के कुछ देशों में अपने समकक्षों के साथ सॉफ्टवेयर, नवीकरणीय ऊर्जा, जैव प्रौद्योगिकी आदि क्षेत्रों में इसी प्रकार के संस्थागत समझौते किए हैं।

दिनांक 17 जून, 2003 को भारत और मर्कोसुर के बीच एक फ्रेमवर्क समझौते पर हस्ताक्षर किए गए। समझौते में पारस्परिक सीमाशुल्क अधिमानताओं को प्राथमिकता देते हुए पहले चरण की वार्त्ता के लिए आयोग और तंत्र बनाने की माँग की गई। दिनांक 25 जनवरी, 2004 को नई दिल्ली में एक अधिमान्य व्यापार समझौते (पी.टी.ए.) पर हस्ताक्षर किए गए। मार्च 2005 में पी.टी.ए. के लिए पाँच अनुबंध तय किए गए, जिनमें दोनों देशों की प्रस्ताव सूची; उत्पत्ति के नियम; सुरक्षा के उपाय और विवाद निपटान प्रक्रिया शामिल थी। भारत और मर्कोसुर पी.टी.ए. के तहत आपसी सीमाशुल्क रियायतों पर सहमत हुए, जो क्रमश: 450 और 452 सीमाशुल्क लाइन पर दस से सौ प्रतिशत तक थी। इसके अंतर्गत आनेवाले उत्पादों में कृषि और औद्योगिक वस्तुओं की एक विस्तृत श्रृंखला थी। पी.टी.ए. 1 जून, 2009 से प्रभावी हुआ और 24 फरवरी, 2010 को विश्व व्यापार संगठन द्वारा अधिसूचित किया गया। प्रस्ताव सूचियों को आजमाने और विस्तार करने के लिए 2013 तक दो दौर की वार्त्ता हुई थी। आर्थिक मंदी और अर्जेंटीना के संरक्षणवादी रवैए के कारण

जाहिरी तौर पर इस ब्लॉक के साथ वार्त्ता में आगे कोई प्रगति नहीं हुई।

दिनांक 20 जनवरी, 2005 को भारत और चिली के बीच आर्थिक सहयोग पर समझौते की रूपरेखा पर हस्ताक्षर किए गए। वार्त्ता के परिणामस्वरूप, दोनों देशों ने मार्च 2006 में एक अधिमान्य व्यापार समझौते (पी.टी.ए.) पर हस्ताक्षर किए। भारत ने 178 सीमाशुल्क लाइन पर दस से पचास प्रतिशत तक निर्धारित सीमाशुल्क अधिमानता प्रदान करने पर सहमति व्यक्त की। चिली ने 296 सीमाशुल्क लाइन पर दस से सौ प्रतिशत तक सीमाशुल्क अधिमानता प्रदान करने की पेशकश की। पी.टी.ए. अगस्त 2007 से लागू हुआ। बाद में सीमाशुल्क लाइन की संख्या पर फिर वार्त्ता हुई। कथित तौर पर सीमाशुल्क लाइन की संख्या को बढ़ाकर 3000 से अधिक करने संबंधी एक समझौता भारतीय पक्ष की स्वीकृति के लिए 2012 से लंबित है। चिली, जो दुनिया की सबसे खुली अर्थव्यवस्थाओं में से एक है, एक व्यापक आर्थिक साझेदारी समझौते पर चर्चा करना चाहता है।[13]

भारत के वाणिज्य और उद्योग मंत्रालय ने वाणिज्यिक मुद्दों पर अलग-अलग देशों के साथ बातचीत करने के लिए संयुक्त आयोग जैसे मौजूदा द्विपक्षीय तंत्र का उपयोग किया है। यह पेरू, कोलंबिया और मैक्सिको के साथ सीमाशुल्क कटौती समझौतों के प्रस्तावों पर विचार कर रहा है। इसने ब्राजील और अर्जेंटीना, जैसे महत्त्वपूर्ण व्यापारिक साझेदारों के साथ स्वतंत्र तंत्र भी स्थापित किया है और कई लैटिन अमेरिकी देशों के साथ वाणिज्यिक सहयोग के लिए समझौता ज्ञापनों पर हस्ताक्षर किए हैं।

भारत व्यापार संवर्धन संगठन (आई.टी.पी.ओ.), भारतीय वाणिज्य और उद्योग मंडल महासंघ (फिक्की), भारतीय उद्योग परिसंघ (सी.आई.आई.), भारतीय वाणिज्य और उद्योग मंडल (एसोचेम) और अन्य ने भी लैटिन अमेरिका और कैरेबियाई देशों के लिए विशेष कक्ष स्थापित किए हैं। उन्होंने चयनित लैटिन अमेरिका और कैरेबियाई देशों में प्रतिनिधिमंडल स्तरीय दौरे का आयोजन किया है और भारत में वाणिज्यिक कार्यक्रम आयोजित किए हैं। हाल के वर्षों में उस क्षेत्र का दौरा करनेवाले प्रतिनिधि मंडलों की संख्या में काफी वृद्धि हुई है, जो मुख्य रूप से इंजीनियरिंग, फार्मास्यूटिकल्स, रसायन, वस्त्र, सॉफ्टवेयर आदि के लिए वस्तु/व्यापार-विशिष्ट निर्यात संवर्धन परिषदों द्वारा प्रायोजित किए गए हैं।

भारतीय दूतावासों के सक्रिय प्रोत्साहन से लैटिन अमेरिका और कैरेबिया के अधिकांश महत्त्वपूर्ण देशों में भारतीय और स्थानीय कंपनियों द्वारा भारतीय वाणिज्य मंडलों की स्थापना की गई है। उनमें से कुछ के समकक्ष भारत में भी हैं। यद्यपि इन निकायों को आधिकारिक संरक्षण का लाभ नहीं मिलता है, तथापि वे सूचना प्रदान करने और व्यापारिक प्रतिनिधिमंडल के दौरों के समय महत्त्वपूर्ण कड़ी का कार्य करते हैं।

निवेश

पूर्व में यथोल्लिखित आई.डी.बी. के अध्ययन में निवेश की गुंजाइश का भी उल्लेख किया गया था। आई.डी.बी. के अर्थशास्त्री मौरिसियो मोरिरा मेसक्विटा ने, जिन्होंने इस अध्ययन का समन्वय किया, यह दावा किया, "चूँकि व्यापार इन दो अर्थव्यवस्थाओं को एक साथ लाया है, अत: भारत तथा लैटिन अमेरिका और कैरेबियाई देशों के बीच निवेश प्रोत्साहन बढ़ेगा।" इस अध्ययन में उन दो क्षेत्रों का भी आह्वान किया गया, जिन्होंने पिछले दशक में इक्कीस आर्थिक क्षेत्रों को कवर करनेवाले कई सहयोग समझौते पर हस्ताक्षर किए थे, जिनका उद्देश्य आर्थिक विकास के महत्त्वपूर्ण मुद्दों के आदान-प्रदान का अवसर बढ़ाना था।

भारत गतिशील सूचना प्रौद्योगिकी सेवाओं, एयरोस्पेस और ऑटोमोटिव उद्योग, माइक्रोफाइनेंस और फार्मास्युटिकल उद्योगों के सृजन में अपनी सफलता का प्रदर्शन कर सकता है। मानव संसाधन विकास क्षमताओं और अनुभव से भी इसे महत्त्वपूर्ण सबक मिला। दूसरी ओर, लैटिन अमेरिका ने कृषि, खनन, वैमानिकी, जैव ईंधन, निजी पेंशन योजनाओं और गरीबी उन्मूलन कार्यक्रमों में सफलता प्राप्त की, जिससे भारत को आर्थिक विकास संबंधी कुछ बाधाओं को दूर करने में मदद मिल सकती हैं।

लैटिन अमेरिका के मंझोले प्रौद्योगिकी और संसाधन-आधारित माल, जैसे मोटर वाहन उत्पादों का विनिर्माण, विशेष रूप से अमेरिकी बाजार में भारत के साथ प्रतिस्पर्धी था। एक अध्ययन के अनुसार, भारत, सूचना प्रौद्योगिकी और विशेष तकनीकी एवं व्यावसायिक सेवाओं के क्षेत्र में खतरा बनने के बजाय एक व्यापारिक साझेदार बनने की संभावना रखता है। मोरेरा के अनुसार, "प्रमुख आई.टी. ग्राहकों के साथ भौतिक और सांस्कृतिक निकटता के कारण लैटिन अमेरिका ने विशिष्ट बाजारों में विशेषज्ञता हासिल की है, जिससे वह ऐसी भारतीय कंपनियों का निवेश आकर्षित करने में सफल हुआ है, जो अपने व्यवसाय में विविधता लाना चाहती हैं।" जैसा कि हम आगे देखेंगे, इस अध्ययन में स्पष्ट बाधाओं को दूर करने के लिए दोनों पक्षों के व्यापार में अग्रणी व्यक्तियों और अधिकारियों के दृढ़ संकल्प का अनुमान नहीं लगाया गया था। यह अव्यक्त आंदोलन इस अध्ययन के जारी होने के बाद के वर्षों में उभरकर सामने आया।

लैटिन अमेरिकी कंपनियों ने इस सदी के पहले दशक में भारत में निवेश करना शुरू किया था। ब्राजील के मार्कोपोलो और टाटा मोटर्स ने भारत में बसों और कोचों के पुरजों को जोड़ने तथा बस और कोच पूरी तरह से तैयार करने के लिए एक संयुक्त उद्यम (जेवी) की स्थापना की। इस संयुक्त उद्यम का भारतीय बाजार 2012 तक अपने अंतरराष्ट्रीय निर्यात का एक-तिहाई हिस्सा हो गया। ब्राजील के गेरदाऊ स्टील ने कल्याणी स्टील के साथ एक

संयुक्त उद्यम स्थापित किया, जिसके शेयर उसने 2013 में खरीद लिये और जिससे भारत में उसका कुल निवेश 15 करोड़ अमेरिकी डॉलर से अधिक हो गया। ब्राजील की अन्य कंपनियों में डब्ल्यू.ई.जी. शामिल है, जो भारी इलेक्ट्रिक मोटर्स और जनरेटर की आपूर्ति करती है; पेर्टो ए.टी.एम. मशीनों का निर्माण करती है और स्टेफनीनी सूचना प्रौद्योगिकी के क्षेत्र से जुड़ी हुई है। ब्राजील की कई बड़ी कंपनियों—एम्ब्रेयर (एयरोस्पेस), वाले डू रियो डूस (माइनिंग), एंड्रेड गुटिरेज (इन्फ्रास्ट्रक्चर) ने संयुक्त उपक्रम की संभावना तलाशने और अपने उत्पादों के विपणन के लिए भारत में कार्यालय स्थापित किए हैं।

मैक्सिको के सिनेपोलिस ने वर्ष 2013 तक भारत में पैंसठ स्क्रीन के साथ लगभग सत्रह मूवी थिएटर खोले थे। बाद के वर्षों में इसे बढ़ाकर चार सौ से पाँच सौ स्क्रीन तक करने की योजना थी। किफायती आवास निर्माण में माहिर होमएक्स ने भारत, विशेषकर तमिलनाडु में नई आवास परियोजनाओं पर भारतीय निर्माण कंपनी 'पूर्वांचल' के साथ भागीदारी की है। भारत में मौजूद अन्य मैक्सिकन कंपनियों में प्रोलेज और सीमेक्स शामिल हैं। बताया जाता है कि मैक्सिकन और भारतीय कंपनियों के 200 से अधिक संयुक्त उद्यम हैं।[14]

पेरू की एक कंपनी एजेई कुछ वर्षों से महाराष्ट्र में अपने गैसीय पेय बिग कोला और खनिज जल का विपणन कर रही है, जबकि पेरू की एक अन्य कंपनी रेसेमेन सैक ने भी भारत में दुकान स्थापित की है। अर्जेंटीना की कंपनी—टेसिंट, बायोसीडस और इम्पसा तथा लैटिन अमेरिका के अन्य देशों के कंपनियों की भी भारत में उपस्थिति है, जिनका विस्तार आनेवाले वर्षों में होगा।

कई प्रमुख भारतीय कंपनियों ने लैटिन अमेरिका और कैरेबियाई देशों में काफी निवेश किया है। विदेश मंत्रालय के अनुसार, वर्ष 2013 तक लैटिन अमेरिका और कैरेबियाई देशों में भारतीय निवेश सोलह अरब डॉलर से अधिक था। वर्ष 2014 तक, भारत ने अर्जेंटीना, कोलंबिया, मैक्सिको, त्रिनिदाद, टोबैगो और उरुग्वे के साथ द्विपक्षीय निवेश संवर्धन और संरक्षण समझौता किया था। भारत ने कोलंबिया, मैक्सिको, त्रिनिदाद और टोबैगो तथा उरुग्वे के साथ दोहरे कराधान से बचाव के समझौते किए हैं। ब्राजील और केमैन द्वीपों के साथ इसने कर और सीमा शुल्क संबंधी मामलों पर सूचना एवं सहयोग से संबंधित आदान-प्रदान के समझौते किए हैं।[15]

नवंबर 2009 में भारत की श्री रेणुका शुगर्स लिमिटेड कंपनी ने लगभग 15 करोड़ अमेरिकी डॉलर में ब्राजीलियाई चीनी और इथेनॉल उत्पादक कंपनी खरीदी। इसके बाद इस कंपनी ने वर्ष 2010 में ब्राजील की एक और कंपनी, इक्विपव में 3.29 करोड़ अमेरिकी डॉलर का निवेश करके उसकी अधिकांश हिस्सेदारी हासिल की, हालाँकि शुरुआती दौर

में उस कंपनी को समस्याओं का सामना करना पड़ा, लेकिन वह ब्राजील की चीनी और इथेनॉल उत्पादन क्षमता एवं भारतीय अर्थव्यवस्था की माँग के बीच तालमेल बैठाने में सफल रही।

भारतीय ऑटोमोबाइल उद्योग की प्रमुख कंपनी महिंद्रा एंड महिंद्रा ने लैटिन अमेरिका के बाजार तक पहुँचने के लिए ब्राजीलियाई एमेजन के भीतरी भाग मनाउस में अपनी एस.यू.वी. के पुरजों को जोड़ने के लिए संयंत्र स्थापित किया। यूनाइटेड फॉस्फोरस लिमिटेड (अब यू.पी.एल.) ने लैटिन अमेरिका में ब्राजील, अर्जेंटीना, कोलंबिया और अन्य देशों में भारी निवेश किया है, जहाँ वह कृषि-रसायनों का उत्पादन और वितरण कर रही है। भारतीय उद्यम द्वारा लैटिन अमेरिका और कैरेबियाई देशों में किए गए अन्य निवेशों में भारत के आदित्य बिड़ला समूह द्वारा ब्राजील में तीन एल्यूमीनियम संयंत्रों का अधिग्रहण शामिल है, जिसमें 30 करोड़ अमेरिकन डॉलर तक निवेश करने की योजना है। प्लास्टिक शीट बनानेवाली यू-फ्लेक्स कंपनी का परिचालन मैक्सिको और ब्राजील में होता है। प्राज इंडस्ट्रीज ने कोलंबिया और ब्राजील में इथेनॉल संयंत्र स्थापित किया है। गोदरेज ने हाल के वर्षों में अर्जेंटीना में दो और चिली में एक सौंदर्य प्रसाधन फर्म का अधिग्रहण किया।

मैक्सिको महत्त्वपूर्ण भारतीय कंपनियों के लिए मेजबान बन गया है। सूचना प्रौद्योगिकी/सॉफ्टवेयर में अग्रणी अधिकांश भारतीय कंपनियाँ यथा—टी.सी.एस., इंफोसिस, विप्रो, एनयूटी, बिरलासॉफ्ट, एच.सी.एल., एप्टेक, हेक्सावेयर, पाटनी—और फार्मास्युटिकल में अग्रणी अधिकांश भारतीय कंपनियाँ यथा—ल्यूपिन, क्लेरीस लाइफ साइंसेज, सन फार्मा, डॉ. रेड्डीज लैबोरेटरीज, टोरेंट फार्मास्युटिकल्स इस देश में मौजूद हैं। उन्होंने मैक्सिको के महत्त्वपूर्ण स्थान, बड़े बाजार और निवेश के अनुकूल नीतियों का लाभ उठाते हुए वहाँ संयुक्त उद्यम स्थापित किए हैं। वर्ष 2008 में, भारत के जे.के. टायर्स ने मैक्सिकन टायर कंपनी टॉर्नेल को खरीदा। बजाज ऑटो लिमिटेड मैक्सिको में अपनी असेंबली लाइन और फ्रंटलाइन मोटरसाइकिलों की बिक्री का तेजी से विस्तार कर रही है और वह लैटिन अमेरिकी बाजार के लिए मैक्सिको को एक क्षेत्रीय केंद्र के रूप में भी इस्तेमाल कर रही है।

भारतीय फार्मास्युटिकल कंपनियाँ अपने बिक्री बल को नियोजित करके अब अपने ही ब्रांड नाम के तहत कई लैटिन अमेरिकी बाजारों में जेनेरिक दवाएँ बेच रही हैं, जबकि वितरण अधिकार प्राप्त करने के लिए स्थानीय कंपनियाँ हल्ला मचा रही हैं। भारतीय फार्मास्युटिकल की बड़ी कंपनियाँ, यथा—सन फार्मा, टोरेंट, क्लेरिस, रैनबैक्सी, ग्लेनमार्क, इप्का, सिप्ला और अन्य ने स्वयं के वितरण केंद्र वहाँ स्थापित किए हैं।

बजाज और हीरो कंपनियों ने कोलंबिया, ब्राजील, पेरु, मैक्सिको, चिली और अन्य देशों में 2-व्हीलर-मोटरसाइकिल और स्कूटर-मार्केट क्षेत्र में महत्त्वपूर्ण हिस्सेदारी हासिल

की है। उन्होंने उस क्षेत्र में सहयोगियों के एक नेटवर्क के साथ संयुक्त उद्यम स्थापित किए हैं। जुलाई 2014 में, हीरो मोटर्स ने कोलंबिया में अपनी मोटरसाइकिलों के पुरजे जोड़ने के लिए 7 करोड़ अमेरिकी डॉलर के प्लांट की आधारशिला रखी। इसी तरह बजाज ने कोलंबिया में अपनी मोटरसाइकिल और तिपहिया वाहनों की असेंबली की व्यवस्था की है। उस क्षेत्र में इस क्षेत्र में इसका सबसे बड़ा बाजार है। टी.वी.एस. और रॉयल एनफील्ड की उस क्षेत्र में छोटी, लेकिन बढ़ती हुई उपस्थिति है। महिंद्रा एंड महिंद्रा ने अपने एस.यू.वी. के विपणन की शुरुआत इस शताब्दी के प्रारंभ में की, जबकि टाटा मोटर्स लैटिन अमेरिका में वाणिज्यिक वाहन बेच रही है और मारुति सुजुकी चिली में मौजूद है।

भारतीय सूचना प्रौद्योगिकी उद्योग ने इस क्षेत्र में कुछ सबसे उल्लेखनीय उपलब्धियाँ हासिल की है। भौतिक दूरी और समय के अंतर को देखते हुए भारतीय आई.टी. कंपनियों ने लैटिन अमेरिकी और कैरेबियन क्षेत्र में 'तटीय-निकटता' की व्यवहार्यता को जल्द ही महसूस कर लिया। भारत के अनुभव और विशेषज्ञता की पूरक प्रकृति तथा अमेरिकी बाजार से लैटिन अमेरिका की निकटता और स्पेनिश एवं पुर्तगाली भाषा में उनका कौशल प्राकृतिक और स्थायी साझेदारी का आधार बना।

टाटा कंसल्टेंसी सर्विसेज (टी.सी.एस.) का मामला लैटिन अमेरिका और कैरेबियाई देशों में प्रतीकात्मक है। वर्ष 2013 तक लैटिन अमेरिका और कैरेबियाई देशों में इसके परिचालन की गति सबसे तेज थी और वहाँ से इसे प्राप्त होनेवाला राजस्व वैश्विक स्तर पर इसे प्राप्त होनेवाले राजस्व का पाँच प्रतिशत था। इसने पूरे क्षेत्र में कार्यस्थल पर मात्र कुछ सौ भारतीयों के साथ 12,000 ऐसे पेशेवरों को नियुक्त किया, जो स्थानीय निवासी थे। एक दशक पहले उरुग्वे में इसकी स्थापना के बाद से यह अब अर्जेंटीना, ब्राजील, चिली, कोलंबिया, इक्वाडोर, मैक्सिको और पेरू में भी मौजूद है।

इन्फोसिस ने मुख्य रूप से फिनेकल सॉफ्टवेयर पर अपने स्वत्वाधिकार के जरिए शक्तिशाली उपस्थिति दर्ज की है। वर्ष 2007 में इक्वाडोर के सबसे बड़े बैंक, बैंको पिचिंचा ने अपना पूरा बैक ऑफिस चलाने के लिए इन्फोसिस को अनुबंधित किया। कोलंबिया के सबसे बड़े बैंक, बैंकोलंबिया ने 2009 में इन्फोसिस के साथ ऐसा ही अनुबंध किया। कुछ दर्जन भारतीय सॉफ्टवेयर पेशेवरों को वहाँ पदस्थापित किए जाने से वहाँ की अल्प आबादी इस दशक के अंत तक थोड़ी बढ़ गई। इस क्षेत्र में काम करनेवाली अन्य महत्त्वपूर्ण भारतीय कंपनियों में महिंद्रा सत्यम, इवेल्यूसर्व, विप्रो, आईफ्लेक्स और छोटे, कुशल सेवा एवं प्रौद्योगिकी प्रदाताओं का समुदाय शामिल है।

लैटिन अमेरिका और कैरेबियाई देशों में भारतीय उद्यम हमेशा सफल नहीं रहे। वर्ष 2005 में एक बहुआयामी भारतीय औद्योगिक समूह एस्सार ने त्रिनिदाद और टोबैगो में एक

प्रमुख इस्पात संयंत्र स्थापित करने की योजना की घोषणा की। इसके पीछे प्रमुख प्रेरणा संयंत्र के लिए गैस की उपलब्धता थी, हालाँकि लौह अयस्क और अन्य कच्चे माल को क्षेत्र के भीतर से आयात करना था। इस सौदे को अंततः समाप्त कर दिया गया, जिसका कारण कथित तौर पर वित्तपोषण के मुद्दे और पर्यावरण विरोध था।

वर्ष 2006 में, एक अन्य बड़े भारतीय कंपनी समूह, जिंदल स्टील ने बोलीविया सरकार के साथ आठ वर्ष की अवधि में 2.1 अरब अमेरिकी डॉलर का निवेश करने के लिए एक समझौते पर हस्ताक्षर किए ताकि पूर्वी बोलीविया के एल मुटुन क्षेत्र में व्यापक लौह अयस्क भंडार का लाभ उठाया जा सके। यह लैटिन अमेरिका में सबसे बड़ा भारतीय निवेश था। इस समझौते में एक बिजली संयंत्र तथा इस्पात और स्पंज लोहे के निर्माण के लिए एक इकाई स्थापित करने का प्रावधान था। यह 2009 में प्रभावी हुआ, लेकिन बोलीविया सरकार के अनुसार, जिंदल स्टील बोलिविया (जे.एस.बी.) ने तय अवधि के भीतर निवेश नहीं किया। जे.एस.बी. ने आरोप लगाया कि बोलीविया सरकार ने परियोजना के लिए वादा के अनुसार सहमत मात्रा में गैस की आपूर्ति नहीं की। जुलाई 2012 में, जे.एस.बी. ने घोषणा की कि वह इस परियोजना को छोड़ रहा है। बोलीविया सरकार ने जे.एस.बी. के कुछ कर्मचारियों को गिरफ्तार किया और इस भारतीय उद्यम के वरिष्ठ अधिकारियों के लिए गिरफ्तारी का वारंट जारी किया। इसने प्रत्येक 18 करोड़ अमेरिकी डॉलर की दो बैंक गारंटियों का भी नकदीकरण करा लिया। मामला फिलहाल मध्यस्थता के अधीन है, जो दोनों पक्षों के लिए एक महत्त्वपूर्ण सबक है।

ऊर्जा

इस सदी के प्रारंभ में भारत सरकार ने लैटिन अमेरिका और कैरेबियाई देशों की ऊर्जा क्षमता को मान्यता दी, जिसके हाइड्रोकार्बन, कोयला और अन्य परिसंपत्तियों का भंडार उसकी ऊर्जा सुरक्षा के लिए महत्त्वपूर्ण होगा। वेनेजुएला के लगभग 30 करोड़ बैरल के प्रमाणित भंडार सऊदी अरब से अधिक हैं। ब्राजील द्वारा अपतटीय हाइड्रोकार्बन, अर्जेंटीना द्वारा शेल गैस की हाल की खोज और मैक्सिको के ऊर्जा उद्योग का प्रारंभ एवं उसमें सुधार से इस महत्त्वपूर्ण क्षेत्र में सहयोग की काफी संभावनाएँ हैं।

उस क्षेत्र में भारत की ऊर्जा कूटनीति संभवतः 2001 में भारत के पेट्रोलियम और प्राकृतिक गैस मंत्री की ब्राजील यात्रा के साथ शुरू हुई, जब उन्होंने नवीकरणीय ऊर्जा में सहयोग के लिए एक समझौता ज्ञापन पर हस्ताक्षर किए और जैव-डीजल में तकनीकी सहयोग की संभावना पर चर्चा की। लेखक को ब्राजील की राष्ट्रीय तेल कंपनी, पेट्रोब्रास के तत्कालीन अध्यक्ष का विस्मय याद है, जब उन्हें सूचित किया गया था कि भारत

की रिलायंस इंडस्ट्रीज ने एक ग्रीनफील्ड रिफाइनरी की स्थापना की है, जिसमें प्रतिदिन 4,00,000 बैरल का उत्पादन होता है! भारतीय कंपनियों ने उस क्षेत्र में खोज करना शुरू कर दिया और तेजी से इसमें एक मुकाम हासिल किया। वर्ष 2008 और 2010 में भारत के पेट्रोलियम मंत्री द्वारा वेनेजुएला और ब्राजील के दो और दौरे ने क्रमशः उन देशों की तेल कंपनियों पी.डी.वी.एस.ए. और पेट्रोब्रास के साथ भारत की साझेदारी पर मुहर लगा दी।

वर्ष 2005 में राष्ट्रपति ह्यूगो चावेज़ के भारत के दौरे पर भारत के ओ.एन.जी.सी. (विदेश) लिमिटेड (ओ.वी.एल.) और पेट्रोलिओस डी. वेनेजुएला (पी.डी.वी.एस.ए.) के बीच एक संयुक्त उद्यम (जे.वी.) स्थापित किए जाने संबंधी समझौते पर हस्ताक्षर किए गए। ओ.वी.एल. को पूर्वी वेनेजुएला में ओरिनोको भारी तेल पट्टी के एक खंड में तेल भंडार की मात्रा निर्धारित करने और प्रमाणित करने के लिए कहा गया। भारी तेल उत्खनन में ओ.वी.एल. की विशेषज्ञता के साथ इस अध्ययन के सफल समापन से साझेदारी मजबूत हुई। वर्ष 2008 में शुरू होनेवाली पहली संयुक्त उद्यम परियोजना, सैन क्रिस्टोबाल में वर्ष 2012 तक प्रतिदिन 30,000 बैरल से अधिक तेल का उत्पादन किया जा रहा था।

विशाल काराबोबो-I हैवी ऑइलफील्ड स्थित सत्ताईस अरब बैरल तेल के अनुमानित भंडार से पी.डी.वी.एस.ए., स्पेन्स रेप्सोल और मलेशिया के पेट्रोनास के साथ संयुक्त उद्यम में तेल निकालने के क्रम में मई 2010 में, सार्वजनिक क्षेत्र की तीन कंपनियों ने अठारह प्रतिशत सहभागिता हित (पी.आई.) अर्जित किया : ओ.वी.एल.—ग्यारह प्रतिशत; इंडियन ऑयल कॉरपोरेशन एवं ऑयल इंडिया लिमिटेड—प्रत्येक साढ़े तीन प्रतिशत। भारतीय निवेश अनुमानतः 2.18 अरब अमेरिकी डॉलर था। वर्ष 2016 तक उत्पादन 4,00,000 से 4,80,000 बैरल प्रतिदिन तक होने की उम्मीद है। भारतीय कंपनियाँ विकल्पतः पच्चीस वर्ष की लाइसेंस अवधि के दौरान प्रतिदिन भारत को 70,000 बैरल तक तेल स्थानांतरित कर सकती हैं। उक्त लाइसेंस अवधि को आगे पंद्रह वर्षों तक बढ़ाया जा सकेगा। वर्ष 2012 में, इस संयुक्त उद्यम ने एक महत्त्वपूर्ण खोज की, जो वेनेजुएला में तेल के क्षेत्र में भारत द्वारा किए जानेवाले निवेश के भविष्य के लिए बहुत अच्छी बात है।[16]

ब्राजील में ओ.वी.एल. ने अपनी पूर्ण स्वामित्व वाली सहायक कंपनी ओ.एन.जी.सी. कैंपोस लिमिटेड के जरिए ब्राजील के अपतटीय विशेष आर्थिक क्षेत्र में संयुक्त उद्यम के माध्यम से चार रियायतें प्राप्त कीं। नियोजित निवेश 60 करोड़ अमेरिकी डॉलर से अधिक हो गया। ब्राजील में भारत के ऊर्जा हित के अन्य क्षेत्र इथेनॉल और पवन ऊर्जा रहे हैं।

चूँकि दुनिया में सबसे अधिक गन्ने की फसल ब्राजील में होती है, अतः वह दुनिया में इथेनॉल का सबसे बड़ा निर्यातक है। वर्ष 1973 के तेल संकट के बाद ब्राजील सरकार ने इथेनॉल के पक्ष में जीवाश्म ईंधन से प्राप्त सभी ऑटोमोबाइल ईंधन को चरणबद्ध तरीके

से बंद करने के लिए वर्ष 1975 में सरकार द्वारा वित्तपोषित एक राष्ट्रव्यापी कार्यक्रम 'प्रोग्रामा नेसिओनेल्डो अल्कूल' (नेशनल अल्कोहल प्रोग्राम) चलाया। इस कार्यक्रम से ब्राजील में गैसोलीन पर चलनेवाली कारों की संख्या में एक करोड़ की कमी आई, जिससे तेल आयात पर देश की निर्भरता कम हो गई। ब्राजील में आज वाहन फ्लेक्स-ईंधन फॉर्मूले पर चलते हैं, जिनमें या तो शराब या गैसोलीन का उपयोग किया जाता है। इसके अलावा, प्रति लीटर गैसोलीन में पच्चीस प्रतिशत अल्कोहल होता है। कृषि और जैविक उत्पादों से प्राप्त बायोडीजल का उत्पादन और खपत भी बढ़ रहा है। वर्ष 2013 तक ब्राजील में पाँच प्रतिशत ऊर्जा मिश्रण तैयार किए जाने की आशा थी।[17]

वर्ष 2008 में कोलंबिया और भारत के बीच ऊर्जा सहयोग पर एक समझौता ज्ञापन हस्ताक्षरित किया जाना, उस देश में ऊर्जा की जबरदस्त क्षमता की स्वीकारोक्ति थी। ओ.वी.एल. ने चीन के सिनोपेक के साथ साझेदारी की, जो हाइड्रोकार्बन के क्षेत्र में दुनिया भर में केवल दो भारत-चीन संयुक्त उद्यमों में से एक है (दूसरा सूडान में है) वर्ष 2006 में लगभग 90 करोड़ अमेरिकी डॉलर के कुल निवेश से तैयार इस संयुक्त उद्यम द्वारा वर्ष 2014 तक प्रतिदिन लगभग 35,000 बैरल माल का उत्पादन किया जा रहा था। सितंबर 2007 में, ओ.वी.एल. ने तीन अपतटीय गैस क्षेत्रों में चालीस और पचास प्रतिशत के बीच पी.आई. अर्जित किया, जिसके लिए कोलंबियाई सरकार द्वारा पेट्रोब्रास और कोलंबिया के इकोपेट्रोल के साथ सह-व्यवस्था के अधीन निविदा जारी की गई थी। दिसंबर 2008 में उसने पूर्वी कोलंबिया में लल्लनोस बेसिन के दो ब्लॉकों में क्रमशः पचास प्रतिशत और सौ प्रतिशत पी.आई. (सहभागिता हित) अर्जित किया। वर्ष 2014 तक कोलंबिया में ओ.वी.एल. का कुल निवेश 70 करोड़ अमेरिकी डॉलर से अधिक था। यदि कुछ आधारिक संरचना, विशेषकर खान से बंदरगाह तक परिवहन संबंधी मुद्दों का हल निकाल लिया जाए तो कोलंबिया धातुकर्मीय और तपीय कोयले का महत्त्वपूर्ण स्रोत बन सकता है।

भारत का निजी क्षेत्र भी इसमें शामिल है। रिलायंस इंडस्ट्रीज लिमिटेड ने ब्राजील में उद्यम स्थापित किया है और वेनेजुएला में, जो इस क्षेत्र में भारत को कच्चे तेल का प्रमुख आपूर्तिकर्ता है, निवेश करने पर सक्रिय रूप से विचार कर रहा है। कोलंबिया और पेरू में इसे दी जानेवाली रियायतों को अव्यवहार्य मानकर 2012 और 2013 में हटा दिया गया था। इसी प्रकार एस्सार भी मैक्सिको, वेनेजुएला और कोलंबिया से बड़ी मात्रा में कच्चे तेल का आयात करता है। भारतीय सार्वजनिक क्षेत्र के बी.पी.सी.एल. और निजी क्षेत्र के वीडियोकॉन ने आई.बी.वी. के नाम से एक कंपनी समूह का गठन किया, जिसने सितंबर 2008 में पेट्रोब्रस के साथ संयुक्त उद्यम में दस अपतटीय ब्राजील के ब्लॉकों में चालीस प्रतिशत पी.आई. अर्जित किया। इसमें कुल मिलाकर 2 अरब अमेरिकी डॉलर से अधिक

का निवेश किए जाने का अनुमान है। यहाँ पहली बार तेल की खोज अक्तूबर 2010 में की गई थी। पवन ऊर्जा के क्षेत्र में अग्रणी कंपनी सुजलॉन ने कई वर्ष पहले चिली में अपनी उपस्थिति दर्ज कराई थी और अब यह ब्राजील में भी मौजूद है।

अक्तूबर 2012 में वेनेजुएला की कंपनी पी.डी.वी.एस.ए. ने रिलायंस इंडस्ट्रीज के साथ वेनेजुएला के विशाल तेल क्षेत्र में तेल की खोज और उत्पादन में संयुक्त उद्यम स्थापित करने लेटिन अमेरिका और कैरेबियाई देशों के साथ व्यापार के लिए एक समझौता ज्ञापन पर हस्ताक्षर किए। रिलायंस ने पंद्रह साल के आपूर्ति अनुबंध के तहत जामनगर में अपनी रिफाइनरी के लिए वेनेजुएला के भारी कच्चे तेल की प्रतिदिन 3,00,000 से 4,00,000 बैरल की आपूर्ति के लिए एक अनुबंध को भी अंतिम रूप दिया। वेनेजुएला ने 2013-14 में भारत के पूरे कच्चे तेल आयात के लगभग बारह प्रतिशत की आपूर्ति की। वर्ष 2013-14 में लैटिन अमेरिका—वेनेजुएला, ब्राजील, मैक्सिको, कोलंबिया और इक्वाडोर से भारत को 3.38 करोड़ टन कच्चे तेल का आयात होता था, जो दुनिया भर से किए जानेवाले कच्चे तेल के आयात के पंद्रह प्रतिशत से अधिक था।[18] यह आँकड़ा और अधिक बढ़ेगा, क्योंकि भारतीय संयुक्त उद्यम की और अधिक कंपनियाँ उत्पादन क्षेत्र में उतर रही हैं, भारत के पास अतिरिक्त शोधन क्षमता है तथा वेनेजुएला जैसे देश अपने बाजारों में विविधता लाना तथा अमेरिका और यूरोप पर निर्भरता कम करना चाहते हैं।

त्रिनिदाद और टोबैगो ने गैस अथॉरिटी ऑफ इंडिया लिमिटेड (गेल) के माध्यम से भारत को गैस की आपूर्ति की है। भारत की सार्वजनिक क्षेत्र के कंपनी ओ.वी.एल. ने क्यूबा के अपतटीय क्षेत्र में रियायतें प्राप्त कीं, लेकिन संभावित चार से दस अरब बैरल तेल निकालने के लिए गहरे अपतटीय पानी में ड्रिल करने की सहयोगियों की माँग के बाद, उसने 2014 में इन रियायतों को वापस कर दिया। ओ.वी.एल. ने अर्जेंटीना की 'एनरसा' कंपनी के साथ संयुक्त अन्वेषण के लिए भी एक समझौते पर हस्ताक्षर किए। वर्ष 2006 में ओ.वी.एल. और पेट्रोइक्वाडोर के बीच एक समझौते पर हस्ताक्षर किए गए, जो सेवा अनुबंधों पर इक्वाडोर की सरकार के उस हठ के कारण फलीभूत नहीं हो सका, जिसमें विदेशी कंपनियों को तेल इक्विटी रखने की अनुमति नहीं है। वर्ष 2013 में हालाँकि एक नए समझौता ज्ञापन के हस्ताक्षरित होने के बाद एक समझौता फॉर्मूले की संभावनाओं की जाँच करने के लिए वार्त्ता फिर प्रारंभ हुई है।

सहायता कूटनीति

इस क्षेत्र में लैटिन अमेरिका और कैरेबियाई देशों को भारत की सहायता दशकों से जारी है। जनवरी 2012 में भारत के विदेश मंत्रालय ने विदेशों में परियोजना, छात्रवृत्ति,

विशेषज्ञों के प्रेषण, जैसी सभी सहायता को एक स्थान पर करने के लिए 'डेवलपमेंट पार्टनरशिप एडमिनिस्ट्रेशन' (डी.पी.ए.) का सृजन किया।[19] इससे पहले, लैटिन अमेरिका को अलग-अलग रूप में सहायता दी जाती थी और यह विशेष रूप से विभिन्न क्षेत्रीय डिवीजनों द्वारा नियंत्रित होती थी।

विदेश मंत्रायल का लैटिन अमेरिका और कैरेबिया का क्षेत्रीय प्रभाग (एल.ए.सी. प्रभाग) विभिन्न देशों के लिए परियोजनाओं या अन्य सहायता के प्रस्तावों की तुलना और सिफारिश करने के लिए जिम्मेदार था। प्राथमिकताओं का निर्धारण भारतीय मिशनों द्वारा की गई सिफारिश के आधार पर या विभिन्न देशों के अधिकारियों के साथ मंत्रालय की बैठकों एवं विचार-विमर्श के परिणामस्वरूप होता था। 'भारतीय तकनीकी और आर्थिक सहयोग (आई.टी.ई.सी.) कार्यक्रम' का संचालन मंत्रालय में एक अलग प्रभाग द्वारा किया जाता था। बहुपक्षीय योजनाओं या मंचों के माध्यम से सहायता का समन्वय बहुपक्षीय आर्थिक संबंधों के लिए उत्तरदायी एक अन्य प्रभाग द्वारा या कुछ मामलों में संयुक्त राष्ट्र प्रभाग द्वारा किया जाता था।

डी.पी.ए. (विकास सहभागिता प्रशासन प्रभाग) के सृजन से भारत की तकनीकी विशेषज्ञता और अनुभव को साझा करने और लैटिन अमेरिका एवं कैरेबियाई देशों के विकास में योगदान देने की भारत की कार्यनीति अधिक केंद्रित और बेहतर ढंग से समन्वित हुई है। उचित निगरानी तंत्र भी तैयार और कार्यान्वित किया गया है। इससे प्रस्तावों के प्रसंस्करण, वित्तीय स्वीकृति और संवितरण में तेजी आई है।

आई.टी.ई.सी. कार्यक्रम दिनांक 15 सितंबर, 1964 को भारत सरकार के द्विपक्षीय सहायता कार्यक्रम के रूप में शुरू किया गया था। इसकी भौगोलिक विस्तार सभी लैटिन अमेरिकी और कैरेबियाई देशों तक है। तकनीकी सहयोग के कई नवीन रूप विकसित हुए हैं। इस कार्यक्रम के कार्यान्वयन को उस क्षेत्र में स्थित भारतीय दूतावासों द्वारा लचीला बनाया गया है। इसमें शामिल लोगों की जरूरतों को पूरा करने के लिए इसे अनिवार्य रूप से माँग-संचालित और मांगोन्मुख रूप में डिजाइन किया गया है।

लैटिन अमेरिका और कैरेबिया के सभी तैंतीस देशों को आई.टी.ई.सी. कार्यक्रम में साझेदार देश के रूप में शामिल किया गया है। इसमें केमैन द्वीप, एंगुइला, मोंटसेराट जैसे अधीनस्थ क्षेत्र भी शामिल हैं। प्रत्येक वित्तीय वर्ष (1 अप्रैल से 31 मार्च) की शुरुआत से पहले विशेष संस्थानों की एक सूची और आगामी वित्तीय वर्ष में उनके द्वारा प्रस्तावित पाठ्यक्रम के बारे में संबंधित क्षेत्र के दूतावास को संसूचित किया जाता है। प्रत्येक देश को सामान्यतः उसके पिछले उपयोग के आधार पर आई.टी.ई.सी. छात्रवृत्ति की एक निश्चित संख्या की पेशकश की जाती है, परंतु कभी-कभी यह संख्या प्राप्तकर्ता देशों के अनुरोध

से प्रभावित होती है, फिर इन प्रस्तावों की जानकारी मेजबान सरकार को दी जाती है, जो सामान्यतः इस जानकारी को प्रचारित करने के लिए किसी एजेंसी या विभाग को नामित करती है। उक्त एजेंसी या विभाग इन छात्रवृत्ति के लिए आवेदन प्राप्त करता है तथा आवेदन की जाँच, साक्षात्कार आदि के जरिए उस पर अनुवर्ती काररवाई करता है। भारतीय राजदूतों को भी योग्य उम्मीदवारों को सीधे छात्रवृत्ति प्रदान करने का अधिकार है।

यह छात्रवृत्ति लोकप्रिय साबित हुई है, लेकिन अर्हता या कम-से-कम अंग्रेजी में दक्षता की अपेक्षा कभी-कभी कुछ योग्य उम्मीदवारों को इस उत्कृष्ट कार्यक्रम का लाभ उठाने से वंचित कर देती है। छात्रवृत्ति का भुगतान समग्र रूप से किया जाता है और इसमें उम्मीदवार के गृहनगर से आने और जाने के लिए विमान का किराया, पाठ्यक्रम का शुल्क; आवास और भोजन का खर्च तथा वृत्तिका शामिल है। चयनित उम्मीदवारों को सामान्य रूप से पर्यटक या अध्ययन स्थल के सबसे नजदीक के अन्य स्थलों की सैर पर ले जाया जाता है, जिससे उन्हें भारत के बारे में अधिक-से-अधिक जानकारी मिलती है। सभी पाठ्यक्रम में संबंधित उम्मीदवार को प्रमाण-पत्र या डिप्लोमा प्रदान किया जाता है।

पिछले कुछ वर्षों में आवंटित वृत्तियाँ की संख्या में विविधता दिखाई देती है, हालाँकि किसी देश या क्षेत्र के आकार के आधार पर अनिवार्य रूप से इसका निर्धारण नहीं होता। वर्ष 2012-13 में, एंटीगुआ और बारबूदा और यहाँ तक कि ग्रेनेडा के द्वीप राज्य के लिए भी ग्यारह छात्रवृत्ति की पेशकश की गई थी, जबकि मैक्सिको को केवल 15 छात्रवृत्ति की पेशकश की गई थी—वास्तव में, मैक्सिको ने 2011-12 में उसे आवंटित 15 वृत्तियाँ में से 9 का ही उपयोग किया था। आई.टी.ई.सी. का अधिकतम उपयोग पारंपरिक रूप से कोलंबिया, कोस्टा रिका, इक्वाडोर, क्यूबा, वेनेजुएला, सूरीनाम, पेरू, जमैका और गुयाना में देखा गया है।

वित्त वर्ष 2013-14 में, आई.टी.ई.सी. कार्यक्रम के अधीन इस क्षेत्र को 612 वृत्तियाँ आवंटित की गई, जबकि वर्ष 2012-13 में 638 वृत्तियाँ और वर्ष 2011-12 में 539 वृत्तियाँ तथा उसके एक वर्ष पहले 496 वृत्तियाँ आवंटित की गई थीं। वर्ष 2013-14 में केवल 393 वृत्तियों का उपयोग किया गया था। डी.पी.ए. के अधिकारियों के अनुसार, औसतन केवल साठ प्रतिशत वृत्तियों का उपयोग किया गया, जो एशिया और अफ्रीका के देशों की तुलना में कम है। इसके कारण पाठ्यक्रमों का अपर्याप्त प्रसार एवं संचालन तथा भाषा का मुद्दा आदि हैं। इन पाठ्यक्रमों से भारत की प्रोफाइल, यद्यपि बहुत धीरे-धीरे, लेकिन बहुत ऊँची हुई है। इससे इस क्षेत्र में भारत की विश्वासोत्पादक शक्ति बढ़ी है और भारत की तकनीकी विशेषज्ञता के प्रति इस क्षेत्र के लोगों में अहसास और सम्मान बढ़ा है।

भारत की आधिकारिक सहायता का एक और साधन अस्थगित साख की शर्तों पर

भारत से वस्तुओं और सेवाओं की खरीद के लिए लैटिन अमेरिका और कैरेबियाई वित्तीय संस्थानों और बैंकों को दी जानेवाली ऋण सहायता (एल.ओ.सी.) है। ये बहुत सफल नहीं रही हैं। पिछले एक दशक में कोलंबिया, ब्राजील, वेनेजुएला, त्रिनिदाद और टोबैगो के बैंकों और एंडियन डेवलपमेंट कॉरपोरेशन (सी.ए.एफ.) को दी गई कई ऋण सहायता का विस्तार किया गया, जिनमें से अधिकांश का मूल्य 1 करोड़ अमेरिकी डॉलर था। इनमें से किसी का भी उपयोग नहीं किया गया, जिसका मुख्य कारण भारत के एक्जिम बैंक द्वारा लगाए गए ब्याज और सेवा शुल्क की कथित ऊँची दरें हैं। एक अन्य महत्त्वपूर्ण कारक उन देशों में ऋण सहायता के तहत उधार ली गई निधि के पुनर्भुगतान से जुड़े विनिमय जोखिम उठाने की स्थानीय बैंकों की अनिच्छा है।

परियोजना-विशिष्ट ऋण सहायता और विशिष्ट निर्यात के लिए वित्तपोषण अधिक सफल रहे हैं। होंडुरास की सरकार ने वर्ष 2010 में 3 करोड़ अमेरिकी डॉलर की ऋण सहायता का लाभ उठाया। ऋण सहायता का लाभ उठानेवाले अन्य देशों में गुयाना और सूरीनाम हैं, जिनमें से गुयाना ने क्रिकेट स्टेडियम के निर्माण के लिए ऋण सहायता का लाभ उठाया। लगभग 1 करोड़ अमेरिकी डॉलर मूल्य की औद्योगिक परियोजनाओं के लिए दो ऋण सहायता हाल ही में क्यूबा को दी गई। वर्ष 2014 में विदेश मंत्रालय ने क्यूबा की सार्वजनिक परिवहन प्रणाली को दुरुस्त करने हेतु काफी पुरानी बसों को बदलने के लिए यात्री बसों का एक बेड़ा दान किया। वित्त वर्ष 2011-12 से 2013-14 तक मुख्य रूप से मध्य अमेरिका और कैरेबियाई देशों को कुछ करोड़ डॉलर मूल्य की दी गई अन्य सहायता में उपकरण और वाहन; बायोमास ऊर्जा संयंत्र; सौर ऊर्जा संचालित प्रतिष्ठान; स्कूल सामुदायिक केंद्र की आपूर्ति एवं अन्य छोटे योगदान शामिल हैं।[20]

एक महत्त्वपूर्ण और लोकप्रिय योजना मुख्य रूप से कैरेबियाई देशों और मध्य अमेरिका तथा दक्षिण अमेरिका में सूचना प्रौद्योगिकी उत्कृष्टता केंद्र (सी.ई.आई.टी.) की स्थापना है। सी.ई.आई.टी. अनिवार्य रूप से मेजबान देश में सूचना प्रौद्योगिकी में प्रशिक्षण और क्षमता का केंद्र स्थापित करता है। भारत सरकार आमतौर पर लगभग दस लाख डॉलर की राशि को मंजूरी देती है,जो संबंधित देश में हार्डवेयर, सॉफ्टवेयर और दो या तीन आई.टी. विशेषज्ञों की प्रतिनियुक्ति पर खर्च की जाती है। मेजबान देश को केंद्र के लिए स्थानीय और आकस्मिक परिचालन व्यय वहन करना पड़ता है। इस तरह एक विशिष्ट परियोजना समकक्ष भारतीय संस्थान, यथा-राष्ट्रीय सूचना प्रौद्योगिकी संस्थान (एन.आई.आई.टी.) या सेंटर फॉर द डेवलपमेंट ऑफ एडवांस्ड कंप्यूटिंग (सी-डैक) द्वारा, स्थानीय समकक्ष संस्थान को उसे सौंपने से पहले दो या तीन वर्ष तक चलाई जाती है।

इसके लेखक के अनुभव से पता चलता है कि अपर्याप्त तैयारी और नौकरशाही

प्रक्रियाओं (कभी-कभी एक-दूसरे का कारण बनना) के कारण ऐसी परियोजनाओं की संभावित सफलता कम हो गई है। अपर्याप्त संचार व्यवस्था और स्थानीय प्राथमिकताओं की अपर्याप्त पहचान, भाषाई बाधा और स्थानीय स्थिति के अनुपयुक्त हार्डवेयर के कारण ये सुविधाएँ सफेद हाथी सिद्ध हुईं। क्यूबा में स्पष्ट रूप से यही मामला था, जहाँ कुछ वर्ष पहले स्थापित सी.ई.आई.टी. के नाम पर वर्ष 2011 तक एक खाली हॉल और कुछ अप्रयुक्त कंप्यूटर बचे थे।

अन्य दुर्भाग्यपूर्ण घटना इक्वाडोर की है। भारत सरकार ने वर्ष 2007 में 5 करोड़ अमेरिकी डॉलर की ऋण सहायता देने की प्रतिबद्धता व्यक्त की थी, परंतु इक्वाडोर ने इसका उपयोग करने में असमर्थता व्यक्त की। इस मामले में दोष स्पष्ट रूप से इक्वाडोर का है, जिसने भारत सरकार द्वारा प्रतिबद्धता व्यक्त किए जाने के बाद से कम-से-कम चार विचार प्रस्तुत किए, परंतु उस पर अनुवर्ती काररवाई नहीं की और एक भी प्रारंभिक परियोजना प्रस्ताव प्रस्तुत नहीं किया। इसी तरह की सुस्ती क्यूबा सरकार की ओर से भी परिलक्षित हुई, जिसे वर्ष 2008 से पाँच परियोजनाओं के लिए ऋण सहायता की पेशकश की गई, लेकिन वर्ष 2013 तक केवल दो के लिए प्रक्रियाओं को अंतिम रूप दिया गया।

भारत सरकार ने इस तरह की परियोजनाओं के लिए घरेलू (भारतीय) सामग्री मूल्य में लागत के पचासी प्रतिशत से पचहत्तर प्रतिशत तक की कटौती सहित और अधिक लचीली शर्तों की पेशकश करने का प्रयास किया है; हालाँकि शर्तों पर धीमी गति से वार्त्ता, मेजबान देश से संप्रभु गारंटी की माँग और ऐसी परियोजनाओं में रुचि रखनेवाले एवं निष्पादित करने में सक्षम पर्याप्त भारतीय व्यापार उपस्थिति की कमी कम प्रगति होने के मुख्य कारण प्रतीत होते हैं।

अफ्रीका और पूर्व एवं मध्य एशिया में भारत के विकास सहायता कार्यक्रमों की तुलना में लैटिन अमेरिका और कैरेबियाई देशों में जागरूकता, पहल और योजना की कमी अधिक है। अधिकांश उपादान और सहायता दुर्भाग्य से तदर्थ प्रस्तावों पर आधारित रही और संबंधित परियोजना की पर्याप्तता या सुसंगतता का निर्धारण करने के लिए बहुत कम अनुवर्ती काररवाई की गई।

हैती के मामले में निर्वाचित राष्ट्रपति मिशेल मार्टली द्वारा 2010 में भूकंप से विस्थापित हुए बड़ी संख्या में तंबू में रहनेवाले लोगों के लिए कम लागतवाले आवास का निर्माण करने में भारत से सहायता की अपेक्षा की गई। दूतावास (हवाना में) के हर प्रकार के प्रयास के फलस्वरूप, अंततः वर्ष 2012 में 50 लाख अमेरिकी डॉलर के लिए प्रतिबद्धता व्यक्त की गई और उतनी ही राशि का चेक राष्ट्रपति महोदय को दिया गया। उम्मीद है कि उक्त धन अंततः 'गांधी गाँव' के निर्माण पर खर्च होगा, जिसके पूर्वनिर्मित घरों में हजारों

शरणार्थियों को बसाने का प्रस्ताव है और जिसके लिए वर्ष 2011 में विदेश मंत्रालय को कोटेशन भेजा गया।

आई.बी.एस.ए. निधि जैसे सहयोगी उपक्रम भी हैं, जिसके माध्यम से ब्राजील और भारत दुनिया भर में परियोजनाओं के लिए हर वर्ष 10 लाख अमेरिकी डॉलर का योगदान करते हैं, हालाँकि इनका क्रियान्वयन संयुक्त राष्ट्र विकास कार्यक्रम द्वारा किया जाता है। ब्रिक्स बैंक का निर्माण और अन्य वित्तीय संस्थानों में एक उच्च प्रोफाइल शायद इस क्षेत्र में अधिक सहयोग का कारण बन सकता है। यह भी राजनीतिक इच्छा शक्ति पर निर्भर करता है।

भारत के कार्यक्रम की ब्राजील के कार्यक्रम से तुलना करना दिलचस्प है, जो अपेक्षाकृत हाल का है। वर्ष 2005 और 2009 के बीच ब्राजील ने इन गतिविधियों के लिए 1.426 अरब अमेरिकी डॉलर समर्पित किया, जिनका ब्योरा इस प्रकार है—अंतरराष्ट्रीय संगठनों के लिए 1.082 अरब अमेरिकी डॉलर, छात्रवृत्ति कार्यक्रमों के लिए 13.88 करोड़ मिलियन अमेरिकी डॉलर तथा मानवीय राहत के लिए 7.91 करोड़ अमेरिकी डॉलर। तकनीकी सहयोग कार्यक्रमों में काफी वृद्धि हुई है; वर्ष 2009 तक 58 देशों में 400 परियोजनाएँ चल रही थीं।[21]

डिल्मा रूसेफ के प्रशासन के दौरान की गई बजट में कटौती के कारण 'ब्राजीलियाई सहयोग एजेंसी' (ए.डी.सी.) कुछ अभिनव उपाय करने के लिए प्रेरित हुई, जिसमें ब्राजीलियन डेवलपमेंट बैंक (बी.एन.डी.ई.एस.) द्वारा फंडिंग और ब्राजील उद्योग की भागीदारी शामिल थी। इसके परिणामस्वरूप विदेशों में सफल परियोजनाओं को निष्पादित करनेवाली एजेंसियों और कंपनियों के लचीले नेटवर्क का निर्माण हुआ है, जिनको गरीबी कम करने, सूक्ष्म आर्थिक विकास करने, शिक्षा में सुधार लाने, सार्वजनिक स्वास्थ्य और कृषि के विकास आदि का पर्याप्त अनुभव है। ब्राजील के कार्यक्रमों में मुख्य रूप से लैटिन अमेरिका और कैरेबियाई देशों तथा अफ्रीका पर ध्यान केंद्रित किया गया है। उन्होंने सुविचारित और अच्छी तरह से निष्पादित परियोजनाओं के माध्यम से प्राप्तकर्ता कंपनियों में ब्राजील की कंपनियों को बढ़ावा देने के लिए एक महत्त्वपूर्ण साधन के रूप में कार्य किया है।[22]

भारतीय स्थापन में कुछ प्रणालीगत विशेषताएँ हैं, जो संभवत: भारतीय उद्योग, वित्तीय संस्थानों और सरकार के बीच समान तालमेल कायम करने में बाधक हैं। इस क्षेत्र में भारतीय दूतावास, जिन्हें मोटे तौर पर ऐसी परियोजनाओं के निष्पादन और अंतिम रूप देने के लिए सिफारिश, बातचीत और निगरानी करने की जिम्मेदारी सौंपी गई है, ऐसा करने के लिए पूरी तरह सज्जित नहीं हैं और शायद उन्हें सहयोग के इस महत्त्वपूर्ण क्षेत्र के लिए

मुख्यालय से अधिक समर्थन की आवश्यकता है।

हालाँकि यह कठोर लग सकता है, परंतु सत्य है कि भारत की लैटिन अमेरिका और कैरेबियाई देशों के लिए विकास सहायता अभी तक विकास साझेदारी में विकसित नहीं हुई है। दरअसल, इस लेखक की राय में, व्यवस्था में यह सुनिश्चित करने के लिए आमूल-चूल परिवर्तन के लिए आवश्यक है कि कार्यनीतियों और योजनाओं पर समुचित रूप से विचार किया जाए और निधि समुचित रूप से आवंटित की जाए। भारत के दूतावासों तथा मंत्रालयों को समय पर और प्रभावी क्रियान्वयन सुनिश्चित करने एवं परियोजनाओं पर अनुवर्ती काररवाई करने के लिए अधिक बारीकी से काम करने की आवश्यकता है, जिससे मेजबान समुदाय के जीवन में और इस क्षेत्र में भारत की छवि और हित में अंतर झलक सके।

संदर्भ :

1. द इंडियन इयर बुक, 1947, बंबई, XXXIII, एन.पी. चौधरी के 'भारत का लैटिन अमेरिका के साथ संबंध' से यथा उद्धृत
2. सांख्यिकीय सार : भारत, 1951-52, नई श्रृंखला संख्या- 3 (भारत सरकार, 1954), एन.पी. चौधरी द्वारा यथा उद्धृत, वही
3. चौधरी, एन.पी., इंडिया'ज लैटिन अमेरिका रिलेशंस, साउथ एशियन पब्लिशर्स प्रा.लि.,अध्याय 'आर्थिक संबंध'
4. वाणिज्य मंत्रालय, भारत सरकार, नई दिल्ली, सांख्यिकीय सार : भारत, 1977-78 से 1988-89 तक
5. यू.एन.जी.ए. 6वाँ सत्र, 9 अप्रैल-2 मई, 1974 : नई अंतरराष्ट्रीय आर्थिक व्यवस्था की स्थापना की घोषणा
6. रुलांड जुर्गन और कार्स्टन बेचले, इंटररीजनलिज्म विराउट रीजन, आई.बी.एस.ए. ऐज ए फॉर्म ऑफ शैलो मल्टीलेटरलिज्म, अध्याय 9, एशिया एंड लैटिन अमेरिका, पोलिटिकल एंड इकोनॉमिक रिलेशंस, रूटलेज, 2010
7. नीदरलैंड द्वारा दवा की जब्ती के विरुद्ध भारत और ब्राजील का डब्ल्यू.टी.ओ. में विरोध, 'प्रेस ट्रस्ट ऑफ इंडिया', 31 जनवरी, 2009
8. www.iadb.org/publications
9. व्यापार के सभी आँकड़े—वाणिज्यिक आसूचना और सांख्यिकी महानिदेशालय, वाणिज्य मंत्रालय, कोलकाता, भारत
10. वाणिज्य विभाग, भारत-फोकस एल.ए.सी. कार्यक्रम; www.commerce.in.
11. फोकस एल.ए.सी. कार्यक्रम के लिए देखें : http://www.commerce.nic.in/trade/international_tpp_lac.pdf.
12. कंट्री रिस्क क्लासिफिकेशन लिस्ट, www.ecgcindia.in.
13. वाणिज्य विभाग : www.commerce.nic.in.
14. 2012 की वार्षिक आर्थिक और वाणिज्यिक रिपोर्ट, भारत का दूतावास, मैक्सिको

15. विदेश मंत्रालय, एल.ए.सी. प्रभाग
16. लैटिन अमेरिका : इनर्जाइजिंग इंडिया, भोजवानी, दीपक, इंडिया'ज इकोनॉमिक डिप्लोमेसी, सी.यू.टी.एस., 2011
17. ओ.ई.सी.डी./अंतरराष्ट्रीय ऊर्जा अभिकरण, विश्व ऊर्जा दृष्टिकोण
18. पेट्रोलियम और प्राकृतिक गैस मंत्रालय
19. www.mea.gov.in/development-partnership-administration.htm
20. विकास साझेदारी क्रियान्वयन प्रभाग, विदेश मंत्रालय
21. ब्राजील्स इंटरनेशनल डेवलपमेंट कोऑपरेशन; ओल्ड एंड न्यू मोटिवेशंस–बर्गेस, सीन, विकास नीति की समीक्षा, 2014, 32 (3) : 355–374
22. वही

□

7

मन-मस्तिष्क

"मेरे भीतर भारत की पैठ मस्तिष्क नहीं, मन से हुई है।"

—ओक्टावियो पाज

वर्ष 1962 से 1968 तक भारत में मैक्सिको के राजदूत रहे नोबेल पुरस्कार विजेता ऑक्टेवियो पाज में अपने जातीय संस्कार और उस देश के संस्कारों के बीच सांस्कृतिक असमानताओं और समानताओं को प्रतिपादित करने की उत्कृष्ट योग्यता थी, जिसे वे प्यार करने लगे थे। एक कवि के रूप में उनकी सहज संवेदनशीलता और अभिव्यक्ति की क्षमता हमें एक-दूसरे को बेहतर ढंग से समझने के लिए मार्गदर्शन प्रदान करती है। अपनी पुस्तक 'इन लाइट ऑफ इंडिया' (विसलंबरेस डी ला इंडिया)[1] में राजदूत पाज ने भारत में अपने पहले दिन के बारे में लिखा है, जब वे मुंबई के ताजमहल होटल में रुके थे और जहाँ से उन्होंने अपोलो बंदरगाह (गेटवे ऑफ इंडिया स्मारक) को अपने कमरे की बालकनी से देखा था, "वास्तविकता की अधिकता अवास्तविकता बन गई थी, लेकिन वह अवास्तविकता अचानक एक बालकनी में बदल गई, जहाँ से मैंने झाँका और जो देखा, वह वास्तविकता से परे है, उसे कुछ नाम नहीं दिया जा सकता है।"

वर्ष 1962 में भी भारत अधिकांश लैटिन अमेरिकी और कैरेबियाई देशों के लिए एक विदेशी रहस्य था। यहाँ तक कि ब्राजील और गोवा के बीच का क्षीण पुर्तगाली औपनिवेशिक संपर्क भारतीय संघ में गोवा के विलय के बाद टूट गया। गोवा की वर्तमान पीढ़ी के बीच पुर्तगाली बोलनेवालों को ढूँढ़ना आसान नहीं है। अध्याय V में, हमने प्राचीन भारतीय और मय सभ्यताओं के बीच संपर्क पर चर्चा की है, जो पौराणिक कथाएँ हैं। भारत के औपनिवेशिक अनुभव लैटिन अमेरिका की तुलना में एशिया और अफ्रीका के साथ ज्यादा साझा किए गए। कैरेबिया के पूर्वी कोने में स्थित देशों में रहनेवाले प्रवासी भारतीयों के बारे में बाद के अध्याय में चर्चा की जाएगी। बीसवीं शताब्दी के पूर्वार्ध में भारत में लैटिन अमेरिका के बारे में बहुत कम समझ थी।

ऐतिहासिक संदर्भ

यद्यपि लैटिन अमेरिका और कैरेबियाई क्षेत्रों में सांस्कृतिक असमानता थी, तथापि इसका इतिहास इसकी राजनीतिक प्रकृति को परिभाषित करता है। भारत और लैटिन अमेरिका के बीच सांस्कृतिक अंतराल को काफी हद तक उजागर करनेवाला एक महत्त्वपूर्ण और मौलिक तत्त्व वहाँ रहनेवाले समुदाय की प्रकृति और संरचना है। ऐतिहासिक संदर्भ इसमें काफी मददगार साबित होंगे।

एशिया, अफ्रीका और लैटिन अमेरिका के अधिकांश हिस्सों को सोलहवीं और अठारहवीं शताब्दी के बीच यूरोपीय शक्तियों द्वारा उपनिवेशित किया गया था, हालाँकि लैटिन अमेरिकी राष्ट्रों ने भारत और अफ्रीका से एक सदी पूर्व अपनी स्वतंत्रता प्राप्त की थी।[2] भारत ने अपनी स्वतंत्रता शांतिपूर्ण समझौता आंदोलन के परिणामस्वरूप समझौता निपटान के जरिए ग्रेट ब्रिटेन से प्राप्त की। हिस्पैनिक लैटिन अमेरिकी देशों को स्पेन से अपनी स्वतंत्रता प्राप्त करने के लिए लंबे और नृशंस युद्ध लड़ने पड़े। वर्ष 1822 में ब्राजील और कुछ कैरेबियाई देशों ने (बीसवीं सदी में) अपेक्षाकृत अधिक शांति से स्वतंत्रता प्राप्त की और पूर्व की साम्राज्यिक शक्तियों के साथ संस्थागत संपर्क बनाए रखा। भारत की तरह, लैटिन अमेरिका और कैरेबियाई देशों ने अपने क्षेत्र में उपनिवेशवादियों द्वारा लागू की गई भाषाओं को एक महत्त्वपूर्ण अंतर के साथ अपनाया।

शेष एशिया की तरह, भारत में स्वतंत्रता में स्वदेशी लोगों द्वारा राजनीतिक शक्ति का धारण देखा गया, जो पराभूत थे, परंतु जिन्हें दबाया नहीं जा सका। दूसरी ओर, स्वतंत्र लैटिन अमेरिका में नया शासक वर्ग उपनिवेशी प्रजाति एवं वर्ग द्वारा पालित समुदाय का था, जिन्हें 'क्रेओल' कहा जाता था।[3] नस्लों की मिलावट या स्पेनिश शब्दों में मेस्टिजेज के बावजूद सत्ता सँभालनेवाले लोग उस क्षेत्र के मूल निवासी नहीं, बल्कि उपनिवेशवादियों के वंशज थे, अतः लैटिन अमेरिकियों का राजनीतिक और सांस्कृतिक अभिविन्यास उनके यूरोपीय पूर्वजों के साथ पूरी तरह से जुड़ा हुआ था। इससे इस क्षेत्र के अधिकांश देशों का भाषाई, शैक्षिक, सांस्कृतिक और सामाजिक झुकाव अवधारित हुआ।

यहाँ हम फिर से ओक्टेवियो पाज के शब्दों में भारतीय और लैटिन अमेरिकी वास्तविकता की बेहतर तुलनात्मक समझ प्राप्त कर सकते हैं—

"मैक्सिको में पूर्व-हिस्पैनिक सभ्यता को नष्ट कर दिया गया था और जो बच गए हैं, वे उसके अवशेष हैं; भारत में, प्राचीन सभ्यता एक वास्तविकता है, जिसमें जीवन के सभी पहलू शामिल हैं—विजय और धर्म-परिवर्तन के कारण विभिन्न पूर्व-हिस्पैनिक लोग एकजुट हुए; आज मैक्सिको के अधिकांश लोग कैथोलिक हैं और स्पैनिश भाषा बोलते हैं और यहाँ तक कि पूर्व-हिस्पैनिक संस्कृतियों के छोटे द्वीपों का भी ईसाईकरण हो गया है।

मैक्सिको के सामने 18वीं और 19वीं शताब्दी के सांस्कृतिक और राजनीतिक अनुभवों से गुजरे बिना आधुनिकता में छलाँग लगाने की समस्या है, जिसने यूरोप और अमेरिका के लोगों को मौलिक रूप से बदल दिया और जो आधुनिकता का आधार बना। भारत की बात अलग है, क्योंकि एक तो उसका अतीत प्राचीन है और उसमें विषमता है और दूसरे वह एक विशाल देश है; वहाँ विभिन्न भाषाओं और परंपराओं से जुड़े करोड़ों लोग रहते हैं, हालाँकि उसकी विविधता में भी एकता है; वह एक ऐसी सभ्यता है, जिसमें एक और विदेशी सभ्यता को सम्मिलित किया गया था, परंतु जिसके साथ सम्मिश्रित हुए बिना वह एक हजार वर्षों से अधिक समय तक रहा है···

मेसोअमेरिकन संस्कृतियों का जन्म हुआ और 16वीं शताब्दी तक वह पूर्ण अलगाव में पनपा। इसके विपरीत, भारत पुरानी दुनिया के अन्य लोगों और संस्कृतियों के साथ हमेशा संपर्क में था, पुरानी दुनिया की विविधता की तुलना में, मैक्सिकन संस्कृतियों की समरूपता आश्चर्यजनक है···[4]

लैटिन अमेरिकी को स्वतंत्रता ऐसे समय में मिली, जब दुनिया उतनी अंतः परस्पर संबद्ध नहीं थी, जितनी वह उस समय थी, जब भारत को ब्रिटिश शासन से स्वतंत्रता प्राप्त हुई थी। भारत की स्वतंत्रता उसके पड़ोस के कई देशों के साथ तथा अन्य ऐसे देशों के साथ मेल खाती थी, जो भौगोलिक और ऐतिहासिक दृष्टि से उसके काफी करीब थे, अतः भारत के प्रारंभिक नेतृत्व ने 1947 में दिल्ली में एशियाई संबंध सम्मेलन, 1955 में इंडोनेशिया के बांडुंग में एशियाई-अफ्रीकी सम्मेलन और 1961 में बेलग्रेड, यूगोस्लाविया में पहले गुटनिरपेक्ष सम्मेलन के जरिए गठबंधन किया।

वर्ष 1927 में ब्रसेल्स में साम्राज्यवाद के खिलाफ अंतरराष्ट्रीय कांग्रेस में भारत के प्रख्यात स्वतंत्रता विचारक और बाद में इसके पहले प्रधानमंत्री पं. जवाहरलाल नेहरू की लैटिन अमेरिकी नेताओं के साथ प्रारंभिक बातचीत ने दुनिया के उस हिस्से के लिए उनकी जिज्ञासा और आकर्षण को बढ़ाया। यद्यपि उन्होंने औपनिवेशिकता के खिलाफ संघर्ष में लैटिन अमेरिका और भारत के बीच सामान्य हित का हवाला दिया था, तथापि शायद ही कोई अन्य समानता थी, जिसे पहचाना जा सकता था। उस क्षेत्र में अमेरिका का अत्यधिक प्रभाव पं. नेहरू पर स्पष्ट हो गया था। इससे स्वतंत्रता के तुरंत बाद कम-से-कम लैटिन अमेरिका के प्रमुख देशों के साथ राजनयिक और राजनीतिक संपर्क स्थापित करने के उनके फैसलों पर प्रभाव पड़ा होगा, परंतु इसके कारण तुरंत कोई महत्त्वपूर्ण राजनीतिक या सामाजिक आदान-प्रदान नहीं हुआ।

स्वतंत्र भारत को लैटिन अमेरिका और कैरेबियाई देशों के साथ राजनीतिक और वाणिज्यिक संबंध स्थापित करने और उसे सुदृढ़ करने में समय लगा। चूँकि भारत उस समय

राष्ट्र निर्माण की प्रक्रिया में संलग्न था, अतः भारत के लोगों ने इंग्लैंड, अमेरिका और अन्य देशों पर ध्यान केंद्रित किया, जहाँ भारतीय पारंपरिक रूप से बस गए थे। लैटिन अमेरिका एक से अधिक कारणों से उनकी पहुँच से दूर था। भौगोलिक दूरी की समस्या के अलावा भाषाई और सांस्कृतिक अंतराल की समस्या भी थी। पश्चिमी सभ्यता के बारे में भारत की जागरूकता प्राचीन अंग्रेज जाति पर केंद्रित थी, जबकि लैटिन अमेरिका और अधिकांश कैरेबियाई देशों की मजबूत सांस्कृतिक और सभ्यतागत जड़ें लैटिन यूरोप में थीं। लेटिन अमेरिका ने अपने यूरोपीय अतीत से जिस सभ्यतागत स्वायत्तता की स्थापना की माँग की थी, उसे समझने में भारत को काफी समय लगेगा।

यूरोपीय प्रभाव की न्यूनता को संयुक्त राज्य अमेरिका की सांस्कृतिक पैठ ने पूरा किया। गोलार्ध की महाशक्ति उन्मुख लैटिन अमेरिका और कैरेबियाई देशों के व्यापक प्रभाव ने भारत की वास्तविकता को उजागर नहीं होने दिया। शीत युद्ध आरंभ होने से दक्षिणपंथी शासन और संयुक्त राज्य अमेरिका के दबाव को झेलने में अक्षम और महाशक्ति संपन्न देश के आदेश का पालन करनेवाले देशों ने प्रारंभ में भारत के साथ संबंधों के बीच की खाई को और चौड़ा कर दिया, क्योंकि भारत ने निजी कारणों से या तो गुट-निरपेक्ष रहना पसंद किया या वैश्विक आयात के कई मुद्दों पर रूस का साथ देना पसंद किया।

इस प्रकार यूरोप और अमेरिका में निर्धारित प्राथमिकताओं द्वारा तय किए गए इस क्षेत्र के राजनीतिक एजेंडे के कारण स्वाभाविक रूप से उसकी संस्कृति प्रभावित हुई। यद्यपि भारतीय आध्यात्मिकता, योग और साहित्य को इस क्षेत्र में जाना और सराहा गया, तथापि भारत की समकालीन वास्तविकता के बारे में उनकी सचेतनता बहुत कम थी। कैरेबियाई देशों ने, जिनमें भारतीय प्रवासियों की संख्या काफी अधिक थी, इस दिशा में सेतु का काम किया, तथापि त्रिनिदाद और टोबैगो, सूरीनाम, गुयाना, जमैका जैसे देशों और ऐसे अन्य देशों का, जहाँ भारतीय बसे थे, समग्र क्षेत्रीय परिदृश्य में कुछ विशेष महत्त्व नहीं था। इसके अलावा, पहले के अधिकांश अंग्रेजी और डच उपनिवेशों ने बीसवीं शताब्दी के उत्तरार्ध में स्वतंत्रता हासिल की, इसलिए मुख्यधारा के लैटिन अमेरिका के साथ उनका एकीकरण अधिक हाल का था।

धर्म

लैटिन अमेरिका में ईसाई धर्म के प्रसार ने इसे एशिया के अधिकांश औपनिवेशिक अनुभव से अलग रखा। स्पेनिश शासन के अधीन फिलीपींस मुख्य रूप से कैथोलिक बन गया। स्वतंत्रता से पहले और बाद में चर्च का लैटिन अमेरिकी इतिहास के जरिए प्रभाव पड़ा है। लैटिन अमेरिका में रूढ़िवादी और प्रगतिशील या आधुनिकतावादी, राजनीतिक ताकतों

ने सदियों से वेटिकन द्वारा संचालित संस्थानों के विशेषाधिकारों को बनाए रखने या उन पर अंकुश लगाने के लिए लड़ाई लड़ी है। प्रगतिशील या आधुनिकतावादी राजनीतिक ताकतों ने एक राजनीतिक दल के पक्ष में या उसके खिलाफ लोगों को प्रभावित करने में महत्त्वपूर्ण भूमिका निभाई है। उदाहरण के लिए, चिली और कोस्टा रिका अभी भी अपने विदेश मंत्रालय को मिनिस्टेरियो डि रिलेसंसा एक्सटेरियोरस ई कल्टो के रूप में संदर्भित करते हैं, जिसमें अंतिम शब्द राष्ट्र से चर्च के औपचारिक पृथक्करण की कमी का संकेत है।

दूसरी ओर, भारत और अधिकांश अन्य पूर्व-ब्रिटिश उपनिवेशों और पूर्व डच कॉलोनी, इंडोनेशिया ने ईसाई धर्म स्वीकार कर लिया, लेकिन स्वदेशी और प्राच्य धर्म आज भी पूर्ववत् हैं। एक अपेक्षाकृत शांत हिंदू बहुसंख्यक आबादी साथ में रहती है, लेकिन यह भारत में एक छोटे कैथोलिक/प्रोटेस्टेंट अल्पसंख्यक आबादी पर हावी है।

वर्ष 1950 में भारत द्वारा एक धर्मनिरपेक्ष संविधान की घोषणा ने भारतीय लोगों के बहु-धार्मिक चरित्र को वैधता प्रदान की। इससे यह पता चलता है कि तलाक और गर्भपात जैसे सामाजिक मुद्दे, जो लैटिन अमेरिका में इतने उद्दीप्त हैं, परंतु इनपर भारत में उतना ध्यान नहीं दिया जाता है। दूसरी ओर, बाल विवाह या परिवारजनों द्वारा तय किए गए विवाह एवं दहेज जैसी घृणित भारतीय प्रथाओं के कारण विकसित देशों के समान लैटिन अमेरिका में प्रतिक्रियाएँ होती हैं। लैटिन अमेरिकियों को भी भारतीय संस्थापन द्वारा बहु-धार्मिक नीति की असंख्य सामाजिक माँगों को समायोजित करने के लिए किए गए समझौते को स्वीकार करना मुश्किल लगता है।

पूरे क्षेत्र में राजनीतिक और सामाजिक आंदोलनों पर 'मुक्ति संबंधी ईश्वरीय मीमांसा', जैसे सिद्धांतों के जरिए कैथोलिक चर्च के प्रगतिशील प्रतिनिधियों के प्रभाव से इनकार नहीं किया जा सकता है। इसी प्रकार, विशेषकर ब्राजील में धर्म प्रचारक चर्चों एवं सामान आंदोलनों के प्रभाव से भी इनकार नहीं किया जा सकता है। वर्ष 2013 में अर्जेंटीना के कार्डिनल का पोप फ्रांसिस के रूप में चयन पहले लैटिन अमेरिकी पोंटिफ का चयन था। इससे वेटिकन में कुछ काफी कट्टरपंथी विचार पेश हुए, जो पोप की मातृभूमि में अशांत काल के दौरान कूटरचित किए गए। यह पोप का अनुभव और रुझान दरशाता है।

आधुनिक लैटिन अमेरिका में भी बड़ी संख्या में लोग भारतीय आध्यात्मिकता एवं दर्शन को समझने, भारतीयों की भावनाओं को महसूस करने और उसकी सराहना करने लगे हैं। धर्म-परिवर्तन की आवश्यकता या भाषाई पृष्ठभूमि के बिना हिंदू प्रथा तक पहुँच होने से उनका आकर्षण बढ़ा है। भारतीय तीर्थस्थल, मंदिर,योग और ध्यान के लिए आश्रम लैटिन अमेरिकी पर्यटक यात्रा कार्यक्रम के महत्त्वपूर्ण स्थल हैं।

भाषा का प्रभाव

कैरेबिया के कुछ हिस्सों में, विशेष रूप से पूर्व ब्रिटिश उपनिवेशों और ब्रिटिश या अमेरिका नियंत्रित प्रदेशों में, अंग्रेजी आधिकारिक और लोकप्रिय भाषा है। डच हॉलैंड के एक पूर्व उपनिवेश सूरीनाम की भाषा है और कैरेबियाई द्वीपों में एंटिल्स में बोली जाती है। फ्रेंच गयाना, गुआदेलूपे, मार्टीनिक और ऐसे कुछ अन्य द्वीपों की भाषा फ्रेंच है, जहाँ उन्नीसवीं और बीसवीं सदी की शुरुआत में प्रवासी भारतीय आए थे। भारत के साथ ये संबंध मुख्य रूप से मुख्य धारा के हिस्पैनिक (स्पेनिश) और लुसिटानियन (पुर्तगाली) समुदायों से स्वतंत्र थे, जो उस क्षेत्र में सर्वाधिक संख्या में थे। अमेरिका, ब्रिटेन, अफ्रीका, एशिया और यहाँ तक कि महाद्वीपीय यूरोप में भारतीयों के प्रवास की तुलना में लैटिन अमेरिका के उन हिस्सों में भारतीयों का प्रवास बहुत कम था।

निकट आने की धीमी प्रक्रिया का एक प्रमुख कारण भाषाई अंतर है। स्वतंत्र भारत में इसके साहित्य और इतिहास के साथ इसकी प्राचीन भाषाओं को भी विकसित किया गया, इसलिए औपनिवेशिक भाषा-अंग्रेजी-द्वारा देसी भाषाओं को उखाड़े जाने का प्रश्न ही नहीं था। भारतीय संविधान कार्यालयीन प्रयोजनों के लिए संचार के माध्यम के रूप में अंग्रेजी के महत्त्व को मानता है, हालाँकि संविधान की आठवीं अनुसूची में, हिंदी सहित बाईस प्रमुख भारतीय भाषाओं को राजभाषा के रूप में मान्यता दी गई है और इन्हें सबसे व्यापक रूप से बोली जानेवाली भाषा का स्थान दिया गया है।

भारत अपने अक्षुण्ण सभ्यतागत आधार के साथ औपनिवेशिक अनुभव से उभरकर सामने आया। इसके बाद इसने तेजी से वैश्वीकरण की ओर उन्मुख देशों से व्यवहार करने के लिए अंग्रेजी तक अपनी आसान पहुँच का फायदा उठाया। आज अधिकांश भारतीय अपनी मातृभाषा के अलावा एक राष्ट्रीय भाषा (सामान्य रूप से हिंदी या अंग्रेजी) बोलना, या कम-से-कम समझना, आवश्यक मानते हैं, जो अपनी मातृभाषा हिंदी बोलते हैं, वे भी कम-से-कम बुनियादी अंग्रेजी सीखते हैं। बड़ी आबादी द्वारा बोली जाने वाली कम-से-कम एक दर्जन प्रमुख क्षेत्रीय भाषाओं के अस्तित्व के कारण राष्ट्रीय स्तर पर एकीकरण का प्रयास कई अवसरों पर जटिल साबित हुआ है।

राजनीतिक या रूढ़िवादी कारणों से स्थानीय हित शिक्षा नीति को प्रभावित कर सकते हैं, जिसमें कुछ मामलों में क्षेत्रीय भाषाओं में माध्यमिक शिक्षा पर जोर दिया जाना शामिल है, जिससे उच्चतर शिक्षा प्राप्त करने के अवसर बाधित होते हैं। ये प्रवृत्तियाँ राज्य के लिए लागत को भी बढ़ाती हैं, लेकिन इसके परिणामस्वरूप महत्त्वपूर्ण क्षेत्रीय भाषाओं और संस्कृतियों का भरण-पोषण होता है। इस तरह की विविधता, हालाँकि लैटिन अमेरिकियों के लिए चौंकानेवाली हो सकती है और भारतीय वास्तविकता के बारे में उनकी समझ को

जटिल बनाती है, परंतु जैसे ही संघीय प्रवृत्तियाँ भारत की राजनीतिक अर्थव्यवस्था में सामने आती हैं, यह कारक भारत के साथ उनके आर्थिक, सामाजिक और सांस्कृतिक संबंधों में एक महत्त्वपूर्ण भूमिका निभाता है।

भारतीयों के विपरीत, लैटिन अमेरिकियों को शायद ही कभी अपनी प्रमुख भाषा के अतिरिक्त दूसरी भाषाओं में विशेषज्ञता प्राप्त करने की आवश्यकता थी, इसलिए सामान्यतः उन्हें अंग्रेजी जैसी विदेशी भाषाओं को आसानी से आत्मसात् करना मुश्किल लगता है। अफ्रीकी गुलामों का दुनिया के इस हिस्से में प्रवास करने और यूरोपीय भाषाओं का उनकी भाषाओं के साथ परस्पर मिश्रित होने के परिणामस्वरूप कुछ संकर भाषाओं का विकास हुआ, जिनका उपयोग देशी और कामकाजी समुदायों द्वारा किया जाता है। उनके महत्त्व को तेजी से मानवीय और लोकतांत्रिक व्यवस्था में स्वीकार किया गया है।

पापियामेंटो भाषा[5] का प्रयोग नीदरलैंड एंटिल्स में व्यापक रूप से किया जाता है। इसी तरह, ज्यादातर जमैकावासी जो भाषा बोलते या समझते हैं, वह पातुआ का एक रूप है,[6] जबकि हैती के पूर्व फ्रांसीसी उपनिवेश में एक भिन्न औपनिवेशिक भाषा क्रेओल[7] फ्रेंच का व्यापक रूप से प्रयोग किया जाता है। स्वदेशी भाषा जैसे क्वेशुआ (पेरू में राष्ट्रीय भाषा के रूप में मान्यता प्राप्त), गुआरानी, केची, नहुआ और अन्य का भी लैटिन अमेरिका के स्वदेशी समुदायों द्वारा मुख्य रूप से प्रयोग किया जाता हैं।[8]

यूरोपीय, अफ्रीकी और स्वदेशी प्रजातियों ने पूरे क्षेत्र में इंद्रधनुषी मिश्रण बनाने में योगदान दिया है, फिर भी उपर्युक्त भाषाओं को सांस्कृतिक और आर्थिक दृष्टि से सीमांत माना जाता है और लगभग पूरे क्षेत्र में इसका प्रयोग केवल बहुत छोटे अल्पसंख्यक वर्ग द्वारा किया जाता है। स्पेनिश और ब्राजील के मामले में पुर्तगाली की व्यापकता एवं केंद्रीयता भारतीयों के लिए थोड़ी परेशानी के साथ लैटिन अमेरिका को समझना और उसके साथ संवाद स्थापित करना आसान बनाती है। स्पेनिश और पुर्तगाली द्वारा राजनीतिक और व्यापारिक दुनिया का वर्चस्व अन्य भाषाओं को सीखने के लिए विदेशियों की आवश्यकता को कम करता है।

हालाँकि, भाषा अभी भी बाधा बनी हुई है। भौगोलिक दूरी और ऐतिहासिक संपर्क के अभाव में लैटिन अमेरिका के मामले में भाषाओं और संस्कृतियों को आत्मसात् करने की भारत की अंतर्निहित क्षमता का कभी परीक्षण नहीं किया गया। यद्यपि लैटिन अमेरिका के उच्च शिक्षा संस्थानों में संकाय सदस्य अंग्रेजी के अच्छे जानकार हैं, परंतु बहुसंख्यक आबादी और छात्रों के मामले में यह सही नहीं है। यद्यपि उस क्षेत्र में अंग्रेजी के महत्त्व से सभी परिचित हैं, तथापि अधिकांश लैटिन अमेरिकियों ने अंग्रेजी को अभी तक नहीं अपनाया है। जहाँ तक भारत का प्रश्न है, यहाँ के लोगों में स्पेनिश और पुर्तगाली में कम विशेषज्ञता है।

भाषा का माध्यम दूर के समुदायों के सामाजिक और सांस्कृतिक सन्निकटन में आवश्यक और महत्त्वपूर्ण भूमिका निभाता है। सांस्कृतिक प्रचार के प्रयास मंदित और यहाँ तक कि विकृत हो जाते हैं, क्योंकि भारतीय संस्थापन ने इस अभियान को अकसर उन लोगों के लिए छोड़ दिया है, जो अनिवार्यत: प्रवीण नहीं हैं, लेकिन संदेश को केवल इसलिए पहुँचा सकते हैं, क्योंकि वे स्थानीय भाषा में बोलते हैं और खुद को अभिव्यक्त करते हैं। हमें कभी-कभी लैटिन अमेरिकी मीडिया में चित्रित भारतीय संस्कृति के अनुचित भाव मिलते हैं।

इसका एक उदाहरण, इस लेखक के विचार में, पिछले दशक में बनाया गया अत्यधिक लोकप्रिय ब्राजीलियाई धारावाहिक 'कैमिन्हो दास इंडियास' (पैसेज टू इंडिया : टू वर्ल्ड्स वन डेस्टिनी) था। भारतीय और ब्राजील के परिवारों के बीच सामाजिक और वैवाहिक संबंधों पर आधारित धारावाहिक भारतीय वास्तविकता से बहुत दूर था। भारतीय परिवार को अतिशयोक्तिपूर्ण रूप से दिखावटी तरीके से दरशाया गया था और ऐसे तरीकों एवं प्रथाओं का इस्तेमाल किया गया था, जिन्हें गलत माना जा सकता है। इस तरह के लक्षण वर्णन भारतीय समाज की कुछ पूर्वधारणाओं या रुढ़ियों के साथ मेल खा सकते हैं या शायद ब्राजील के (और अन्य लैटिन अमेरिकी) दर्शकों की पसंद के हो सकते हैं, फिर भी धारावाहिक में भारतीय संगीत और भारत के अन्य पहलुओं के कुछ मनोरंजक चित्रण थे और इसके स्पेनिश अनुवाद भी लैटिन अमेरिका के अन्य हिस्सों में बहुत लोकप्रिय साबित हुए।

सॉफ्ट पॉवर

हालाँकि, सॉफ्ट पॉवर की अवधारणा को हाल ही में स्पष्ट किया गया है, लेकिन भारत के विश्व के साथ प्राचीन संबंधों में भी इसका प्रचलन रहा है। आज अमेरिका सॉफ्ट पॉवर के मूलादर्श का प्रतिनिधित्व करता है और हॉलीवुड, डिजनीलैंड, इंटरनेट, एम.टी.वी. आदि के माध्यम से अपनी प्रतिभा एवं प्रौद्योगिकी पेश करता है। चीन में सॉफ्ट पॉवर का प्रदर्शन अब सरकार की नीति है और अंतरराष्ट्रीय क्षेत्र में अपनी स्थिति मजबूत करने का एक साधन है। चीन की बढ़ती अर्थव्यवस्था इसके बढ़ते आकर्षण का प्रमुख स्रोत है। दूसरी ओर भारत अपनी सामाजिक, आर्थिक और भौगोलिक विविधता और अपने लोगों की समृद्ध सांस्कृतिक विरासत के साथ प्राचीन सभ्यता के आदर्श का प्रतिनिधित्व करता है तथा अभी भी अपने अतीत से जुड़ा हुआ है। इसके अतिरिक्त इसके अनोखे और गूढ़ गुण तथा सॉफ्ट पॉवर की इसकी अवधारणा ने पश्चिम की भावनाओं को झकझोर दिया है।[9]

हालाँकि, हमने देखा है कि भारत के सॉफ्ट पॉवर का कुछ प्रभाव है, जो लैटिन अमेरिका और कैरेबियाई देशों में प्राचीन समय से शेष हैं। बीसवीं शताब्दी में योग के अभ्यास, आयुर्वेद के चिकित्सा विज्ञान, कुछ भारतीय साहित्य और दर्शन, प्राचीन भारतीय

धर्मों के अध्ययन तथा भारतीय शास्त्रीय नृत्य और संगीत के प्रदर्शन का स्थानांतरण देखा गया। इक्कीसवीं सदी में पुट्टपर्थी के सत्य श्री साई बाबा और श्री श्री रविशंकर जैसे बीसवीं सदी के गुरुओं का उदय; भारतीय सिनेमा; भारतीय वस्त्र, फैशन और गहने और भारतीय व्यंजन की लोकप्रियता देखी गई। भारतीय संस्कृति की इन अभिव्यक्तियों ने पूरे क्षेत्र में अपनी जड़ें जमाई हैं। उन्होंने विशेष रूप से युवा लैटिन अमेरिकियों की कल्पना को झकझोरा है।

भारतीय सभ्यता की महानता इसके पूर्वजों की बुद्धिमत्ता और इसके आधुनिक प्रतिपादकों की प्रतिभा से नहीं हो सकता, जिस तरह का सत्कार उस क्षेत्र में भारतीय संस्कृति को मिला, उसकी स्पष्ट व्याख्या केवल लैटिन अमेरिका में हमेशा मानवीय सोच और अभिव्यक्ति के लिए एक समान संवेदनशीलता और ग्रहणशीलता मौजूद रही है, जिसे हम उस दूरस्थ प्रदेश में भारतीय विद्या के अवशिष्ट के जरिए देख सकते हैं। 'भगवद्गीता' का पहला स्पेनिश अनुवाद 1896 में अर्जेंटीना के एमिलियो रोके द्वारा किया गया था। 1909 में ब्यूनस आयर्स में स्वामी रामकृष्ण के उपदेशों का पहला स्पेनिश अनुवाद पूरा हुआ था। अर्जेंटीना के विद्वानों ने उपनिषदों और अन्य प्राचीन भारतीय ग्रंथों का भी अध्ययन किया।

वर्ष 1924 में ब्यूनस आयर्स में गुरुदेव रवींद्रनाथ टैगोर के आगमन पर एक अत्यंत प्रभावशाली कार्यक्रम हुआ। नवंबर 1924 में टैगोर पेरू के रास्ते में थे, जहाँ उन्हें पेरू की स्वतंत्रता के शताब्दी समारोह के लिए आमंत्रित किया गया था। वे बीमार पड़ गए और ब्यूनस आयर्स विश्वविद्यालय के एक विशेष आयोग ने उन्हें मोंटेवीडियो, उरुग्वे में बुलाया। वहाँ अर्जेंटीना की धनी बुद्धिजीवी विक्टोरिया ओकैम्पो ने उनसे ब्यूनस आयर्स के बाहर अपने घर में रहने का अनुरोध किया, जहाँ उन्होंने दो महीने बिताए। टैगोर उस अवधि को याद करते हैं, "बार-बार मेरा मन सैन इसिड्रो में उस बरामदे में चला जाता है, उनकी संवेदनशील और करुणामय देखभाल की ओर।"

अर्जेंटीना के प्रसिद्ध कवि जोर्ज लुइस बोर्जेस ने टैगोर और ओकैम्पो के बारे में कहा कि "वे दोनों ही विश्व-नागरिक थे, न तो औपनिवेशिकवादी और न ही राष्ट्रवादी।" जब विक्टोरिया ओकैम्पो को जुआन पेरोन की सरकार द्वारा कैद कर लिया गया तो नेहरू ने उन्हें रिहा करने के लिए हस्तक्षेप किया। वर्ष 1968 में लैटिन अमेरिका के अपने दौरे के दौरान प्रधानमंत्री इंदिरा गांधी ने विश्व भारती विश्वविद्यालय से गुरुदेव के अर्जेंटीनावासी शिष्य को डॉक्टर की मानद उपाधि प्रदान की।

वर्ष 1968 में ओकेम्पो द्वारा आयोजित संस्कृतियों पर संवाद अर्जेंटीना के समाज के तत्त्वों के उच्च स्तर का विकास और भारतीय संस्कृति के प्रति उनकी संवेदनशीलता की अभिव्यक्ति था। विक्टोरिया ओकेम्पो और बोर्गेस से प्रेरित होकर, तथाकथित 'सुर (दक्षिण) समूह' ने सुरजी प्रकाशन हाउस से गांधीजी, टैगोर, नेहरू, विनोबा भावे और अन्य लोगों के

कार्यों के प्रचार के लिए सुर पत्रिका और पुस्तकें प्रकाशित कीं। इस उदात्त संबंध के कई स्मरणोत्सव हैं, जिनमें भारतीय और लैटिन अमेरिकी मन-मस्तिष्क के मिलन का वर्णन किया गया है। नवीनतम उदाहरण एक बहु-मीडिया प्रदर्शन और अप्रैल 2014 में कोलकाता और दिल्ली के सर्वेंटिस संस्थान में कविता पाठ का आयोजन है ।

अर्जेंटीना अन्य भारतीय विचारकों और व्यक्तित्व के कार्यों के अनुवाद और प्रसार के लिए प्रसिद्ध है। वर्ष 1933 में ब्यूनस आयर्स में रामकृष्ण आश्रम की स्थापना की गई थी। आज पूरे क्षेत्र में इसके केंद्र हैं और सभी केंद्र में स्वामी निवास करते हैं। माउंट आबू स्थित ब्रह्म कुमारियों के भी काफी अनुयायी इस क्षेत्र में हैं। 1950 और 1960 के दशक में ब्यूनस आयर्स में हस्तिनापुर फाउंडेशन जैसे सेंटर ऑफ ओरिएंटल स्टडीज एंड सेंटर स्थापित किए गए। 10 मार्च, 2014 में हस्तिनापुर एडिटोरियल बोर्ड ने भारतीय महाकाव्य 'महाभारत' का पहला पूर्ण स्पेनिश पाठ जारी किया।

ऑक्टेवियो पाज और चिली के कवि पाब्लो नेरुदा की कृतियों ने भी अपनी छाप छोड़ी। भारत के साथ सबसे पहले नेरुदा ने ही संबंध बनाया था। टैगोर से प्रेरित होकर उन्होंने चार अवसरों पर भारत का दौरा किया। वर्ष 1927 में अपनी पहली यात्रा पर वे मद्रास चले गए और उसके एक साल बाद कांग्रेस पार्टी के राष्ट्रीय अधिवेशन में भाग लेने के लिए कलकत्ता गए, जहाँ वे पं. नेहरू और गांधीजी से मिले, जिन्हें उन्होंने 'महान् साम्राज्य का सामना करने के लिए विशाल रहस्यमय ऊर्जा पुनः प्राप्त करने' के लिए सोते हुए देखा। उन्हें आगे यह कहने की प्रेरणा मिली कि 'एशिया की पूर्ण जागृति की उत्पत्ति भारत में हुई।'[11] उनका भारत का अंतिम दौरा 1958 में कवि बिष्णु डे के निमंत्रण पर हुआ।

नेरुदा को हालाँकि 1951 में भारत के अपने तीसरे दौरे का कड़वा अनुभव हुआ, जब वे विश्व शांति कांग्रेस की ओर से प्रधानमंत्री नेहरू को संबोधित एक पत्र लेकर दिल्ली लौटे। उन्हें भारतीय आप्रवासन में रोका गया, जहाँ उनके निजी कागजात जब्त कर लिये गए। तत्पश्चात् प्रधानमंत्री के साथ मुलाकात के लिए उन्हें एक घंटे तक प्रतीक्षा करने के लिए कहा गया। उन्होंने उत्तेजित होकर अपनी विषैली कविता 'इंडिया 1951' लिखी, जिसमें उन्होंने भारत को एक ऐसा 'बंद क्षेत्र' बताया, जिसमें इतिहास रूपी 'अंगूर का किण्वन' हो रहा है।[12] यह एक दुर्भाग्यपूर्ण घटना थी, जिससे किसी प्रशंसक की नजर में भारत की साख को नुकसान पहुँचा था। वे उस समय भी कट्टरपंथी तेलंगाना आंदोलन के हमदर्द थे।

लैटिन अमेरिका और कैरेबियाई देश एक और सभ्यता के ऐतिहासिक प्रभाव—महात्मा गांधी के दर्शन से बच नहीं सके। मुख्य रूप से उनकी पुस्तक 'द स्टोरी ऑफ माय एक्सपेरिमेंट्स विथ ट्रुथ' में वर्णित उनके विचारों के स्पेनिश और पुर्तगाली भाषा में अनुवाद भारत के राजनयिक प्रतिष्ठान द्वारा पुनर्प्रकाशित किए गए हैं और पूरे क्षेत्र में व्यापक रूप

से वितरित किए गए हैं। साओ पाउलो, ब्राजील में पलास एथेना जैसे विश्वविद्यालयों और संस्थानों ने गांधीजी की अहिंसा की सीख और अन्य दर्शन के आधार पर एक पाठ्यक्रम तैयार किया है। गांधीजी, विवेकानंद, कृष्णमूर्ति और अन्य दार्शनिकों की सीख का अध्ययन करनेवाले और निर्धारित शिक्षा देनेवाले विद्वानों और चिकित्सकों की संख्या बढ़ रही है और लैटिन अमेरिका में उनके अनुयायी बन रहे हैं।

आधिकारिक संरक्षण

भारत सरकार ने विदेश मंत्रालय तथा संस्कृति और शिक्षा मंत्रालय के माध्यम से दशकों से विदेशों के साथ सांस्कृतिक संबंधों को बढ़ाने में आधिकारिक संरक्षण के महत्त्व को मान्यता दी है। लैटिन अमेरिका और कैरेबियाई देशों में अर्जेंटीना, ब्राजील, चिली, कोलंबिया, क्यूबा, डोमिनिकन गणराज्य, इक्वाडोर, गुयाना, मैक्सिको, पनामा, पैराग्वे, पेरू तथा त्रिनिदाद और टोबैगो (टी एंड टी) के साथ सांस्कृतिक समझौते संपन्न हुए हैं।[13]

आमतौर पर दो या तीन साल की सीमित अवधि के लिए 'सबऑर्डिनेट कल्चरल एक्सचेंज प्रोग्राम्स' (सी.ई.पी.) और 'एजुकेशनल एक्सचेंज प्रोग्राम्स' (ई.ई.पी.) पर इन सभी देशों के साथ बातचीत की गई है। सी.ई.पी. और ई.ई.पी. में इस आदान-प्रदान के लिए वित्तीय, तकनीकी और संरचनात्मक शर्तें लागू की जाती हैं, जबकि सांस्कृतिक समझौते में कानूनी और नियामक ढाँचा उपलब्ध कराया जाता है। हालाँकि यह कहा जाना चाहिए कि सी.ई.पी. और ई.ई.पी. का समयबद्ध निष्पादन, जो सांस्कृतिक आदान-प्रदान के लिए आवश्यक है, दोनों पक्षों के लिए प्राथमिकता नहीं है। उन दस्तावेजों में निहित कुछ नेक इरादों को कार्य रूप में परिणत किया गया है।

विदेश में भारतीय संस्कृति के प्रचार और भारत में अंतरराष्ट्रीय संस्कृति के प्रसार के लिए विदेश मंत्रालय की प्रमुख एजेंसी भारतीय सांस्कृतिक संबंध परिषद (आई.सी.सी.आर.) के माध्यम से भारतीय संस्कृति का संवर्धन और आदान-प्रदान भी किया गया है। पिछली शताब्दी में भारतीय शास्त्रीय नृत्य और संगीत के कलाकारों द्वारा उस क्षेत्र के लिए पर्यटन का प्रायोजन उसकी सांस्कृतिक पहुँच की नीति का प्रमुख माध्यम था। यद्यपि भारतीय कलाकारों को प्रायोजित किया जाता रहा, तथापि धन की कमी, यात्रा की उच्च लागत तथा अपर्याप्त प्रतिफल के परिणामस्वरूप इसका पुनर्मूल्यांकन किया गया है। आज हम देख रहे हैं कि लैटिन अमेरिका और कैरेबियाई देशों में प्रदर्शन करनेवाले अन्य देशों के या उस क्षेत्र के भीतर के भारतीय प्रवासी कलाकारों की संख्या में वृद्धि हो रही है। भारतीय दूतावास स्थानीय प्रायोजकों के साथ आई.सी.सी.आर. और अन्य सरकारी एजेंसियों के संयुक्त समर्थन से वहाँ भारत के त्योहारों के आयोजन में बहुत सक्रिय रहे हैं।

आई.सी.सी.आर. के विदेश में तीस सांस्कृतिक केंद्र हैं, जिनमें से पाँच लैटिन अमेरिका और कैरेबियन देशों—ब्राजील, मैक्सिको , गुयाना, सूरीनाम, तथा ट्रिनिदाद और टोबैगो में हैं।[14] इन केंद्रों में भारतीय संगीत, नृत्य, योग और भारतीय संस्कृति के अन्य पहलुओं के विशेषज्ञ नियुक्त हैं। कुछ मामलों, यथा—ट्रिनिडाड और टोबैगो में भारतीय प्रवासी समुदाय के लिए एक हिंदी भाषा शिक्षक है। इनमें से एक विशेषज्ञ ने कुछ साल पहले कैरेबिया में प्रवासी भारतीयों के बीच हिंदी भाषा की क्षमता के असामान्य स्तर पर इसके लेखक के समक्ष चौंकाने वाली बात की थी कि उनमें से अधिकांश लोगों के पूर्वज हिंदी भाषी भारतीय केंद्र स्थल से आए थे! इस स्थिति में उन स्वैच्छिक संगठनों के प्रयास के कारण बड़े पैमाने पर बदलाव आ रहा है, जिन्होंने भारतीय भाषाओं, धर्मों और रीति-रिवाजों के संरक्षण के लिए स्वयं को समर्पित कर दिया है। (अध्याय VIII देखें)

सांस्कृतिक केंद्र स्थानीय भारत प्रेमी और भारतीय समुदाय के लिए केंद्र स्थल के रूप में कार्य करते हैं। उदाहरण के लिए, ब्राजील में साओ पाउलो सांस्कृतिक केंद्र में स्थानीय ब्राजीलियाई कलाकार भारतीय शास्त्रीय संगीत और नृत्य सिखाते हैं। विभिन्न भारतीय शास्त्रीय शैलियों, जैसे भरतनाट्यम, ओडिसी, मोहिनीअट्टम और कुचिपुड़ी में इन शिक्षकों की उत्कृष्टता ब्राजील के शुरुआती उत्साही लोगों के समर्पण के कारण है, जिन्होंने भारत में मिलने वाली छात्रवृत्ति का लाभ उठाकर शिक्षकों के चरणों में बैठकर सीखा और जिन्हें वे आज भी गुरु मानते हैं। ऐसी ही एक मिसाल है 'नाट्यालय', जो सुश्री पैट्रिशिया रोमानो द्वारा स्थापित एक स्कूल है। सुश्री पैट्रिशिया रोमानो ने केरल के एक शिक्षक से प्रशिक्षण प्राप्त किया और ब्राजील में बसे एक मलयाली से शादी कर ली। वे भारतीय शास्त्रीय नृत्य की एक उत्कृष्ट प्रतिपादक हैं। वे कई युवा ब्राजीलियाई कलाकारों को वह कला सिखा रही हैं, जिसे उन्होंने आत्मसात् और प्यार किया हैं। उनकी बेटी इरा और 'नाट्यालय' के अन्य कलाकार पूरे ब्राजील और अन्य देशों में प्रदर्शन करते हैं।

स्थानीय कलाकारों द्वारा भारतीय संस्कृति की इसी तरह की अभिव्यक्तियों को अर्जेंटीना, कोलंबिया, मैक्सिको और उस क्षेत्र के अन्य देशों में देखा जा सकता है। वे केवल अपनी वृत्ति को अभिव्यक्ति ही नहीं देते हैं, बल्कि उसमें नवीनता भी लाते हैं। शास्त्रीय नृत्य और मुद्राओं के साथ विशिष्ट शास्त्रीय पोशाक में लोकप्रिय बॉलीवुड गीतों की अभिव्यक्ति को देखना असामान्य नहीं है। ऐसे कलाकारों की संख्या भी बढ़ रही है, जिन्हें सितार, तबला, सरोद और अन्य शास्त्रीय भारतीय संगीत वाद्ययंत्रों के वादन में महारत हासिल है। पाश्चात्य और भारतीय कलाकारों के बीच 'जुगलबंदी' (संलयन प्रदर्शन) आम बात है। उस क्षेत्र में भारतीय दूतावासों की वेबसाइटें स्थानीय और भारतीय कलाकारों द्वारा प्रस्तुत किए जानेवाले कार्यक्रमों की घोषणाओं से भरी रहती हैं।

लैटिन अमेरिका में उत्साही लोगों की संख्या में तीव्र वृद्धि उस क्षेत्र में भारतीय सांस्कृतिक अभिव्यक्ति की लोकप्रियता और विस्तार का प्रमाण है और इससे स्थानीय भाषा में विशेषज्ञता की कमी काफी हद तक पूरी होती है, जिसके अभाव में हम संचार की समस्याओं को दूर करने के लिए स्थानीय प्रतिभा की भरती करने के लिए बाध्य हो जाते हैं। भारतीय दूतावासों के पास भी पर्याप्त भाषा-कुशल कर्मी नहीं होते हैं और उन्हें सांस्कृतिक जागरूकता और प्रसार संबंधी कार्य करने के लिए स्थानीय कर्मचारियों पर निर्भर रहना पड़ता है। पहले के अध्याय में उल्लिखित 'भारतीय तकनीकी और आर्थिक सहयोग (आई.टी.ई.सी.) कार्यक्रम' द्वारा भी अंग्रेजी भाषा के पाठ्यक्रमों के लिए कुछ उम्मीदवारों को छात्रवृत्ति प्रदान की जाती है। ये तेजी से लोकप्रिय हो रहे हैं तथा इससे उम्मीदवारों को भारत के साथ संवाद करने और भारत को समझने में सक्षम बनाने एवं उनके समक्ष भारतीय वास्तविकता को उजागर करने में मदद मिली है।

शैक्षिक सहयोग

हमारी आपसी समझ में अंतराल का एक प्रमुख कारण भारत में लैटिन अमेरिका और कैरेबियाई देशों के बारे में तथा लैटिन अमेरिका और कैरेबियाई देशों में भारत के बारे में समुचित और पर्याप्त क्षेत्र अध्ययन कार्यक्रमों की कमी है। क्षेत्र अध्ययन कार्यक्रम पहली बार भारत में वर्ष 1955 में पंडित जवाहरलाल नेहरू के निर्देश पर शुरू किए गए थे। इस नीति का विस्तार वर्ष 1963 में विश्वविद्यालय अनुदान आयोग (यूजीसी) द्वारा किया गया था। दुर्भाग्य से ये कार्यक्रम मुख्य रूप से राजनीतिक अध्ययन पर केंद्रित हैं और इसमें बहु-विषयक दृष्टिकोण का अभाव है।[15]

सबसे पुराने क्षेत्रीय अध्ययन कार्यक्रम का प्रवर्तक दिल्ली विश्वविद्यालय में वर्ष 1955 में स्थापित अफ्रीकी अध्ययन विभाग था, जो राजनीतिक स्वतंत्रता के प्रति भारत के उत्साह से प्रेरित था, हालाँकि इस विश्वविद्यालय में लैटिन अमेरिका के लिए कोई क्षेत्र अध्ययन केंद्र नहीं है। भारत में क्षेत्रीय अध्ययन के लिए प्रमुख संस्थान प्रतिष्ठित जवाहरलाल नेहरू विश्वविद्यालय(जे.एन.यू.) रहा है। इसके 'स्कूल ऑफ इंटरनेशनल स्टडीज' (एस.आई.एस.) में कनाडा, अमेरिका और लैटिन अमेरिका के लिए एक-एक अध्ययन केंद्र सहित कुल छह क्षेत्र अध्ययन केंद्र हैं। कोई भी यह अच्छी तरह समझ सकता है कि अमेरिका और कनाडा की तुलना में लैटिन अमेरिका पर कितना अधिक ध्यान दिया जाता है (कनाडा पर अध्ययन कनाडा सरकार द्वारा वित्तपोषित है)।

लैटिन अमेरिका पर क्षेत्र अध्ययन गोवा विश्वविद्यालय में भी किया जाता है और इस प्रयोजनार्थ वहाँ एक केंद्र है, हालाँकि इसके लेखक ने देखा है कि वर्ष 2014 में उसमें एक

दर्जन से कम स्नातकोत्तर और शोध छात्र थे। नई दिल्ली में जामिया मिलिया इसलामिया विश्वविद्यालय में यूरोपीय अध्ययन के साथ लैटिन अमेरिकी अध्ययन की पढ़ाई होती है।[16] कोलकाता विश्वविद्यालय में लैटिन अमेरिकी अध्ययन को प्रोत्साहित करने के लिए कुछ प्रयास किए गए हैं, लेकिन अन्य प्रमुख भारतीय नगरों में इस दिशा में बहुत कम प्रयास किए गए हैं।

दुर्भाग्य से, जबकि विश्वविद्यालय अनुदान आयोग का यह मानना है कि क्षेत्र के अध्ययन बहु-विषयक होने चाहिए और इसमें अनिवार्य रूप से भाषा अध्ययन शामिल होना चाहिए,[17] लैटिन अमेरिका और कैरेबियाई देशों के क्षेत्र अध्ययन कार्यक्रमों में बहुत से वांछित विषयों पर ध्यान नहीं दिया जाता है। उसमें न केवल बहु-विषयक और अंतर-विषयक दृष्टिकोण की कमी है, बल्कि ऐसे पाठ्यक्रमों में बहुत कम भाषा प्रशिक्षण या कौशल प्रशिक्षण शामिल है। अकसर स्पेनिश या पुर्तगाली भाषा पाठ्यक्रम का अध्ययन कर रहे स्नातक और स्नातकोत्तर छात्र क्षेत्र अध्ययन में लग जाते हैं। दुर्भाग्य से, लैटिन अमेरिका के क्षेत्रीय अध्ययन कार्यक्रमों में शामिल उनके समकक्ष विद्यार्थी भाषा अध्ययन पर ध्यान केंद्रित नहीं करते हैं। लैटिन अमेरिकी मुहावरे के ज्ञान का अभाव, अपर्याप्त निधिकरण और छात्रवृत्ति की कमी के कारण छात्रों, प्रोफेसरों और शोधकर्ताओं को अपना पाठ्यक्रम पूरा करने के लिए गौण स्रोत, मुख्यत: विकसित देशों (मुख्य रूप से अमेरिका)की दया, पर निर्भर रहना पड़ता है।

दूसरी ओर, इसके लेखक की जानकारी के अनुसार, ऐसा कोई लैटिन अमेरिकी विश्वविद्यालय नहीं हैं, जहाँ भारत संबंधी क्षेत्र अध्ययन कार्यक्रम चलाया जा रहा हो। भारत संबंधी अध्ययन के नाम पर कुछ विभागीय अध्यक्ष के पद हैं और उसके काफी नीचे कुछ ऐसे संस्थान हैं, जो हाल के हैं एवं कुछ व्यक्तियों द्वारा चलाए जा रहे हैं तथा जिनमें भारत संबंधी कुछ क्षेत्र अध्ययन कार्यक्रम चलाए जा रहे हैं। तीन अखिल लैटिन अमेरिकी संस्थानों—ए.एल.ए.डी.आई. (लैटिन अमेरिकी एसोसिएशन फॉर इंटीग्रेशन), सी.ए.एफ. (लैटिन अमेरिकी विकास बैंक) तथा लैटिन अमेरिका और कैरेबिया के लिए संयुक्त राष्ट्र आर्थिक आयोग के बीच सहयोग के माध्यम से मोंटेवीडियो एवं उरुग्वे में स्थापित 'लैटिन अमेरिका एशिया-प्रशांत वेधशाला' को भारत पर अध्ययन के लिए एक प्रभावशाली संस्थागत मंच बनाया जाना चाहिए। इसे पूरे एशिया पर ध्यान केंद्रित करना चाहिए। भारत के वैश्विक महत्त्व के अनुरूप उसको प्रमुखता दिए जाने के लिए काफी प्रयास करने की जरूरत होगी। यहाँ भी काफी कुछ भारत द्वारा स्पेनिश और पुर्तगाली भाषा में दिए गए सामग्री और अनुदेश के योगदान पर निर्भर करेगा।

स्पष्ट रूप से, भारत और लैटिन अमेरिका के बीच अपरिमित आर्थिक और वाणिज्यिक

संबंध अकादमिक जगत् में न तो भारत में परिलक्षित होता है और न ही लैटिन अमेरिका एवं कैरेबियाई देशों में। यह भारतीय शासकीय और व्यावसायिक हलकों में पर्याप्त शोध में और इस बात की जागरूकता में कमी से स्पष्ट है कि पूरी तरह से निराकृत लैटिन अमेरिकी देशों एवं भारत के साथ ऐतिहासिक संबंध रखनेवाले कुछ कैरेबियाई देशों के साथ आशाजनक संबंधों को कैसे सुदृढ़ किया जाए, हालाँकि संस्थागत व्यवस्थाएँ हैं, जो निर्धारित प्रयास किए जाने पर इस बाधा को दूर कर सकती हैं।

'सामान्य सांस्कृतिक छात्रवृत्ति योजना' (जी.सी.एस.एस.) के तहत आई.सी.सी.आर. कुछ एशियाई, अफ्रीकी और लैटिन अमेरिकी देशों को स्नातक एवं स्नातकोत्तर डिग्री तथा भारतीय विश्वविद्यालयों में अनुसंधान को आगे बढ़ाने के लिए छात्रवृत्ति प्रदान करता है। वर्ष 2013-14 के दौरान जिन चौवन देशों को छात्रवृत्ति की पेशकश की गई, उनमें से छह देश—अर्जेंटीना, ब्राजील, बेलीज, जमैका, सूरीनाम तथा ट्रिनिडाड और टोबैगो लैटिन अमेरिकी एवं कैरेबिया में थे।[18] हालाँकि पेशकश की गई छात्रवृत्ति की संख्या बहुत कम थी। उदाहरण के लिए, ट्रिनिडाड और टोबैगो तथा सूरीनाम जैसे देशों को, जिनमें प्रवासी भारतीयों की संख्या बहुत अधिक है, क्रमशः 3 और 2 छात्रवृत्ति आवंटित की गई, जबकि फिजी जैसे तुलनीय देश को 25 छात्रवृत्ति मिली। अन्य देशों को भी बहुत कम छात्रवृत्ति मिली—ब्राजील (1), बेलीज (2), जमैका (1), अर्जेंटीना (1)। यह आधिकारिक या कूटनीतिक सुस्ती या दुनिया के उस हिस्से में संभावित विद्वानों की उदासीनता के कारण हो सकता है, लेकिन इससे लैटिन अमेरिका और कैरेबियाई देशों के साथ सांस्कृतिक और शैक्षणिक संबंधों को मजबूत करने के लिए भारत के प्रयासों का पता चलता है।

जैसा कि हमने पिछले अध्याय में देखा है, विदेश मंत्रालय के आई.टी.ई.सी. कार्यक्रम के तहत दी जानेवाली छात्रवृत्ति का उपयोग बहुत कम किया गया है। हाल के वर्षों में लैटिन अमेरिका और कैरेबियाई देशों को दिए गए लगभग चालीस प्रतिशत स्लॉट का उपयोग नहीं किया गया है। स्पष्ट रूप से भाषा युवा लैटिन अमेरिकी उम्मीदवारों के लिए एक मुद्दा है; लेकिन यह एकमात्र कारण नहीं हो सकता है, जिससे भारत में ख्यातिप्राप्त संस्थानों के संभावित उत्कृष्ट पाठ्यक्रम के प्रति उस क्षेत्र के लोग आकृष्ट नहीं होते हैं। भारतीय संस्थापन को अंतर्निहित वियोजन का अन्वेषण करने और बेहतर प्रचार करने के लिए काररवाई करने तथा लैटिन अमेरिकियों के लिए योजनाओं को अधिक आकर्षक बनाने की आवश्यकता है।

आई.सी.सी.आर. ने विभिन्न विदेशी विश्वविद्यालयों में भारतीय अध्ययन विभाग के अध्यक्ष के पद सृजित किए हैं। इसका इरादा 'एक केंद्र बनाना है, जिसके चारों ओर भारतीय अध्ययन विकसित हो सकता है।' इन पदों पर प्रतिनियुक्त शिक्षाविद् और विद्वान्, न केवल

भारतीय राजनीतिक अर्थव्यवस्था, समाज और संस्कृति के विभिन्न पहलुओं पर पाठ्यक्रम पढ़ाते हैं, बल्कि विदेशों में अपने समकक्षों के साथ अनुसंधान, मार्गदर्शन, सेमिनार के लिए समन्वय और विचार-विमर्श भी करते हैं।

दुनिया भर में अध्यक्ष के 108 पदों में से केवल छह लैटिन अमेरिका में—ब्राजील, जमैका, मैक्सिको (आई.सी.सी.आर. की वेबसाइट के अनुसार अस्थायी रूप से कार्यात्मक नहीं) सूरीनाम और ट्रिनिडाड एवं टोबैगो (2 अध्यक्ष) में हैं । यह स्पष्ट रूप से भाषा की जानकारी न होने के कारण है—अध्यक्ष के छह में से चार पद अंग्रेजी बोलनेवाले देशों में हैं, जबकि अन्य दो में से केवल एक ही कार्यात्मक है। यह कठिनाई इस तथ्य से और बढ़ जाती है कि भारतीय पक्ष या उसके समकक्षों से पर्याप्त वित्तीय सहायता नहीं मिलती है, जिससे भारतीय या लैटिन अमेरिकी और कैरेबियाई शिक्षाविदों के लिए उक्त सौंपा गया कार्य आकर्षक नहीं रह पाता और वे कार्यक्रम को गंभीरता से नहीं लेते। इसमें संपार्श्विक समस्याएँ भी हैं, यथा—उचित आवास की कमी, आहार संबंधी मुद्दे, अतिथि प्रोफेसर के साथ जाने में परिवार की असमर्थता आदि।

भारत तथा लैटिन अमेरिका और कैरेबियाई देश स्थित विश्वविद्यालयों के बीच कई समझौता ज्ञापन हस्ताक्षरित हुए है, हालाँकि इस लेखक को किसी भी महत्त्वपूर्ण या निरंतर शैक्षणिक बातचीत के बारे में पता नहीं है, जो हस्ताक्षर किए गए कई दस्तावेजों के परिणामस्वरूप हुआ है।

अगस्त 2012 में, चिली के विदेश मंत्री (प्रेसीडेंसी पर अधिकार रखते हुए) तथा वेनेजुएला और क्यूबा के विदेश मंत्री (अतीत और भविष्य के राष्ट्रपति) हाल ही में गठित लैटिन अमेरिकी और कैरेबियाई देशों के समुदाय (सी.ई.एल.ए.सी.) के प्रतिनिधि के रूप में भारत के विदेश मंत्री से मिले। यह भारतीय और अखिल लैटिन अमेरिका और कैरेबियाई देशों के प्रतिनिधिमंडल के बीच पहली बैठक थी। वार्त्ता के परिणामस्वरूप एक संयुक्त घोषणा-पत्र तैयार किया गया, जिसमें 'संस्कृति, शिक्षा और व्यक्तिशः संपर्क' पर एक पैराग्राफ जोड़ा गया।

दोनों पक्षों ने व्यक्तिशः संपर्क को प्रोत्साहित किए जाने के महत्त्व को दोहराया और इस क्षेत्र में घनिष्ठ सहयोग करने के अपने दृढ़ संकल्प की पुष्टि की। वे भारत और सी.ई.एल.ए.सी. देशों में राजनयिक संस्थानों के बीच सांस्कृतिक और शैक्षणिक संबंधों को मजबूत करने पर सहमत हुए।[19]

दोनों पक्षों ने संयुक्त घोषणा-पत्र द्वारा व्यापार, विज्ञान और प्रौद्योगिकी के आदान-प्रदान आदि को बढ़ावा देने के लिए मंच तथा एक थिंक टैंक मंच स्थापित करने की प्रतिबद्धता दोहराई। भारतीय पक्ष का नेतृत्व करने के लिए विदेश मंत्रालय द्वारा नामित

संस्थान भारतीय विश्व मामलों की परिषद के प्रयासों के बावजूद थिंक टैंक मंच स्थापित किए जाने का मामला अभी भी लंबित है। समस्या इस बात में निहित है कि किस प्रकार एक समकक्ष प्रतिनिधिमंडल का चयन किया जाए, जो लैटिन अमेरिका और कैरेबियाई देशों का पर्याप्त प्रतिनिधित्व करे? इस आवश्यक उपाय को अपनाने में कमी के कारण तालमेल बैठाने के प्रयास विफल हो गए हैं, जो दोनों पक्षों के संयुक्त अनुसंधान के माध्यम से प्राप्त किए जा सकते हैं। वर्तमान आदान-प्रदान तदर्थ और अपर्याप्त हैं।

हालाँकि यह अच्छी तरह से स्पष्ट है कि राजनीतिक इच्छाशक्ति के बावजूद, भारत और सी.ई.एल.ए.सी. का गठन करनेवाले उन तैंतीस देशों के बीच सांस्कृतिक और शैक्षणिक संबंधों को मजबूत करने के लिए कोई वित्तीय और संस्थागत समर्थन नहीं है। दूसरी तरफ की स्थिति और भी अधिक विरल है, जबकि भारत के आई.टी.ई.सी. कार्यक्रम के अधीन भारत आने वाले उम्मीदवारों के लिए व्यापक वित्तपोषण प्रदान किया जाता है। इसका लेखक ऐसे किसी भी लैटिन अमेरिकी या कैरेबियाई छात्रवृत्ति से अनभिज्ञ है, जिसका लाभ उठाकर कोई भारतीय उम्मीदवार काफी लागत के बिना उस क्षेत्र में अध्ययन या प्रशिक्षण पाठ्यक्रम में शामिल होने में सक्षम हुआ हो। उनमें से अधिकांश देश या तो विमान किराया या पाठ्यक्रम शुल्क और आतिथ्य प्रदान करते हैं। इससे ऐसे युवा विद्वान् या शिक्षाविद् निरुत्साहित होते हैं, जो उस क्षेत्र को जानने और उससे सीखने के लिए इच्छुक हो सकते हैं, परंतु जिनके समक्ष भाषा और अन्य सांस्कृतिक बाधाओं को दूर करने की समस्या होती है, वे या तो हवाई यात्रा या पाठ्यक्रम शुल्क संबंधी अधिक खर्च किसी ऐसे क्षेत्र में करने में असमर्थ हैं या करने के लिए तैयार नहीं हैं, जिसे अभी तक महत्त्वपूर्ण शैक्षिक या व्यावसायिक गंतव्य की मान्यता भारत में नहीं मिली है—'यह पहले कौन?—चूजा या अंडा' वाली स्थिति है।

हाल में हुए परिवर्तन

लैटिन अमेरिका और कैरेबियाई देशों में भारत की संस्थागत सांस्कृतिक उपस्थिति पिछली सदी से है, हालाँकि वर्तमान सदी में प्रौद्योगिकी एवं तेजी से बढ़ते आर्थिक और वाणिज्यिक संपर्कों से सांस्कृतिक आदान-प्रदान की गति तेज हुई है।

आई.सी.सी.आर. और विदेश मंत्रालय (एम.ई.ए.) के बाहरी प्रचार/सार्वजनिक कूटनीति प्रभाग ने स्पेनिश और पुर्तगाली में उत्कृष्ट प्रकाशन किए हैं, यथा—'इंडिया एटर्ना'; भारतीय मामलों की एक पाक्षिक पत्रिका 'इंडिया पर्सपेक्टिव'; और स्पेनिश में निबंधों की एक पत्रिका 'पैपलेस डे ला इंडिया' है। वे स्पेनिश और पुर्तगाली भाषा में भारतीय फिल्मों के उपशीर्षक प्रस्तुत कर रहे हैं और उन भाषाओं में कुछ वृत्त चित्रों का निर्माण भी किया है। जुलाई 2014 में, प्रधानमंत्री नरेंद्र मोदी की ब्राजील यात्रा की पूर्व संध्या पर, विदेश मंत्रालय

ने अपनी वेबसाइट का स्पेनिश भाषा संस्करण लॉन्च किया।[20]

लैटिन अमेरिका में भारतीय दूतावासों ने स्पेनिश और पुर्तगाली में भारतीय साहित्यिक और अन्य कार्यों का अनुवाद प्रायोजित किया है। उस क्षेत्र में सभी भारतीय दूतावासों की स्थानीय भाषाओं में वेबसाइटें हैं, जो उपयोगी जानकारी देती हैं और भारत आने या जानने के इच्छुक लोगों के लिए प्रवेश द्वार के रूप में सेवा प्रदान करती हैं।

इस पहल का लैटिन अमेरिका के संस्थानों द्वारा प्रतिदान किया गया है। वर्ष 2008 में मेरिडा में लोस एंडिस विश्वविद्यालय, वेनेजुएला द्वारा प्रकाशित 'गांधीजी और सिमोन बोलिवर का एक तुलनात्मक अध्ययन', एक महत्त्वपूर्ण पहल थी। दिल्ली में चिली दूतावास ने हाल ही में चिली के प्रसिद्ध कवि गैब्रिएला मिस्ट्रल के कृतित्व का हिंदी अनुवाद प्रायोजित किया। दिल्ली में ब्राजील, अर्जेंटीना और कोलंबियाई दूतावासों ने कलाकारों के साथ-साथ कवियों और लेखकों के दौरों को प्रायोजित किया है।

कोलंबियाई गाब्रिएल गार्सिया मार्केज के निधन के बाद मीडिया में लैटिन अमेरिकी साहित्य के लिए भारत का अव्यक्त आकर्षण स्पष्ट था। इस नोबेल पुरस्कार विजेता ने, जो अपने जीवन के उत्तरार्ध में मैक्सिको में रहे थे, फिदेल कास्त्रो के साथ भारत का दौरा किया था। उन्होंने 1983 के गुट निरपेक्ष राष्ट्रों के शिखर सम्मेलन के समय फिदेल कास्त्रो की खुले दिल से प्रशंसा की थी और इंदिरा गांधी से मुलाकात की थी। दुर्भाग्य से, उनकी यात्रा लगभग अलक्षित रही, हालाँकि उनकी साहित्यिक प्रतिभा का प्रभाव काफी था। उनकी नोबेल पुरस्कार विजेता कृति, 'वन हंड्रेड इयर्स ऑफ सॉलिट्यूड' का हिंदी में अनुवाद किया गया था और उनकी लघुकथाएँ हिंदी, पंजाबी, मराठी, मलयालम और बंगाली भाषा में प्रसारित की गई थीं।[21] भारतीय विद्वज्जन मार्केज के अलावा, अन्य आधुनिक लैटिन अमेरिकी लेखक, जैसे म्यूटिस, इसाबेल अलेंदे, वर्गास ललोसा आदि की रचनाओं से पुलकित होते हैं।

दिल्ली में स्पेन की सरकार द्वारा प्रायोजित सेर्वेंटीज इंस्टीट्यूट में, जो एक दशक पहले स्थापित किया गया था, लातिन अमेरिकी फिल्मों की नियमित स्क्रीनिंग होती है। वह फोटोग्राफी, सेमिनार और व्याख्यान,तथा लैटिन अमेरिकी साहित्य, कला एवं अन्य सांस्कृतिक अभिव्यक्तियों से संबंधित अन्य सांस्कृतिक कार्यक्रमों का प्रदर्शनी स्थल हैं। लैटिन अमेरिकी अकसर भारत में महत्त्वपूर्ण सांस्कृतिक कार्यक्रमों, यथा-आई.सी.सी.आर. द्वारा आयोजित जैज समारोह, कोलकाता पुस्तक मेला आदि में भाग लेते हैं।

अप्रैल 2014 में गुड़गाँव, भारत में कई लैटिन अमेरिकी दूतावासों द्वारा संयुक्त रूप से आयोजित एक अतिरंजिका फिएस्टा लैटिना में लैटिन अमेरिकी संस्कृति का एक शानदार चित्र प्रस्तुत किया गया, जिसमें लैटिन अमेरिकी रसोइए, कलाकार और उस

लोकप्रिय संस्कृति की अन्य अभिव्यक्तियाँ थीं। उसकी व्यावसायिक सफलता, दुनिया के एक विदेशी हिस्से के लिए एक अव्यक्त भारतीय आकर्षण को जगाने के लिए पहले किए गए लघु प्रयास का परिणाम था, जो अपनी शैली और मौलिकता के लिए लोकप्रियता हासिल कर रहा है।

तथापि सहयोग का एक और महत्त्वपूर्ण क्षेत्र खेल है, हालाँकि फुटबॉल और क्रिकेट का परस्पर मेल नहीं है, लेकिन ब्राजील के पेले से लेकर अर्जेंटीना के लियोनेल मेस्सी तक, लैटिन अमेरिका के फुटबॉल के महान् खिलाड़ियों को याद करनेवाले भारतीय प्रशंसकों की आज भी कोई कमी नहीं है। अर्जेंटीना फुटबॉल के दिग्गज डिएगो माराडोना ने भारतीय फुटबॉल अकादमी के निमंत्रण पर 2012 में केरल और 2008 में कोलकाता का दौरा किया। उक्त अकादमी ने कथित तौर पर प्रशिक्षण और आदान-प्रदान के लिए अर्जेंटीना फुटबॉल क्लब 'रिवर प्लेट' के साथ एक सहयोग कार्यक्रम तैयार किया है।[22] ब्राजील और अर्जेंटीना के कई फुटबॉल खिलाड़ियों को दीर्घकालिक वीजा जारी किए गए हैं, जो प्रकट रूप से भारतीय फुटबॉलरों को प्रशिक्षित करने के लिए आते हैं, लेकिन वास्तव में अकसर उन्हें खुद टीमों की ओर से खेलने के लिए कहा जाता है। भारत में लैटिन अमेरिकी फुटबॉल टीमों द्वारा प्रदर्शनी मैचों में बड़े पैमाने पर उपस्थिति देखी जाती है।

खेलों में सहयोग के लिए वर्ष 2008 में ब्राजील के साथ और वर्ष 2009 में अर्जेंटीना के साथ समझौतों पर हस्ताक्षर किए गए। वर्ष 2007 में, भारत ने क्यूबा के साथ खेल में सहयोग पर एक समझौते पर हस्ताक्षर किए और वर्ष 2012 में तीन वर्षों के लिए फिर से एक समझौता ज्ञापन पर हस्ताक्षर किए। इन दस्तावेजों का सबसे महत्त्वपूर्ण परिणाम भारतीय एथलीटों, प्रशिक्षकों और खेल अधिकारियों का निरंतर क्यूबा का दौरा रहा है। दर्जनों भारतीय खिलाड़ियों ने विभिन्न विषयों—एथलेटिक्स, जूडो, तैराकी, कुश्ती, मुक्केबाजी आदि में क्यूबा के विशेषज्ञों के अधीन कई सप्ताह तक प्रशिक्षण प्राप्त किया है। वर्ष 1990 से भारतीय मुक्केबाजों को प्रशिक्षित करनेवाले क्यूबा के प्रसिद्ध मुक्केबाजी कोच, ब्लास फर्नांडीज, वर्ष 2010 में दिल्ली में आयोजित राष्ट्रमंडल खेलों और 2012 में आयोजित ओलंपिक खेलों में भारतीय मुक्केबाजी दल की प्रगति के लिए काफी हद तक जिम्मेदार थे। वह पहले विदेशी प्रशिक्षक थे, जिन्हें वर्ष 2012 में आभारी राष्ट्र द्वारा प्रतिष्ठित 'द्रोणाचार्य पुरस्कार' से सम्मानित किया गया, जो भारतीय कोचिंग में उत्कृष्टता के लिए देश का सर्वोच्च सम्मान है।[23]

भारतीय उद्योग परिसंघ द्वारा भारतीय मिशन के साथ उस क्षेत्र में हाल ही में किए गए एक प्रयोग से पता चला है कि भारतीय दूतावासों और वाणिज्य दूतावासों द्वारा 2012 में लैटिन अमेरिका और कैरेबियाई देशों में 50,000 से अधिक वीजा जारी किए गए थे।

यदि इसमें आगंतुकों को दिए गए लंबी अवधि के वीजा या ऐसे व्यक्ति को दिए गए वीजा को भी शामिल किया जाए, जिन्होंने वीजा के लिए आवेदन करने के बाद भारतीय मिशन या क्षेत्र के बाहर के कौंसल के दफ्तर से वीजा प्राप्त किया, तो भी अधिकांश अन्य क्षेत्रों को जारी किए गए वीजा की तुलना में यह संख्या अभी भी नगण्य प्रतीत होती है। दूरी, जागरूकता की कमी और पर्यटन को बढ़ावा देने की अपर्याप्तता को देखते हुए, लैटिन अमेरिका और कैरेबियाई देशों से भारत में आगंतुकों की वृद्धि अभी भी उन लोगों के लिए प्रभावशाली है, जो इसे करीब से, भले ही अलक्षित रूप से, राष्ट्रीय स्तर पर देखते हैं।

भारत एवं लैटिन अमेरिकी और कैरेबियाई देशों के समुदाय (सी.ई.एल.ए.सी.) के विदेश मंत्रियों के साथ 2012 के संयुक्त घोषणा-पत्र में, पूर्व में यथा विनिर्दिष्ट पर्यटन और व्यापार को बढ़ावा देने के लिए भारत और सी.ई.एल.ए.सी. के बीच सीधे हवाई संपर्क को बढ़ाने के लिए द्विपक्षीय हवाई सेवा समझौतों को अंतिम रूप देने की आवश्यकता पर बल दिया गया।[24] ब्राजील और कुछ अन्य देशों के साथ हवाई सेवा समझौता रहने के बावजूद सीधा हवाई संपर्क सपना बना हुआ है। वर्ष 2014 के प्रारंभ में भारत सरकार द्वारा लिए गए निर्णय के अनुसार कुछ देशों के पर्यटकों के लिए लैंडिंग परमिट जारी किए जाने से उस क्षेत्र से पर्यटन को बढ़ावा मिलेगा।

भारतीय पर्यटकों की इन देशों में स्थित पर्यटन लैटिन अमेरिका और कैरेबियाई देशों के प्रति जागरूकता आश्चर्य के बारे में बढ़ गई है। भारतीय मीडिया पेरू में माचू-पिचू ,दक्षिणी शंकु में पेटागोनिया के ग्लेशियर; प्रशांत महासागर में गैलापागोस द्वीपसमूह; मैक्सिकन पिरामिड; ब्राजील/अर्जेंटीना सीमा में इगाजु फॉल्स और अन्य अजूबे जैसे विदेशी स्थलों की पेशकश से भरी है।

संयोजकता की कमी निरंतर एक शिकायत रही है। दूसरी ओर यातायात की कमी, एयरलाइनों द्वारा किए जानेवाले बहाने हैं। उनके अनुसार ब्राजील या अर्जेंटीना के लिए दक्षिण अफ्रीका से होकर अधिक उड़ान या मार्ग प्रदान नहीं किया जाता है। दक्षिण अफ्रीका और जोहान्सबर्ग से होकर हवाई मार्ग, मुंबई से साओ पाउलो तक की हवाई यात्रा को सुविधाजनक बनाता है। कतर और यूएई से होकर साओ पाउलो और ब्यूनस आयरस के संयोजन में मदद मिली है, लेकिन यह पर्याप्त नहीं हैं। भौगोलिक नजदीकी की प्रक्रिया को किक-स्टार्ट करने के लिए हवाई सेवा समझौते पर्याप्त साबित नहीं हुए हैं।

इसके लेखक द्वारा एक ओर भारत की राजधानी दिल्ली और ब्राजील के साओ पाउलो तथा दूसरी ओर अमेरिका के न्यूयार्क तक सीधे मार्ग की दूरी जानने के लिए एक प्रयोग किया गया, जिसके अजीब परिणाम निकले। ऐसा 'फ्लाइटपीडिया वेबसाइट' के माध्यम से किया गया, जो कई एयरलाइंस और उड़ानों के बारे में डेटा प्रदान करता है।

इस साइट के अनुसार, दिल्ली-साओ पाउलो की दूरी 8474 मील है, जबकि दिल्ली-न्यूयॉर्क की दूरी 8559 मील है।[25] मुंबई और साओ पाउलो के बीच की दूरी और भी कम होनी चाहिए।

पाठक इस खोज को निर्धारित और सत्यापित करने या चुनौती देने के लिए इस स्रोत या अन्य स्रोतों तक पहुँच सकते हैं, लेकिन यह प्रतीत होता है कि एक ओर भारत और इसके यात्रियों द्वारा बार-बार जाने के स्थलों में से एक की भौतिक दूरी में बहुत अंतर नहीं है और दूसरी ओर वह क्षेत्र है, जिसे 'बहुत दूर' मानकर खारिज कर दिया जाता है। अलबत्ता समस्या, सीधी, या यहाँ तक कि समर्पित, हवाई सेवा नहीं रहने की है, जिससे अन्य देशों से होकर जाना पड़ता है और जिसमें यात्रा के समय, खर्च एवं असुविधा में वृद्धि होती है।

प्रतिबद्ध लैटिन अमेरिकी और भारतीय, जिनका एक-दूसरे की संस्कृति और समाज की ओर झुकाव है और जो एक-दूसरे की संस्कृति और समाज के बारे में और जानने की इच्छा रखते हैं, उनकी भौगोलिक दूरी को इंटरनेट ने अप्रासंगिक बना दिया है। व्यक्तियों, समूहों, संस्थाओं और आधिकारिक एजेंसियों द्वारा प्रवर्तित साइट, फेसबुक और अन्य सोशल मीडिया पर बड़ी संख्या में उपलब्ध हैं, जिनसे सांस्कृतिक मेल-जोल और आदान-प्रदान का पता चलता है।

एक और हालिया घटना, जिसने लैटिन अमेरिकी कल्पना को पंख दिए है, वह है, उस क्षेत्र में बॉलीवुड का आगमन, जो भारत का उर्वर हिंदी भाषा फिल्म उद्योग है। एक विदेशी निर्माता/निर्देशक द्वारा भारतीय कलाकारों के साथ अंग्रेजी में बनाई गई, लेकिन पूरी तरह से भारत में शूट की गई प्रसिद्ध फिल्म 'स्लम डॉग मिलियनेयर', फिल्म 'गाँधी' की तरह भारतीय फिल्म के रूप में देखी गई। 'स्लम डॉग मिलियनेयर' 2009 में कोलंबिया में अपनी व्यावसायिक रिलीज के कारण अद्वितीय थी। अक्तूबर 2013 में प्रसिद्ध भारतीय अभिनेता शाहरुख खान अभिनीत 'चेन्नई एक्सप्रेस' के प्रीमियर रिलीज के लिए चयनित सात स्थानों में से एक लीमा, पेरू था। प्रवासी भारतीय फिल्म निर्माताओं द्वारा बनाई गई फिल्म 'मानसून वेडिंग' और 'वाटर' को लैटिन अमेरिका सहित पूरे विश्व में पसंद किया गया। कई लैटिन अमेरिकियों ने अपनी पसंदीदा फिल्मों में 'देवदास' और अन्य मुख्यधारा के बॉलीवुड ब्लॉकबस्टर्स का उल्लेख किया है।

लैटिन अमेरिका में बहुत कम भारतीय फिल्मों को व्यावसायिक सफलता मिली है, हालाँकि प्रवासी भारतीयों के कारण उन्होंने कैरेबियाई देशों में बेहतर प्रदर्शन किया है। भारत और उस क्षेत्र के बीच वाणिज्यिक वितरण नेटवर्क लगभग न के बराबर हैं। इसका

एक कारण हिंदी और अन्य भारतीय भाषाओं से स्पेनिश और पुर्तगाली में अनुवाद के लिए पर्याप्त विशेषज्ञता की कमी है। इससे उच्च गुणवत्ता वाले डबिंग या सबटाइटलिंग, नहीं हो पाते हैं, जो इसकी एक आवश्यक शर्त है। इसके बावजूद, उस क्षेत्र में बॉलीवुड एक नारा बन गया है। लैटिन अमेरिका में सोशल मीडिया पर बॉलीवुड फिल्मों, अभिनेताओं आदि की टिप्पणियाँ और छवि व्याप्त हैं। कुछ प्रमुख लैटिन अमेरिकी शहरों में टी.वी. चैनल सामान्य रूप से उप-शीर्षकों के साथ नियमित रूप से बॉलीवुड फिल्में दिखाते हैं।

कुछ बॉलीवुड दृश्यों को लैटिन अमेरिका और कैरेबियाई देशों में भी शूट किया गया है, जिसमें बड़े बजट की फिल्में भी शामिल हैं, जैसे 'धूम II' ब्राजील में और 'एक था टाइगर' क्यूबा में शूटकी गई। लैटिन अमेरिकी और कैरेबियाई सरकारों के बीच बॉलीवुड की बढ़ती लोकप्रियता, दबदबा और वित्तीय कौशल इस तथ्य से स्पष्ट है कि वे अपने देशों में फिल्मांकन के लिए प्रोत्साहन की पेशकश करने के इच्छुक हैं। भारत के सूचना और प्रसारण मंत्रालय ने फिल्मों और ऑडियो-विजुअल सामग्री के सह-उत्पादन के लिए ब्राजील के साथ एक समझौते पर हस्ताक्षर किए हैं। इस तरह की पहल सिनेमा और संबंधित क्षेत्रों में आदान-प्रदान के लिए एक बुनियाद का निर्माण करने की दिशा में पहला कदम है।

कैरेबियाई देशों में तथा अन्यत्र छोटे भारतीय समुदाय और भारतीय समुदाय संघ, संगीत समारोह आदि के लिए बॉलीवुड के कलाकारों को प्रायोजित करते हैं। ऐसे संकेत हैं कि भारतीय सिनेमा आनेवाले वर्षों में यहाँ पर और अधिक उन्नत व्यावसायिक स्थिति प्राप्त कर सकता है।

यदि हम कैरेबियाई देशों से भारतीय प्रवासी को अलग कर लें तो पूरे लैटिन अमेरिका में भारतीय समुदाय का दुनिया के अन्य हिस्सों की तुलना में भिन्न संरूप है। यह समुदाय मुख्य रूप से पेशेवरों, शिक्षाविदों, व्यापारियों, वैज्ञानिकों और ऐसे अन्य लोगों से मिलकर बना है, जो जान-बूझकर वहाँ बसा है। उन्होंने स्थानीय भाषाओं और रीति-रिवाजों को सीखा है, उनकी भारतीय जड़ों ने पूरे क्षेत्र में भारतीय हाव-भाव फैलाया है। भारतीय रेस्त्राँ आज लगभग सभी लैटिन अमेरिकी राजधानियों में पाए जा सकते हैं। इसके अलावा भारतीय फिल्मों के वीडियो, भारतीय माल, मसाले, हस्तशिल्प भी वहाँ उपलब्ध हैं, जैसा कि हम अगले अध्याय में देखेंगे, यह उपस्थिति भविष्य में इंडो-लैटिन अमेरिकी समुदाय के निर्माण के लिए आवश्यक महत्त्वपूर्ण कारक बन सकती है।

संदर्भ :

1. पाज, ऑक्टेवियो, 'इन लाइट ऑफ इंडिया', 1995
2. डॉसन, अलेक्जेंडर : 'लैटिन अमेरिका सिंस इंडिपेंडेंस', रूटलेज, 2011
3. स्पेनिश शब्द 'क्रिओलो' से, इबेरियन प्रायद्वीप में पैदा हुए लोगों से भिन्न, लैटिन अमेरिका के विजेता और प्रवासी नागरिकों के वंशजों के लिए
4. पाज, ऑक्टेवियो, 'इन लाइट ऑफ इंडिया', 1995
5. स्पेनिश, पुर्तगाली, डच, अंग्रेजी, फ्रेंच का मिश्रण और इसमें कुछ अरवाक भारतीय और अफ्रीकी प्रभाव भी (www.omniglot.com) हैं।
6. मैकमिलन शब्दकोश में एक विशेष क्षेत्र में लोगों द्वारा बोली जानेवाली एक प्रकार की भाषा के रूप में 'पातुआ' को परिभाषित किया गया है, जो किसी देश की मुख्य भाषा से अलग है। 'जमैका पातुआ' ज्यादातर बोली जानेवाली भाषा के रूप में मौजूद है। यद्यपि जमैका में अधिकांश लेखन के लिए मानक ब्रिटिश अंग्रेजी का प्रयोग किया जाता है, तथापि 'जमैका पातुआ' लगभग एक सौ वर्षों से साहित्यिक भाषा के रूप में आगे बढ़ रही है।
7. 'क्रेओल' बोलियाँ विभिन्न क्षेत्रों, विशेष रूप से हैती द्वीप पर पाई जा सकती हैं। यद्यपि क्रेओल का हैतियन रूप फ्रेंच-आधारित है और आमतौर पर क्रेओल भाषा के रूप में पहचाना जाता है, तथापि अन्य प्रकार के क्रेओल मौजूद हैं।
8. दि आर्काइव्स ऑफ इंडिजीनस लेंग्वेजेज इन लैटिन अमेरिका (www.ailla.utexas.org)।
9. अमित कुमार गुप्त, अमेरिकन, 'चाइनीज एंड इंडियन सॉफ्ट पॉवर का तुलनात्मक विश्लेषण', दिल्ली विश्वविद्यालय,आईआईसी सेमिनार, दिसंबर 2012 में प्रस्तुत लेख
10. डॉ. गुस्तावो कैनजोब्रे, निदेशक, फिलॉसॉफी टीचर्स स्कूल ऑफ फाउंडेशन, हस्तिनापुरा, ब्यूनस आयर्स, रवींद्रनाथ टैगोर पर अंतरराष्ट्रीय सम्मेलन में- 9/5/2013, भारतीय वैश्विक परिषद, नई दिल्ली
11. हेइन, जॉर्ज, 'ला नुवे इंडिया 1, एल मर्कुरियो/ए.जी.यू.आई.एल.ए.आर., पृष्ठ 28. मन-मस्तिष्क
12. वही
13. लैटिन अमेरिका और कैरेबियाई (एल.ए.सी.) प्रभाग, विदेश मंत्रालय, भारत सरकार
14. आई.सी.सी.आर. की आधिकारिक वेबसाइट www.iccrindia.net
15. प्रो. साहनी, वरुण, जवाहरलाल नेहरू विश्वविद्यालय, 'भारत में क्षेत्र अध्ययन में भ्रांतियाँ और त्रुटियाँ', 20 फरवरी, 2012. Isq.sagepub.com
16. वही
17. विश्वविद्यालय अनुदान आयोग (यू.जी.सी.), 2009. 'विश्वविद्यालयों में क्षेत्रीय अध्ययन केंद्रों के लिए दिशा-निर्देश' www.ugc.ac.in
18. www.iccrindia.net
19. प्रथम भारत-सी.ई.एल.ए.सी. ट्रोइका विदेश मंत्रियों की बैठक में संयुक्त घोषणा, 7 अगस्त, 2012 (www.mea.gov.in)
20. http://www.mea.gov.in/index-es.htm
21. किस प्रकार मार्केज के 'जादुई यथार्थवाद' ने भारतीयों को मोहित किया। टाइम्स ऑफ इंडिया

21. अप्रैल 2014 www.timesofindia.indiatimes.com
22. http://www.mea.gov.in/Portal/ForeignRelation/Argentina_December_2013.pdf
23. फर्नांडीज 'द्रोणाचार्य पुरस्कार' पानेवाले पहले विदेशी कोच बने। 24 अगस्त, 2012 www.firstpost.com/sports
24. प्रथम भारत–सी.ई.एल.ए.सी. ट्रोइका विदेश मंत्रियों की बैठक में संयुक्त वक्तव्य, 7 अगस्त, 2012, www.mea.gov.in/bilateral-documents
25. www.flightpedia.org

□

8

भारत : नवीन और प्राचीन लैटिन अमेरिकी और कैरेबियाई देशों में

11 जनवरी, 2011 को कोलकाता के एक समारोह में भारत के प्रवासी भारतीय मामलों के मंत्री ने '1834 और 1920 के बीच कोलकाता बंदरगाह से अपने और अपने परिवार हेतु बेहतर आजीविका की तलाश में दूर देश के लिए रवाना हुए हजारों मजदूरों की स्मृति में एक अपेक्षाकृत शालीन स्मारक का उद्‌घाटन किया।'[1]

दक्षिण अमेरिकी महाद्वीप के उत्तर-पूर्वी तट पर एक पूर्व ब्रिटिश उपनिवेश गुयाना में दो साल बाद इस समारोह और प्रशस्ति-गान की गूँज सुनाई पड़ी। 5 मई, 2013 को कोलकाता से दूर स्थित उस भूमि पर उन हजारों गिरमिटिया भारतीय मजदूरों की स्मृति में एक स्मारक बनाया गया, जो सर्वप्रथम 5 मई, 1838 को यहाँ आए थे। यह स्मारक पथ-प्रदर्शक की उनकी भावना, दृढ़ निश्चय, धीरज, लचीलेपन और त्याग के सम्मान में आभारस्वरूप उनकी चिरस्थायी स्मृति में एक श्रद्धांजलि है।'[2] यह दिन गुयाना में 'भारतीय आगमन दिवस' के रूप में मनाया जाता है।

इसके अतिरिक्त, एक अन्य स्मारक पड़ोसी देश सूरीनाम में सरामक्का नदी के तट पर जिला ग्रोनिंगन में मौजूद है। वर्ष 1973 में साधारण पत्थरों से बनाया गया यह स्मारक सौ साल पहले राजधानी पारामारिबो में भारतीय मजदूरों के आगमन की याद दिलाता है।

गुयाना से एक संकीर्ण जलडमरूमध्य के पार त्रिनिदाद द्वीप पर भारतीय कैरेबियाई संग्रहालय का उद्‌घाटन वर्ष 2005 में किया गया था। 'सनातन धर्म महासभा' की इस परियोजना में उन्नीसवीं सदी के मध्य से इस क्षेत्र में पहुँचे प्रवासी लोगों के दुर्लभ भारतीय संगीत वाद्ययंत्र, कृषि वस्तु खाना पकाने के बरतन, तसवीरें, पुस्तकें और अन्य यादगार चीजों का संग्रह है। 'नेशनल जियोग्राफिक' द्वारा इसे दुनिया के 500 सबसे शक्तिशाली और आध्यात्मिक स्थानों में से एक के रूप में उल्लिखित किया गया है।[3]

यद्यपि ये समारोह और स्मारक प्रतीकात्मक हैं, तथापि यह दूरस्थ कैरेबिया में प्रवासी भारतीय के विनम्र इतिहास की वृद्धिशील और उच्चतर सचेतनता प्रदर्शित करता है। यह

इतिहास और परिस्थिति से विवश होकर दुनिया के आधे रास्ते में नई भूमि पर बसने, कामयाब होने और अंततः उस भूमि के साथ अपना भाग्य जोड़ने के उनके अदम्य साहस की विनम्र मान्यता है।

उन्नीसवीं शताब्दी के प्रारंभ तक दक्षिण अमेरिकी महाद्वीप और अधिकांश कैरेबिया यूरोपीय हाथों में थे। प्रारंभिक विजेता का आर्थिक मुख्य आधार मौजूदा सभ्यताओं के स्मारकों की अंधाधुंध लूट और चाँदी, सोने एवं अन्य खनिजों के कच्चे माल का निष्कर्षण था। सत्रहवीं और अठारहवीं शताब्दी में यूरोपीय समुदाय के वहाँ बसने पर कृषि उनकी महत्त्वपूर्ण गतिविधि बन गई। चीनी, रबर, चावल, तंबाकू, कॉफी और अन्य फसलों के कारण आर्थिक विकास को बढ़ावा मिला और बागान मालिक समृद्ध हो गए। ये अभिजात्य वर्ग के लोग मुख्य रूप से अफ्रीका से आयातित दास श्रम पर निर्भर थे। इन्होंने मुख्य रूप से स्थानीय स्वदेशी आबादी को कम किया या उन्हें रोपण श्रम के लिए अनुपयुक्त पाया।

वर्ष 1834 में पूरे ब्रिटिश साम्राज्य में गुलामी के उन्मूलन के बाद कैरेबिया के ब्रिटिश और अन्य यूरोपीय उपनिवेशों में बागान मालिकों ने अफ्रीकी दासों के साथ कार्य जारी रखने की कोशिश की। एक बार मुक्ति पाने के बाद अफ्रीकियों ने न्यूनतम निर्वाह मजदूरी पर काम करने से इनकार कर दिया। वे किसी भी तरह अपने पूर्व जुल्मों से मुक्त होने के लिए उत्सुक थे। आखिरकार उपनिवेशिकों को अहसास हुआ कि उन्हें ऐसे मानव संसाधन की अन्यत्र खोज करनी होगी, जो उनकी जोत को लाभदायक बनाए रखने के लिए कमरतोड़ मेहनत करने में सक्षम हों। इसका एक स्पष्ट, व्यवहार्य और अटूट स्रोत ब्रिटिश भारत का वह क्षेत्र था, जिसे निर्धन बना दिया गया था।

भारतीय-कैरेबियाई इतिहास

बागान मालिकों और अन्य लोगों ने अंततः ब्रिटिश भारत में सरकार को वहाँ से मजदूरों को आयात करने की अनुमति देने के लिए राजी कर लिया। गुलामी पर कानूनी प्रतिबंध को देखते हुए, ब्रिटिश संस्थापन ने एक प्रक्रिया तैयार की, जिसके जरिए उन मजदूरों को 'माँगपत्र' के माध्यम से अनुबंधित किया गया। इसे विदेशी भूमि पर काम करने के लिए एक स्वैच्छिक अनुबंध माना गया। भारतीय मजदूरों का निर्यात जमैका, त्रिनिदाद, सेंट विंसेंट, सेंट लूसिया, ग्रेनेडा, सेंट किट्स, सेंट क्रोइक्स, ग्वादेलूपे, मार्टिनिक, ब्रिटिश गयाना (अब गुयाना), डच गयाना (अब सूरीनाम), फ्रेंच गुयाना और बेलीज (मध्य अमेरिकी कैरेबियाई तट पर, पूर्व ब्रिटिश होंडुरास) को किया गया।

भरती एजेंटों द्वारा दिए गए प्रलोभन के जाल में फँसकर बड़ी संख्या में जरूरतमंद भारतीयों ने रोजगार की पेशकश को स्वीकार किया। इनमें से अधिकतर उत्तर भारत से

और कम संख्या में दक्षिण भारत से थे। उन्होंने कुछ कीमती सामान अपने साथ ले लिया। उन्हें पता नहीं था कि वे कहाँ, या किस जगह जा रहे थे! प्रवासी भारतीय पर उच्च स्तरीय समिति (एच.एल.सी.) के शब्दों में, 'उन्नीसवीं सदी में भारत में राजनीतिक और आर्थिक अस्थिरता के कारण इस धोखेबाज प्रथा को अनुमति मिली। स्थानीय भरती करनेवाले (अर्कैटिस)—निम्न स्तर की नैतिकता वाले व्यक्तियों ने ग्रामीण इलाकों, अकाग्रस्त क्षेत्रों, सड़कों के किनारे, पनाहगाहों में रहनेवाले हताश और जरूरतमंद लोगों को चुना एवं उनसे भ्रामक वादे किए तथा विदेशों की रंगीन तसवीर दिखाकर उन्हें वहाँ जाने के लिए प्रेरित किया...' इस प्रणाली के कथित दुरुपयोग के बावजूद, ब्रिटिश भारत सरकार दबाव के आगे झुक गई तथा वर्ष 1844 में जमैका, त्रिनिदाद और गुयाना के उत्प्रवासन को वैध ठहरा दिया।

भारतीय मजदूरों की नियति के बारे में एच.एल.सी. का कथन था—"उनका नया वातावरण मुख्य रूप से यूरोप-केंद्रित था, जिसमें अफ्रीका-केंद्रित स्वरूप के चिह्न थे। गिरमिटिया भारतीयों ने अपने धार्मिक संस्कारों और प्रथाओं, अपनी घरेलू भाषा, अपनी वेश-भूषा और खान-पान की आदतों, अपनी संस्कृति और परंपराओं को याद रखने और बनाए रखने के लिए कड़े प्रयास किए..."[4]

ये अनुबंध तीन से पाँच साल की अवधि के लिए तैयार किए गए थे, जिसमें उक्त अवधि की समाप्ति पर मुफ्त भारत प्रत्यावर्तन का वादा किया गया था, परंतु, मजदूरों के प्रत्यावर्तन के लिए उपलब्ध पोत की कमी के कारण अधिकांश मजदूर भारत वापस नहीं आ सके। कभी पोत में पूरे यात्री न रहने की स्थिति में उसे चलाने से मना कर दिया गया और कभी पोत पूरी तरह भरी रहने की स्थिति में कई मजदूर पीछे छूट गए। प्रथम विश्वयुद्ध और जर्मन पनडुब्बी युद्ध के कारण नागरिक अटलांटिक शिपिंग में कमी की गई, जिससे लौटनेवाले मजदूरों की संख्या में भी कटौती की गई। ब्रिटिश भारत सरकार ने भी मजदूरों की वापसी को प्रोत्साहित नहीं किया, क्योंकि उनमें से बहुत निराश्रित, बीमार थे या अपनी संस्कृति से हाथ धो बैठे थे।

जैसा कि ऊपर उल्लिखित किया गया है, भारतीय सबसे पहले 1838 में गुयाना पहुँचे। वर्ष 2011 में कोलकाता (तब कलकत्ता) को स्मारक स्थल के रूप में चुना गया, क्योंकि कोलकाता (जो ब्रिटिश भारत की तत्कालीन राजधानी थी) के खिदिरपुर बंदरगाह से अधिकांश गिरमिटिया मजदूरों को कैरेबिया भेजा गया, जो 'व्हिट्बाय' नामक पोत से जनवरी 1838 को गुयाना के लिए रवाना हुए।[5] उसके बाद कई पोत, विशेषकर उत्तर प्रदेश और बिहार से, भारतीय मजदूरों को लेकर गए। प्रवासी भारतीयों पर एच.एल.सी. की रिपोर्ट के अनुसार वर्ष 1920 तक गुयाना में लगभग 2,39,000 भारतीय मजदूर पहुँचे थे।

30 मई, 1845 को फतह अल रज्जाक नामक पोत 225 भारतीय मजदूरों की पहली

टुकड़ी लेकर त्रिनिदाद के तट पर पहुँची। त्रिनिदाद और टोबैगो (टीएंडटी) में वर्ष 1885 और 1917 के बीच 1,34,183 गिरमिटिया मजदूर लाए गए।[6] उस द्वीपसमूह पर अभी उन गिरमिटिया मजदूरों की पाँचवीं पीढ़ी है, जो वहाँ की कुल आबादी का लगभग बयालीस प्रतिशत है।[7]

अन्य प्रमुख उपनिवेश, जहाँ भारतीय मजदूर ले जाए गए, सूरीनाम था, जो उस समय डच के अधीन था। नीदरलैंड ने वर्ष 1863 में दास प्रथा को समाप्त कर दिया। उन्होंने अंग्रेजों के साथ इस विषय पर बातचीत शुरू की। वर्ष 1870 में अंग्रेज डच गुयाना के लिए भारतीयों की भरती करने की अनुमति देने पर सहमत हुए, क्योंकि तब सूरीनाम का अस्तित्व नहीं था। 5 जून, 1873 को इस डच कॉलोनी की राजधानी, पारामारिबो के लिए 452 भारतीय मजदूरों के साथ पहला जहाज लाला रुख कोलकाता से रवाना हुआ। ऐसा माना जाता है कि नीदरलैंड सरकार द्वारा अंततः वर्ष 1916 में गिरमिटिया मजदूरी की प्रथा बंद कर दिए जाने तक 34,304 मजदूर डच गुयाना में आए। एच.एल.सी. द्वारा उद्धृत आधिकारिक आँकड़ों के अनुसार केवल 11,512 मजदूरों ने अपने पाँच साल के अनुबंध समाप्त होने के बाद भारत वापस आने के अपने अधिकार का लाभ उठाया।[8]

भारतीय गिरमिटिया मजदूरों के लिए एक और महत्त्वपूर्ण गंतव्य जमैका था। भारत से मजदूरों को ले जानेवाला पहला पोत 'ब्लंडेल हंटर' उत्तर भारत के विभिन्न शहरों और गाँवों से 200 पुरुष, 30 वर्ष से कम उम्र की 28 महिलाएँ और 12 वर्ष से कम आयु के 33 बच्चों को लेकर वर्ष 1845 में जमैका के ओल्ड हार्बर बे पहुँचा। 10 मई की तारीख, आधिकारिक तौर पर जमैका में 'भारतीय विरासत दिवस' के रूप में मनाई जाती है।[9] उन्होंने उन्हीं परिस्थितियों का सामना किया, जो कैरेबिया के अन्य हिस्सों में उनके हमवतनों को करना पड़ा। चूँकि 1956 तक गैर-ईसाई विवाह को मान्यता नहीं दी गई थी, इसलिए कई लोगों ने अपना धर्म छोड़कर ईसाई धर्म अपना लिया। यह शायद अन्य भारतीय-कैरेबियाई समुदाय (नीचे देखें) की तुलना में जमैका में हिंदू संगठनों की अपेक्षाकृत निम्नतर प्रोफाइल का प्रतिपादन करता है।

एच.एल.सी. रिपोर्ट में किए गए अनुमान के अनुसार, अनुबंध प्रथा की समाप्ति पर वर्ष 1845 और 1917 के बीच कम-से-कम 38,959 भारतीय मजदूरों को पोत द्वारा जमैका भेजा गया था। इनमें से 11,959 के भारत लौटने का अनुमान है।[10] आज भारतीय-जमैकन की संख्या लगभग 70,000 है, जो कुल आबादी का तीन प्रतिशत है और अफ्रीकी-जमैकन के बाद जमैका में दूसरे सबसे बड़े नस्लीय समूह हैं। मध्य अमेरिकी स्थलडमरूमध्य पर, बेलीज में कई हजार मजदूरों को पोत द्वारा भेजा गया था, जिनके 7000 वंशजों को आज स्थानीय समाज ने आत्मसात् कर लिया है।[11]

कैरेबिया के जिन अन्य यूरोपीय उपनिवेशों में काफी गिरमिटिया मजदूरों का आयात किया गया, उनमें फ्रांसीसी वेस्टइंडीज शामिल है। वर्ष 1848 में फ्रांस ने दास प्रथा को समाप्त कर दिया। अफ्रीकी दासों द्वारा, विशेष रूप से हैती में एक क्रूर और सफल स्वतंत्रता संग्राम के बाद बागान में काम छोड़ दिए जाने के बाद फ्रांस ने शुरुआत में भारत में पांडिचेरी, माहे और कराईकल में अपने उपनिवेशों से भारतीय मजदूरों को आयात करने का प्रयास किया, जब वहाँ उन्हें मजदूरों की भरती करने में कठिनाई हुई तो ब्रिटिश भारत में उनकी भरती करने के लिए अंग्रेजों से बातचीत की। 11 जुलाई, 1860 को पेरिस की संधि द्वारा इस व्यवस्था को अंततः स्वीकार कर लिया गया। यह व्यवस्था 1889 में अंग्रेजों द्वारा समाप्त कर दी गई, परंतु तब तक एक अनुमान के अनुसार, 42,326 भारतीय मजदूरों को फ्रेंच गयाना, गुआदेलूपे और मार्टीनिक में पोत द्वारा भेज दिया गया था।

गिरमिटिया मजदूरों से दशकों तक गुलामी करवाना जारी रहा। फिलिप डी. कर्टिन के अनुसार[12]—

"यह निश्चित रूप से बंधुआ मजदूरी का एक रूप था, परंतु यद्यपि यह आमतौर पर मजदूरों के लिए गुलामी के समान अप्रिय था, तथापि यह पुरानी प्रथा के समान नहीं था। इसमें ठेकेदार मजदूर के अनुबंध को उसकी सहमति के बिना किसी तीसरे पक्ष को बेच सकता था। अनुबंध पर दंड की शास्ति भी लागू थी, यदि मजदूर काम करने से इनकार कर देता तो सरकार अंतिम काररवाई के रूप में जेल और कठोर श्रम की सजा दे सकती थी··· ठेका मजदूरों को कम मजदूरी भी दी जाती थी, यह बाजार दर से काफी कम होती थी, मजदूरों को भारत में भरती के समय इस आशय के एक अनुबंध पर हस्ताक्षर करना होता था कि वे 3,5 और कभी-कभी 10 वर्षों तक उपनिवेश बागान में काम करने के लिए प्रवास करेंगे। उक्त अवधि की समाप्ति पर मजदूरों को उन्हें दिए गए वाहन वापस करने होते थे, यद्यपि कुछ मजदूरों को ही वाहन मिलता था। अनुबंध से मुक्ति मिलने के बाद अधिकांश मजदूर अपने को एक ऐसे देश में पाते थे, जहाँ लगातार मजदूरों की कमी रहती थी। उन्होंने पहले अनुबंध पर इसलिए हस्ताक्षर किए थे कि भारत में उनकी आर्थिक और सामाजिक स्थिति इतनी खराब थी कि उनके प्रति कुछ भी किया जाना उन्हें तरक्की ही लगती थी।"

ब्रिंसले समारू जैसे शोधकर्ताओं ने उन लोगों की अनैतिक प्रथाओं के बारे में भी बताया, जिन्होंने भारतीय गिरमिटिया मजदूरों की भरती की थी। उन मजदूरों को उस अनुबंध के बारे में कुछ भी पता नहीं था, जिस पर उन्होंने अपने अंगूठे की छाप लगाई थी और न ही उन्हें इस बात का जरा भी अंदाजा था कि कैरेबिया उनके घर से कितनी दूर है।[13]

गिरमिटिया मजदूरों के रहने और काम करने की स्थिति बहुत खराब थी। पारिवारिक जीवन का अभाव विशेष रूप से उन्नीसवीं सदी के उस समुदाय पर कठोर था, जो साझा

जीवन, जाति और पारंपरिक धार्मिक व्यवहार के माहौल के आदी थे। अनुबंधित पुरुष और महिला मजदूरों के बीच असंतुलन के परिणामस्वरूप "लिंग असमानता, प्रथागत विवाह की गैर-मान्यता, पारंपरिक प्रतिबंध और विवाह के रीति-रिवाजों का उन्मूलन···असंतुलित आदतों के कारण नैतिकता का स्तर गिर गया, जिससे प्रवासी नागरिक अपने कार्य के परिणाम से बेखबर हो गए।"[14]

फिर भी, अधिकांश प्रवासी नागरिक न केवल अपनी स्थिति की चरम सीमा और अलगाव से बचे रहे, बल्कि उनकी पहचान काफी हद तक बरकरार रही। यह आंशिक रूप से निरंतर भारतीयों के आगमन के कारण था, जिसने उनके पीछे छूटे भारत और उनके नए घर के बीच कड़ी का काम किया। वे सभी 'गिरमिटिया' थे ('गिरमिट', 'करार' का विकृत रूप)। "एक ही जहाज पर सवार प्रवासियों में 'जहाजीभाई' या 'नाव पर भाईचारे' का स्थायी संबंध विकसित हुआ, जो जाति और धर्म के साधारण विभाजन से ऊपर था, जिससे यह साबित होता है कि भारतीय नई परिस्थितियों के लिए नया दृष्टिकोण अपनाने हेतु तैयार थे।[15] भारतीय समुदाय की प्रतिरोध क्षमता इस तथ्य में भी निहित थी कि अधिकांश उत्तर-मध्य भारत के गंगा के मैदानी भाग के वासी थे और उनकी प्रकृति एवं भाषा एक समान थी।

दुर्भाग्य से, उनकी संस्कृति और रुझान ने खुद को मुख्य रूप से अफ्रीकी मूल और कैरेबिया के क्रियोल निवासियों के साथ आसानी से आत्मसात् नहीं किया। दशकों तक उन्हें प्रवासी माना जाता रहा, फिर भी उन्नीसवीं शताब्दी के उत्तरार्ध तक पर्याप्त संख्या में भारतीयों ने वहाँ स्थायी रूप से बसना पसंद किया। भारतीय बड़े पैमाने पर, "क्रियोल समाज के लिए हाशिए पर रहे, उन्होंने उस द्वीप के समाज में एक व्यापक भूमिका निभाने की कोई इच्छा नहीं दिखाई, स्पष्ट रूप से वे अपनी संस्कृति के पारंपरिक मूल्य से संतुष्ट थे, भारतीयों को रंग के आधार पर वर्गीकरण करके पता लगाना मुश्किल था, वे न तो काले थे और न ही गोरे।"[16]

यद्यपि ब्रिटिश औपनिवेशिक कार्यालय द्वारा श्रम कानून बनाए गए थे, जिनमें बुनियादी न्यूनतम मजदूरी, आवास और स्वास्थ्य की देखभाल के लिए प्रावधान थे, परंतु वे हमेशा लागू नहीं किए जाते थे। त्रिनिदाद और टोबैगो में 1850 में शुरू किए गए तीन साल के अनुबंधों को 1862 में पाँच साल के लिए एकतरफा बढ़ा दिया गया। 'श्रम अनुबंधों के उल्लंघन' के लिए जेल की सजा थी।

फिर भी, भारतीयों ने अपनी योग्यता साबित की और उन्हें क्षेत्र के लगभग सभी उपनिवेशों में काम के अनुबंध पर हस्ताक्षर करने के लिए प्रोत्साहित किया गया। कुछ उपनिवेशों ने उन्हें छोटे भूखंडों के रूप में भी प्रोत्साहन दिया, जिन्हें भारतीयों ने अपने अधिकार में ले लिया। कुछ

ने अपनी बचत के जरिए अधिक अधिग्रहण किया। धीरे-धीरे वे प्रवासी भारतीय जो वहाँ बस गए, वे बड़े कृषक बन गए, कुछ व्यापार करने लगे और कुछ ने विभिन्न पेशे अपना लिये। अनुशासन और अध्ययन को बढ़ावा देने की भारतीय आदत के कारण अपेक्षाकृत उच्च शिक्षा का स्तर सुनिश्चित हुआ, जिससे कुछ उच्च पेशे में स्नातक हो गए।

भारतीय-कैरेबियाई संस्कृति

यद्यपि भारतीय-कैरेबियाई समुदाय ने अनजाने में परिस्थितिवश अन्यत्र आत्मसात् करने की अधिक गहन और प्रबल प्रक्रिया अपनाई, तथापि त्रिनिदाद और टोबैगो, गुयाना एवं सूरीनाम में बड़ी संख्या में प्रवासी भारतीय अपनी संस्कृति पर पकड़ बनाए रहे। यद्यपि पहले आनेवाले प्रवासी भारतीय धार्मिक ग्रंथों और अन्य सामग्रियों से वंचित थे, जिससे वे अपनी उत्तरवर्ती पीढ़ियों को उसकी शिक्षा नहीं दे सके, तथापि वह पीढ़ी अपने अपनी धार्मिक विश्वास पर कायम रही। उदाहरणस्वरूप, वर्ष 1917 में जब अनुबंध समाप्त हुआ, उस समय गुयाना में 43 मंदिर और 46 मसजिद थे। प्रसिद्ध देवी-देवताओं—राम, सीता, विष्णु, शिव के साथ दुर्गा और माता काली को मुख्य रूप से गुयाना में आनेवाले दक्षिण भारतीय प्रवासियों द्वारा जोड़ा गया।

वे 'सम्मिलन' की प्रक्रिया से गुजरे, जिससे जातिगत अवरोध सहित परंपरागत बातें फीकी पड़ गईं। उन्होंने अपने नए परिवेश और परिस्थितियों के अनुरूप अपनी धार्मिक प्रथाओं, अपने आहार एवं कपड़ों और यहाँ तक कि अपने भाषाई कौशल को ढाला। इससे सूरीनाम में एक संकर भाषा 'सरनामी' का विकास हुआ, जिसकी जड़ भारत की भोजपुरी भाषा थी, जिस पर डच और क्रियोल का काफी प्रभाव था।[17]

धीरे-धीरे, भारतीय-कैरेबियाइयों ने सामुदायिक संगठनों की स्थापना की। वर्ष 1881 में हिंदुओं और उनके समर्थक वर्ग की ओर से समेकन के प्रयास में त्रिनिदाद में एक 'सनातन धर्म एसोसिएशन' की स्थापना की गई, हालाँकि यह एसोसिएशन हिंदू संगठनात्मक विकास में किसी महत्त्वपूर्ण प्रगति के लिए विख्यात नहीं था। 1920 के दशक तक त्रिनिदाद हिंदू माल्टा सभा, सैन फर्नांडो हिंदू सभा और सनातन धर्म प्रवर्तक सभा सहित अन्य ग्रुप मौजूद थे, लेकिन ये भी भारतीय-कैरेबियाई इतिहास की दिशा को आकार देने में विशेष रूप से क्रियाशील नहीं थे। इन सभाओं के हिंदू संगठनात्मक विकास में सबसे महत्त्वपूर्ण प्रगति आर्य समाज[18] और उसके मिशनरियों की प्रतिक्रिया के रूप में हुई।

उनके प्रवक्ताओं द्वारा उठाए गए विवादों ने सनातन धर्म[19] समुदाय के नेताओं के लिए एक तरह के उत्प्रेरक का काम किया, जिससे वे प्रभावी संगठन के निर्माण में अधिक-से-अधिक प्रगति कर सके।

'सनातन धर्म एसोसिएशन' को 1932 में विधानमंडल के एक अधिनियम द्वारा निगमित किया गया। हिंदुओं के एक समूह ने एक प्रतिद्वंद्वी संगठन, 'सनातन धर्म बोर्ड ऑफ कंट्रोल' की स्थापना की, जिसे 1932 में निगमित किया गया। वर्ष 1952 में शक्तिशाली पंडित गोवर्धन (न्यायाधीश, जो औपनिवेशिक सरकार में प्रभावशाली थे) और अपनी मेहनत से करोड़पति बने शूगर यूनियन के नेता भडासे सगन महाराज ने दोनों हिंदू निकायों को मिलाकर एक कर दिया, जिससे कि एक अधिक शक्तिशाली दबाव ग्रुप और सार्वजनिक संगठन का निर्माण हो सके। नया संगठन, 'सनातन धर्म महासभा' (एस.डी.एम.एस.) को वर्ष 1952 में निगमित किया गया। एस.डी.एम.एस. की पंडितों की परिषद[20] ने मंदिर की गतिविधियों के पूर्ण समन्वय और अनुष्ठान प्रक्रिया के मानकीकरण की दिशा में काम किया।

आज एस.डी.एम.एस. त्रिनिदाद में पचास से अधिक स्कूल चलाता है और 150 से अधिक मंदिरों का संचालन करता है। संबद्ध संगठन, पंडित परिषद के सेंट ऑगस्टाइन स्थित मुख्यालय में 200 से अधिक संबद्ध पंडित हैं। इसकी धार्मिक (हिंदू) प्रणाली का पेटेंट कराया गया है। इसने त्रिनिदाद और टोबैगो के सर्वोच्च सम्मान 'ट्रिनिटी क्रॉस पुरस्कार' को इस आधार पर चुनौती दी है कि वह हिंदू अल्पसंख्यकों के लोकाचार के खिलाफ है।[21]

एस.डी.एम.एस. इस मामले के लिए त्रिनिदाद या पूरे क्षेत्र में भारतीय मूल का सबसे बड़ा संगठन हो सकता है, लेकिन प्रवासी नागरिकों में कुछ अन्य संगठित लोग भी हैं, जो इस्लाम और सिख धर्म जैसे अन्य धर्म मानते हैं। हनुमानजी की पचासी फीट ऊँची विशाल प्रतिमा 'दत्तात्रेय योग केंद्र' के मैदान में त्रिनिदाद के कारापाचीमा में ऑरेंज फील्ड रोड स्थित मंदिर में है। वर्ष 2003 में प्राण प्रतिष्ठित यह प्रतिमा, भारत के बाहर इस तरह की सबसे बड़ी प्रतिमा के रूप में विख्यात है। गुयाना, सूरीनाम और अन्य जगहों पर भारतीय अपनी मातृभाषा—भोजपुरी, अवधी आदि अपनाए हुए हैं और हिंदू त्योहार—यथा दिवाली, होली मनाने के साथ ही फगुआ जैसे उस क्षेत्र के स्थानीय त्योहारों भी मनाते हैं, जहाँ के वे वासी हैं। ईद जैसे मुसलिम त्योहार भी मनाए जाते हैं। भारतीय मूल के व्यंजनों को स्थानीय खाना पकाने की आदतों और सामग्रियों के अनुकूल बनाया गया है।

पूर्वी कैरेबिया में भारतीय मूल की कई हस्तियाँ अंतरराष्ट्रीय स्तर पर प्रसिद्ध हुई हैं। अनायास दिमाग में आनेवाले नाम हैं—त्रिनिदादियन मूल के प्रसिद्ध नोबेल पुरस्कार विजेता और अंग्रेजी लेखक सर वी.एस. नायपॉल और सर श्रीदत्त रामफल, जिन्होंने 1975 से 1990 तक राष्ट्रमंडल के महासचिव के रूप में कार्य किया। वे गुयाना के विदेश मंत्री भी रह चुके थे। रोहन कन्हाई, एल्विन कालीचरण, शिवनारायण चंद्रपॉल जैसे शीर्षस्थ भारतीय मूल के खिलाड़ियों और कई अन्य लोगों ने वेस्टइंडीज के लिए क्रिकेट खेला।

भारतीय-कैरेबियाई राजनीति

अनेक भारतीय-कैरेबियाई संगठन, शैक्षिक संस्थान और राजनीतिक दल भी हैं, जो प्रवासी भारतीयों द्वारा बनाए गए हैं और चलाए जाते हैं। सामाजिक, आर्थिक और राजनीतिक स्तर पर अफ्रीकी-कैरेबियाई लोगों के साथ समस्याएँ भी हैं, जो लगातार उनके लिए चुनौती बनी हुई हैं। 1960 के दशक के दौरान अधिकांश कैरेबियाई देशों के स्वतंत्र होते ही प्रवासी भारतीय के प्रमुख सदस्यों को अफ्रीकी-कैरेबियाई राजनीतिक दलों के आक्रामक राजनीतिक रुख का सामना करने के लिए भारतीय समुदाय को संगठित करने की आवश्यकता महसूस हुई। इससे विभिन्न देशों में आंदोलन हुए, जिसका प्रभाव आज कैरेबिया की राजनीति को प्रभावित कर रहा है।

बीसवीं शताब्दी के प्रारंभ में, अनुबंध प्रणाली के समाप्त होते ही मेजबान समाज में भारतीय-कैरेबियाई एकीकरण और समावेश में वृद्धि हुई। उदाहरण के लिए, सूरीनाम में भारतीयों ने वर्ष 1916 के बाद कुछ नागरिक और राजनीतिक अधिकार अर्जित किए। वे औपचारिक रूप से सिविल पद पर नियुक्ति के पात्र थे तथा सक्रिय और निष्क्रिय मताधिकार का प्रयोग करते थे। वर्ष 1927 से आगे सूरीनाम में पैदा हुए सभी भारतीयों को डच राष्ट्रीयता मिली।[22] यह देखते हुए कि बीसवीं शताब्दी तक सूरीनाम, त्रिनिदाद और टोबैगो एवं गुयाना की तीस और पचास प्रतिशत के बीच आबादी भारतीय-कैरेबियाई लोगों की होगी, समावेश और राजनीतिक सक्रियता को स्वाभाविक कर दिया गया।

भारतीय-कैरेबियाई समुदाय के बीच राजनीतिक चेतना भी उन्नीसवीं सदी के अंत से भारतीय स्वतंत्रता आंदोलन की याद दिलाती है। कैरेबिया में भारतीयों ने खुद को इस आंदोलन से जोड़ा, जिससे उन्हें सैद्धांतिक सहारा मिला और उन्होंने अस्थायी एवं विभाजित कैरेबियाई समाज में अपनी पहचान बनाए रखने की माँग की। दशकों तक भारतीय अपनी स्थिति के बारे में दब्बू थे, जिससे उनके प्रभारी ने उनकी पेशेवर और सामाजिक परिस्थिति का निर्धारण किया।

उनका ध्यान अपने परिवार एवं करीबी सामाजिक दायरे तथा धन संचय पर केंद्रित था। वे बड़े पैमाने पर किसी सार्वजनिक मामलों में शामिल नहीं हुए। वे अपने अफ्रीकी-कैरेबियाई हमवतन की तुलना में बहुत कम महत्त्वाकांक्षी थे।

राजनीतिक गोलबंदी की सबसे पहले दर्ज की गई एक घटना अक्तूबर 1896 में गुयाना में नॉनपरेल की खेती पर हुई थी। 1891 के आव्रजन अध्यादेश द्वारा इसकी शर्तों को विनियमित किया गया था। बागान मजदूरों के लिए दंड एवं पुलिस द्वारा हानि पहुँचाए जाने की बात विहित की गई थी, जिसका विरोध बागान मजदूरों द्वारा कुछ साहसी नेताओं के नेतृत्व में किया गया। आक्रोश के कारण हड़ताल हुई, जो पुलिस के हस्तक्षेप पर दंगे

में बदल गई। पाँच मजदूर मारे गए और दर्जनों घायल हो गए। मजदूरों पर अपहरण और बलात्कार के आरोप भी लगे।

इस घटना के कारण मजदूरों ने रहने और काम करने की स्थिति के बारे में संगठित विरोध किया और सरकार द्वारा औपचारिक पूछताछ की गई, हालाँकि तत्काल सुधार का कोई प्रयास नहीं किया गया। भारत से भी अंग्रेजों पर लगातार दबाव बना हुआ था, जिसका नेतृत्व महात्मा गांधी कर रहे थे। उन्होंने भारत में आव्रजन विरोधी आंदोलन को अपना समर्थन दिया। इस कानून में वर्ष 1917 में संशोधन किया गया। इस घटना और अन्य दुर्भाग्यपूर्ण यादों ने भारतीय समुदाय के मन में कड़वाहट भर दी। उन्हें विश्वास हो गया कि वे संपदा के प्रबंधन और सरकारी अधिकारियों के षड्यंत्र के शिकार हुए।[23]

इस क्षेत्र में प्रवासी भारतीयों में एक प्रमुख व्यक्ति थे—छेदी जगन। वर्ष 1918 में गुयाना में जनमे जगन की शिक्षा-दीक्षा संयुक्त राज्य अमेरिका में हुई थी। वहाँ जेनेट उनकी पत्नी बनी, जिनकी विचारधारा भी उन्हीं की तरह समाजवादी थी, जिस पर उस दौर में राजनीतिक प्रतिबंध था। जगन एक विद्वान् और सिद्धांतवादी व्यक्ति थे। केवल अपने व्यक्तित्व के बल पर वे कैरेबिया के एक सबसे लोकप्रिय नेता बन गए। यहाँ तक कि वर्ष 1953 में गुयाना की स्वतंत्रता से पहले हुए प्रथम चुनाव में अपनी 'पीपुल्स प्रोग्रेसिव पार्टी' (पी.पी.पी.) के प्रमुख के रूप में वे चुनाव जीत गए।

उनके वामपंथी विचारों से आशंकित औपनिवेशिक प्रशासन ने चार महीने बाद सैनिकों को बुलाकर उनकी सरकार को बरखास्त कर दिया और संविधान को स्थगित कर दिया। इसका तथाकथित कारण औपनिवेशिक प्रशासन का यह भय था कि पी.पी.पी. सरकार ब्रिटिश गुयाना में साम्यवाद का सूत्रपात करेगी।[24] वास्तव में पी.पी.पी. एक उदार, बहु-नस्लीय संगठन था और जिसका एक प्रबुद्ध राजनीतिक मंच था, जो मजदूरों की दासता से वास्तविक मुक्ति और गुयाना की स्वतंत्र पहचान स्थापित करना चाहता था।

जगन और अफ्रीकी मूल के उनके शिक्षा मंत्री एल.ई.एस.बर्नहैम ने राजनीतिक समर्थन प्राप्त करने के लिए भारत का दौरा किया। नवंबर 1953 में उन्होंने प्रधानमंत्री जवाहरलाल नेहरू और स्वतंत्र भारत के कई अन्य राजनीतिक नेताओं के साथ मुलाकात की। भारतीय राजनेताओं को संबोधित करते हुए, छेदी जगन ने दावा किया कि ब्रिटिश गुयाना ने साबित कर दिया था कि ब्रिटिश सरकार उपनिवेश के लोगों को स्व-शासन देने के लिए तैयार थी, बशर्ते प्रशासन को इस तरह से चलाया जाए, जिससे बागान मालिकों और खदान मालिकों का हित हो।[25] हालाँकि भारत में उनका हार्दिक स्वागत किया गया और उनकी सभा में काफी लोगों ने भाग लिया, लेकिन उसका कोई राजनीतिक परिणाम नहीं निकला, जैसा कि उन्होंने खुद अपनी यात्रा की मीमांसा करते हुए कहा—

"मैंने कुछ मायूस होकर भारत छोड़ा। यद्यपि सरकार का शिष्टाचार संबंधी बरताव पूरी तरह सही था और लोगों का समर्थन भी निष्कपट था, लेकिन मेरी यह धारणा है कि शासकीय पड़ाव हमें नहीं मिला और हम रास्ते में रह गए। भारत सरकार हमें शासकीय संरक्षण देने में संकोच करती दिखी। मुझे यह समझाया गया कि भारत को पाकिस्तान और कोरिया के मुद्दे पर संयुक्त राज्य अमेरिका से शिकायत है और इसलिए उसे ब्रिटिश सरकार के समर्थन की जरूरत है। इसके अलावा, भारत सरकार केरल, हैदराबाद और अन्य जगहों पर अपने देश के कम्युनिस्टों के कारण चिंतित है तथा कुछ हद तक ब्रिटिश सरकार द्वारा हमारे खिलाफ कम्युनिस्ट विरोधी प्रचार से प्रभावित है।"[26]

इसके बाद ब्रिटिश सरकार ने पी.पी.पी. के विरुद्ध एल.एफ.एस. (फोर्ब्स)बर्नहम की पार्टी 'पीपुल्स नेशनल कांग्रेस' (पी.एन.सी.) को खड़ा कर दिया। पी.पी.पी. ने 1961 में चुनाव जीता और छेदी जगन वर्ष 1961 से 1964 तक ब्रिटिश गुयाना के प्रमुख रहे। वर्ष 1964 से 1992 तक, हालाँकि पी.एन.सी. ने सभी चुनावों को कथित तौर पर राजनीतिक मशक्कत और भ्रष्ट चुनावी प्रथाओं के माध्यम से जीता। वर्ष 1966 में गुयाना के स्वतंत्र होने के बाद फोर्ब्स बर्नहैम को यूके और अमेरिका द्वारा समर्थित होने के विश्वसनीय दावे हैं। पी.एन.सी. सरकार ने भारतीय मूल के लोगों के साथ भेदभाव की नीति अपनाई, यहाँ तक कि भारतीय आहार की कुछ वस्तुओं और भारतीय साड़ियों के आयात पर प्रतिबंध लगा दिया तथा भारतीय सांस्कृतिक गतिविधियों को हतोत्साहित किया।[27]

दोनों समुदायों के बीच मतभेद और ध्रुवीकरण के बावजूद, पी.पी.पी. ने वर्ष 1992 में चुनाव जीता और जगन देश के पहले भारतीय-गुयानीज राष्ट्रपति बने। उन्होंने लोकतंत्र के अधिक सहभागी रूप के माध्यम से नस्लीय विभाजन को पाटने का प्रयास किया, लेकिन दुर्भाग्य से 1997 में उनकी मृत्यु हो गई। उस वर्ष उनकी पत्नी ने राष्ट्रपति के रूप में उनकी जगह ली। वर्ष 1999 में, एक अन्य भारतीय—गुयानीज, भरत जगदेव ने 37 साल की उम्र में चुनाव जीता। उन्होंने अफ्रीकी-गुयानीज पूर्व राष्ट्रपति 72 वर्षीय डेसमंड होयते को प्रभावकारी तरीके से हराया। पी.पी.पी. को नवंबर 2011 में फिर से चुना गया। वर्तमान राष्ट्रपति डोनाल्ड रामोतार हैं, जो एक अनुभवी भारतीय-गुयानीज राजनेता हैं। उन्होंने राष्ट्रपति जगन और जगदेव के अधीन काम किया है। दिलचस्प बात यह है कि वर्ष 1992 से सत्ता में रहने वाली पी.पी.पी. के अफ्रीकी-गुयानीज मूल के प्रधानमंत्री सैमुअल हिंड्स हैं।

एक संकीर्ण जलडमरूमध्य के पार, त्रिनिदाद द्वीप में भारतीय-त्रिनिदादियन और अफ्रीकी-त्रिनिदादियन राजनीतिक दलों के बीच भी उग्र राजनीति देखी गई है। वर्ष 1962 में स्वतंत्रता के बाद, अफ्रीकी-त्रिनिदादियन राजनीतिक नेता और प्रधान मंत्री, डॉ. एरिक विलियम्स ने भारतीय समुदाय को नौकरशाही से बाहर रखकर, शिक्षा और रोजगार एवं

सरकारी निधिकरण में उनके साथ भेदभाव करके उन्हें अधिकारविहीन करने का प्रयास किया। अपने मंत्रिमंडल में कुछ 'पूर्वी भारतीयों' को बनाए रखने के बावजूद, यह स्पष्ट था कि प्रवासी भारतीय को 'अफ्रीकी-त्रिनिदादियन पीपुल्स नेशनल मूवमेंट' (पी.एन.एम.) के शासन में राजनीतिक उन्नति की बहुत कम उम्मीद थी। गुयाना के विपरीत, परंतु भारत के समान, त्रिनिदाद और टोबैगो में वेस्टमिंस्टर मॉडल का अनुसरण किया जाता है, जहाँ राष्ट्रपति, यद्यपि अप्रत्यक्ष रूप से संसद् द्वारा चुना जाता है, तथापि वह कार्यकारी प्राधिकार का प्रयोग करता है और प्रधानमंत्री का नाम प्रकट करता है। प्रधानमंत्री को संसद् का सदस्य होना ही चाहिए।

इस द्वीपसमूह पर दूसरे सबसे बड़े द्वीप टोबैगो पर आधारित पुनर्निर्माण के लिए राष्ट्रीय गठबंधन होने के कारण भारतीय-कैरेबियाई नेता बासुदेव पांडेय का उदय हुआ। वर्ष 1986 में बासुदेव पांडेय की यूनाइटेड नेशनल कांग्रेस के साथ गठबंधन सरकार नहीं चली, हालाँकि ट्रेड यूनियनों के साथ संबंधों के कारण वे पर्याप्त सीट जीतने में सफल रहे और 1995 के चुनाव के बाद पहले भारतीय-त्रिनिदादी प्रधानमंत्री बने। वर्ष 2001 में उनकी पार्टी आंतरिक संघर्ष के कारण चुनाव हार गई। उसके बाद पांडे को भ्रष्टाचार के आरोपों में गिरफ्तार कर लिया गया, जिसे अंततः रद्द कर दिया गया, तथापि इस पार्टी की आंतरिक परेशानियों के कारण वर्ष 2007 के आम चुनाव में उसकी हार हुई।

जनवरी 2010 में एक नई भारततीय-त्रिनिदादी राजनीतिक नेत्री, सुश्री कमला प्रसाद बिसेसर ने पार्टी की कमान सँभाली और मई 2010 में देश की पहली महिला प्रधानमंत्री बनीं। उनका राजनीतिक कार्यकाल और प्रधानमंत्री के रूप में उनका वर्तमान पद त्रिनिदाद और टोबैगो में एकीकरण के प्रति उनके द्वारा किए गए कार्य के बारे में काफी कुछ कहता है। उनके अपने शब्दों में, "मेरे पास ऐसा कोई विशिष्ट चर्च नहीं है। मैं हिंदू और बैपटिस्ट दोनों धर्म को मानती हूँ।"[28]

सूरीनाम में प्रवासी भारतीय उतने एकजुट नहीं थे। डच लोगों ने इंडोनेशिया को भी अपना उपनिवेश बना लिया था, अतः सूरीनाम में इंडोनेशिया से भी प्रवासी मजदूर आ रहे थे। वर्ष 1946 में, भारतीय और इंडोनेशियाई मूल के समुदाय ने भारतीय मूल के नेतृत्व में स्थानीय स्कूलों में हिंदू और इसलाम धर्म (इंडोनेशिया के प्रमुख धर्म) के लिए अधिक मान्यता प्राप्त करने हेतु 'हिंदोस्तान जावानीस सेंट्रेल राड' के तहत खुद को संगठित किया।

एक प्रसिद्ध भारतीय-सूरीनामी व्यक्ति जगन्नाथ लक्ष्मण अंततः सूरीनाम के नेशनल असेंबली के स्पीकर बने। इस आंदोलन के फलस्वरूप अंततः 'संयुक्त हिंदुस्तानी पार्टी' का गठन हुआ। स्वतंत्रता प्राप्ति के पाँच साल बाद, नवंबर 1975 में एक अफ्रीकी-सूरीनामी सैन्य शासक, डिजायर (डेजी) बूटर्स ने तख्तापलट किया। वर्ष 1987 और 1990 के बीच

नागरिक शासन की एक संक्षिप्त अवधि के बाद, बूटर्स ने 1990 में फिर से सत्ता सँभाली। अगस्त 2000 में एक अन्य अफ्रीकी— सूरीनामी रोनाल्ड वेनेशियन को राष्ट्रपति चुना गया, जिन्होंने भारतीय-सूरीनामी जूल्स रतन कुमार अयोध्या को उपाध्यक्ष नियुक्त किया। वे वर्ष 2005 में फिर से चुने गए। वर्ष 2010 में बूटर्स ने चुनाव जीता।

लैटिन अमेरिका में प्रवासी भारतीय

लैटिन अमेरिका की वास्तविकता कैरेबिया से काफी अलग है। प्रवासी भारतीयों के जत्थे कुछ लैटिन अमेरिकी देशों में उत्तरोत्तर आते रहे, जिनमें पनामा विशेष रूप से उल्लेखनीय है। अल्पसंख्या में आनेवालों (अर्जेंटीना, बोलिविया) में मुख्य रूप से कुछ सिख थे, जिन्होंने उपजाऊ क्षेत्रों में कृषि को जीविका का साधन बनाया और कुछ सिंधी थे (चिली, ब्राजील, जमैका, बेलीज, डच एंटिल्स), जो मुक्त व्यापार क्षेत्रों के आसपास बस गए। कैरेबिया में हाल में आनेवाला एक भारतीय समुदाय भी है, जो मुख्य रूप से पेशेवर हैं। इसके अलावा, व्यवसायी और व्यापारी भी हैं, जिनकी संख्या कुछ सौ है और जो तीन बड़े देशों त्रिनिदाद और टोबैगो, गुयाना एवं सूरीनाम में बसे हैं।

आज बीसवीं सदी में लैटिन अमेरिका में आने वाले प्रवासी भारतीय का सबसे बड़ा केंद्र शायद पनामा है। उनकी संख्या लगभग 20,000 है, जिनमें मुख्यतः गुजराती, पंजाबी एवं सिंधी हैं और कुछ अन्य समुदाय के लोग भी हैं, जिनकी संख्या कम है। इस समुदाय का आगमन उन्नीसवीं शताब्दी के मध्य में हुआ, जब पनामा रेलमार्ग पर भारतीय मजदूरों के समूह काम करने लगे और बाद में इक्कीसवीं शताब्दी की शुरुआत में पनामा नहर पर काम करने लगे।[29] यहाँ भी भारतीय और अन्य एशियाई मजदूरों की वही स्थिति थी, जो 'वेस्ट इंडीज' में गिरमिटिया मजदूरों की थी। यहाँ भी उन्हें भयंकर अभाव झेलना पड़ा और भेदभाव का सामना करना पड़ा। हाल में पनामा की अर्थव्यवस्था की पुनर्निर्यात प्रकृति का लाभ उठाकर गुजराती और सिंधी व्यापारिक समुदाय ने यहाँ प्रवास किया।

ब्राजील में भी एक हजार से अधिक का समुदाय है, जो मुख्य रूप से ग्रेटर साओ पाउलो क्षेत्र में केंद्रित है। गोवा मूल के पुर्तगाली-भाषी समुदाय ने ब्राजील में प्रवास किया; हालाँकि वहाँ उनकी संख्या उतनी नहीं थी, जितनी पुर्तगाल में थी। उनका ब्राजील के समाज में काफी हद तक विलय हो गया है। कई भारतीय पेशेवर और कुछ व्यापारी दशकों पहले ब्राजील के उस हिस्से में बस गए और ब्राजील का पासपोर्ट भी हासिल कर लिया। ब्राजील का वह हिस्सा आर्थिक समृद्धि के दौर से गुजरा है, जहाँ प्रवासी भारतीयों का स्वागत किया गया है और वे वहाँ के सबसे महत्त्वपूर्ण व्यक्ति बन गए हैं। इसीलिए भारत सरकार ने लैटिन अमेरिकी और कैरेबियाई देशों में साओ पाउलो में भारत का पहला और अब तक का

एकमात्र महावाणिज्य दूतावास स्थापित किया है।

अन्य देशों में भारतीय समुदाय अधिक फैला हुआ है। उत्तरी चिली (मुख्य रूप से आइकिक का मुक्त व्यापार क्षेत्र) और मैक्सिको में वे कुछ सौ की संख्या में हैं, तथा अर्जेंटीना, कोलंबिया, पेरु, पैराग्वे, इक्वाडोर और कोस्टा रिका में उनकी संख्या कम है, लेकिन अब बढ़ रही है।

अर्जेंटीना, कोलंबिया, पेरू, पैराग्वे, इक्वाडोर और कोस्टा रिका में रहनेवाले भारतीय समुदाय में मुख्य रूप से ऐसे पेशेवर व्यक्ति शामिल हैं, जो दवा, आई.टी., ऊर्जा और अन्य क्षेत्रों में भारतीय निगमों में कार्यरत हैं, साथ ही कुछ ऐसे साहसी भारतीय भी हैं, जो इस क्षेत्र में भारतीय व्यापार के लिए प्रचुर, लेकिन दुर्ग्राह्य संभावनाओं में अपना भाग्य तलाश रहे हैं—दुर्ग्राह्य इसलिए कि इसके लेखक के सर्वश्रेष्ठ ज्ञान के अनुसार एशिया, अफ्रीका और यूरोप स्थित भारतीय समुदाय की तुलना में, यहाँ भारतीय मूल के कुछ ऐसे व्यक्ति हैं, जो व्यापार और सामाजिक प्रतिष्ठा में उनसे ऊपर हैं। इसके विपरीत, यह भी सच है कि उस भू-भाग में हाल ही में बसे प्राय: किसी भी भारतीय के पास पर्याप्त जीवनयापन की कमी नहीं है।

ध्यान से देखने पर कुछ अप्रत्याशित तथ्य भी सामने आए हैं, यथा करीब-करीब 400 भारतीय पेशेवर हैती में हैं और इनमें से अधिकांश संयुक्त राष्ट्र स्थिरीकरण मिशन (एम. आई.एन.यू.एस.टी.ए.एच.) के लिए काम कर रहे हैं, हालाँकि वे मुख्य रूप से आई.टी. पेशेवर हैं। इसके अतिरिक्त वहाँ कुछ दर्जन व्यापारी भी हैं। इन साहसी व्यक्तियों ने चतुराई से भारत से भूकंप से तबाह उस कैरेबियाई देश को अन्य उपभोक्ता उत्पादों के अलावा रम का निर्यात भी किया हैं, जो कि अठारहवीं शताब्दी के अंत में दुनिया में चीनी का सबसे बड़ा निर्यातक था।

लैटिन अमेरिका में सिख

भारत का साहसिक सिख समुदाय बड़ी संख्या में विदेशों, मुख्यत: यूरोप और उत्तरी अमेरिका में बस गया है, हालाँकि कुछ समुदाय की उप-शाखा लैटिन अमेरिका में प्रवासी समुदाय का महत्त्वपूर्ण केंद्र स्थापित करने के लिए कम संख्या में वहाँ गई। लैटिन अमेरिका की बड़े पैमाने पर यात्रा करनेवाले और इस विषय पर एक पुस्तक भी लिखनेवाले स्वर्ण सिंह कहलों द्वारा किए गए एक अध्ययन के अनुसार, सिखों का मुख्य जमाव अर्जेंटीना में है।[30]

पारंपरिक रूप से उत्तरी अमेरिका तक पहुँचने का लक्ष्य रखनेवाले सिखों ने क्यूबा और पनामा जैसे बीच के राष्ट्रों के जरिए वहाँ पहुँचने की कोशिश की। कई सौ सिख ऐसे हैं, जो पनामा में बस गए हैं। वहीं कुछ हजार सिखों ने 'क्लैंसमैन' नामक पोत के जरिए देशांतरण का प्रयास किया और अंतत: अर्जेंटीना पहुँच गए। जाहिर है, उन्होंने अर्जेंटीना में कृषि भूमि

की आसान उपलब्धता और अनुकूल जलवायु के बारे में सुन रखा था। इनका मुख्य जमाव उत्तर में सांता फे प्रांत के रोसारियो डे ला फ्रोंटेरा में है। अर्जेंटीना के लोगों के साथ इनका परस्पर विवाह भी हुआ है और कुछ कम उम्र के सिख अभी भी पगड़ी पहनते हैं।

सांताक्रूज प्रांत के बोलीविया में भी सिखों के कुछ दर्जन परिवार हैं। इस कस्बे में एक बड़ा गुरुद्वारा है और यह समुदाय कथित तौर पर अपनी परंपराओं पर कायम है; हालाँकि उनमें से अधिकांश के बड़े भूस्वामी बनने के सपने बेईमान बिचौलियों द्वारा चूर कर दिए जाने के कारण उनकी संख्या घट गई है। पनामा में एक बड़ा गुरुद्वारा है, जहाँ सिख अन्य समुदाय, मुख्यत: ग्रंथ साहब की पूजा करनेवाले सिंधी लोगों के साथ एकत्रित होते हैं।

लैटिन अमेरिका में अन्य जगहों पर बहुत कम सिख समुदाय हैं, जिसका मुख्य कारण यह है कि जो लोग इक्वाडोर, मैक्सिको, क्यूबा और ब्राजील जैसे देशों में जाकर बसे, वे अंतत: उत्तरी अमेरिका या अन्य जगहों पर चले गए।

लैटिन अमेरिका और कैरेबिया में सिंधी समुदाय

सिंधी समुदाय भी पूरे क्षेत्र, विशेषकर कैरेबिया और उसके आसपास की बस्तियों में मौजूद है। प्रवासन के प्रामाणिक रिकॉर्ड दुर्लभ हैं। यहाँ सबसे पहले पहुँचने वाले पोहूमल थे, जिन्होंने वर्ष 1850 में अविभाजित भारत में हैदराबाद, सिंध छोड़ा था। कराची से नौकायन करते हुए वे मोरक्को से काहिरा, माल्टा और तांगेर होकर स्वेज नहर से बिल्बोआ, पनामा पहुँचे। बिल्बोआ में फ्रंट स्ट्रीट, सिंधी लोकाचार के लिए बहुत अनुकूल था। कैरेबिया की ही तरह यहाँ भी व्यापार के लिए शुल्क-मुक्त, कम करवाला वातावरण था, जिससे देशी सिंधी व्यापार प्रतिभा को पनपने का मौका मिला। उसके बाद 1925 में कुरासाओ में एम. दयाललदास और त्रिनिदाद में परमानंद कृपलानी, 1928 में जमैका में टीकमदास खियांटोमल, सेंट मार्टेन में चुगानी एवं बारबाडोस, सेंट थॉमस, पुएर्तो रिको तथा डच और फ्रेंच एंरिलीज के द्वीपों में अन्य लोग आए।[31]

बीसवीं शताब्दी के पूर्वार्द्ध तक कई हजार सिंधियों ने पनामा, त्रिनिदाद, जमैका, पुएर्तो रिको, सेंट थॉमस तथा डच और फ्रेंच एंरिलीज के कैरेबियाई द्वीप समूह में कारोबार स्थापित किया। उन्होंने शुरू में कपड़े और उपहार की वस्तुओं का आयात किया, लेकिन अंतत: आभूषण, घड़ियों और इलेक्ट्रॉनिक्स का कारोबार करने लगे, जो उस क्षेत्र में उनके व्यवसाय का मुख्य आधार है।

'सिंधवर्क' की सिंधी अवधारणा में आमतौर पर एक तीन साल का अनुबंध शामिल था, जिसमें नियोजित व्यक्ति वेतन तो स्वीकार करता था, परंतु जिसे खर्च करने की जरूरत उसे शायद ही कभी पड़ती थी, क्योंकि उसके जीवन-यापन का खर्च नियोक्ता उठाता था।

अनुबंध अवधि के दौरान एक ही घर में कई कर्मचारी रहते थे, जो सप्ताह में सात दिन दुकानों और व्यावसायिक प्रतिष्ठानों में काम करते थे। सिंधी कर्मचारियों ने जल्द ही व्यापार के गुर सीख लिये और कई ने अंततः स्वयं का व्यवसाय स्थापित किया और अपने पूर्व नियोक्ताओं के साथ प्रतिस्पर्धा करने लगे।

दौलतराम बूलचंद नंदवानी, जिन्हें सभी स्नेह से और सम्मानपूर्वक 'दादा बूलचंद' के नाम से जानते हैं, डच एंटिल्स के लिए 1978 में भारत के मानद कौंसल बन गए। वर्ष 2000 में, पचहत्तर वर्षीय 'दादा' ने वह दायित्व अपने पुत्र राम को सौंप दिया। आज, बूलचंद परिवार कैरेबिया के दक्षिण-पश्चिमी कोने में कुरासाओ और अरूबा से लेकर इस छोटे से द्वीप समूह के उत्तर-पूर्वी छोर पर स्थित सेंट मार्टेन, सेंट थॉमस और सेंट किट्स तक फैले 10 करोड़ अमेरिकी डॉलर मूल्य के व्यापारिक साम्राज्य का अध्यक्ष है। कई अन्य समृद्ध सिंधी परिवारों ने सुपरमार्केट और डिपार्टमेंटल स्टोर खोले हैं। कुछ ने छोटे विश्वविद्यालय और होटल भी कायम किए हैं।

वर्ष 1975 में, 'द इंडियन मर्चेंट एसोसिएशन ऑफ नीदरलैंड्स एंरिलीज' (आई.एम.ए.एन.ए.) का उद्घाटन किया गया। शीघ्र ही कैरेबिया में अन्य द्वीपों पर ऐसे एसोसिएशन स्थापित किए गए, जहाँ भारतीय (मुख्यतः सिंधी) समुदाय बसे हुए थे और उन एसोसिएशन ने सामाजिक मंच का प्रयोजन सिद्ध किया। आई.एम.ए.एन.ए. ने स्वैच्छिक योगदान से वर्ष 2005 में कुरासाओ में एक भव्य मंदिर और उसके बाद श्मशान का निर्माण किया। अनुमान है कि कम-से-कम दस द्वीपों में से प्रत्येक पर औसतन 1,000 से अधिक सिंधी बसे हैं। वे अमीर हैं, अच्छी तरह से जुड़े हुए हैं, कड़ी मेहनत कर रहे हैं और बॉलीवुड फिल्मों एवं भारतीय संगीत समारोहों के लिए एक छोटे, परंतु अच्छे बाजार का प्रयोजन सिद्ध करते हैं।

अल्प संख्या में कुछ ऐसे लोग भी थे, जो बीसवीं सदी के आसपास ब्राजील के अमेजॅन के बीच में अलग-थलग पड़े शहर मनाउस में बस गए। यह शुल्क मुक्त क्षेत्र जिस तरह कैरेबिया में उत्तरी चिली के लिए आकर्षक सिद्ध हुआ था, उसी तरह और अधिक दक्षिण में इक्विक में हुआ। यह एक शुल्क मुक्त पत्तन है, जहाँ कई सिंधी एक सदी पहले आए और उन्होंने बेहद सफल व्यवसाय स्थापित किया, हालाँकि चिली के सिंधी समुदाय ने समृद्धि हासिल की और अपनी अखंडता को उसी तरह बनाए रखा है, जिस तरह उन्होंने आधी दुनिया में की है। मनाउस के सिंधी शायद अलगाव से बचने के लिए बड़े शहरों, मुख्यतः साओ पाउलो में चले गए हैं।

चिली के दक्षिण में, सुदूर दक्षिणी चिली शहर पुंता एरेनास में नंदवानी परिवार ने अंटार्कटिका की सीमा पर एक खुले भू-भाग में 'भारतीय नखलिस्तान' बनाया है। सबसे पहले 1912 में वहाँ भोजरास हाटचंद नंदवानी पहुँचे। चिली और अर्जेंटीना के सबसे दक्षिणी

क्षेत्र पेटागोनिया में व्यापार अच्छा था। कुछ वर्षों के भीतर उनकी सत्रह दुकानें हो गईं। द्वितीय विश्वयुद्ध ने उन्हें लगभग मिटा दिया। उनके बेटे द्वारकादास ने फिर वापसी की और एक व्यापारिक साम्राज्य स्थापित किया, जिसमें भूमि-भवन बिक्री व्यापार, इलेक्ट्रॉनिक्स, ऑटोमोबाइल और अन्य अत्यधिक सफल व्यवसाय शामिल हैं। आज उनका कई करोड़ डॉलर का व्यापार है। नंदवानी परिवार की संख्या लगभग दो दर्जन है। बेटे, बेटियाँ, पोतियाँ और पोते भारत के जीवनसाथी से शादी करते हैं और एक भारतीय परिवार के रूप में पारंपरिक तरीके से रहते हैं। कुछ साल पहले उन्होंने पुंता एरेनास में एक बड़े और भव्य हिंदू मंदिर का निर्माण किया, जिसका उद्घाटन भारत के विदेश मंत्री ने फरवरी 2013 में अपनी यात्रा के दौरान किया।

सेंट थॉमस, सेंट किट्स, पुएर्तो रिको और अन्य द्वीपों के अलावा बेलीज में लगभग 1200 और जमैका में लगभग 250 संपन्न सिंधी व्यापारिक समुदाय भी है।

भारत और प्रवासी

लैटिन अमेरिका और कैरेबियाई देशों में प्रवासी भारतीयों पर शायद भारत सरकार की ओर से उतना ध्यान नहीं दिया गया, जिसके वे हकदार हैं। वर्ष 2001 में उच्च स्तरीय समिति की रिपोर्ट में, मुख्य रूप से कैरेबियाई देशों में, ऐतिहासिक वास्तविकता का सहानुभूतिपूर्ण उल्लेख किया गया और पूरे सम्मान के साथ यह कहा गया कि लैटिन अमेरिका के बाकी हिस्सों पर बहुत ही कम ध्यान दिया गया। रिपोर्ट में उल्लिखित, खासकर लैटिन अमेरिका से संबंधित कुछ आँकड़ों पर सवाल उठाया जा सकता है। यह समझ में आता है, क्योंकि समिति के समक्ष उस समय उतने विश्वसनीय स्रोत नहीं थे, जितने आज हैं।

बीसवीं शताब्दी के उत्तरार्ध से विदेशों, मुख्य रूप से खाड़ी में और साथ ही अन्यत्र रह रहे और काम कर रहे काफी संख्या में भारतीय मजदूरों द्वारा विपुल धन के विप्रेषण में शामिल वाणिज्यदूतीय मुद्दों तथा विदेशों में बसनेवाले भारतीयों के कुछ संगठनों के राजनीतिक प्रभाव के कारण इक्कीसवीं सदी की शुरुआत में एक सक्रिय प्रवासी नीति बनाने पर जोर दिया गया। इसमें कोई शक नहीं कि एच.एल.सी. की रिपोर्ट ने इस सोच को प्रभावित किया।

भारत सरकार ने इस उद्देश्य से एक अलग मंत्रालय स्थापित करने का निर्णय लिया। मई 2004 में 'अनिवासी भारतीय मामलों का मंत्रालय' के नाम से स्थापित इस मंत्रालय का नाम सितंबर 2004 में बदलकर 'प्रवासी भारतीय मामलों का मंत्रालय' (एम.ओ.आई.ए.) कर दिया गया।[32] एम.ओ.आई.ए. के, जिसे मई 2014 में विदेश मंत्रालय में मिला दिया गया था, अनुसार दुनिया में चीन के बाद सबसे अधिक प्रवासी भारत के हैं। एक अनुमान के

अनुसार, पच्चीस लाख से अधिक प्रवासी भारतीय दुनिया के हर प्रमुख क्षेत्र में फैले हुए हैं।

कुछ विश्लेषकों के अनुसार, 'हिंदू राष्ट्रवादी' भारतीय जनता पार्टी—1998-2004 के नेतृत्ववाली सरकार, प्रवासी भारतीयों की आवाज के प्रति अधिक संवेदनशील थी। भारत में और प्रवासी भारतीयों में हिंदू मुखरता का उदय, 'पारस्परिक मजबूती' के रूप में देखा गया है, अतः चुनाव के बाद भाजपा का सत्ता में आना विदेशी भारतीयों के प्रति भारत की नीति की एक कट्टरपंथी पुनर्परीक्षा थी।[33]

प्रवासी समुदाय में बचत की उच्च प्रवृत्ति और अपने भारतीय भाइयों की भलाई में योगदान करने की इच्छा तथा अत्यधिक आर्थिक दबदबा अति आवश्यक दुर्लभ मुद्रा के विप्रेषण का कारण बना। विश्व बैंक के अनुसार, वर्ष 2013 में भारत, सबसे अधिक विप्रेषण-70 अरब अमेरिकी डॉलर का प्राप्तकर्ता था। भारत में प्रवासी भारतीयों के राजनीतिक प्रभाव को भी उत्तरोत्तर आनेवाली भारतीय सरकारों द्वारा मान्यता दी गई है।

प्रवासी अनिवार्य रूप से दो प्रमुख खंडों में विभाजित हैं। अनिवासी भारतीय (एन. आर.आई.) भारत का ऐसा नागरिक है, जो भारतीय पासपोर्ट रखता है और रोजगार, निवास, शिक्षा या किसी अन्य प्रयोजनार्थ छह महीने या उससे अधिक समय के लिए अस्थायी रूप से दूसरे देश में गया है। एन.आर.आई. कर संबंधी विशेषाधिकार का उपभोग करते हैं, विशेष रूप से उनकी बाहरी आय पर और भारत में उनकी बाहरी जमा राशि से ब्याज आय पर छूट प्राप्त है।

भारतीय मूल का व्यक्ति (पी.आई.ओ.—प्रवासी भारतीय) कोई ऐसा व्यक्ति है, जो भारत में या भारतीय वंश का होते हुए अन्य देश में पैदा हुआ या, जिसके पूर्वज भारत में या भारतीय वंश के होते हुए अन्य देश में पैदा हुए, लेकिन भारत का/के नागरिक नहीं है/हैं। चूँकि भारत दोहरी राष्ट्रीयता की अनुमति नहीं देता है, इसलिए जो भारतीय नागरिक किसी अन्य देश की नागरिकता का चयन करते हैं, उन्हें अपना भारतीय पासपोर्ट वापस करना होगा। कुछ वर्ष पहले प्रवासी पी.आई.ओ. समुदाय द्वारा दोहरी राष्ट्रीयता की जोरदार माँग के जवाब में भारत सरकार ने एक मध्यम मार्ग चुना और 'विदेशी भारतीय नागरिकता' (ओ.सी. आई.) की अवधारणा पेश की। यह दर्जा उन लोगों को दिया जाता है, जो भारतीय वंशावली (आमतौर पर विनियम में दादा-दादी तक की नागरिकता पर विचार किया जाता है) सिद्ध कर सकते हैं और तब उन्हें स्थायी वीजा एवं ओ.सी.आई. कार्ड जारी किया जाता है। वे वोट देने या कृषि भूमि धारित करने के अधिकार के अलावा भारतीय नागरिकता की सभी सुविधाओं का उपभोग करते हैं।

भारतीय-कैरेबियाई समुदाय का उनकी पैतृक भूमि के साथ जो सांस्कृतिक बंधन है, उसे बनाए रखने की आवश्यकता की पहचान भारत सरकार ने की है। भारतीय सांस्कृतिक

केंद्र, जो पूरी तरह से भारतीय सांस्कृतिक संबंध परिषद (विदेश मंत्रालय के अधीन) द्वारा वित्तपोषित है, तीन बड़े देशों-त्रिनिदाद टोबैगो, गुयाना और सूरीनाम में स्थापित किए गए। ये केंद्र भारतीय शास्त्रीय संगीत, नृत्य और योग में भारत के शिक्षकों द्वारा सांस्कृतिक और शिक्षण गतिविधियों के जरिए सरकारी और गैर सरकारी संगठन दोनों के स्तर पर मुख्य रूप से कला और संस्कृति के क्षेत्र में द्विपक्षीय सांस्कृतिक सहयोग को बढ़ावा देते हैं।

इस प्रकार का पहला केंद्र वर्ष 1972 में गुयाना में स्थापित किया गया। दूसरा केंद्र सूरीनाम में वर्ष 1978 में स्थापित किया गया। 'महात्मा गांधी भारतीय सांस्कृतिक केंद्र' की स्थापना वर्ष 1997 में त्रिनिदाद में की गई। इन केंद्रों की एक प्रमुख गतिविधि हिंदी भाषा का शिक्षण है। स्थानीय मीडिया, रेडियो और टेलीविजन दोनों में हिंदी की मौजूदगी तथा बॉलीवुड संस्कृति के प्रसार ने भारतीय-कैरेबियाइयों की युवा पीढ़ी की रुचि बढ़ाई है और लिंग, आयु एवं जातीयता से परे स्थानीय आबादी में हिंदी में दक्षता हासिल करने की इच्छा में उल्लेखनीय वृद्धि हुई है। त्रिनिदाद में वेस्टइंडीज विश्वविद्यालय में हिंदी, समकालीन भारतीय अध्ययन और आयुर्वेद के अध्ययन के तीन शिक्षक हैं।

इन सांस्कृतिक केंद्रों से जमैका और अन्य कैरेबियाई देशों को बहुत जरूरी बुनियादी ढाँचा और प्रतिभा प्राप्त हुई है, जहाँ भारतीय मूल के समुदाय द्वारा इच्छित सांस्कृतिक संचार उपलब्ध कराने के लिए अपर्याप्त आधिकारिक और सामुदायिक संरक्षण है।

उपरोक्त संस्थागत जुड़ाव के अलावा, सांस्कृतिक केंद्रों की स्थापना आदि के माध्यम से तथा भारतीय-कैरेबियाई नेताओं द्वारा उच्च स्तरीय दौरों के माध्यम से राजनीतिक संपर्क के कारण भी संबंध मजबूत हुए हैं। भारत के विकास में विदेशी भारतीय समुदाय के योगदान को चिह्नित करने के लिए वर्ष 2003 से हर वर्ष 9 जनवरी को मनाया जानेवाला 'प्रवासी भारतीय दिवस' 'विदेशी भारतीय समुदाय को अपने पूर्वजों की भूमि के लोगों एवं सरकार के साथ परस्पर लाभकारी गतिविधियों के लिए जुड़ने हेतु एक महत्त्वपूर्ण मंच प्रदान करता है।'

भारतीय-कैरेबियाई नेतृत्व को इन समारोहों में गौरवपूर्ण स्थान दिया गया है। इनमें मुख्य अतिथि रहे हैं—राष्ट्रपति भरत जगदेव (गुयाना 2004); उपराष्ट्रपति जे.आर. अयोध्या (सूरीनाम 2005); उपाध्यक्ष डॉ. रामदीन सरजू (सूरीनाम 2009); और प्रधानमंत्री कमला प्रसाद बिसेसर (त्रिनिदाद और टोबैगो 2012)। वर्ष 2004 में राष्ट्रपति जगदेव ने उत्तर प्रदेश के अपने पैतृक घर की भावनात्मक यात्रा की और बाद में भारत का दौरा किया।

भारतीय-कैरेबियाई सरकार के मंत्री, अधिकारी और प्रमुख व्यवसायी, शिक्षाविद एवं पेशेवर व्यक्ति प्रायः भारत आते रहते हैं। भारतीय-कैरेबियाई प्रवासी वर्ग के कई सदस्यों को भारतीय सम्मान पुरस्कार दिया गया है। यह पुरस्कार प्रवासी भारतीय वर्ग के विशिष्ट सदस्यों को जीवन में उनकी उपलब्धियों और भारतीय समुदाय के कल्याण में योगदान एवं विदेशों

में भारत की छवि बढ़ाने के लिए दिया जाता है।[35]

लेकिन जहाँ तक लैटिन अमेरिका और कैरेबिया में प्रवासी लोगों का संबंध है, यद्यपि आधिकारिक उदासीनता समाप्त हो गई है, तथापि ऐसा लगता है कि किसी भी विश्लेषणात्मक या उन्नति संबंधी प्रयास पर बहुत कम ध्यान दिया गया है। इसका कारण संकट या महत्त्वपूर्ण राजनीतिक उथल-पुथल, यथा—1972 में युगांडा से भारतीयों का निष्कासन, फारस की खाड़ी, अरब भू-भाग आदि में शत्रुता की अनुपस्थिति हो सकता है। भारतीय रिजर्व बैंक या वित्त मंत्रालय के लिए बड़ी राशि के विप्रेषणकर्ता के रूप में दुनिया के उस हिस्से में रहनेवाले समुदाय का योगदान खाड़ी या विकसित देशों की तुलना में महत्त्वपूर्ण नहीं हैं।

इस तथ्य से भी इनकार नहीं किया जा सकता है कि उन देशों में व्यापार या प्रमुख भारतीय औद्योगिक परियोजनाओं या उपक्रमों के जरिए महत्त्वपूर्ण आर्थिक संपर्क की कमी से भारत का राजनीतिक हित कमजोर हुआ है और मुख्य रूप से उच्च-स्तरीय आदान-प्रदान तक सीमित रह गया है। भारत एवं त्रिनिदाद और टोबैगो के बीच द्विपक्षीय व्यापार सालाना 10 करोड़ अमेरिकी डॉलर से कम है, जबकि गुयाना और सूरीनाम के साथ यह सालाना 5 करोड़ अमेरिकी डॉलर को भी पार नहीं कर सका है।

विदेश मंत्रालय की अगुवाई में भारतीय संस्थापन, लैटिन अमेरिकी देशों की तुलना में, गुयाना में क्रिकेट स्टेडियम और अस्पताल एवं सूरीनाम में सौर विद्युतीकरण परियोजना जैसी सहायता परियोजनाओं के लिए अपेक्षाकृत बड़ी रकम का बजट बना रहा है। भारत के निजी क्षेत्र द्वारा भी कुछ परियोजनाओं में रुचि ली जा रही है, हालाँकि इस दिशा में अभी कुछ खास प्रगति नहीं हुई है।

जैसा कि ऊपर उल्लेख किया गया है, भारत-कैरेबियाई हिंदू बहुसंख्यकों की धार्मिक संबद्धता ने एक महत्त्वपूर्ण भूमिका निभाई है। व्यक्तिगत रूप से भारतीय नेताओं ने त्रिनिदाद और टोबैगो, गुयाना और सूरीनाम में जिस राजनीतिक प्रभाव का उपयोग किया है, उसे भारतीय संस्थापन द्वारा बरकरार रखा गया है। कैरेबिया के इन तीन मुख्य देशों में दौरों का तेज आदान-प्रदान हुआ है।[36]

वर्ष 1953 में प्रधानमंत्री छेदी जगन, कैरेबिया से भारत आनेवाले पहले सरकार के प्रमुख थे। प्रधानमंत्री इंदिरा गांधी ने वर्ष 1968 में क्षेत्र के नौ देशों की अपनी लंबी यात्रा के दौरान गुयाना एवं त्रिनिदाद और टोबैगो का दौरा किया। उन्होंने वर्ष 1975 में जमैका का भी दौरा किया। उप-राष्ट्रपति डॉ. शंकर दयाल शर्मा ने वर्ष 1988 में त्रिनिदाद और टोबैगो, गुयाना एवं सूरीनाम का दौरा किया। डॉ. शर्मा ने वर्ष 1995 में राष्ट्रपति के रूप में त्रिनिदाद और टोबैगो का फिर से दौरा किया, जब वे उस देश में 'भारतीय आगमन दिवस' की 150वीं वर्षगाँठ के समारोह में भाग लेने के लिए गए।

हाल के दौरों में प्रधानमंत्री अटल बिहारी वाजपेयी द्वारा वर्ष 1999 में किया गया त्रिनिदाद और टोबैगो एवं जमैका का (जी-15 शिखर सम्मेलन में भाग लेने के लिए) का दौरा तथा प्रधानमंत्री डॉ. मनमोहन सिंह द्वारा नवंबर 2009 में किया गया त्रिनिदाद और टोबैगो का (कॉमनवेल्थ शिखर सम्मेलन में भाग लेने के लिए) दौरा शामिल हैं। भारत के उपराष्ट्रपति श्री बी.एस. शेखावत ने वर्ष 2006 में सूरीनाम का दौरा किया। पिछले चार दशकों में भारत के विदेश मंत्रियों/विदेश राज्य मंत्रियों द्वारा नियमित रूप से इन देशों के दौरे किए गए।

त्रिनिदाद और टोबैगो से प्रधानमंत्री स्तर पर भारत का दौरा वर्ष 1985, 1997 और 2012 में किया गया है। गुयाना से प्रधानमंत्री स्तर पर भारत का दौरा 1971 में और राष्ट्रपति स्तर पर भारत का दौरा 1975, 1993, 2003 और 2004 में किया गया है। सूरीनाम से राष्ट्रपति स्तर पर भारत का दौरा 1984 और 2003 में तथा उप-राष्ट्रपति स्तर पर भारत का दौरा 1994 और 2005 में किया गया। तीनों देशों से, विदेश मंत्री और अन्य विभागों के मंत्रियों द्वारा भी दौरा किया गया है।

यदि भारतीय-कैरेबियाई लैटिन अमेरिका के बाकी हिस्सों के साथ और भी जुड़ते हैं तो प्रवासी भारतीय समुदाय उस क्षेत्र की एक और महत्त्वपूर्ण कड़ी के रूप में काम करेगा। आशा है कि भारतीय मूल की आबादी वाले सभी देशों के साथ राजनीतिक और आर्थिक संबंध और बढ़ेंगे एवं सुदृढ़ होंगे। यह भी संभव है कि भारत से पूरे लैटिन अमेरिका और कैरेबियाई क्षेत्र में हाल में प्रवास करनेवाले लोग आवश्यक आर्थिक एवं अंततः राजनीतिक हैसियत अर्जित कर लेंगे, जिससे भारत वहाँ अपनी मौजूदगी मजबूत करने में सक्षम होगा। पूरे क्षेत्र में इस समुदाय की सकारात्मक छवि और प्रतिष्ठा उनके लिए और साथ ही भारत के लिए एक उज्ज्वल भविष्य की पूर्व-सूचना है।

सदर्भ :

1. दिनांक 11 जनवरी, 2011 को कोलकाता स्मारक के उद्घाटन से उद्धरण
2. दिनांक 5 मई, 2013 को गिरमिटिया स्मारक, प्लांटेशन हाइबरी, गुयाना के अनावरण से उद्धरण
3. http://guardian.co.tt/news/2013-06-02/national-geographic-hails-indian-caribbean-museum.
4. प्रवासी भारतीयों पर उच्चस्तरीय समिति की रिपोर्ट (http://indiandiaspora.nic.in) लैटिन अमेरिका, कैरेबियाई देश और भारत।
5. डॉ. कुमार महावीर, 'पुराने प्रवासी भारतीय की यादें', साउथ एशियन आउटलुक, वाल्यूम-X, सं. 7, जनवरी 2011
6. प्रवासी भारतीयों पर उच्चस्तरीय समिति की रिपोर्ट (http://indiandiaspora.nic.in)
7. भारत-त्रिनिदाद और टोबैगो संबंध, अप्रैल 2014। विदेशों से संबंध का संक्षिप्त विवरण, www.

mea.gov.in.

8. प्रवासी भारतीयों पर उच्चस्तरीय समिति की रिपोर्ट (http://indiandiaspora.nic.in)
9. भारत-जमैका संबंध, अप्रैल 2014, विदेशों से संबंध का संक्षिप्त विवरण, www.mea.gov.in
10. वही, पृष्ठ 237
11. भारत-बेलीज संबंध, जनवरी 2014, विदेशों से संबंध का संक्षिप्त विवरण, www.mea.gov.in
12. कर्टिन, फिलिप डी., 'राइज एंड फॉल ऑफ दि प्लांटेशन कॉम्प्लैक्स; ऐसे इन अटलांटिक हिस्ट्री, कैंबिज, कैम्ब्रिज विश्वविद्यालय, 1990
13. समारू, बी. 'द टू एबोलिशन : अफ्रीकन स्लेवरी एंड ईस्ट इंडिया इंडेंचरशिप', देवीदीन और समारू (संपादक) इंडिया इन द कैरेबियन
14. मंगरू, वासुदेव 'ब्रिटिश गुयाना में लिंग अनुपात में असमानता और अनुबंध के अधीन इसके परिणाम', इंडिया इन द कैरेबियन, पृष्ठ 217
15. हरकसिंह, कुशा, कंट्रोल एंड रेजिस्टेंस अमंग इंडियन वर्कर्स : स्टडी ऑफ लेबल ऑन द प्लांटेशन ऑफ ट्रिनीडाड
16. ब्रेर्टन, रेस रिलेशन इन कॉलोनियल ट्रिनीडाड, 1870-1900
17. नायडू, जेनेट, रिटेंशन एंड ट्रांस कल्चरेशन ऑफ हिंदूज इन कैरेबियन, www.guyanajournal.com, मार्च 2007
18. आर्य समाज : वेदों का प्रचार करनेवाले एक संन्यासी (योगी) स्वामी दयानंद द्वारा वर्ष 1875 में प्रवर्तित एक हिंदू सुधार आंदोलन। दयानंद ने ब्रह्मचर्य (संयम) के आदर्शों पर जोर दिया
19. आज जिसे हिंदुत्व या हिंदू धर्म कहा जाता है, उसका मूल नाम सनातन धर्म है। यह एक आचार संहिता है, जीवन जीने का एक तरीका है, जिसके माध्यम से व्यक्ति मोक्ष (आत्मज्ञान, मुक्ति) प्राप्त कर सकता है। सनातन धर्म केवल एक धर्म का नहीं, बल्कि उससे बहुत अधिक का प्रतीक है, जो इसके अनुयायियों को वैश्विक नजरिया, जीवन-पद्धति और यथार्थ का सुसंगत और सचेतन दृष्टिकोण प्रदान करता है, www.sanatandhit.in
20. 'पंडित' एक ऐसा विद्वान् और शिक्षक हैं, जो विशेष रूप से संस्कृत भाषा में कुशल होता है और जिसे प्राचीन भारत की धरोहर-वैदिक साहित्य का ज्ञान होता है
21. अनुष्ठान धर्म की कला का निर्माण करते हैं, सत्यनारायण महाराज, महासचिव, एस.डी.एम.एस., द गार्जियन, 17 जनवरी, 2013
22. हीरा, इंडियन इन सूरीनाम, 1873-1980, 'इंडिया एंड द कैरेबियन', पृष्ठ 197
23. तिवारी, रामप्रसाद, 'अक्तूबर 1986 का अद्वितीय विद्रोह : अज्ञात कथा', प्रवासी भारतीय में कैरेबियाई मुद्दे : कुमार महावीर द्वारा संपादित; सीरियल्स पब्लिकेशंस प्रा. लिमिटेड 2013।
24. छेदी जगन शोध केंद्र, www.jagan.org
25. 'भारत में जगन और बर्नहैम', भारतीय अखबारों की खबरें, www.jagan.org
26. जगन, छेदी, द वेस्ट ऑन ट्रायल (लंदन, माइकल जोसेफ लिमिटेड, 1966), अध्याय-8
27. प्रवासी भारतीयों पर उच्चस्तरीय समिति की रिपोर्ट (http://indiandiaspora.nic.in)
28. नेशन न्यूज, 'बारबाडोस : 'त्रिनिदाद और टोबैगो की प्रधानमंत्री, कमला से मिलिए', जून

2010. (www.nationcews.com)

29. भारत-पनामा संबंध, विदेशों से संबंध का संक्षिप्त विवरण www.mea.gov.in
30. स्वर्ण सिंह कहलों, 'सिख्स इन लैटिन अमेरिका-ट्रैवल्स अमंग दि सिख डायस्पोरा', मनोहर पब्लिशर्स एंड डिस्ट्रीब्यूटर्स, 2012
31. भोजवानी, दीपक, 'मर्चेंट्स ऑफ द कैरेबियंस', प्रवासी भारतीय, अगस्त 2013, पृष्ठ 23
32. देखें www.moia.gov.in—मंत्रालय की आधिकारिक वेबसाइट
33. साहनी, वरुण : 'सर्विट्यूड, सर्वाइवल एंड सक्सेस ऑफ इंडो-कैरेबियंस : इंडियाल रेस्पोंसेस' स्कूल ऑफ इंटरनेशनल स्टडीज, जवाहरलाल नेहरू विश्वविद्यालय द्वारा मार्च 2013 में आयोजित सेमिनार में प्रस्तुत पेपर
34. विदेशों से संबंधों का संक्षिप्त विवरण, www.mea.gov.in
35. www.moia.gov.in/diaspora
36. लैटिन अमेरिका और कैरेबिया प्रभाग, विदेश मंत्रालय, भारत द्वारा प्रदान की गई भारत और कैरेबियाई देशों के बीच उच्च स्तरीय दौरों की जानकारी

□

9

वादे की चुनौती

जब कोई भारत और लैटिन अमेरिका एवं कैरेबियन के बीच संबंधों का विश्लेषण या मूल्यांकन करना चाहता है तो कई विशिष्ट शब्द दिमाग में आते हैं। इनमें सबसे उल्लेखनीय शब्द शायद 'विविधता' और 'उद्‌भव' हैं।

भारतीय वास्तविकता रंग और स्वरूप का बहुरूपदर्शक है। इसका सामाजिक ताना-बाना अधिकांश बाहरी लोगों के लिए भरमानेवाला है और इसके अपने प्रतिनिधियों द्वारा भी विदेशों में प्रस्तुति के लिए इसे संपुटित करना मुश्किल है। भारत की आर्थिक वास्तविकता में वैश्विक रुझानों और शक्तियों के प्रभाव से और पिछले दो दशकों में इसकी शानदार गतिशीलता तथा बहुमुखी प्रतिभा के कारण काफी परिवर्तन हुआ है।

लैटिन अमेरिका एवं कैरेबियन (एल.ए.सी.) और भी जटिल हैं। हममें से अधिकांश भारतीय ऐतिहासिक घटनाक्रमों के पारभासी प्रिज्म के माध्यम से इस क्षेत्र को देखने की प्रवृत्ति रखते हैं, जिसे हम शायद ही कभी पूरी तरह से समझते हैं। सामाजिक और आर्थिक विविधता और मेगा-क्षेत्र के भीतर विकास की तीव्र गति, हमारी भ्रमित धारणा को और बलवती करती है।

इस सब के बावजूद, हालाँकि इस बात को अस्वीकार नहीं किया जा सकता कि भारत और लैटिन अमेरिका प्राय: एक ही समय में नए आर्थिक भूगोल में उभरकर सामने आए हैं, जो अब वैश्विक व्यवस्था को परिभाषित कर रहे है। दोनों ने हाल के अंतरराष्ट्रीय आर्थिक और वित्तीय संकट पर काबू पा लिया है और कुछ लोगों के अनुसार, काबू पा रहे हैं तथा आर्थिक विकास और गरीबी में कमी की सराहनीय दर का प्रदर्शन कर रहे हैं। प्रमुख लैटिन अमेरिकी अर्थव्यवस्थाओं को, भारत के समान, बड़ी अर्थव्यवस्थाओं में गिना जाता है। इस उद्‌भव का इस सदी में अंतरराष्ट्रीय संबंधों के राजनीतिक प्रतिमान को पुनर्परिभाषित किए जाने पर महत्त्वपूर्ण प्रभाव पड़ना तय है।

यकीनन दुनिया के सबसे प्रभावशाली मंच जी-20 में भारत, ब्राजील, मैक्सिको और अर्जेंटीना की भागीदारी से हमारे महत्त्व का पता चलता है। ब्रिक्स में ब्राजील और भारत की

रणनीतिक उपस्थिति वैश्विक राजनीतिक-आर्थिक वार्त्ता भी निश्चित करती है। हम दक्षिण एशिया और लैटिन अमेरिका के अग्रणी राष्ट्रों के दृष्टिकोण से और उनके अनुभवों के आधार पर उभरती अर्थव्यवस्थाओं की प्राथमिकताओं पर विचार करने के लिए इन मंचों का लाभ उठा सकते हैं और उठाते हैं।

लोकतंत्र की परिपक्वता से संयमित भारत की आर्थिक सुधार प्रक्रिया में लैटिन अमेरिकी शासन के लिए काफी संभावनाएँ हैं, जिन्होंने इक्कीसवीं सदी में अपनी प्राथमिकताओं को फिर से परिभाषित किया है। इसका मूल्यांकन करने के लिए, हमें पीछे हटने और उस सुदूर क्षेत्र की राजनीतिक अर्थव्यवस्था को विसमूहित करने की आवश्यकता है।

लैटिन अमेरिका को अपने दो शताब्दियों के उत्तर औपनिवेशिक इतिहास को दोहराने की बात तो दूर, उसके बारे में चर्चा करना भी कठिन रहा है। कैरेबियन में एकजुटता की काफी कमी रही है। वर्ष 2012 में लैटिन अमेरिका एवं कैरेबियन देशों के समुदाय (सी.ई.एल.ए.सी.) का निर्माण वास्तव में एक सामान्य भावना को दरशाता है, हालाँकि पिछले तीन वर्षों के अवलोकन से यह प्रतीत होता है कि इसके घटक देशों के लिए एक सामान्य पहचान बनाना तो दूर की बात रही, उनमें एक सामान्य इच्छाशक्ति की कमी भी देखने को मिलती है। इसके घटक देशों के बीच मुख्यतः राजनीतिक और आर्थिक भिन्नता के कारण निर्विवाद रूप से अनबन और दरार रही है, जो सामंजस्यपूर्ण एकीकरण के लिए मौलिक बाधा है।

राजनीतिक मतभेद का विस्तार ब्राजील और मैक्सिको जैसे कुछ देशों के 'प्रत्यक्षवाद'[1] से लेकर वेनेजुएला, इक्वाडोर, बोलिविया जैसे देशों के वैचारिक प्रचार और अर्जेंटीना जैसे कुछ देशों के हालिया असामान्य व्यवहार तक है। कैरेबियन में छोटे देश बाह्य शक्तियों (अमेरिका की सहायता एवं प्रभाव, चीन-ताइवान की प्रतिद्वंद्विता आदि) के प्रलोभन के प्रति आसानी से प्रभावित होनेवाले हैं या कम-से-कम उसके विरोधी नहीं हैं। मध्य अमेरिका में अन्य देश, उरुग्वे, गुयाना और सूरीनाम अपने बड़े पड़ोसियों के साथ एकीकरण की आवश्यकता महसूस करते हैं, लेकिन अपनी शर्तों को निर्धारित करने पर जोर देते हैं या कम-से-कम अपने आवश्यक हितों की सुरक्षा के लिए एकीकरण की दिशा में भी अच्छी तरह से पहल करते हैं।

विभिन्न लैटिन अमेरिकी एवं कैरेबियन राजधानियों में विदेश नीति का निरूपण या इसका अभाव और संचालन बाहर से इसकी तसवीर को टुकड़े-टुकड़े करता है या उसे जटिल बना देता है। क्यूबा और ए.एल.बी.ए. समूह की विदेश नीतियाँ कई मुद्दों पर अधिक पूर्वानुमानित हो सकती हैं। उन देशों में वर्तमान शासन को गतिशील वातावरण में दुःसाध्य भी माना जा सकता है। ब्राजील, मैक्सिको, पेरू और चिली के विदेश विभागों की उच्च स्तरीय

व्यावसायिकता और उनके राजनयिक निकाय उस क्षेत्र के अधिकांश देशों में अपने तदर्थ और अकसर राजनीतिक प्रतिपक्ष के विपरीत हैं।

ब्राजील के अंतरराष्ट्रीय संबंधों के लगभग हर पहलू में इतामराची—ब्राजील के विदेश विभाग की सर्वविद्यमानता, विदेशी संभाषियों के लिए एक स्वचालित चैनल उपलब्ध कराता है, लेकिन उन्हें प्रभाव के अन्य केंद्रों से दूर कर सकता है और युक्ति प्रयोग के लिए बहुत कम स्थान छोड़ता है।[2] यह स्थिति अन्य बड़े प्रतिभागियों के साथ हो भी सकती है या नहीं भी हो सकती है, यदि भारत के हित उनसे उतने ही भिन्न हों, जितने प्रायः ब्राजील के साथ हैं, इसलिए भारत को अपने लैटिन अमेरिकी एवं कैरेबियन भागीदारों के शासन और विदेश नीति कार्यालयों की आंतरिक गतिशीलता का मूल्यांकन करने और तदनुसार अपने दृष्टिकोण का निर्धारण करने की आवश्यकता है।

जैसा कि हमने अध्याय V में देखा है, रियो ग्रुप, एंडियन कम्युनिटी, कैरीकॉम और एस.आई.सी.ए. जैसे क्षेत्रीय मंचों के साथ भारत के समग्र संवाद के छिटपुट प्रयास हुए हैं, जो अप्रभावी रहे हैं। सी.ई.एल.ए.सी. के तीन मंत्रियों के दल के साथ भारत के विदेश मंत्री के अगस्त 2012 के संयुक्त घोषणा-पत्र में किए गए वादे का पूरा होना अभी बाकी है। विदेश मंत्रालय के लिए एक वार्त्ताकार के रूप में कदाचित् निश्चित सत्ता की पहचान करना लुभावना और स्वाभाविक है, तथापि यह महत्त्वपूर्ण है कि आवरण के पीछे की वास्तविकता को देखा जाए, विशिष्टताओं की पहचान की जाए और उन अभिव्यक्तियों की व्याख्या की जाए, जो सतह पर एक समरूप सामूहिकता दिखाई देनेवाली सामग्री और अभिविन्यास का सही संकेत देगी।

भारत के साथ सक्रिय संबंध को बढ़ावा देने की बात को नजरअंदाज कर दिया जाए, तो भी उस संबंध के बारे में स्पष्ट रूप से कहने की सी.ई.एल.ए.सी. की असमर्थता का ऊपरिलिखित राजनीतिक राय में भिन्नता और सक्रियता के साथ गहरा संबंध है। दूसरी ओर, यह भी सच है कि चीन एक मंत्री स्तरीय सी.ई.एल.ए.सी.—चीन मंच की स्थापना कर चुका है।[3] राष्ट्रपति शी जिनपिंग ने जुलाई 2014 में ब्रिक्स शिखर सम्मेलन में भाग लेने के लिए ब्रासीलिया के अपने दौरे के दौरान सी.ई.एल.ए.सी. के चार मत्रियों के गुट से मुलाकात की। भारत के प्रधानमंत्री ने ब्राजील के निमंत्रण पर यू.एन.ए.एस.यू.आर. के दक्षिण अमेरिकी नेताओं से मुलाकात की; जैसा कि पुरानी भारतीय कहावत है, 'एक हाथ से ताली नहीं बजती', अतः क्या भारत संकेतों को पढ़ सकता है या सही बटन दबा सकता है, जिससे वह सी.ई.एल.ए.सी. के बढ़ाए हुए हाथ को थामने में सक्षम हो सके? या उसे और अधिक अनुकूल समय की प्रतीक्षा करनी चाहिए?

स्पेनिश और पुर्तगाली उत्तर औपनिवेशिक संबंध इबेरो-अमेरिकन शिखर सम्मलेन के

बाद तक बना रहा। रूस, फ्रांस, ब्रिटेन जैसी अन्य यूरोपीय शक्तियों की सिद्ध उपस्थिति क्षेत्र के चुनिंदा देशों में है। यहाँ यह उल्लेख करने की आवश्यकता नहीं है कि ब्रिटेन और हॉलैंड का उत्तर—ऑपनिवेशिक प्रभाव अभी भी इस क्षेत्र में है, जैसा कि हमने अध्याय IV में देखा है, जापान, दक्षिण कोरिया और यहाँ तक कि आसियान देश भी एक साथ या अलग-अलग लगातार लैटिन अमेरिकी एवं कैरेबियन भागीदारों के साथ संबंध बना रहे हैं।

संयुक्त राज्य अमेरिका की उस क्षेत्र में एक प्रबल उपस्थिति है और वह एक सदी से अधिक समय से अपने प्रयातोत्पादन, आर्थिक जुड़ाव और राजनीतिक सहभागिता कायम करने में लगा हुआ है। ऑर्गनाइजेशन ऑफ अमेरिकन स्टेट्स, द इंटरनेशनल-अमेरिकन डेवलपमेंट बैंक, द समिट ऑफ द अमेरिकाज जैसे मंच और एक जबरदस्त कूटनीतिक एवं रणनीतिक बुनियादी ढाँचे से इस महाशक्ति को जो लाभ मिलता है, उसे वह केवल अपनी मरजी से या राजनीतिक गलत अनुमान के कारण त्याग सकता है। इस नवीनतम प्रवृत्ति के कुछ सबूत वेनेजुएला, इक्वाडोर, बोलीविया, निकारागुआ जैसे वामपंथी राष्ट्रों और कुछ छोटे देशों में मिलते हैं, जहाँ अमेरिकी राजनयिक प्रतिष्ठा दाँव पर लगी है।

हाल ही में ब्राजील, अर्जेंटीना और यहाँ तक कि मैक्सिको एवं कोलंबिया जैसे मित्र राष्ट्रों के नेताओं और शासकीय कार्यालयों पर इलेक्ट्रॉनिक जासूसी के खुलासे से भी अमेरिका की प्रतिष्ठा धूमिल हुई है। इसने काफी आर्थिक आधार खो दिया है और पुनरुत्थानशील चीन के हाथों खो रहा है, जिसने अनुदान, विकास ऋण और निवेश के रूप में हाल के वर्षों में इस क्षेत्र को 100 अरब अमेरिकी डॉलर से अधिक की राशि दी है।[4]

लैटिन अमेरिका एवं कैरेबियन क्षेत्र ने वैश्विक खोज संबंधी इक्कीसवीं सदी की यात्रा शुरू कर दी है। प्रमुख प्रतिभागियों ने या तो अपनी प्राथमिकताएँ निर्धारित की हैं या निश्चित रूप से ऐसा करने की प्रक्रिया में हैं। ये प्राथमिकताएँ भविष्य के लिए उनकी नीति निर्धारित करेंगी। बीसवीं सदी के प्रतिमान, अनिवार्यता और नीतिगत विकल्पों के आधार पर रणनीतियों के निर्माण का मार्ग प्रशस्त कर रहे हैं, जिन्हें कार्यनीतिक दृष्टि से अनुमानित नहीं किया जा सकता है।

यह क्षेत्र अधिक उदार और ग्रहणशील भी है। एक अनुभूति है कि शासन केवल बृहद्-आर्थिक परिणामोन्मुख नहीं, बल्कि प्रगतिशील और समावेशी होना चाहिए। उत्तर-औपनिवेशिक दृष्टिकोण और अमेरिका के प्रभाव ने इस बोध को जन्म दिया है कि वर्तमान विकसित क्षेत्र आदर्श नहीं है और न ही यह प्रतिस्थापनीय मोरचा है। लैटिन अमेरिका एवं कैरेबियन में कार्य क्षेत्र को अनुकूल बनाया जा रहा है। इसमें रुचि रखनेवालों को यह बात समझनी चाहिए और स्थानीय प्रशासकों द्वारा निर्धारित नियमों के अनुसार वहाँ कार्य करना चाहिए।

राजनीतिक आयाम

जबकि भारतीय उपमहाद्वीप को 'विविधता में एकता' के उदाहरण के रूप में प्रस्तुत किया जाता है, लैटिन अमेरिकी एवं कैरेबियाई देश हमारे समक्ष एकरूपता के साथ राजनीतिक विविधता का परिदृश्य प्रस्तुत करते हैं। इस धारणा को इस तथ्य से बल मिलता है कि यह क्षेत्र विभिन्न आकार, विन्यास और यहाँ तक कि राजनीतिक प्रवृत्तियों के राष्ट्र-राज्यों का एक समूह है, जबकि मानचित्र पर, विशेष रूप से इस सदी में, राजनीतिक रंग बदलते रहे हैं, क्षेत्रीय राजनीतिक रणनीतियों और अधिक केंद्रित प्रकृति के प्रयासों ने समरूपता के भ्रम को बनाए रखा है।

भारत के मामले में, राष्ट्र-राज्य ने ऐकिक पूर्वाग्रह बनाए रखा है, जो अंग्रेजों से विरासत में मिला है। क्षेत्रीयता, भाषाई संकीर्णता, धार्मिक कट्टरता और अन्य केंद्रापसारी प्रवृत्तियों के खतरों के प्रति जागरूक राजनीतिक दलों ने एक मजबूत केंद्र को बनाए रखा है। संघीय सरकार भी स्पष्टत: और शक्तिपूर्ण ढंग से विदेश नीति और सुरक्षा के लिए जिम्मेदार है तथा लगभग सभी बोधगम्य क्षेत्रों—आर्थिक, वाणिज्यिक, वैज्ञानिक, सांस्कृतिक आदि में अंतरराष्ट्रीय समुदाय के साथ संबंध का निर्वाह करती है, तथापि अपने ब्राजीलियाई समकक्ष के विपरीत दिल्ली में विदेश मंत्रालय, भारत के अंतरराष्ट्रीय संबंधों के संचालन का अद्वितीय विवाचक नहीं है।

भारत फिर भी एक ऐसा उपमहाद्वीप है, जिसके राज्यों में असमान आर्थिक स्थितियाँ व्याप्त हैं और जो संघ के घटक के रूप में अपने राजनीतिक, राजकोषीय और अन्य अधिकारों के बारे में अधिक मुखर हैं। विदेशी प्रतिनिधियों को भारत के महाद्वीपीय भूगोल से संतोष करना पड़ता है। लैटिन अमेरिकियों सहित भारत के वार्त्ताकारों को भू-राजनीतिक आकलन के समय हमेशा दक्षिण एशियाई वास्तविकता और पड़ोसियों के साथ भारत के संबंधों की जटिलताओं को ध्यान में रखना है। उभरते हुए भारत के अन्य सभी जिम्मेदार राष्ट्रों के साथ स्वतंत्र, सारगर्भित संबंध हैं और मध्य-स्तरीय शक्ति के रूप में इसकी प्रभावशाली प्रतिष्ठा है। वह राजनीतिक और आर्थिक गठजोड़, सैन्य कौशल और घरेलू एवं विदेशी पूँजी की वृद्धि के जरिए अपनी इस स्थिति को मजबूत कर रहा है।

यदि भारत को लैटिन अमेरिका और कैरेबियन देशों के साथ अपने संबंधों को सक्रिय और मजबूत बनाना है तो उसके पास अपना अभिमूल्यन बढ़ाने और उन देशों की राजनीतिक प्रवृत्ति की गहन जानकारी रखने के अलावा और कोई विकल्प नहीं है, जिसके साथ उसके संबंध हैं। यह तथ्य संयुक्त राष्ट्र सुरक्षा परिषद की स्थायी सदस्यता की तलाश में ब्राजील के साथ भारत के अभियान में उजागर हुआ है।

वेनेजुएला, पेरू और चिली जैसे कुछ लैटिन अमेरिकी देशों ने भारत की उम्मीदवारी

का खुलकर समर्थन किया है। दूसरी ओर, तथाकथित कॉफी क्लब के अंग मैक्सिको, अर्जेंटीना, कोलंबिया और कोस्टा रिका 'यूनाइटिंग फॉर कन्सेंसस' नामक समूह का समर्थन कर रहे हैं, जो भारत, ब्राजील, जर्मनी और जापान या जी-4 के प्रस्ताव के पक्ष में नहीं हैं। उनका तर्क है कि इन चार देशों और शायद एक या दो अफ्रीकी राष्ट्रों को शामिल किए जाने से संयुक्त राष्ट्र संघ के अधिक मौलिक सुधार यथा—वीटो को समाप्त करने, 'विशिष्ट' देशों की संख्या बढ़ाने, उन्हें बाहर निकालने की संभावना समाप्त हो जाएगी तथा संयुक्त राष्ट्र संघ के अन्य मंचों में प्रतिनिधित्व करने के उनके अवसर कम हो जाएँगे।

क्यूबा संयुक्त राष्ट्र सुरक्षा परिषद के जरिए बृहत्तर अंतरराष्ट्रीय लोकतंत्र के लिए भारत के अभियान हेतु महत्त्वपूर्ण है, हालाँकि इसकी स्थिति पूरी तरह से सुसंगत नहीं रही है। यद्यपि क्यूबा ने हमेशा तीसरी दुनिया के नेता के रूप में भारत की भूमिका का स्वागत किया है, तथापि जब भारत ने वर्ष 2011 में संयुक्त राष्ट्र महासभा के समक्ष सुरक्षा परिषद के विस्तार के मुद्दे से संबंधित संक्षिप्त संकल्प रखना चाहा तो क्यूबा ने लिखित रूप में जी-4 का समर्थन करने की प्रतिबद्धता जाहिर नहीं की।

मुद्दों जैसे कई लैटिन अमेरिकी एवं कैरेबियन सरकारों द्वारा उन और अन्य राजनीतिक हथियारों के नियंत्रण, छोटे हथियारों के व्यापार, परमाणु हथियार पर रुख भारत के विचार से भिन्न हैं, यद्यपि वे न तो भारत में और न ही लैटिन अमेरिका में सुर्खियों में आते हैं। हमारे मतभेदों को नहीं, बल्कि हमारे सामान्य हितों का प्रचार करने की प्रवृत्ति, अच्छी सार्वजनिक कूटनीति है, लेकिन यह कूटनीतिक व्यवहार का आधार नहीं बन सकती। भारत इस तथ्य को नजरअंदाज करने का जोखिम नहीं उठा सकता है कि इस क्षेत्र के तैंतीस देश अंतरराष्ट्रीय मंचों पर एक बहुत महत्त्वपूर्ण मतदाता गुट साबित होते हैं।

ऐसा प्रतीत होता है कि जम्मू और कश्मीर, आतंकवाद, अलगाववाद (पंजाब के मामले में) के मुद्दे पर भारत को लैटिन अमेरिका एवं कैरेबियन क्षेत्र में किसी प्रतिकूल रवैए का सामना नहीं करना पड़ता है। इस सदी में अन्य प्रमुख मुद्दों—डब्ल्यू.टी.ओ. में दोहा राउंड के माध्यम से व्यापार में वृद्धि, साइबर सुरक्षा, धनशोधन, आतंकवाद और संगठित अपराध पर संबंधित मंचों में भारतीय और लैटिन अमेरिका एवं कैरेबियन प्रतिनिधिमंडल के बीच बहुत अधिक विरोध प्रतीत नहीं होता है। जब हम विश्व बैंक और अंतरराष्ट्रीय मुद्रा कोष में अधिक वोट चाहते हैं या जलवायु परिवर्तन पर वार्त्ता में सामान्य, लेकिन विभेदित जिम्मेदारियों पर अपना रुख सामने रखना चाहते हैं तो हमें प्रमुख लैटिन अमेरिकी शक्तियों के समर्थन की जरूरत पड़ती है। इन सभी मुद्दों की निगरानी, विशेष रूप से बड़े देशों और उन देशों द्वारा की जाती है, जो इस क्षेत्र के छोटे भागीदारों की राय को प्रभावित करते हैं।

पिछले एक दशक में भारत ने ऊपर उल्लिखित बुनियादी मुद्दों पर ब्राजील के साथ

एक मजबूत एवं टिकाऊ साझेदारी स्थापित की है। इब्स (आई.बी.एस.ए.) और ब्रिक्स मंचों में दोनों देशों की स्थितियों का प्रभाव पड़ा है, जबकि बातचीत की प्रक्रिया ने विश्व व्यापार संगठन में कृषि उत्पादों के व्यापार पर बातचीत जैसे महत्त्वपूर्ण मुद्दों पर उनके बीच राय या नीति के अंतर को कम करने का काम किया है।

जी 20 में ब्राजील और भारत द्वारा आई.एम.एफ. कोटा के सुधार पर सामान्य अभियोग लगाए जाने पर मैक्सिको और अर्जेंटीना को उनका समर्थन करना चाहिए था। भारत को लैटिन अमेरिका में एक ऐसी जिम्मेदार उभरती हुई शक्ति के रूप में देखा जा रहा है, जिसमें एक संतुलित रुख है और जो विकासशील देशों के हितों की रक्षा करती है तथा ऐसी नई वैश्विक व्यवस्था में भाग लेती है, जो बाजार और अर्थव्यवस्थाओं को खोलने का प्रयास करती है। इसमें चुनौती लैटिन अमेरिका के बड़े और मध्यम आकार की अर्थव्यवस्थाओं को ऐसी कार्यनीति समझाने की है, जिन्हें अपनाने की आवश्यकता है।

पिछले दिनों इस क्षेत्र में बड़े देशों और कुछ द्वितीय स्तर के देशों के साथ राजनीतिक वार्त्ता करने के काफी अवसर उत्पन्न हुए हैं। ये अवसर या तो राज्य/सरकार के प्रमुख, मंत्रियों, वरिष्ठ अधिकारियों आदि के उच्च स्तरीय दौरों के दौरान या संयुक्त आयोगों जैसे द्विपक्षीय मंचों में और विदेश विभाग के साथ परामर्श के दौरान उत्पन्न हुए हैं। ऐसे अवसरों पर वार्त्ता निश्चित रूप से सद्भावना कायम करने में मदद कर सकती है और वैश्विक या क्षेत्रीय स्थितियों एवं द्विपक्षीय संबंधों के बारे में वर्तमान सामयिक विचारों पर चर्चा करने का अवसर प्रदान करती है।

हालाँकि, उच्च स्तरीय दौरे के लिए संक्षिप्त विवरण तैयार करते समय संबंधित देश की राजनीतिक वास्तविकता को पूरी तरह से समझने और आत्मसात् करने का कोई विकल्प नहीं है। दिल्ली स्थित लैटिन अमेरिकी एवं कैरेबियन दूतावासों को एक ही सरकार से संबंध रखने और उसका आकलन करने का लाभ है। भारतीय विदेश मंत्रालय को वास्तविकता को समझने की जरूरत है और अलग-अलग देशों की मानकता का मूल्यांकन करना है, जो कोई आसान काम नहीं है। इस कार्य को कभी-कभी तब आसान बना दिया जाता है, जब किसी विशेष मुद्दे पर किसी क्षेत्र या उप-क्षेत्र में आम सहमति द्वारा एक सामान्य रुख अपनाया जाता है। किसी उप-क्षेत्रीय मंच के किसी प्रभावशाली सदस्य के जरिए, उन उपक्षेत्रों से निरस्ति भी कार्य को आसान बना सकती है।

यह राजनीतिक चुनौती ऐतिहासिक संबंधों की कमी; संबंधों के इतिहास पर संदर्भ और अभिलेखीय सामग्री के अपर्याप्त रखरखाव और उपलब्धता; वार्त्ताकार की भाषा से अपरिचितता और बहुधा किसी कार्यालय की क्षमता को निर्धारित एवं प्रभावित करनेवाले साधन तथा प्रणाली पर पर्याप्त ध्यान देने की कमी से और बढ़ जाती है।

लैटिन अमेरिकी भागीदारों के साथ भारत के संपर्क एवं संप्रेषण की निरंतरता एवं स्थिरता में कमी किसी भी ऐसे संभावित लाभ को कम कर देती है, जो किसी उच्च स्तरीय बैठक, व्यापार में निवेश, बाजार की क्षमता या प्रौद्योगिकीय क्षमता के जरिए प्राप्त किया जा सकता है और जिसपर भारत विचार-विमर्श कर सकता है। यह इस भौगोलिक संदर्भ में भारत की विदेश नीति में देर करने की भावना व और को और बढ़ा देती है। भारत के विदेश मंत्रालय के प्रवक्ता द्वारा इस क्षेत्र में अत्यधिक महत्त्व की किसी भी राजनीतिक घटना पर शायद ही कभी कोई टिप्पणी की जाती है। भारत के नेताओं और लैटिन अमेरिका एवं कैरेबियन के उनके समकक्षों के बीच-चुनावों के बाद विनम्र बधाई-पत्र भेजने के अलावा, शायद ही कभी राजनीतिक विषय पर पत्राचार किया जाता है।

पूरी निष्पक्षता से यह कहा जा सकता है कि दक्षिण अटलांटिक में ऐसी ही स्थिति बनी हुई है। अधिकांश लैटिन अमेरिकी सरकारें भारतीय स्थिति के सटीक राजनीतिक विश्लेषण को प्राथमिकता देने के लिए संसाधन, ऊर्जा या समय का उपयोग करने का साहस नहीं करती हैं। लैटिन अमेरिका एवं कैरेबियन के मुख्यधारा की मीडिया में आर्थिक, सामाजिक और सांस्कृतिक मुद्दों पर भारत की एक उल्लेखनीय सराहनीय छवि है, हालाँकि ऐसे विश्लेषक या राजनेता या पूर्व अधिकारी बहुत कम हैं, जो भारत की राजनीतिक वास्तविकता पर गंभीरता से टिप्पणी करने के लिए उद्यम करना तो दूर, साहस भी करते हैं।

यह स्वाभाविक रूप से इसके लैटिन अमेरिकी एवं कैरेबियन साझेदारों के साथ विचारों की समानता या मतभेद पर सार्वजनिक राय के निर्माण या चित्रण को रोकता है, फिर हम अकसर देखते हैं कि अति शक्तिशाली राष्ट्र लैटिन अमेरिका एवं कैरेबियाई पर राजनीतिक संभाषण में भारतीय दृष्टिकोण पर पर्याप्त ध्यान नहीं देते हैं। समकालीन भारत पर बौद्धिक बहस का अभाव, अति चुनिंदा लैटिन अमेरिकी आधिकारिक, विश्लेषणात्मक या विद्योचित हलकों में भी इस उभरती शक्ति के बारे में ध्यान या अध्ययन की कमी के कारण और कार्य दोनों है।

भारतीय लोकतंत्र के कुछ तत्त्वों तथा सेना पर नागरिक नियंत्रण; संसदीय शासन (लैटिन अमेरिका एवं कैरेबियन में प्रबल राष्ट्रपति शासन प्रणाली से भिन्न); अत्यधिक शक्तिशाली केंद्र सरकार के मंत्रालय, क्षेत्रीय अभिव्यक्ति की बढ़ती भावना तथा राष्ट्रीय और क्षेत्रीय भ्रष्ट नौकरशाही को कम-से-कम वर्तमान संदर्भ में बिना प्रमाण के सत्य मान लिया जाता है।

भारत और उनमें से अधिकांश देशों के बीच, दाता-प्राप्तकर्ता संबंध के किसी भी तत्त्व की आभासी अनुपस्थिति, जाहिर तौर पर भारत में स्थिति के राजनीतिक विश्लेषण या निर्णय की आवश्यकता कम कर देती है अत: भारत के प्रति लैटिन अमेरिका एवं कैरेबियन

की वर्त्तमान विदेश नीति अनिवार्य रूप से अपनी विदेश नीति के कुछ पहलुओं, आर्थिक वास्तविकता और उस मशीनरी पर केंद्रित है, जो लैटिन अमेरिकी संसाधनों और व्यापार के लिए अवसर प्रदान कर सकती है।

आर्थिक संभावनाएँ

यह अनुमान किया जा सकता है कि अगले दशक में मुख्य रूप से आर्थिक क्षेत्र में आदान-प्रदान के तरीके और स्तर में परिवर्तन होगा और व्यापार का आँकड़ा 2013 के 46 अरब अमेरिकी डॉलर से बढ़कर लगभग 100 अरब अमेरिकी डॉलर हो जाएगा, तथापि इस व्यापार की संरचना का अध्ययन और विश्लेषण किए जाने की आवश्यकता है।

भारत के वाणिज्य मंत्रालय के आँकड़ों के अनुसार, वित्तीय वर्ष 2013-14 (1 अप्रैल-31 मार्च) में लैटिन अमेरिका एवं कैरेबियन के साथ व्यापार लगभग वैसा ही था, जैसा वह 2012-13 में था। पिछले दशक में उस क्षेत्र के साथ हमारे व्यापार में सालाना तीस प्रतिशत से अधिक की वृद्धि हुई। इस धीमी गति के कई कारण हो सकते हैं। ब्राजील के साथ व्यापार वास्तव में पिछले वर्ष की तुलना में कम हुआ, जिसका मुख्य कारण उस देश से ईंधन तेल का कम आयात और भारत से डीजल का घटता लदान था। इसके कारण पिछले दशक में दोनों देशों के बीच औसतन चालीस प्रतिशत द्विपक्षीय व्यापार हुआ। इसमें एक सबक है। यदि कुछ वस्तुओं पर बहुत अधिक भरोसा होता है (रिलायंस इंडस्ट्रीज लिमिटेड कच्चे तेल और डीजल के व्यापार में शामिल प्रमुख भारतीय कंपनी है) तो परिस्थितिजन्य कारणों से, व्यापार रूपी गुब्बारे की हवा निकल सकती है।

वस्तुओं के व्यापार के क्षेत्र में वेनेजुएला, मैक्सिको, कोलंबिया और इक्वाडोर (कच्चे तेल); चिली (ताँबा) और अर्जेंटीना (खाद्य तेल) के मामले में हाल में उल्लेखनीय वृद्धि हुई। भारत का विविध निर्यात आधार, जो मजबूत औद्योगिक मूलतत्त्व और गतिशील विपणन के प्रयास पर आधारित है, अत्यधिक लचीला है। व्यापार की कार्यवाहियों के प्रभाव का एक छोटा सा उदाहरण कोलंबिया से करोड़ों डॉलर मूल्य के फेरोनिकेल के आयात के उस समय प्राय: स्थगन में देखा जा सकता है, जब कुछ साल पहले भारत द्वारा सीमा शुल्क कुछ प्रतिशत अंक बढ़ा दिया गया था। लैटिन अमेरिका के सम्मुख चुनौती भारत के साथ उसके आर्थिक और व्यापारिक संबंधों के विविधीकरण में निहित है।

हालाँकि इस सदी में आर्थिक अंत:क्रिया में उल्लेखनीय वृद्धि हुई है, फिर भी भारतीय उद्यम अभी भी दक्षिण कोरिया या फ्रांस जैसे अन्य छोटे देशों की ब्रांड पहचान के स्तर को प्राप्त नहीं कर सके हैं। यद्यपि भारत और लैटिन अमेरिका एवं कैरेबियन के बीच आर्थिक संबंधों में संपूरकता का वादा प्रस्तावित है, तथापि वैश्विक अर्थव्यवस्था की बदलती स्थिति

इस संभावना पर प्रतिकूल प्रभाव डाल सकती है। एक अन्य पहलू, जो इस क्षमता को प्रभावित कर सकता है और करता है, वह है केवल निर्यात योग्य अधिशेष की कमी, चाहे वह लैटिन अमेरिका से कोयला या कागज की लुगदी या भारत से प्लास्टिक रेजिन के निर्यात का मामला हो। संसूचित संचार और संवाद की कमी वाणिज्यिक विनिमय के आधार को सीमित करती है। भारत के एक पूर्व वरिष्ठ अधिकारी ने एक बार भारत और लैटिन अमेरिका एवं कैरेबियन के बीच लुप्त अवसरों का मुख्य कारण उनके बीच 'बैंड-विड्थ' की कमी बताया था।

जैसा कि हमने अध्याय VI में देखा है, ऐसा लगता है कि ऊर्जा सुरक्षा के लिए लैटिन अमेरिका पर भारत की निर्भरता का बढ़ना तय है। लैटिन अमेरिका से (2013 में) भारत के कच्चे तेल के आयात के नवीनतम आँकड़े 3.4 करोड़ टन हैं। खाड़ी क्षेत्र के बाद भारत के कच्चे तेल के आयात का दूसरा सबसे बड़ा स्रोत पश्चिमी गोलार्ध है, जिसने वर्ष 2013 में कुल आयात के उन्नीस प्रतिशत की आपूर्ति की और उस कच्चे तेल का अधिकांश हिस्सा वेनेजुएला से आया। अफ्रीका ने वर्ष 2013 में भारत के कच्चे तेल के आयात में सोलह प्रतिशत का योगदान दिया।

आयातित कच्चे तेल पर भारत की बढ़ती निर्भरता के साथ ईरान, लीबिया, सूडान और नाइजीरिया सहित कई देशों में आपूर्ति में विघ्न के कारण भारत अपने कच्चे तेल के आयात के स्रोतों में विविधता लाने के लिए मजबूर हुआ। वर्ष 2013 में पश्चिम एशियाई कच्चे तेल ग्रेड की कीमतें लैटिन अमेरिका के तेल की कीमतों की तुलना में अधिक थीं, जिसके कारण भारतीय कंपनियाँ वेनेजुएला, कोलंबिया और मैक्सिको से अधिक कच्चे तेल का आयात करने के लिए प्रेरित हुईं।[5] ऐसा प्रतीत होता है कि उस क्षेत्र के प्रमुख हाइड्रोकार्बन उत्पादक देशों द्वारा यह प्रवृत्ति पाइपलाइनों, तेल टर्मिनलों और अन्य बुनियादी ढाँचे के निर्माण के अलावा उत्पादन के बढ़ते स्तर के साथ जारी रखी जाएगी। मुख्य रूप से भारत के पश्चिमी तट पर लैटिन अमेरिकी भारी कच्चे तेल को सँभालने में सक्षम बड़ी परिशोधन इकाइयों का निर्माण भारतीय तेल कंपनियों की दीर्घकालिक योजनाओं का संकेतक है।

वेनेजुएला, ब्राजील और कोलंबिया में हाइड्रोकार्बन का उत्पादन कर रही या जल्द ही करनेवाली परियोजनाओं में भारतीय कंपनियों द्वारा किए गए निवेश का कारण यह है कि लैटिन अमेरिका से भारत द्वारा किए जानेवाले हाइड्रोकार्बन के आयात में जल्द ही प्रतिवर्ष बीस प्रतिशत से अधिक की शुद्ध वृद्धि होगी। वर्तमान गणना केवल कच्चे तेल की खरीद के संबंध में की गई है; प्राकृतिक गैस, कोयला, जैव ईंधन या यूरेनियम के संबंध में नहीं, ये सभी भविष्य में कभी-न-कभी ऊर्जा मिश्रण में शामिल हो सकते हैं।

यही बात भारत की खाद्य सुरक्षा के लिए भी कही जा सकती है। भारतीय कंपनियाँ

अर्जेंटीना से बड़े पैमाने पर खाद्य तेलों की आयातक रही हैं, लेकिन ब्राजील से चीनी जैसी अन्य कृषि वस्तुओं का आयात छिटपुट रूप से हुआ है। चिली ने सेब का निर्यात किया है, जबकि कुछ अन्य देशों ने भारत में विदेशी सब्जियों और अन्य कृषि उत्पादों का निर्यात किया है। भारतीय कंपनियाँ मुख्य रूप से दक्षिण अमेरिकी शंकु में स्थित कृषि योग्य विशाल भू-खंड पर नजर गड़ाए है और कुछ कंपनियाँ तो उन्हें खरीद भी रही हैं। इस शंकु की जलवायु बड़े पैमाने पर गेहूँ, दलहन, मूँगफली और अन्य फसलों की खेती के लिए आदर्श है। इसे भारत जैसे बड़े बाजार की जरूरतों के साथ वापसी खरीद व्यवस्था के जरिए प्रभावी ढंग से जोड़ा जा सकता है।

ताँबा और अब सोने जैसे खनिजों को क्रमशः चिली और पेरू के साथ भारत के व्यापार में सर्वोच्च स्थान मिला है। लैटिन अमेरिकी कोयला, निकल, लिथियम और अन्य खनिजों का व्यावसायिक रूप से संगत होना और द्विपक्षीय व्यापार में जगह पाना कुछ ही समय में संभव हो जाएगा। रत्नों और आभूषणों का व्यापार इसकी संपूरकता एवं प्रच्छन्न स्वरूप के लिए ध्यान देने योग्य है। उस क्षेत्र के लैटिन अमेरिकी खनन प्रतिष्ठान से भारतीय आयातकों के निम्न प्रोफाइल नेटवर्क द्वारा कुछ अनुमान के अनुसार करोड़ों मूल्य के चालान न की गई मात्रा में कच्चा पन्ना, बिल्लौर, बेरूज, तुरमली रत्न और अन्य मणि पत्थर की खरीद की जाती है। ऐसा समझा जाता है कि कटे और पॉलिश किए गए हीरे भारत से लैटिन अमेरिकी बाजारों में या तो समान अनौपचारिक नेटवर्क के जरिए या विकासशील देशों के माध्यम से पहुँचाए जाते हैं। इस विनिमय का थोड़ा अंश, यदि कोई हो, व्यापार आँकड़ों में परिलक्षित होता है।

भारत और लैटिन अमेरिका एवं कैरेबियन देशों की संरचनात्मक आर्थिक वास्तविकता इस बात को समझने के लिए आवश्यक है कि स्पष्ट संपूरकता का फायदा कैसे उठाया जा सकता है? हमने यह सिद्ध किया है कि भारत की विशाल आबादी ऊर्जा और आहारीय संसाधनों के लिए बाजार उपलब्ध कराती है, जबकि इसका बढ़ता औद्योगिक क्षेत्र लैटिन अमेरिका के खनिज क्षेत्र के लिए समान आकर्षण रखता है। यहाँ से आगे की दिशा के बारे में बेहतर निर्णय लेने के लिए ऐसे अन्य पहलू हैं, जिन्हें समझने की आवश्यकता है।

सकल घरेलू उत्पाद में वृद्धि एक महत्त्वपूर्ण कारक है, जो भारत और चीन द्वारा लैटिन अमेरिका से आयात की जानेवाली वस्तुओं में वृद्धि के लिए उत्तरदायी है। दूसरी ओर, लैटिन अमेरिकी विकास में सतत वृद्धि के (जो यद्यपि उतनी प्रभावशाली नहीं है) कारण उस क्षेत्र की प्रति व्यक्ति आय में वृद्धि हुई है तथा भारतीय औद्योगिक एवं अन्य उत्पादन के लिए अधिक परिष्कृत और आकर्षक बाजार उपलब्ध हुआ है।

आर्थिक स्थिरता के कारण भी, कुल मिलाकर, विनिमय दरों में स्थिरता आई है,

जिससे व्यापार में उम्मीद के मुताबिक़ वृद्धि हुई है और उसे अधिक सुरक्षित आधार मिला है। वैश्विक व्यापार आदि में कमी और डॉलर के मूल्य में अचानक वृद्धि के कारण हाल में आई अस्थिरता का भी प्रभाव पड़ा, हालाँकि आश्चर्यजनक रूप से उतना प्रभाव नहीं पड़ा, जितना अनुमान किया गया था। यह संभवतः लाभ-हानि का मिश्रण रहा कि भारतीय रुपए को प्रमुख लैटिन अमेरिकी मुद्राओं की तुलना में अधिक अवमूल्यन का सामना करना पड़ा। इससे भारतीय निर्यात प्रतिस्पर्धी बना रहा। दूसरी ओर, पहले से ही मौजूद लैटिन अमेरिकी कच्चे माल की आपूर्ति श्रृंखलाओं के कारण उस क्षेत्र से भारत को पारंपरिक निर्यात में न्यूनतम व्यवधान का सामना करना पड़ा।

इस रिश्ते में प्रौद्योगिकी भी महत्त्वपूर्ण भूमिका निभाती है। इसका सबसे स्पष्ट दृष्टांत पूरे लैटिन अमेरिका एवं कैरेबियन में बड़ी संख्या में भारतीय सॉफ्टवेयर कंपनियों की मौजूदगी है, जिन्होंने वहाँ दुकानें स्थापित की हैं। अधिक आधुनिक विचारधारा वाले भारतीय उद्यमों ने अपने स्थानीय कर्मचारियों को भारतीय परिस्थितियों और तरीकों से परिचित कराना शुरू कर दिया है। वे लैटिन अमेरिका एवं कैरेबियन देशों की सरकार के प्रयासों से अलग उस क्षेत्र के अपने कर्मचारियों के प्रशिक्षण और क्षमता को बढ़ा रहे हैं। वे दक्षिण कोरिया की हुंडई कंपनी के समान एक नई वास्तविकता बनाने की राह पर हैं, जो भारत में अपने निर्माण आधार से अपने सभी आई10 और आई20 वाहनों का निर्यात उस क्षेत्र में करती है। लैटिन अमेरिका एवं कैरेबियन में भौगोलिक अवस्थिति, भाषा और लागत के भारी लाभ के साथ स्थानीय कर्मचारियों के प्रौद्योगिकी और प्रशिक्षण के हस्तांतरण के परिणामस्वरूप आपसी हित और लाभ की साझेदारी हुई है।

जैसा कि विश्व बैंक ने निर्दिष्ट किया है, लैटिन अमेरिकी आर्थिक वास्तविकता की सभी संभावनाओं का भविष्य उज्ज्वल नहीं है। अन्य अंतरराष्ट्रीय संगठनों की तरह, इसने मूल वस्तुओं के दोहन और निर्यात पर अत्यधिक निर्भरता को कम करने के लिए लैटिन अमेरिकी उत्पादन आधार में विविधता लाने की आवश्यकता का जिक्र किया है।[6] यह स्पष्ट एवं स्वयंसिद्ध है कि आर्थिक अस्थिरता के दौर में, जिसका सामना निकट भविष्य में वैश्विक अर्थव्यवस्था को करना पड़ेगा, वस्तुओं की कीमतें पहुँच से बाहर होंगी। कृषि-वस्तुओं के मामले में ब्राजील के चीनी उद्योग की भाँति जोखिम और भी अधिक है, क्योंकि जलवायु और अन्य कारक भी उत्पादन को प्रभावित करते हैं और औद्योगिक निवेश पर प्रभाव डालते हैं। लैटिन अमेरिका-और काफी हद तक कैरेबियाई के समक्ष मूल्य वर्धित उत्पादन एवं व्यापार में विविधता लाने और उसे बढ़ाने की चुनौती है।

'लैटिन अमेरिका एवं कैरेबियन आर्थिक आयोग' (ई.सी.एल.ए.सी.) के पूर्वानुमान के अनुसार) वर्ष 2014 की क्षेत्रीय विकास दर वर्ष 2013 (2.5 प्रतिशत) से थोड़ी अधिक होगी,

लेकिन दिसंबर 2013 में पूर्वानुमानित दर (3.2 प्रतिशत) से कम होगी। बाह्य अनिश्चितताओं के परिणामस्वरूप इस क्षेत्र की बड़ी अर्थव्यवस्थाओं, ब्राजील और मैक्सिको की वृद्धि अपेक्षा से कम क्रमश: 2.3 प्रतिशत एवं 3 प्रतिशत होगी।[7] इस सदी के प्रथम दशक में इस क्षेत्र की वृद्धि दर पूर्वानुमानित पाँच और छह प्रतिशत से काफी नीचे रही तथा लैटिन अमेरिका एवं कैरेबियन को मध्य-आय जाल में फँसे देश की श्रेणी में आने का खतरा है।

इस जाल से निकलने के मार्ग हैं, जिनमें से कुछ देशों को संरचनात्मक परिवर्तन करने होंगे और अन्य के लिए नीतिगत विकल्प अपनाने होंगे। इनमें बचत दर, सार्वजनिक और निजी ऋण की उच्च मात्रा और चालू खाता घाटे हैं, यद्यपि घाटे कम हो रहे हैं और प्रमुख लैटिन अमेरिकी एवं कैरेबियन देशों को अब प्राथमिक अधिशेष प्राप्त हो रहा है, तथापि बचत दर और ऋण की स्थिति अभी भी चिंता का कारण है। इसी तरह की चिंता चिली जैसे विकसित देशों में भी मौजूद रहनेवाला उच्च जीनी चैक गुणांक सहित असमानता का स्तर और एक मानव संसाधन आधार है, जिसके लिए निवेश और विकास का उच्च स्तर अपेक्षित है।

भारतीय अर्थव्यवस्था में, जहाँ मुद्रास्फीति प्राथमिक चिंता का विषय है, सुधार के लिए यही उपाय बताए गए हैं। हालाँकि, यह आर्थिक पैमाना लैटिन अमेरिकी एवं कैरेबियन के साथ व्यापार को प्रतिकूल रूप से प्रभावित नहीं करता है और इसके विपरीत, इससे उस क्षेत्र से वस्तुओं के आयात को आगे प्रोत्साहन मिल सकता है। भारत का प्रौद्योगिकीय कौशल, विदेशी प्रौद्योगिकी और नवाचार को आत्मसात् करने की इसकी क्षमता इसे लैटिन अमेरिका के मामले में विशेष लाभ देती है। यह हाल के वर्षों में लैटिन अमेरिका में ऑटोमोबाइल, औद्योगिक मशीनरी, रसायन, फार्मास्यूटिकल्स, आई.टी. जैसे कुछ क्षेत्रों में भारतीय व्यापारिक घरानों की उपस्थिति में प्रभावशाली वृद्धि के लिए उत्तदायी है।

यह हमें आर्थिक संबंधों की एक और मुख्य विशेषता—लैटिन अमेरिका एवं कैरेबियन में भारतीय निवेश का स्मरण दिलाता है। चीन द्वारा एक ही बार में भारी निवेश करने की नीति के विपरीत, भारत धीरे-धीरे चुनिंदा लैटिन अमेरिकी अर्थव्यवस्थाओं में निवेश कर रहा है। भारतीय निवेश प्राप्त करनेवाले प्रमुख देश ब्राजील, मैक्सिको, चिली, कोलंबिया हैं और उनसे कम मात्रा में पेरू और अर्जेंटीना को भी भारतीय निवेश प्राप्त हुआ है। वेनेजुएला में हाइड्रोकार्बन क्षेत्र में निवेश करने पर ध्यान केंद्रित किया गया है, जबकि बोलीविया में जिंदल स्टील की विशाल परियोजना (अध्याय VI देखें)असफल रही। कुछ अन्य उद्यम, यथा—पेरू और कोलंबिया में रिलायंस इंडस्ट्रीज लिमिटेड द्वारा प्राप्त हाइड्रोकार्बन रियायत संबंधी उद्यम तथा त्रिनिदाद और टोबैगो में एस्सार द्वारा प्रस्तावित एक स्टील प्लांट से संबंधित उद्यम को मुख्यत: आर्थिक कारणों से छोड़ दिया गया है।

यह क्रिया भारत में भी छोटे पैमाने पर दोहराई जाती है। मैक्सिको की सिनेपोलिस (सिनेमा मल्टीप्लेक्स), ब्राजील की मार्कोपोलो (बस के चेसिस), गेरदाउ (स्टील) जैसी लैटिन अमेरिकी कंपनियाँ दुनिया के एक सबसे तेजी से बढ़ते बाजारों में उपस्थिति दर्ज कराने के लिए लैटिन अमेरिकी अभियान में अग्रणी हैं। लैटिन अमेरिकी यह भी जानते हैं कि भारत सैन्य और नागरिक उड्डयन के लिए ब्राजीलियन एम्ब्रेयर जेट; मेट्रो के लिए ब्राजील निर्मित डिब्बे; चिली की अंगूर की शराब; कोलंबिया के कॉफी मिश्रण और अन्य परिष्कृत मूल्यवर्धित उत्पाद खरीदने के लिए तैयार है। अर्जेंटीना की एक कंपनी ने हाल ही में रेडियो आइसोटोप के निर्माण के लिए भारत में एक संयंत्र स्थापित करने का अनुबंध प्राप्त किया।

भारतीय निवेश बढ़ रहा है, लेकिन कुछ संसाधन संपन्न लैटिन अमेरिकी एवं कैरेबियन अर्थव्यवस्थाओं में राजनीतिक अस्थिरता; पूरे क्षेत्र में विनिमय दर सहित आर्थिक स्थिरता की समस्या और ब्राजील एवं अर्जेंटीना जैसे प्रमुख देशों में निवेश और राजकोषीय शासन की अप्रत्याशितता के कारण निवेशकों की घबराहट भी बढ़ रही है। पूरे क्षेत्र में विकास दर में गिरावट और पण्य बाजार की अस्थिरता भी उनकी चिंता का कारण है। लैटिन अमेरिकी एवं कैरेबियन कार्यालयों की राजनीतिक अन्यमनस्कता, यथा—पर्यावरण, स्वदेशी और स्थानीय आबादी द्वारा खनन उद्योगों के खिलाफ विरोध आदि से व्यापार करने की लागत और जोखिम भी बढ़ रहा है। कई मामलों में भारतीय उद्यम स्थानीय सरकार की जरूरतों और प्राथमिकताओं के साथ अपने प्रस्तावों का मिलान करने में पर्याप्त कुशल नहीं हैं।

लैटिन अमेरिकी अर्थव्यवस्थाओं में मध्यम वर्ग की बढ़ती अपेक्षाओं और सबल सामाजिक सुरक्षा नियमों के कारण उस क्षेत्र में भारतीय नियोक्ताओं के लिए रोजगार की लागत में वृद्धि हुई है। एक अपरिचित वातावरण में नौकरशाही की बाधाएँ भी कुछ मामलों में भारतीय उद्यमों को निरुत्साहित करती हैं और वे अपने निवेश के लिए अन्य गंतव्य तलाशने लगते हैं। भारतीय कंपनियाँ, जो पहले से ही अपरिचित क्षेत्र में उद्यम लगाने में अत्यधिक सावधान रहती हैं, अकसर कुछ ऐसी लैटिन अमेरिकी एवं कैरेबियन अर्थव्यवस्थाओं की राजनीतिक जोखिम का विश्लेषण करती हैं, जिनका विदेश धारित परिसंपत्तियों के नियंत्रण या बेदखली के प्रति झुकाव है। कई मामलों में, ऐसा इसलिए कि या तो आधिकारिक और राजनयिक मूल्यांकन तक उनकी पहुँच नहीं है या उनका ऐसे मूल्यांकन में विश्वास नहीं है।

निवेश संवर्धन एवं संरक्षण पर द्विपक्षीय समझौता (बी.आई.पी.पी.ए.) और दोहरा कराधान अपवंचन समझौता (डी.टी.ए.ए.) के समापन पर भारत सरकार के प्रयास सफल नहीं हुए। भारत के वित्त मंत्रालय के अनुसार, भारत ने केवल अर्जेंटीना, मैक्सिको, कोलंबिया, त्रिनिदाद और टोबैगो एवं उरुग्वे के साथ निवेश संवर्धन एवं संरक्षण पर द्विपक्षीय समझौता किया है। इसका केवल मैक्सिको, कोलंबिया, त्रिनिदाद और टोबैगो एवं उरुग्वे के साथ

दोहरा कराधान अपवंचन समझौता हुआ है।[8] आई.बी.एस.ए. के, जिसमें दक्षिण अफ्रीका शामिल है, संदर्भ में भारत का इस क्षेत्र में इसके सबसे महत्त्वपूर्ण आर्थिक और वाणिज्यिक साझेदार ब्राजील के साथ वर्ष 2007 में केवल सीमा शुल्क और कर व्यवस्था में सहयोग पर एक समझौता हुआ है। वर्ष 2011 में भारत का केमैन द्वीप के साथ, जो एक प्रसिद्ध कैरेबियन कर मुक्त क्षेत्र है, कर के संबंध में सूचना के आदान-प्रदान के लिए एक समझौते पर हस्ताक्षर किए गए।

हाल ही में एक ऑस्ट्रेलियाई निवेश से भारत के अनुभव ने उसे दुनिया भर में इसके 'बी.आई.पी.पी.ए. मॉडल' पर पुनर्विचार करने के लिए प्रेरित किया है, जिससे अनिश्चितता बढ़ी है। इससे यह समझा सकता है कि उन देशों में भारतीय निवेश क्यों नहीं हुआ है, जहाँ इस तरह के समझौतों का सुरक्षात्मक कवर उपलब्ध नहीं है और न ही इस बात की कोई गारंटी है कि भारत सरकार भारतीय निवेशक की ओर से सकारात्मक रूप से मध्यस्थता करेगी। कई कंपनियाँ उन देशों में भी नुकसान में हैं, जिसके साथ दोहरा कराधान अपवंचन समझौता नहीं हुआ है या वेनेजुएला के मामले की तरह उस पर बातचीत तो की गई है, लेकिन हस्ताक्षर नहीं किए गए हैं।

फार्मास्यूटिकल्स और अन्य उपभोक्ता सामग्रियों में कई भारतीय निवेश भी पादप-स्वास्थ्य नियमों पर समझौतों के माध्यम से पर्याप्त कानूनी आवरण के अभाव से ग्रस्त हैं। भारतीय खनन कंपनियाँ और होटल चेन इस क्षेत्र में प्रमुख संपत्तियों में निवेश करने के लिए तैयार हैं, बशर्ते वे अनुकूल और उम्मीद के मुताबिक़ वातावरण मिलने के प्रति आश्वस्त हों। सामंजस्यपूर्ण सीमा शुल्क प्रक्रियाओं या रसद और व्यापार की सुविधा पर समझौते के अभाव में द्विपक्षीय व्यापार और निवेश में अकसर नौकरशाही के स्तर पर देरी और यहाँ तक कि बाधा उत्पन्न की जाती है।

फिर भी इसका भविष्य उज्ज्वल है। 16 अरब अमेरिकी डॉलर के भारतीय निवेश का पारंपरिक अनुमान जल्द ही पुराना पड़ सकता है। चूँकि भारतीय समूह उस निरंतर बढ़ते क्षेत्र में समृद्ध हो रहे हैं तथा क्षेत्रीय और उत्तरी अमेरिकी, यहाँ तक कि यूरोपीय बाजारों तक पहुँचने के लिए विनिर्माण और निर्यात आधार की स्थापना कर रहे हैं। अत: हम भारतीय-लैटिन अमेरिकी और कैरेबियन उद्यम में उन्नति की उम्मीद कर सकते हैं।

प्रत्याशित चुनौतियाँ

भारतीय व्यवसाय के लिए अनिष्ट का संकेत समझना जरूरी है। प्रशांत महासागरीय गठबंधन की खुली बाजार अर्थव्यवस्थाओं—मैक्सिको, कोलंबिया, पेरू और चिली में उनके बीच और अमेरिका के बीच मुक्त व्यापार समझौते हैं। इसके बारे में यूरोपीय संघ के साथ

भी बातचीत की जा रही है। पनामा और कोस्टा रिका जैसे छोटे, लेकिन गतिशील देश इस समूह में शामिल होने के लिए तैयार हैं और चार सदस्य देशों के साथ मुक्त व्यापार समझौतों पर बातचीत कर रहे हैं।

इसके अलावा, अमेरिकी सरकार ट्रांस-पैसिफिक साझेदारी के समापन पर जोर दे रही है। यह अब जापान, मलेशिया एवं वियतनाम जैसे कई एशियाई अर्थव्यवस्थाओं के साथ मैक्सिको, चिली और पेरू को व्यापार और निवेश उदारीकरण के लिए 'उच्च स्तरीय इक्कीसवीं सदी के समझौते' में आबद्ध करेगा, जिसका उद्देश्य प्रशांत महासागर के दोनों ओर के बारह सहभागी देशों के बीच प्रतिस्पर्धा बढ़ाना है।[9]

नाफ्टा में मैक्सिको की भागीदारी से उसकी कृषि आदि पर पड़नेवाले प्रभाव पर भी प्रतिकूल टिप्पणियाँ और प्रतिक्रियाएँ हुई हैं। पेरू और कोलंबिया से भी ऐसी ही प्रतिक्रिया की उम्मीद की जा सकती है, क्योंकि अधिक शक्तिशाली अर्थव्यवस्थाओं के साथ 'मुक्त व्यापार' के प्रभाव के अनभिप्रेत या अप्रत्याशित परिणाम होते हैं। एक परिणाम, जो निश्चित रूप से पहले से जाना जा सकता है, वह यकीनन उन लैटिन अमेरिकी अर्थव्यवस्थाओं में, जहाँ भारतीय व्यापार की सर्वोत्तम संभावनाएँ हैं, भारतीय उत्पादों के लिए अदृश्य, लेकिन प्रभावी बाधा है।

प्रशांत महासागरीय गठबंधन से जुड़ी अर्थव्यवस्थाएँ विकसित देशों के साथ अपने बाजारों को संघटित करने में लगी हुई हैं। इससे उन्हें निवेश मिलेगा और परिष्कृत बाजारों तक उनकी पहुँच होगी तथा व्यापार एवं लौजिस्टिक्स के सभी पहलुओं में मानकों का उन्नयन होगा। यद्यपि वस्तुओं के उपयोग और निर्यात पर निर्भरता आनेवाले कुछ समय के लिए बनी रहेगी, तथापि यह पूरी तरह से संभव है कि भविष्य में चीन जैसे देशों या ऐसे बहुराष्ट्रीय उद्यमों को लाभ मिलेगा, जिनके पास प्रचुर धन और अंत तक परियोजनाओं को पूरा करने की कर्मशक्ति हो।

वर्ष 2014 में प्रशांत महासागरीय गठबंधन द्वारा भारत का स्वागत एक पर्यवेक्षक के रूप में किया गया, लेकिन वह अमेरिका, यूरोप और एशिया के इकतीस अन्य देशों के साथ इस विशेषाधिकार को साझा करता है! इसे अपने हितों और चिंताओं को उस समूह के संदर्भ में स्पष्ट करना बाकी है, जो अपने आर्थिक और वाणिज्यिक संपर्कों को न केवल भीतर, बल्कि बाहर से और अधिक शक्तिमान भागीदारों के साथ दृढ़ बनाकर कर रहा है।

कपड़ा, फार्मास्यूटिकल्स और ऑटोमोबाइल के निर्यात के, जिन्हें 'पारंपरिक' भारतीय निर्यात समझा जाता है, निहितार्थ महत्त्वपूर्ण हो सकते हैं। अमेरिकी और यूरोपीय मानकों के अनुरूप रहनेवाले बौद्धिक संपदा कानून, उत्सर्जन मानदंड और अन्य नियम ऐसा प्रभाव डाल सकते हैं, जिसका केवल अनुमान लगाया जा सकता है। टी.पी.पी., प्रशांत महासागरीय

गठबंधन जैसी क्षेत्रीय व्यवस्थाओं के जरिए आपूर्ति शृंखलाओं की स्थापना से भारतीय निर्यात बंद हो सकता है तथा इसका प्रतिकूल प्रभाव निश्चित रूप से ऐसे व्यवसाय पर पड़ेगा, जो सुरक्षा घेरे के भीतर नहीं हैं।

विस्तारशील और तेजी से समृद्ध होते मध्यवर्ग तथा विश्व स्तरीय बुनियादी ढाँचे की दिशा में बड़े पैमाने पर मुहिम चलाकर, कम-से-कम अग्रणी अर्थव्यवस्थाओं में, लैटिन अमेरिकी उद्यमों में भारत पर गंभीरता से विचार करने की पर्याप्त क्षमता है। भारतीय उद्यम के लिए भी यही सच है। उन अर्थव्यवस्थाओं में स्थायी उपस्थिति और वृद्धि सुनिश्चित करने के लिए फिर भी कार्यस्थल पर स्वयं को स्थापित करने और शुरुआती हिस्सेदारी प्राप्त करने के अलावा और कोई रास्ता नहीं है।

अप्रैल 2014 में, संयुक्त राज्य व्यापार प्रतिनिधि कार्यालय ने सार्वत्रिक व्यापार और प्रतिस्पर्धात्मक व्यवहार अधिनियम, 1988 के उपबंधों के तहत भारत को प्राथमिकता वाले विदेशी देश के रूप में वर्गीकृत करने की धमकी दी। अमेरिकी सरकार के अनुसार, बौद्धिक संपदा अधिकार धारकों के लिए भारत में सुरक्षा के अभाव का आरोप था, जिसके कारण यू.एस.टी.आर. द्वारा लगाए गए आरोप के अनुसार अमेरिकी व्यापार के हितों पर प्रतिकूल प्रभाव पड़ रहा था। भारतीय कार्यालय अमेरिकी औषधि लॉबी के खतरे से अपने औषधि उद्योग के हितों की रक्षा के लिए काररवाई करने में जुट गए। परिणामस्वरूप भारतीय बाजार में सक्रिय अमेरिकी कंपनियों के नेतृत्व में बड़े पैमाने पर प्रतिकूल जनमत तैयार किया जाने लगा। जनमत तैयार करने के लिए किए जानेवाले संयुक्त प्रयास के परिणामस्वरूप भारत 2014 में किसी प्रतिबंध के बिना तथाकथित अमेरिकी प्राथमिकता निगरानी सूची में बना रहा।

यह स्पष्ट है कि चीन और यूरोपीय संघ जैसे कई अन्य महत्त्वपूर्ण भागीदारों के समान ही अमेरिका के साथ व्यापार लैटिन अमेरिका के किसी भी देश की तुलना में कहीं अधिक ध्यान आकर्षित करता है। अलग-अलग लैटिन अमेरिकी देशों और उसके संयोजन के साथ व्यापार के निम्न स्तर, जिसमें काफी हद तक उस क्षेत्र से आयात की जानेवाली वस्तुएँ शामिल हैं, के परिप्रेक्ष्य में यह समझा जा सकता है।

वाणिज्यिक हित प्रतिकूल रूप से प्रभावित हुए हैं और वे लैटिन अमेरिका में एकतरफा उपाय और प्रथाओं से कष्ट भुगत रहे हैं, (अर्जेंटीना को किए जाने वाले दवा के निर्यात पर अप्रत्यक्ष प्रतिबंध का स्मरण होता है), तथापि सामान्यतः भारतीय उत्पादों के सम्मुख खड़ी की गई गैर-सीमाशुल्क बाधाओं, आर्थिक सहायता विरोधी और सामान पाटने के विरोधी उपायों के बिरले मामलों के कारण भारत में खतरे की घंटी नहीं बजी। उन्हें, बाद के मामले में या तो द्विपक्षीय रूप से सुलझा लिया गया या पहले के मामले में किसी आत्मसंतुष्ट भारतीय प्रतिष्ठान द्वारा उन पर राजी करा लिया गया।

तथापि, सीमा शुल्क बाधाएँ चिंता का कारण बन रही हैं, क्योंकि ये बाधाएँ क्षेत्रीय और द्विपक्षीय तरजीह एवं उनकी सरकारों के साथ मुक्त व्यापार समझौतों के माध्यम से अन्य देशों में व्यवसाय के लिए कम की जा रही हैं। कुछ मामलों में मर्कोसुर जैसे अंतर्मुखी उप-क्षेत्रीय मंचों द्वारा किए गए ऐसे उपायों या अधिक गतिशील प्रशांत गठबंधन के कारण भारतीय निर्यात अधिक महँगा हो गया या वे पूरी तरह से बंद हो गए। वैश्विक मंदी और सस्ते चीनी माल के आयात में वृद्धि के कारण बृहत्तर लैटिन अमेरिकी अर्थव्यवस्था के निर्यात बाजार को होनेवाले नुकसान से उनमें क्षोभ बढ़ा है। इससे एक ओर संरक्षणवाद को बढ़ावा मिला तथा कुछ अर्थव्यवस्थाओं नें घेराबंदी का सहारा लिया और वे पारस्परिक रूप से ही उसे खोलने पर राजी हुए।

भारत को बाजार की गतिशीलता की पर्याप्त समझ नहीं थी और वह लैटिन अमेरिकी अर्थव्यवस्थाओं एवं उत्तरी अमेरिकी, यूरोपीय या एशिया प्रशांत क्षेत्र के बीच चल रही वार्त्ता की प्रवृत्ति का अनुमान लगाने में असमर्थ था। भारतीय निर्यात पर कुछ प्रशासनिक उपायों के पड़नेवाले प्रभाव का आकलन करने की बात तो दूर, उन्हें समझना भी मुश्किल है। क्या इस तरह के उपाय गैर-सीमा शुल्क बाधाओं का सृजन करते हैं या क्या वे अंततः दूसरों के लाभ के लिए भारतीय निर्यात पर प्रतिकूल प्रभाव डालेंगे? इसके लिए गहन अध्ययन की आवश्यकता है।

इससे यह साबित नहीं होता है कि भारतीय कार्यालय—मूल रूप से वाणिज्य विभाग और कुछ अन्य, विशेष रूप से उद्योग और कृषि-मुक्त व्यापार वार्त्ता पर विचार करते समय अधिक संरक्षणवादी उपाय अपनाते हैं। भारतीय अनुसंधान क्षेत्र के भीतर जबरदस्त विसंगति है और डब्ल्यू.टी.ओ. अध्ययन केंद्र, आई.सी.आर.आई.ई.आर., उद्योग महासंघ जैसे संस्थान निस्संदेह संरक्षणवादी लॉबी और फर्म के प्रभाव के कारण सामान्य स्थिति को स्पष्ट एवं प्रस्तुत करने में असमर्थ हैं। पारदर्शिता की कमी और बातचीत के विलंबकारी तरीके लैटिन अमेरिका और कैरेबियन वार्त्ताकारों पर बहुत खराब प्रभाव डालते हैं।

वादा व चुनौती

उभरती शक्तियों के बीच लैटिन अमेरिकी परिदृश्य पर भारत देर से उभरा है और उसे उस समय की क्षतिपूर्ति करनी होगी, जो उसने गँवाया है। इस रिश्ते के मूल तत्त्व हैं—एक अपेक्षाकृत समरूप राजनीतिक-आर्थिक क्षेत्रीय इकाई के रूप में लैटिन अमेरिका और कैरेबियन की अवधारणा; आम चुनौतियों का सामना करने की आवश्यकता, परंतु राजनीतिक गुटबंदी में न होना; एक भौगोलिक वास्तविकता, जिसके लिए मनोनियोग और एकाग्रता अपेक्षित है; लैटिन अमेरिका और कैरेबियन के अपार प्राकृतिक संसाधन आधार

की समझ और आर्थिक संपूरकता का वृद्धिशील कार्यान्वयन।

भारत में उच्च स्तर की जागरूकता होने पर भारत के पाँच गुना से अधिक क्षेत्रीय विस्तारवाले लैटिन अमेरिका और कैरेबियन क्षेत्र को आमतौर पर बहुत वृहदाकार माना जाएगा, जैसा कि होता है, भौतिक दूरी और लोकप्रिय स्तर पर मेल-जोल के अभाव ने उस क्षेत्र को भारतीय चेतना की परिधि से बाहर निकाल दिया गया है। क्षेत्रीय एकीकरण के हालिया प्रयासों से कुछ मामलों में कैरेबियन सहित लैटिन अमेरिका को एक साझा इतिहास एवं एक वृद्धिशील अंतर्संबंधित उपस्थिति सहित एक विशेष भूगोल से संबंधित राष्ट्रों के एक समुदाय के रूप में प्रस्तुत किया गया है, जो संभवत: एक साझा भविष्य की ओर अग्रसर हो रहा है। यद्यपि यह अवधारणा संभवत: वास्तविकता से मेल न खा सके, तथापि इसके द्वारा उस भविष्य के समीप पहुँचने के लिए आवश्यक प्रयास करने एवं उसे समझने के प्रति भारत का ध्यान केंद्रित करने का प्रयोजन सफल होना चाहिए।

साठ करोड़ की आबादीवाला लैटिन अमेरिका एवं कैरेबियन क्षेत्र भारत के दवाइयों, इंजीनियरिंग, कपड़ों, हस्तशिल्प, आईटी सेवाओं और अन्य प्रकार के निर्यात के लिए एक महत्त्वपूर्ण और वर्धमान बाजार प्रदान करता है। इसने विभिन्न क्षेत्रों में सोलह अरब डॉलर के भारतीय निवेश को आकर्षित करने के लिए पर्याप्त भारतीय कॉरपोरेट का ध्यान आकृष्ट किया है। वहाँ हाइड्रोकार्बन, कृषि भूमि, स्वच्छ जल, खनिज और जैव-विविधता सहित प्राकृतिक संसाधनों की प्रचुर मात्रा में उपलब्धता से भारत की ऊर्जा और खाद्य सुरक्षा में योगदान दिए जाने की संभावना उत्तरोत्तर बढ़ रही है। 11,000 अमेरिकी डॉलर की औसत प्रति व्यक्ति आय के साथ काफी सुविधाजनक पर्यटन के लिए वह एक उत्कृष्ट बाजार भी साबित हो सकता है।

भारत के विदेश नीति कार्यालय को उस क्षेत्र के तैंतीस देशों के साथ साझेदारी करने के लिए अपर्याप्त राजनीतिक ज्ञान से जूझना पड़ा। घरेलू राजनीतिक उदासीनता, अपने पड़ोसियों, चीन तथा अमेरिका के साथ मनोग्रस्ति; पश्चिम, दक्षिण पूर्व और मध्य एशिया, अफ्रीका एवं यूरोप के साथ ऐतिहासिक संबंध तथा अपर्याप्त स्टाफ एवं बजटवाली राजनयिक सेवा को राजनीतिक ध्यान के अभाव के प्रमुख कारणों के रूप में उद्धृत किया जा सकता है। ये स्पष्टीकरण दे सकते हैं, लेकिन औचित्य नहीं।

यद्यपि अफ्रीका के साथ तुलना पूरी तरह से उपयुक्त नहीं हो सकती है, तथापि लैटिन अमेरिका और कैरेबियन की तुलना में उस महाद्वीप के साथ संबंध बढ़ाने के लिए भारतीय कार्यालय द्वारा किए जानेवाले विपुल प्रयास को कोई नजरअंदाज नहीं कर सकता है। वर्ष 2008 और 2011 में दिल्ली में आयोजित 'इंडिया अफ्रीका फोरम शीर्ष सम्मेलन' में संपूर्ण महाद्वीप के प्रतिनिधि तथा कई अफ्रीकी राष्ट्राध्यक्षों की उपस्थिति दर्ज की गई। प्राप्त रिपोर्ट

के अनुसार, निकट भविष्य में एक और शिखर सम्मेलन की योजना बनाई गई है। वर्ष 2008 में आयोजित शिखर सम्मेलन में भारत ने अफ्रीका को ऋण सहायता के रूप में 5.4 अरब अमेरिकी डॉलर और अफ्रीका के मानव संसाधन विकास के लिए 70 करोड़ अमेरिकी डॉलर प्रदान करने का वादा किया। वर्ष 2011 में भारत ने इथियोपिया-जिबूती रेलवे लाइन के लिए 30 करोड़ अमेरिकी डॉलर के अलावा क्रमश: 5 अरब अमेरिकी डॉलर और 50 करोड़ अमेरिकी डॉलर प्रदान करने का वादा किया। अफ्रीका में 100 प्रशिक्षण संस्थान स्थापित करने की प्रतिबद्धता व्यक्त की गई। एक अनुमान के अनुसार, अफ्रीका को ऋण सहायता के रूप में आवंटित किए जानेवाले लगभग 8.5 अरब अमेरिकी डॉलर का पैंसठ प्रतिशत पहले ही वर्ष 2013 तक वितरित कर दिया गया था।[10]

अफ्रीका की तुलना में लैटिन अमेरिका और कैरेबियन में भारत की वाणिज्यिक हिस्सेदारी नगण्य नहीं है। वर्ष 2013 में अफ्रीका के तिरपन देशों के साथ 70 अरब अमेरिकी डॉलर का व्यापार हुआ, जबकि लैटिन अमेरिका और कैरेबियन के तैंतीस देशों के साथ 46 अरब अमेरिकी डॉलर का व्यापार हुआ। भारत द्वारा हाइड्रोकार्बन और खनिजों के बड़ी मात्रा में आयात तथा लैटिन अमेरिका और कैरेबियन के मामले में समान मात्रा में निर्मित वस्तुओं के निर्यात के परिप्रेक्ष्य में इस व्यापार का संघटन असमान नहीं है। जिस प्रकार लैटिन अमेरिका और कैरेबियन के मामले में हुआ; उसी प्रकार उस वर्ष अफ्रीका के साथ व्यापार के मामले में भारत को 16 अरब अमेरिकी डॉलर का व्यापार घाटा हुआ, हालाँकि अफ्रीका में भारत के निवेश, लैटिन अमेरिका और कैरेबियन में किए गए 64 अरब अमेरिकी डॉलर के निवेश की तुलना में पीछे छूट गए (2003-12)।[11] दूसरी ओर, अफ्रीका के लिए आवंटित निधि की तुलना में लैटिन अमेरिका और कैरेबियन की सहायता परियोजनाओं और अन्य सहायता के लिए बजट फीका पड़ गया।

यदि हम किसी कारण से इस बात से सहमत भी हों कि फिलहाल अफ्रीका पर अधिक ध्यान दिए जाने की जरूरत है, तथापि लैटिन अमेरिका और कैरेबियन पर और अधिक ध्यान दिए जाने की आवश्यकता अभी भी बनती है। जब हम पीछे मुड़कर 1990 के दशक की अपनी 'पूरब की ओर देखो' नीति पर दृष्टिपात करते हैं, जिस समय आसियान देशों के साथ हमारे संबंधों में एक समान रूप में काफी प्रगाढ़ता आई थी, तो यह पता चलता है कि उस समय भी सामान दृष्टिकोण अपनाया गया था। भारतीय कार्यालय लैटिन अमेरिका और कैरेबियन क्षेत्र की तुलना में अफ्रीका या एशिया में भारतीय कंपनियों के कार्य का समर्थन करने में अग्र-सक्रिय रहा है, जैसा कि हमने अफ्रीका और दक्षिण-पूर्व एशिया के मामले में किया है, लैटिन अमेरिका और कैरेबियन क्षेत्र को उच्चतम स्तर पर सामूहिक और संगठित रूप से व्यस्त रखने की आवश्यकता स्पष्ट है। हमारे द्वारा प्रशस्त राह का अनुसरण कर

भारतीय व्यापारी और अन्य प्रभावित व्यक्ति अधिक आसानी से उस क्षेत्र में कार्य करने में सक्षम होंगे।

भारत दुनिया भर में शक्ति प्रदर्शन करनेवाली लैटिन अमेरिकी कंपनियों की निवेश प्रतिबद्धताओं पर भरोसा करने में भी सक्षम होगा। जून 2014 में 'संयुक्त राष्ट्र व्यापार और विकास सम्मेलन' (अंकटाड) द्वारा प्रकाशित विश्व निवेश रिपोर्ट 2014 के अनुसार प्रमुख लैटिन अमेरिकी एवं कैरेबियन अर्थव्यवस्थाओं द्वारा विदेशी निवेश भारत की तुलना में काफी अधिक था। इस रिपोर्ट के अनुसार, दक्षिण और मध्य अमेरिका दोनों द्वारा किया गया प्रत्यक्ष विदेशी निवेश (एफ.डी.आई.) वर्ष 2012 में 45.1 अरब अमेरिकी डॉलर और वर्ष 2013 में 32.2 अरब अमेरिकी डॉलर था। भारत के तुलनात्मक आँकड़े क्रमशः 8.5 अरब अमेरिकी डॉलर और 1.7 अरब अमेरिकी डॉलर थे। उसी रिपोर्ट के अनुसार, वर्ष 2013 में ब्राजील को भारत से 64 अरब अमेरिकी डॉलर और मैक्सिको को 38 अरब अमेरिकी डॉलर का प्रत्यक्ष विदेशी निवेश प्राप्त हुआ, जबकि भारत को 28 अरब अमेरिकी डॉलर का प्रत्यक्ष विदेशी निवेश प्राप्त हुआ।[12]

लैटिन अमेरिका में भारत के व्यापार संवर्धन के प्रयास का एक संबंधित पहलू, जिसे समझने और सुधारने की आवश्यकता है, वह है, एक प्रभावी भारत समर्थक लॉबी का अभाव, जैसा कि हमने अमेरिका में भारतीय उत्पादों के खिलाफ पूर्वाग्रही उपायों के मामले में देखा है, जिन कंपनियों की भारतीय अर्थव्यवस्था में हिस्सेदारी है या भारत के साथ व्यापार है, वे एक महत्त्वपूर्ण उद्‌देश्य की पूर्ति कर सकती हैं। इस तरह की लॉबी बनाने के लिए यह आवश्यक है कि लैटिन अमेरिका एवं कैरेबियन क्षेत्र के बड़े निगमों को आकर्षित किया जाए और उन्हें बिना अधिक कठिनाई के भारत में काम करने दिया जाए। अन्य प्रमुख अर्थव्यवस्थाओं की तुलना में भारत में लैटिन अमेरिकी उपस्थिति काफी कम है। लैटिन अमेरिकी खुद महसूस करते हैं कि उनकी ताकत भारत से आकर्षित किए जा सकनेवाले निवेश की मात्रा में है।

भारत में निवेश करने और काम करने के लाभ के बारे में लैटिन अमेरिकी उद्यम को समझाने के लिए भारत द्वारा बहुत कम प्रयास किया गया है। यद्यपि भारतीय वास्तविकता को समझना और उनसे निपटना लैटिन अमेरिकी व्यवसायों और प्रतिष्ठानों के लिए अवश्यकरणीय है, तथापि उनके प्रवेश और निष्पादन को सुविधाजनक बनाना भारत के हित में है। लैटिन अमेरिकी और कैरेबियन कंपनियों, यहाँ तक कि उनकी बहुराष्ट्रीय कंपनियों, के पास न तो वित्तीय ताकत हो सकती है और न ही अधिक विकसित देशों में उनके समकक्षों की तकनीक, लेकिन भारतीय कंपनियों में उनकी हिस्सेदारी की उनकी इच्छा भारतीय अर्थव्यवस्था की लाभ प्राप्ति में सहायक हो सकती है। यह उस मंडल में भारत के पक्ष में आवश्यक सद्‌भावना पैदा

करेगा, जिनकी पहुँच उस क्षेत्र में शक्ति के केंद्रों तक है और जो भविष्य में भारतीय व्यवसाय को संभावित लाभकर सहयोगी दलों के समक्ष प्रकाश में लाते हैं।

राजनयिक चुनौती

भारत ने उस क्षेत्र तक पहुँचने और मौजूदा एवं संभावित संबंधों के निर्माण के लिए संसाधनों और क्षमता का निवेश किया है, लेकिन उसे इस दिशा में और अधिक काम करने की जरूरत है। हाल के वर्षों में भारतीय विदेश सेवा का विस्तार किया गया है। इसमें राजनयिकों की अपेक्षित संख्या होनी चाहिए, जो वहाँ के भारतीय मिशन में अधिक-से-अधिक संख्या में तैनात किए जा सकते हैं और किए जाने चाहिए। इन राजनयिकों की भरती एक कड़ी चयन प्रक्रिया के माध्यम से की जाती है और उन्हें उनके आर्थिक और वाणिज्यिक कार्यों के महत्त्व के बारे में जागरूक किया जाता है। इन मिशनों को उनके कामकाज में अधिक स्वायत्तता दिए जाने पर दिल्ली से अधिक ध्यान दिए जाने की आवश्यकता है।

भारतीय कूटनीति अपने कुछ ऐसे एशियाई समकक्षों की तुलना में नुकसान में रही है, जो अपनी पदस्थापन नीति में कहीं अधिक चयनात्मक रहे हैं। पूरे लैटिन अमेरिका स्थित जापानी और दक्षिण कोरियाई दूतावास में ऐसे राजनयिक कार्यरत हैं, जिन्होंने उस क्षेत्र में विशेषज्ञता प्राप्त कर ली है। उभरती शक्ति भारत को चीन, रूस, ब्राजील के साथ प्रतिस्पर्धा करनी है, जिन्होंने अपने हितों का प्रतिनिधित्व करने और उसे बढ़ावा देने के लिए उस क्षेत्र में अत्यधिक विशेषज्ञताप्राप्त पेशेवरों को नियुक्त किया है।

लैटिन अमेरिका के मामले में भाषा प्रवीणता की आवश्यकता को अस्वीकृत नहीं किया जा सकता है, इसलिए इस संदर्भ में विदेश मंत्रालय की भाषा प्रशिक्षण नीति को बारीकी से देखने की जरूरत है। विदेश सेवा अधिकारी को उसकी पहली पदस्थापना पर यह कार्य (नियत भाषा सीखने का कार्य, जैसा कि प्रत्येक भारतीय राजनयिक के मामले में होता है) सौंपा जाता है । कुछ को मैक्सिको या अर्जेंटीना भेजा जाता है। स्पेनिश संस्थान—जहाँ इसके लेखक ने भाषा सीखी थी—बहुत सम्मानजनक हैं, वहाँ ऐसी भाषाई बारीकियों पर ध्यान दिलाया जाता है, जो स्पेन में सीखी गई स्पेनिश भाषा को लैटिन अमेरिका में सीखी गई स्पेनिश भाषा से अलग करती हैं। यही मामला ब्राजील में पुर्तगाली भाषा प्रशिक्षण पर भी लागू होता है, जहाँ किए जानेवाले पुर्तगाली भाषा के उच्चारण, पुर्तगाल में किए जानेवाले उच्चारण से इस हद तक भिन्न है कि वह लगभग एक अलग भाषा की तरह लगता है!

इसके अलावा, किसी भाषा को सीखने के लिए की गई पदस्थापना से अधिकारी को उस देश और क्षेत्र के अभिमूल्यन का अवसर मिलता है, जहाँ उसकी पदस्थापना की जाती है और साथ ही उससे मिशन को भी मजबूती मिलती है। यह जरूरी नहीं है कि अधिकारी

की पदस्थापना वहीं होगी, जहाँ वह भाषा का अध्ययन पूरा करता है। उसे किसी ऐसे प्रदेश में भी पदस्थापित किया जा सकता है, जहाँ स्पेनिश भाषा नहीं बोली जाती है। इससे अकसर अधिकारी की भाषा की क्षमता कमजोर पड़ जाती है और लैटिन अमेरिकी दुनिया से प्रारंभ में परिचित होने से उसका ध्यान हट जाता है। विदेश मंत्रालय को नई भरती किए गए कुछ अधिकारियों को वहीं पदस्थापित करना चाहिए, जिससे कि वे लैटिन अमेरिका के साथ संबंध स्थापित कर सकें और उनमें आवश्यक योग्यता एवं विशेषज्ञता सुनिश्चित हो सके, जिसकी अत्यावश्यकता आनेवाले वर्षों एवं दशकों में होगी।

यद्यपि लैटिन अमेरिका एवं कैरेबियन में पदस्थापित कई राजदूतों की राजनीतिक नियुक्ति होती है, तथापि यह सच है कि उस क्षेत्र के कई देशों में मिशन के प्रमुख के रूप में और निचले स्तरों पर काफी सम्मानजनक और सक्षम राजनयिक सेवारत हैं। उन्हें कई मामलों में व्यापार विशेषज्ञों द्वारा सहायता प्रदान की जाती है। दुर्भाग्यवश, वित्तीय और सांगठनिक कारणों से कई लैटिन अमेरिकी मिशनों को इस क्षेत्र के अन्य देशों के लिए भी समवर्ती मान्यता प्रदान की जाती है। उनके पास राजधानी से बाहर स्थित कारोबारी, वैज्ञानिक या शैक्षणिक समुदाय जैसे अपने मान्यता प्राप्त क्षेत्र के महत्त्वपूर्ण घटकों की ओर पर्याप्त ध्यान देने के लिए पर्याप्त समय एवं कार्मिक का अभाव हो सकता है।

यही बात ग्वाटेमाला, पनामा, कोलंबिया, क्यूबा, अर्जेंटीना, पेरू में भारतीय मिशनों और कैरेबियन में अन्य देशों पर लागू होती है, जिन्हें समवर्ती पड़ोसी देशों से मान्यता प्राप्त है। यद्यपि इस तरह की मान्यता छोटे, विशेष रूप से कैरेबियन द्वीप राज्यों के लिए तर्कसंगत हो सकती है, तथापि भारत को उस क्षेत्र के अधिक महत्त्वपूर्ण देशों में निवासी दूतावास खोलने की आवश्यकता है, जहाँ वे मौजूद नहीं हैं, कम-से-कम उन देशों में तो अवश्य ही, जिनके दूतावास दिल्ली में हैं। ऐसे देशों में प्रमुख स्थानीय व्यवसायियों की मानद कांउसलर के रूप में नियुक्ति लॉजिस्टिकल सहायता प्रदान करने के अलावा बहुत कम प्रयोजन सिद्ध करती है। किसी अन्य द्वारा उपलब्ध कराई गई पूँजी की अभिवृत्ति न केवल आत्मसम्मान की दृष्टि से, बल्कि कभी-कभी संबंध के लिए आवश्यक कूटनीतिक बातचीत के अभाव के कारण प्रतिकूल प्रभाव पड़ता है। नागरिकों को वीजा के लिए अपना पासपोर्ट विदेश की राजधानी में भेजने की आवश्यकता होती है, अतः इस कारण परेशानी में पड़नेवाले भारतीय नागरिकों की सुविधा के लिए उन देशों में दूतावास होना जरूरी है, जिनमें कांसूलर कन्वेयर बेल्ट व्यस्त रहते हैं ।

अध्याय VII में अकादमिक और अनुसंधान आदानों की आवश्यकता बताई गई है। यह वर्तमान परिवेश में संभव नहीं होगा, जिसमें दोनों ओर के विश्वविद्यालय और विशेषज्ञ दल के समक्ष अन्य प्राथमिकताएँ होती हैं और उनमें एक-दूसरे के भाव को समझने, विचारों का

आदान-प्रदान करने, डेटा बेस स्थापित करने एवं आधिकारिक विचार के लिए प्रस्ताव तैयार करने हेतु पर्याप्त भाषा विशेषज्ञता का अभाव रहता है। 'भारत-सी.ई.एल.ए.सी. थिंक टैंक फोरम' जैसी राजनयिक पहल कमजोर पड़ रही है तथा उसके लिए राजनीतिक इच्छाशक्ति एवं निधिरूपी अंत:क्षेपण की जरूरत है।

अंतत:, भारतीय प्रस्थापन को यह महसूस करना होगा कि यदि वह लैटिन अमेरिका एवं कैरेबियन के साथ भारत के संबंधों पर एक व्यापक रणनीति बनाना और लागू करना चाहता है तो उच्च स्तरीय सामंजस्य स्थापित करना आवश्यक है। कई महत्त्वपूर्ण साझेदारों के साथ भारत के संबंध प्रधानमंत्री कार्यालय से प्रभावित होते हैं, जो व्यापार जगत् या अन्य स्रोतों से प्राप्त अतिरिक्त-कूटनीतिक सुझावों और विचारों के लिए स्पष्टत: सहानुभूति रखता है।

लैटिन अमेरिका एवं कैरेबियन की महत्त्वपूर्ण राजधानियों में भी प्रधानमंत्री के दौरे बहुत कम बार हुए हैं और जो हुए भी हैं, उनमें से अधिकांश बहुपक्षीय घटनाओं के अवसर पर हुए हैं। लैटिन अमेरिका एवं कैरेबियन द्वारा उच्च स्तरीय दौरे के लिए किए गए अनुरोध विदेश मंत्रालय के पास जमा हो रहे हैं। भारत के राष्ट्रपति और उपराष्ट्रपति तथा अन्य प्रभार वहन करनेवाले मंत्रियों द्वारा किए गए लैटिन अमेरिका एवं कैरेबियन के दौरे से कुछ राजनयिक अंतराल भरने में मदद मिली है; फिर भी, जब तक प्राथमिकताओं का पुनर्निर्धारण नहीं हो जाता, तब तक हम वास्तविक रूप से यह मान सकते हैं कि इस क्षेत्र के साथ संबंध विदेश विभाग द्वारा तय किए जाएँगे।

भारत सरकार को यह सुनिश्चित करने की आवश्यकता है कि आर्थिक और वाणिज्यिक मामलों, रक्षा और सुरक्षा, विज्ञान और तकनीक; संस्कृति आदि से संबंधित अंतरराष्ट्रीय नीति एवं आदान-प्रदान का निपटान करते समय उसके मंत्रीगण विदेश मंत्रालय के नेतृत्ववाली टीम के हिस्से के रूप में कार्य करें। लैटिन अमेरिका एवं कैरेबियन से संबंधित नीति के बारे में योजना बनाने और उसके क्रियान्वयन में कूटनीतिक विशेषज्ञता एवं अनुभव के महत्त्व को नकारा नहीं जा सकता है। विदेश मंत्रालय के साथ विभिन्न विभागों के घनिष्ठ समन्वय से भारत को अपने अंतरराष्ट्रीय संबंधों में मोटे तौर पर आंतरिक सहमति प्राप्त करने और एक सहमत रणनीति पर एकल-दिमाग से काम करने में विफलता के कारण अकसर होनेवाली खामियों को दूर करने में मदद मिलेगी। इससे इस मैत्रीपूर्ण क्षेत्र के साथ हमारे संबंध में निरंतरता और सुसंगतता सुनिश्चित होगी।

संदर्भ :

1. पॉजिटिविज्म एक राजनीतिक दर्शन है, जिसका श्रेय उन्नीसवीं सदी के फ्रांसीसी दार्शनिक, ऑगस्ट कोम्टे को दिया जाता है। इससे वास्तव में यह प्रमाणित होता है कि राजनीति विशेषज्ञों और तकनीशियनों के हाथों में होनी चाहिए, जो विशेष राय कायम कर सकते हैं तथा लोगों और

उनके शासकों के बीच की कड़ी साबित हो सकते है। 'लैटिन अमेरिकी पॉजिटिविज्म : न्यू हिस्टोरिकल एंड फिलोसोफिकल ऐसेज', ग्रेगरी डी गिलसन, इरविंग डब्ल्यू लेविंसन, रोवमैन एंड लिटिलफील्ड, 2012

2. ब्राजील के विदेश विभाग के दिलचस्प विश्लेषण के लिए, 'द चैलेंज फॉर इटमैराटी' डॉ. सीन बर्गेस, ऑस्ट्रेलिया नेशनल यूनिवर्सिटी, 14/4/2014 देखें। www.coha.org
3. मागरिट मायर्स, इन लैटिन अमेरिका टूर : चाइनाज शी शोज मैच्युरिंग एप्रोच टू रीजन', 15 जुलाई, 2014. www.worldpoliticsreview.com
4. 'चीन द्वारा लैटिन अमेरिका को 100 अरब अमेरिकी डॉलर से अधिक का वित्तपोषण', इंटर-अमेरिकन, 10 अप्रैल, 2014
5. 'भारत का ऊर्जा प्रोफाइल : आर्थिक विकास ऊर्जा के लिए ईंधन की वर्धित आवश्यकता—विश्लेषण, 27 जून, 2014, ई.आई.ए., www.eurasiarebe.com
6. लैटिन अमेरिकी अब एशिया को ईर्ष्या से नहीं देखते, www.worldbank.org, 11 अप्रैल, 2014
7. 'लैटिन अमेरिका और कैरेबियन का अद्यतित आर्थिक निरीक्षण' संयुक्त राष्ट्र लैटिन अमेरिका और कैरेबियन आर्थिक आयोग, अप्रैल 2014। http://www.eclac.cl/ id.asp? Id = 52696
8. www.finmin.nic.in
9. डॉ. शेषाद्रि, वी.एस. 4 'द ट्रांस पैसिफिक पार्टनरशिप', चर्चा पत्र 182, 'विकासशील देशों के लिए अनुसंधान और सूचना प्रणाली', नई दिल्ली, जून 2013
10. भाटिया, राजीव, 'ए प्लान फॉर पार्टनरशिप', फ्रंटलाइन (द हिंदू) 2 जुलाई 2014
11. वही
12. www.unctad.org, विश्व निवेश रिपोर्ट 2014

□□□